상법총칙 상행위법

Commercial Law

전우현 저

박영사

머리말

저자의 경험으로 볼 때 대체로 법학강의 시간은 관련 법조문 내용과 이론을 설명하는 데 거의 모든 시간이 소진되어 버린다. 덜 중요한 내용이라고 하여 일부를 빼놓고 강의하기도 학생들에게 매우 미안한 일이다. 그리하여 법률학 강좌의 수업내용은 실정법의 기존 해석학을 나열하는 지루한 것으로 되기 십상이라는 것을 잘 알게 되었다. 물론 강의주제를 생동감 있게 전달하는 것도 쉽지 않게 되는 것이다. 따라서 상법내용을 쉽게 이해하도록 해야 한다는 생각을 가졌다. 나아가 사법시험과 로스쿨의 변호사시험 준비생들이 상법을 친숙하게 학습할 수 있게 한다면 시험공부의 짐을 일부 덜어 주는 길이 될 수도 있으리라고 느꼈다.

이 책의 특징을 구체적으로 소개하면 다음과 같다.

첫째, 이 책만으로 상법총칙 · 상행위편의 내용과 관련 판례를 모두 습득할 수 있도록 함에 중점을 두었다. 그러면서도 이론과 학설의 소개에서 사족과 같은 장황한 설명을 피하고 필요한 핵심내용만 전달하고자 노력하였다. 무엇보다 구체적인 사례에서 학생들이 쟁점을 빨리 파악하고 법적 사고방식을 길러 법률관계를 명쾌히 제시하는 능력을 길러 주고 싶었다. 이들에게 법, 법학이 알기 쉽고 매우 흥미롭다는 사실을 주지시켜 법률적 사고방식이 널리 퍼져나간다면 우리 사회가 혼란과 감정의 인치주의(人治主義)현상에서 빨리 벗어날 수 있으리라고 생각한다.

둘째, 이 책은 기본적으로 대학교재임을 전제로 하였다. 그리하여 실정법 내용을 학생들에게 충실히 설명(해석)하는 내용을 위주로 하고 있다. 나아가 최근의 개정내용(2010년 5월에 개정된(2010년 11월 시행) 상법총칙 · 상행위편의 내용)도 반영하였다. 이 개정의 폭이 크다고는 할 수 없지만 몇 가지 획기적인 내용이 바뀌었기에 주목할 필요가 있다.

(i) 변화된 현실을 반영하여 새로운 상행위유형인 리스(lease), 프랜차이즈

(francise), 팩터링(factoring)의 법률관계를 구체적으로 규정하였다.

(ii) 지급결제 업무의 인수(카드업) 등 새로운 상행위를 인정하였다.

(iii) 상법 제52조를 삭제하여 격지자간의 청약에 승낙기간이 있는 경우와 없는 경우 모두 도달주의가 적용되게 하여 승낙의 효력시기를 통일하고 민법과 일치시켰다.

(iv) 상인이 비상인(非商人)에 대한 금전대여를 할 때에도 법정이자청구권을 인정하도록 하여 종래 상인간 금전대여(쌍방적 상행위)에만 적용되던 것을 확대하였다(일방적 상행위에도 법정이자청구권 인정).

(v) 채권자의 지점거래의 경우에만 그 지점이 채무이행 장소가 되도록 규정하여 지점이 채무이행장소가 되는 경우를 제한적으로 인정(채무자의 지점거래의 경우에는 배제)하고 민법상의 지참채무원칙과 일치시켰다.

(vi) 위탁매매인의 개입권 행사대상에 시세 있는 물건 이외에 시세 있는 유가증권도 포함하였다. 이는 위탁매매에 있어서 개입권 행사의 활성화 계기를 마련하였다는 데 현실적인 의미가 있다.

(vii) 화물상환증의 채권적 효력 중 문언성을 강화하여 화물상환증의 기재 자체에 새롭게 추정적 효력을 부여하였다.

(viii) 공중접객업자가 연혁적인 이유에서 운송업자, 창고업자 등보다 엄격한 물건(임치물) 보관책임을 지던 것을 현실을 고려하여 이들과 동일하게 규정하였다(책임의 완화).

셋째, 로스쿨에서의 학습내용도 염두에 두면서 많은 사례를 소개하고자 하였다. 사례는 가급적 관련내용 전체를 수록하고자 하였다. 다만, 그 내용이 너무 길어서 내용을 빨리 파악하기에 어려울 수도 있음을 예상하여 판례소개의 맨 앞부분에 핵심적인 내용을 요약해 두었다.

아무튼 이 책이 법과대학생, 사법시험 · 로스쿨 변호사 시험을 준비하는 수험생뿐만 아니라 상법법전의 내용과 이론을 빠르고도 쉽게 습득하고자 하는 회사원 등에게도 유용하게 되기를 바란다. 부족한 부분이 많다고 느낀다. 이에 대해서는 독자 여러분의 아낌없는 지도와 편달을 부탁드리고 차후 보완시에 겸허하게 이러한 충고를 모두 반영하고자 한다.

이 책의 교정을 위해 수고해 준 한양대학교 법학과 박사과정의 지광운 수료생에게 감사한다. 그리고 출판을 도와주신 박영사의 안종만 회장님, 이구만 이사님, 마찬옥 이사님, 나경선 과장님께 이 자리를 빌어 고맙다는 말씀을 올린다.

한양대학교 법학전문대학원 연구실에서

저 자

차 례

제 1 편 상법총칙

제 1 장 상법의 일반

제 2 장 상인(商人)(기업의 주체)

제 3 장 상인의 인적(人的) 보조조직

제 4 장 상인의 물적(物的) 보조조직

제5장 기업의 公示(商業登記)

제 6 장 기업의 이전(營業讓渡)

제 2 편 상행위법(商行爲法)

제 1 장 서 론

제 2 장 상행위법 통칙

제 3 장 상행위법 각칙

제 1 편
상법총칙

상법의 일반

제1장

제1절 상법의 의의

Ⅰ. 머 리 말

다른 법에서와 같이 상법(commercial law; mercantile law; business law; Handelsrecht; droit commercial)이 무엇인가에 대하여는 그 규율내용의 접근방법에 따라 형식적 의의의 상법과 실질적 의의의 상법으로 나누어진다.

Ⅱ. 형식적 의의의 상법

형식적 의의의 상법은 성문법전상 '상법(商法)'이라는 이름을 가진 실정법을 말한다. 불문법주의(不文法主義) 국가에서는 이 형식적 의미의 상법이 존재하지 않는 것이 보통이지만(영국 등) 독일, 프랑스, 일본 등과 같은 성문법국가에서는 이를 가지고 있다. 우리나라도 성문법주의(成文法主義)의 일반예와 같이 상법전을 가지고 있다.

우리나라의 상법전은 1962년에 제정되어 1963년부터 시행된 것이다. 그 후 1984년, 1991년, 1995년, 1998년, 1999년, 2001년, 2007년 개정을 거쳤다. 상법전은 총칙(제1편), 상행위(제2편), 회사(제3편), 보험(제4편), 해상(제5편)으로 구성되어 입법예로서는 대규모·방대한 편이다.

「총칙」편에서는 기업의 주체인 상인의 개념, 상인의 인적·물적 설비와 상업등기, 영업양도를 규정하여 상법의 기본축을 정하였다. 「상행위」편에서는 기본적 상행위, 보조적 상행위, 준 상행위 개념을 정한 뒤 대리, 계약의 성립시기, 이자, 유치권,

질권, 소멸시효 등 상행위의 통칙(通則)을 규정하고 이어서 구체적인 상행위로서 매매, 상호계산, 익명조합, 대리상, 중개업, 위탁매매업, 운송주선업, 운송업, 공중접객업, 창고업 등의 법률관계를 규율하고 있다. 「회사」편에서는 우선 통칙으로서 회사의 의의, 종류, 법인성, 주소, 회사의 성립, 권리능력의 제한, 합병의 기본요건, 해산명령을 규정한 후 4유형의 회사(합명회사, 합자회사, 주식회사, 유한회사)의 조직과 활동에 대해 정하였다. 「보험」편은 통칙에서 보험계약의 의의와 성립, 보험약관, 보험증권, 보험료 지급, 고지의무, 통지의무, 보험금지급과 일반적 면책사유, 재보험을 규정한 후 손해보험계약과 인보험계약 크게 2가지로 각칙을 구성하였다. 「해상」편은 2007년에 개정되었는데 제1장에서 해상기업의 용구(선박), 인적 보조수단(선장), 공유(共有)인 기업주체, 선박크기에 따른 총체적 책임제한, 선박에 대한 담보권을 해상기업 주체의 규율로 둔 후, 제2장은 구체적 상행위로서 운송과 용선을 규정하였고, 제3장에서 해상기업에 부수되는 위험(공동해손, 선박충돌, 해난구조)상의 권리의무를 규정하였다.

■ 형식적 의의의 상법

형식적 의의의 상법이란
'상법'이란 명칭을 가진 법률!! (상법)

Ⅲ. 실질적 의의의 상법

실질적 의의의 상법은 형식적 의의의 상법과 달리 설명이 복잡하다. 상법은 '상(商)'에 관한 법이므로 '상(商)'이란 무엇인가, '상법'은 '상(商)'의 무엇을 규율하는 법인가가 우선 명료해져야 하기 때문이다.

1. '상(商)'의 개념과 그 확대

'상(商)'의 개념은 자급자족 경제가 교환경제로 이행된 단계의 경제상황을 우선 반영하여 생산자가 아니면서 '유형재화(有形財貨)'의 조달, 양도기능을 하는 자의 역할에 주목하면서 처음 성립하였다. 이러한 초기 맹아 단계의 '상(商)' 개념은 1212년 이태리 팔마(Palma)의 상인조례(商人條例), 중세 Canon법 등에서 채용하였다.[1] 그러나, 그 이후 근세에 경제가 발전하여 '유형재화(有形財貨)'뿐만 아니라 '무형(無形)의 서비스'까지 포함하고 영업의 내용보다 그 형식 · 범위에 따라 포괄적으로 상행위를 규율하는 등 '상(商)' 개념이 대폭 확대되게 되었다(1807년 프랑스 상법, 1891년 독일 신상법, 1911년 스위스 채무법).

2. 상법의 대상

'상(商)'의 개념이 대폭 확장됨에 따라 상법의 규율대상을 어떻게 정해야 하는가도 단순명쾌하지 않게 되었다. 상법의 대상인 '상(商)'의 생활관계의 본질이 무엇인가에 대하여 다양한 견해가 나타난 것은 이러한 까닭이다.

(1) 역사적 관련설

이 견해는 위에서 언급한 '商' 개념의 확장과정에 주목하고 상법의 대상도 그에 충실하게 정하고자 하는 것이다(Lastig). 즉, 상품유통의 매개와 관련이 있거나 그로부터 분화 · 발전된 영업활동은 역사적으로 '商'에 해당하므로 이러한 영업활동이 상법의 대상이 된다는 것이다. 그러나, 이 견해는 첫째, '상(商)'의 개념을 역사적 기원에서 증명하기란 대단히 어렵고, 둘째, 상법의 규율대상을 내용면에서 통일적으로 파악하기 곤란하다는 점에서 난점을 지니고 있다.

(2) 매개행위 본질설

상법의 대상인 '상(商)'의 본질은 생산자와 소비자 사이를 매개하는 행위에 있다는 견해이다(Goldschmidt). 이는 오늘날 상행위에는 생산자, 소비자 사이의 무수하고 다양한 행위를 상행위로 포섭하는 탁견이지만 결함이 없는 것이 아니다. 즉, 오늘날 상행위에는 생산자 · 소비자 사이의 매개가 아닌 것이 많다. 농수산물, 광산물의 생산자 · 채취자의 판매행위, 출판 · 인쇄 · 촬영 · 통신 · 정보 · 공중접객 등 서비스를 주로 대상으로 하는 영업 등은 생산자와 소비자를 매개하지 않지만 상행위로 포섭해야 할 필요가 큰 것은 말할 필요도 없다.

---

1) 최기원, 4면.

(3) 집단거래 본질설

이는 상법의 대상인 '상(商)'의 본질은 '집단적 거래'라고 정의하는 견해이다(Heck). 여기서 '집단적 거래(Massenkehr)'라는 것은 같은 영업행위를 계속적 · 반복적으로 한다는 의미이다. 그러나, '계속적 · 반복적 행위'는 상행위 아닌 다른 행위(예, 노동법상 행위)에도 나타나는 것이고, 계속적 · 반복적 행위가 아닌 1회성 거래라도 상행위로 보아야 할 경우가 적지 않다는 점에서 이 견해를 취하기도 어렵다.

(4) 상적(商的) 색채설

이 견해는 상법과 민법의 구별을 특히 의식하여 상법은 '영리성 · 집단성 · 개성상실성' 등의 상적(商的) 색채를 지닌 행위를 대상으로 하고, 민법(일반 사법)은 무색적(無色的) 행위를 규율한다고 한다.[2] 그러나, 상적(商的) 색채로 드는 개념요소 자체가 명확하지 않은 감각적 개념일 뿐만 아니라 민법(일반 사법)에서도 집단성 · 개성상실성의 요소를 지닌 제도(예, 사단법인, 무기명채권제도)는 많다는 점[3]에서 이 견해는 상법의 대상을 본질적으로 접근하지 않고 표피적으로 접근하는 한계가 있다.

(5) 기업법설

이 견해는 경제학에서 정립된 '기업'의 개념을 전제로 하여 기업생활을 규율대상으로 하는 법이 상법이라고 하거나,[4] 상법은 기업관계에 특유한 사적이익의 조정을 하는 법규의 총체[5]라고 하는 것이다. 여기서 '기업'이란 '불확정한 재산증식을 목적으로 하는 경제적 조직체'(Schäffle의 견해)라고 하거나, '계획적(plänmäßig)이고 계속적으로(auf Dauer) 일정한 시장에서 유상(有償)의 급부를 제공하는 것'(Karten Schmidt의 견해) 등으로 정의한다. 이 학설은 우리나라와 일본의 다수설로서 상법의 대상을 그 내용면에서 통일적으로 파악함에 있어서 대체로 성공한 것으로 평가받고 있다.

(6) 상인법설

이 학설은 기업 자체는 법적 주체가 될 수 없고, 기업의 개념이 너무 광범위하

---

2) 田中耕太郎, 改訂 商法總則概論, 1938, 7면.
3) 최기원, 5면 참고.
4) Karl Wieland, Handelsrecht, Bd.1, 1921, S.143.ff.; 關 俊彦, 商法總論總則, 有斐閣, 2006, 14면; 近藤光男, 商法總則 · 商行爲法, 有斐閣, 2006, 5면; 落合誠一 · 大塚龍兒 · 山下友信, 商法 I, 有斐閣, 2006, 7면.
5) 神崎克郎, 商法總則 · 商行爲法通論, 同文館, 1999, 7頁.

여 그 한계가 명확하지 않다는 점을 들어 기업법설을 비판하면서, 상법의 대상은 상인과 관련하여 찾아야 한다고 한다. 상법은 역사적으로 상인 간의 거래관행으로부터 발전해 왔고, 이론적으로도 상인개념에 기초하고 있으므로, 상법은 상인에 특유한 법이라고 한다. 이는 독일에서의 통설이다.[6)]

(7) 사견(상인법설)

상법의 규율대상이 기업이라고 하더라도 기업의 조직이나 활동의 법적 주체는 상인이고, 상인의 관념을 배제한 독자적인 기업의 존재라는 것이 법적으로 불가능하다. 또, 경제적인 관념만으로 상법의 개념을 결정하기에는 부족하다. 그리하여 법률상 명확한 상행위와 상인 개념에 의할 때에만 상법의 개념, 적용범위가 분명해진다는 점에서 상인법설이 타당하다고 본다(상인에 특유한 법으로서의 상법).

3. 실질적 의의의 상법의 정의

상인법설에 의하면 상법은 상인이 일정한 계획에 따라 계속적으로 이윤획득을 위하여 행하는 영업활동(기업경영활동)과 이를 실현하기 위한 그의 영업조직(기업조직)을 특유하게 규율하는 법이다. 즉, 상법은 상인의 영업활동과 영업조직을 규율하는 특별한 법이라고 할 수 있다. 기업법설에 의하면 상법은 기업의 생활관계를 특별히 규율하는 법규의 총체가 된다.

여기서 상인 또는 기업에 관해 특별히 존재하는 법규만이 상법이므로 상인의 영업활동과 영업조직에 적용되는 법이라고 하더라도 일반시민생활에도 적용되는 것은 배제된다. 이러한 점에서 상법은 일반시민생활에 적용되는 법규(민법)에 비하여 특별법의 지위에 있다(특별법으로서의 상법). 그리고, 이러한 상법은 상인의 영리활동(기업활동)에 관해 적용되는 법규로서 주로 사법(私法)규정으로 되어 있지만, 사법(私法)규정만으로는 부족하므로 사법(私法)규정과 유기적 관계에 있는 공법(公法)규정도 일부 포함하고 있다(벌칙규정 등 공법(公法)규정을 포섭한 상법).

---

6) Capelle-Canaris, Handelsrecht, 21.Aufl., 1989, S.1; Gierke-Sandrock, Handelsrecht und Wirtschaftsrecht, 9.Aufl., 1975, S.1; Karten Schmidt, Handelsrecht, 3. Aufl., 1987, S.3ff.

Ⅳ. 형식적 의의의 상법과 실질적 의의의 상법의 관계

형식적 의의의 상법과 실질적 의의의 상법은 반드시 일치하지는 않는다. 이는 실질적 의의의 상법이 상법전뿐만 아니라 상사특별법령, 조약 등을 포함하고 통일성, 체계성을 갖추고 있는 법규의 총체로 이해됨에 비하여 형식적 의의의 상법은 한 국가의 법전 제정의 사회정책적 요청에 따라 실용성 · 편의성을 충족하기 위한 것이기 때문이다. 그리하여 실질적 의의의 상법이면서도 사회정책적 고려에 의해 상법전에서 제외되어 있거나(원시산업, 의료업, 변호사업, 법무사업, 자유창작업 등), 실질적 의의의 상법이 아니면서도 상법전에 포함된 예(상업등기제도, 벌칙 규정 등)도 있게 된다. 그런데, 그 범위의 차이에도 불구하고 양자는 서로 밀접한 관련을 맺고 있다. 즉, 형식적 의의의 상법은 실질적 의의의 상법을 연구할 때 정형성(定型性)을 가지고 기준을 제시하게 되고, 거꾸로 실질적 의의의 상법은 형식적 의의의 상법의 제정, 개정, 해석의 바탕을 제공한다.

제2절 상법의 지위

Ⅰ. 머 리 말

상법을 이해할 때 기업생활관계를 규율하는 법규(기업법설)이거나 상인의 영업활동과 영업조직을 규율하는 특별한 법규의 총체(상인법설)라고 볼 때에도 상법의 지위를 명확히 하기 위해서는 그와 밀접한 관련을 맺고 있거나 인접해 있는 법규와의 관계를 검토하여야 한다. 이는 상법의 개념과 적용범위를 분명히 하려는 노력과도 관련된 일이다.

Ⅱ. 상법과 민법의 관계

1. 일반법(一般法)과 특별법(特別法)의 관계

민법은 사법(私法)적 법률관계를 일반적으로 규율하는 법규임에 비하여, 상법은 상인의 법률관계 또는 기업적 법률관계를 규율하는 특수한 법규이므로 민법은 일반법이고, 상법은 특별법이다. 그리하여 어떤 사안에 관해 상법에 규정이 있으면 그에 의하여 규율되지만, 규정이 없으면 민법규정이 적용된다. 상법규정은 민법과 전혀 별개 · 독립의 제도를 창설하는 규정을 둘 수 있을 뿐만 아니라(예, 상업등기, 상호, 상업장부, 상호계산, 보험제도, 해상법상의 공동해손, 선박충돌, 해난구조 등), 민법상 이미 존재하는 제도를 특수화하는 경우(예, 상업사용인, 대리상, 창고업, 회사, 법정이율, 유질, 상사매매, 시효 등)도 있다.

2. 상법의 자주성(自主性) 문제

(1) 민상이법 통일론(民 · 商二法 統一論)과 상법의 자주성(自主性)

가) 민상이법 통일론(民 · 商二法 統一論)의 의의와 근거

이 견해는 민법 · 상법의 위와 같은 관계를 부정하고 민법과 상법은 하나로 통일하여야 한다는 것이다. 이에 의하면 민법 이외에 상법의 필요성을 부정하는 것이어서 사실상 상법의 自主性을 형해화한다. 이 견해는 1847년 이태리의 몬타넬리(Montanelli)가 처음으로 주장하고 1888년 비반테(Vivante)가 발전시켜[7] 실제 이러한 견해에 따라 입법으로 연결된 예도 있다(1911년 스위스 채무법, 1925년 태국 민법, 1929년 중화민국 신민법, 1942년 이태리 민법 등).

민상이법 통일론(民 · 商二法 統一論)은 다음과 같은 내용을 근거로 하였다. 즉, (ⅰ) 현대사회에서의 상법은 초기의 상법과 달리 기업생활관계뿐만 아니라 일반생활관계도 규율한다. (ⅱ) 민법과 상법의 적용범위를 구체적으로 획정한 표준이 없어서 양 법률을 따로 두면 법적용상의 혼란을 가져온다. (ⅲ) 민법으로부터 독립한 상법전이 생겨나면 경제단체(특히 대기업)의 이익을 반영하고 일반시민의 이익을 희생시키는 내용이 될 우려가 있다. (ⅳ) 학문적인 면에서도 민법과 상법이 별개로 존재하면 사법이론(私法理論)의 통일적 발전을 막는다는 것 등이다.

나) 민상이법 통일론(民 · 商二法 統一論)에 대한 비판

민상이법 통일론(民 · 商二法 統一論)이 근거로 든 위의 주장은 정당하지 않다. 그 근거를 비판하면 다음과 같다. (ⅰ) 현대사회의 경제발전에 따라 상법의 대상이 확대된 것은 사실이지만, 기업의 생활관계를 특별히 규율한다는 상법의 존재의의는 지금

7) 그러나, 비반테는 그 후 자신의 주장을 철회하였다.

도 그 개념요소로 유용하다. (ii) 민법·상법의 적용범위의 문제는 상법총칙상의 일부 규정에서 나타날 수 있지만, 입법기술로 충분히 해결되는 것이다. (iii) 상법전이 경제단체 특히 대기업의 영향을 받아 그 이익을 대변할 우려가 있다는 것은 전혀 근거없고 실제 그러한 입법이 이루어진 예는 세계적으로 거의 없다. (iv) 민법과 상법이 따로 존재하는 경우 사법(私法)의 통일적 발전이 저해되는지 여부는 개별학자의 관심영역과 학문방법상의 문제일 뿐이다.

그리하여 민상이법 통일론(民·商二法 統一論)은 합리적 근거가 있다고 인정되기 어려우며 오늘날 이 주장은 각국에서 거의 받아들여지지 않고 있다. 또한 기업적 법률관계, 상인의 법률관계가 일반시민의 생활관계와 다른 특수한 부분을 가지고 있다고 보는 기본전제에서 민법상의 제도만 두고서 종래의 상사 법률관계를 규율하려는 것은 사회경제적 발전추세와 동떨어진 것이다.

(2) 민법의 상화(商化)와 상법의 자주성

민법(民法)의 상화(商化)(Kommerzialisierung des bürgerlichen Rechts)란 민법과 상법간의 규율대상이 실제적으로 유동적이고 특히 민법의 변화발전(상화(商化))에 의하여 상법의 자주성이 훼손되는 것은 아닌가라는 것이다(Jacob Rieser의 주장). '민법(民法)의 상화(商化)'의 모습은 두 개의 측면에서 고찰되었다. (i) 첫째, 상법의 규율대상이던 기업상 원리나 제도가 기업의 법률관계를 넘어 일반인의 생활관계에 침투되어 일반법에서 이 원리·제도를 차용하게 된 것이다(예, 계약자유의 원칙). (ii) 둘째, 원래 민법의 적용대상이던 영역이 상법의 적용영역으로 넘어오는 것이다(예, 민사회사). 이 중에서 후자는 본래 상법에서 규정해야 할 사항을 입법기술이나 법이론의 미숙함으로 인하여 민법에서 규정하였기 때문에, 다시 제자리에 갖다 놓는 현상으로서 민법의 순화현상(純化現象)에 불과한 것이다. 상법의 실질적 자주성과 관련하여 논의되는 민법의 상화(商化)는 바로 전자이다. 그러나, 전자에 관해서 보더라도 상법이 발달시킨 원리·제도가 일반법 영역으로까지 확산되는 것은 경제적 발전의 과실(果實)이 일반 시민사회에까지 영향을 미친 것이다. 이러한 현상이 생겨나는 것은 오히려 상법의 발전이고 바람직한 제도의 진화이다. 그리하여 '민법의 상화(商化)'가 이루어지더라도 상법은 여전히 새로이 개척되는 영역에서 변화·발전을 모색하는 것이므로 상법의 자주성은 별 문제될 것이 없다.

■ 민법의 상화(商化)

Ⅲ. 상법과 경제법의 관계

경제법은 비교적 최근에 나타난 법영역이다. 이는 특히 제1차 세계대전 이후 자본주의 경제의 폐해(독과점, 기업의 횡포로 인한 소비자의 이익침해 등)를 규제하기 위하여 각국이 통제경제입법을 하면서 경제법 분야가 성립된 것이다. 그런데 경제법과 상법의 관계에 대해서는 (i) 첫째, 상법에도 사회성·규제성의 원리가 잠재적으로 존재하므로 경제법은 법체계의 진화에 있어서 일시적으로 새로운 법분과로 인정되어 있을 뿐 향후 상법에 흡수되어야 한다는 입장(합일설(合一說))과 (ii) 둘째, 상법은 자본주의 경제체제의 기본적인 기업사법(企業私法)이고, 경제법은 그와 달리 기업규제적인 입장을 취하므로 양자는 분리되어야 한다는 입장(분리설(分離說))으로 나뉜다. (iii) 생각건대, 이는 상법의 대상·이념을 어떻게 볼 것인가와 관련되어 있는 것으로 상법이 상인법 내지 기업법인 한 기업규제적인 면을 지닌 경제법도 상법의 개념논리상 상법의 연구대상에 편입되어야 하리라 본다. 대표적인 경제법으로 논의되는 공정거래법(독점규제 및 공정거래에 관한 법률), 부정경쟁방지법(부정경쟁방지 및 영업비밀보호에 관한 법률)의 내용은 주식취득, 회사합병, 상호권 보호 등을 포함하고 있어서 종래 상법의 연구대상과 엄격히 구별하기 어렵다는 점을 보면 이를 수긍할 수 있을 것이다.

Ⅳ. 상법과 노동법의 관계

상인은 영업을 위하여 물적 요소와 인적 요소를 그 보조로 하여야 하는데 인적 요소는 기업보조자 내지 근로자이다. 기업보조자 내지 근로자는 기업활동을 위하여 노동을 제공하여 그 대가를 취득하는 것인데 이는 두 측면을 이루고 있어 (ⅰ) 첫째, 기업보조자(근로자)가 상인(영업주)에 갈음하여 제3자와 거래를 하였을 때 그 거래의 효과가 상인(영업주)에게 귀속되는가 하는 면(상법적 측면)과 (ⅱ) 둘째, 기업보조자(근로자)가 상인(영업주)에게 노동을 제공한 후 생존에 필요한 만큼의 임금을 보장받고 그 근로조건과 근로자의 단결권 등이 인간다운 생활을 할 수 있을 정도가 되어야 한다는 면(노동법적 측면)이 있다. 전자는 상법상 상업사용인(지배인 등의 대리권과 그 효과)의 문제로 다루어지고, 후자는 근로기준법 등 노동법의 연구대상으로 분리된다. 다만, 이러한 상법과 노동법의 각 관심대상은 다르더라도 기업의 발전과 상황에 따라 교착될 수 있다. 그리하여 각 법영역이 개방적인 태도를 지니고 거시적인 관점에서 자본투자자와 노동투여자의 입장을 조화롭게 이해하는 방향으로 연구를 진전시켜야 할 것이다.

Ⅴ. 상법과 어음법 · 수표법의 관계

어음(환어음 · 약속어음)과 수표는 권리와 증권이 결합된 유가증권으로서 매우 유용한 상거래 용구이다. 그 신용증권성이나 지급증권성의 특징은 상거래를 촉진시키고 결제를 분명히 하는 효과가 있기 때문이다. 다만, 어음과 수표는 '民法의 商化'의 대표적인 예로서 비록 상법 영역에서 발달하였지만 일반인의 법률관계에까지 널리 수용된 바 되어 이제는 어음법 · 수표법의 적용범위가 훨씬 넓어지게 되었다. 의용상법에서는 어음 · 수표거래가 절대적 상행위로 되어 있었지만(의용상법 제501조 제4호) 현재에는 독립적 단행법으로 각자 존재하고 있는 것도 이와 같은 이유에서이다. 그런데, 어음 · 수표의 대량거래가 이루어지는 것은 여전히 상거래에서이고 이는 향후에도 마찬가지일 것이다. 그리하여 어음법 · 수표법은 실질적 의의의 상법에 속한다고 할 것이고 실제 이를 상법전에 포함시킨 예도 있다(네덜란드 상법 제100조 이하).

제3절 상법의 특색과 이념

상법은 일반법인 민법과 다른 특색을 갖추고 있고 나아가 독자적인 이념도 지향하고 있다.

Ⅰ. 상법의 특색

상법은 여러 가지 특색을 지니고 있는데 그 중에서도 세계적 특성과 진보적 특성이 두드러진다.

1. 세계적 특성

상법은 자본주의 경제의 발전과 밀접한 관계가 있고 상법이 규율대상으로 하는 상인의 거래 내지 기업의 법률관계는 합리주의를 기초로 하여 각국의 독특한 전통문화에 별로 지배되지 않는다. 그리하여 상거래제도는 수시로 신속하게 교류되고 통일되어 가는 경향이 있다. 각 국가와 민족의 습속, 종교에서 벗어나 상거래가 이루어진다는 점은 세계를 하나로 연결하는 매개가 되고 그 세계화된 상거래는 공통된 규범을 필요로 하여 세계적 상관습을 성립시키고 조약의 체결을 촉진시킨다.

이와 같이 성립된 국제상관습의 예로는 공동해손에 관한 '요크-앤트워프 규칙(York-Antwerp Rules)'(1890년 제정되어 1950년과 1974년에 각각 개정)과 C.I.F. 계약에 관한 '와르소 옥스퍼드 규칙(Warsaw-Oxford Rules)'(1930년 제정) 등이 있다. 상사에 관한 통일조약으로는 주로 어음법, 수표법, 해상법에 관한 것인데 어음법통일조약(1930년), 수표법통일조약(1931년), UN 국제환어음 및 약속어음에 관한 조약(1988년), 선주유한책임조약(1924년), 선하증권 통일조약(헤이그 규칙(1924년)과 그 개정인 비스비 규칙(1968년)과 함부르그 조약(1978년), 해상우선특권과 저당권에 관한 조약(1926년), 국제물품매매계약에 관한 조약(1980년), 국제복합운송계약에 관한 조약(1980년), 선박충돌조약(1910년), 해난구조조약(1910년), 국제항공운송에 관한 규정의 통일에 관한 와르소조약(1929년) 등이 있다.

2. 진보적 특성

일반사법인 민법은 민족 · 국가의 풍속, 관습, 윤리, 민족성 등 전통적 요소에 의하여 지배되는 면이 많지만, 상법은 이러한 것에 지배되지 않고 유동적이고 진보적인 특성을 지니고 있다.

이는 상법의 대상인 상인 · 기업의 생활관계 자체가 인간의 욕망과 그에 따라 끊임없이 변화하는 경제적 수요를 좇아가야 하기 때문이다.

이 점은 민법의 채권법과 비교하더라도 마찬가지이다. 민법의 채권법은 채권 · 채무의 성립과 효력 내용(채권의 효력일반, 채권의 보전, 채무불이행)에 대하여 일반적인 사항을 규정하면 되지만, 상법은 기업의 조직(회사설립, 내부기관의 구성 등), 활동(구체적 상행위의 계약 등), 상인의 현실적 거래관계를 미시적으로 규정하여야 한다는 점 때문이다.

이처럼 기업의 생활관계를 지배하는 경제적 합리주의와 기술(技術) 중시의 특성은 상법에도 바로 투영되어야 하고 현실경제를 반영하여야 하는 상법은 자주 개정될 수밖에 없다. 다만, 성문법주의를 취하는 우리나라 상법의 경우 실제 경제생활을 상법의 개정만에 의하여 시간적 간격없이 모두 반영하는 것은 불가능하다. 그 간격을 메워주는 역할을 하는 상관습(商慣習)과 보통거래약관이 중요하게 되는 이유이다.

Ⅱ. 상법의 이념

상법은 그 적용대상인 기업의 법률관계와 관련하여 일정한 이념을 지니고 법규정을 제정 · 변경시키고 있다. 이는 크게 기업의 유지와 강화, 거래안전의 보호로 나눌 수 있고, 각각의 부분은 또다시 세분되어 구체화된 이념을 발전시켰다. 상법의 규정에 비록 무색적(無色的)이고 기술적(技術的)인 제도가 많은 것 같아도 각 규정들은 이와 같은 통일적 이념을 지향하고 있다. 이러한 점은 상법의 개정과 새로운 특별법의 제정에도 적용되어야 한다.

1. 기업의 유지와 강화

우선 상법은 기업 자체가 생명력을 유지하고 그 활동이 강화되는 것을 목표로 한다. 이를 위해서 기업존립의 기반을 보장하고 강화하며 구체적 기업활동의 편의를 도모하며 기업의 소멸을 방지하고자 한다.

(1) 기업존립 기반의 보장

기업의 존립기반을 보장하기 위해서는 상인의 영리성을 보장하고 자본형성을 촉진하며, 상인의 노력을 보충하는 제도를 두고 기업활동상의 위험을 경감시켜 주어야 한다.

가) 영리성의 확보, 자본의 형성

기업의 목적은 재화나 서비스를 얻으려는 인간의 본능적 영리활동에 있다. 그리하여 상법은 상행위의 유상성(有償性)을 인정하고 보통의 비상행위(非商行爲)에서보다 높은 보수를 허용하고 있다. 예컨대 상사채권의 법정이율이 민법상 법정이율보다 높고(商 제54조, 民 제379조), 상인간의 소비대차나 영업범위내 금전체당의 경우 이자청구 인정(商 제55조), 상인의 영업범위내 행위에 대한 보수청구권(商 제61조)은 이를 반영하는 규정들이다.

■ 기업존립의 기반형성~상인의 보수청구권 인정(商 제61조)

또, 기업의 이윤추구를 효과적으로 진전시키려면 자본을 가급적 큰 규모로 형성해야 하는데, 상법상 익명조합(商 제78조 이하), 회사제도(商 제169조 이하)에서 신주발행과 사채발행제도, 합병제도를 두고, 선박담보(商 제777조 이하)를 규정한 것은 이 때문이다.

나) 노력의 보충

상인 자신의 노력만으로는 영업활동을 모두 행할 수 없는 경우가 많아서 상인의 노력을 보충하는 제도를 상법은 두고 있다. 이는 상업사용인(商 제19조 이하), 대리상(商 제87조 이하), 중개인(商 제93조 이하), 위탁매매인(商 제101조 이하), 합명회사(商 제178조 이하)의 규정에서 보인다.

다) 위험부담의 경감

기업활동을 하는 과정에서 발생하는 위험을 경감해야 기업을 하는 사람의 동기가 강화된다. 이러한 방법으로는 기업생활에서 발생하는 위험을 분산하거나 기업담당자의 채무이행상 책임자체를 분산시키는 것이 필요하다. (ⅰ) 첫째, 기업생활에서 발생하는 위험을 여러 사람이 나누도록 분산하는 방법으로는 회사제도(특히 다수주주의 참여를 통한 주식회사제도), 보험 · 재보험제도(商 제638조 이하, 제661조), 공동해손제도(商 제832조 이하)가 있다. (ⅱ) 둘째, 책임자체를 채무의 일부금액으로 제한하는 방법(금액 유한책임: 인적 유한책임)으로는 합자회사의 유한책임사원의 책임제한(商 제279조), 주식회사의 주주의 책임제한(商 제331조), 유한회사의 사원의 책임제한(商 제553조), 선박소유자의 책임제한(商 제769조 이하), 공동해손 분담의무자의 책임제한(商 제868조), 해난구조료 지급의무자의 책임제한(商 제884조) 등이 있다.

■ 인적 유한책임(人的 有限責任)(금액 유한책임: 金額 有限責任)

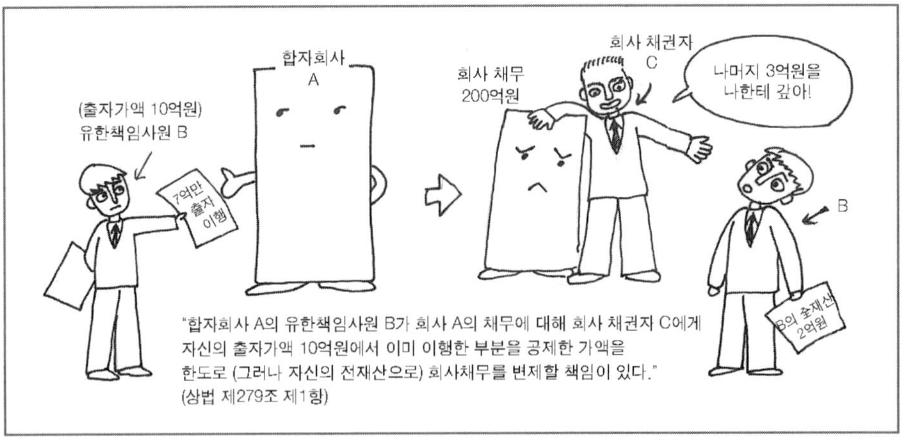

■ 물적 유한책임(物的 有限責任)

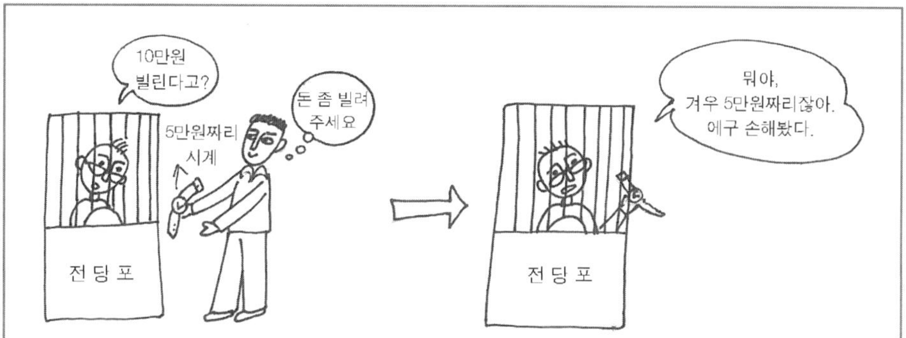

"전당포 주인 A에게 시계를 맡기고 10만원을 빌린 B는 시계라는 質物을 한도로 해서만 빚 갚으면 그만이다."

(2) 기업조직의 강화

기업조직의 강화는 기업의 독립성 확보와 그 합리적 경영을 보장함으로써 가능해진다.

가) 기업의 독립성 확보

기업이 생명력을 지니고 영속성을 가지려면 그 기업을 창출한 자연인으로부터도 독립적인 조직체가 되어야 한다. 상호(商 제18조 이하), 상업장부(商 제29조 이하), 상사대리권이 본인의 사망으로 소멸하지 않도록 한 것(商 제50조), 각종 회사에 대한 법인격의 부여(商 제171조 제1항) 등이 이에 해당한다.

■ 기업조직의 강화~기업의 독립성 확보

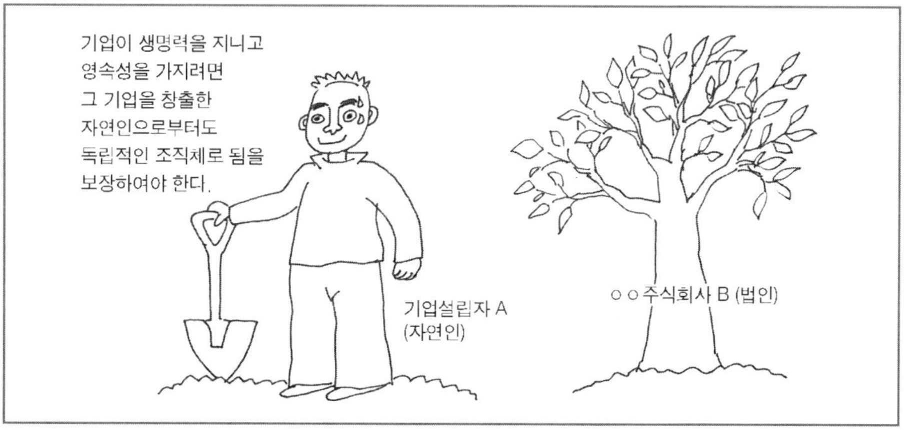

나) 합리적 기업경영의 보장

기업의 경영을 합리적으로 하기 위하여는 출자자와 경영자를 분리시키는 것이 유리하다. 주식회사에서 주주가 기업소유자로서의 지위를 가질 뿐 기업경영의 권리와 의무를 갖거나 지지 않고, 기업경영자인 이사는 주주임을 요하지 않는다(商 제382조. 단, 제387조 참조). 그리고 익명조합(商 제78조 이하), 지배인제도(商 제11조 이하)도 출자자 이외의 자가 기업경영을 책임지는 경우이다.

(3) 기업활동의 편의 도모(증권화 · 정형화와 신속주의)

기업활동의 편의를 도모하기 위해서는 권리의 증권화 · 거래방식의 정형화를 촉진시키고, 또 거래행위 자체의 신속을 위한 제도를 두어야 한다.

가) 권리의 증권화와 거래방식의 정형화

권리를 증권화하거나 거래방식을 정형화하면 거래 자체가 쉽게 이루어질 수 있다. 상법은 이를 위하여 (ⅰ) 일정한 물권 · 채권 · 사원권을 증권화하고(예, 화물상환증, 창고증권, 주권, 보험증권, 선하증권 등) (ⅱ) 계약체결을 함에 있어서 요식주의를 취하거나 보통거래약관의 이용을 널리 허용한다.

나) 신속주의

상거래의 신속을 위하여 상법은 다음과 같은 제도를 두고 있다. 즉, 상법은 상행위의 간단한 대리방식(商 제48조), 계약청약의 효력(商 제51조), 계약청약에 대한 낙부통지의무(商 제53조), 매도인의 공탁권 · 자조매각권(商 제67조), 확정기매매의 해제의제(商 제68조), 매수인의 목적물검사와 하자통지의무(商 제69조), 상사채권의 단기소멸시효제도(商 제64조 등), 상호계산제도(商 제72조), 어음교환제도 등을 두었다.

(4) 기업소멸의 방지

기업의 소멸을 가급적 방지하는 것도 사회전체적으로 기업의 유지강화를 위해 유용하다.

가) 영업의 양도 보장

상인이 영업행위를 종료하고자 할 때 이를 양도하는 방법을 허용하면 기업을 해체하지 않고도 종전의 상인은 그 목적을 달성할 수 있다(商 제41조 이하).

나) 회사의 합병제도

여러 회사를 합하여 1개로 합병하여도 경제적으로는 소멸회사의 인적 · 물적 상태가 잔존한다(商 제174조, 제230조, 제522조, 제598조).

다) 회사의 계속 · 재건제도

영업의 양도나 합병이 종전의 영업을 다른 사람에게 사실상 이전하는 제도임에 비하여 회사의 계속 · 재건제도는 회사를 다른 상인에게 이전하지 않고 일부 정비하여 그대로 존속시키려는 것이다. 회사계속제도(商 제229조 제1항, 제269조, 제519조), 합명회사에서 신사원의 가입에 의한 회사의 유지(商 제229조 제2항), 주식회사에서의 1인회사 인정(商 제517조), 회사의 조직변경제도(商 제242조, 제286조, 제604조, 제607조). 회사의 회생제도(채무자회생 및 파산에 관한 법률)는 이러한 취지에 따른 것이다.

■ 기업소멸의 방지~회사계속제도(商 제519조)

■ 기업소멸의 방지~조직 변경

합명 ⇄ 합자
주식 ⇄ 유한

2. 거래안전의 보호

상법은 기업의 유지 · 강화 도모와는 다른 한 측면에서 기업거래상 선의의 피해자가 발생하지 않아야 시장에서의 신뢰가 형성되고 안정장치가 확보될 수 있다는 점에 주목하고 있다. 그리하여 공시주의, 엄격책임주의, 외관주의, 기존상태 존중주의의 이념에 입각한 여러 제도를 두고 있다.

(1) 공시주의(상업등기)

상사거래에서 당사자가 일정한 중요부분을 공중에게 공시하도록 하면 불측의 손해가 방지되고 그를 토대로 형성된 신뢰는 거래 참가자의 경제활동을 활발하게 할 수 있다. 공시주의의 대표적인 예로서 상업등기는 상법의 규정에 따라 영업내용의 일정부분을 상업등기부에 기재하게 하는 것이다. 상인은 상업등기에 의해 타인에게 대항력을 갖게 되는 것이 주목적이지만, 전체적으로 보면 사회일반의 거래를 안전하게 함에 기여하는 것이다. 상업등기는 구체적으로 무능력자의 법정대리인의 영업(商 제6조, 제8조), 지배인(商 제13조), 상호(商 제22조, 제25조 제2항, 제27조), 각종 회사의 설립 · 해산 · 회사대표, 주식회사 자본의 증감, 社債 등에 관한 사항을 등기하게 하고 있다.

(2) 엄격책임주의

상행위상 거래안전이 도모되기 위해서는 상행위자에게 책임을 엄격히 부담하게 하여 그에 대한 신뢰를 확립해야 한다. 이를 위해서는 일정한 경우 연대책임을 지우고 주의의무를 무겁게 부담시키며, 상인(기업주)과 경영담당자에게 특별한 책임을 인정할 필요가 있게 된다.

(i) 상법에서 연대채무를 부담시키는 경우로는 다수당사자간 행위와 상사보증의 연대화(商 제57조), 합명회사 사원과 합자회사의 무한책임사원의 연대책임(商 제212조, 제269조), 주식회사의 발기인 · 유사발기인 · 이사 · 감사의 책임(商 제32조 이하, 제399조, 제401조, 제414조), 타인명의에 의한 주식인수인의 책임(商 제332조 제2항), 명의대여자의 책임(商 제24조), 순차운송인의 책임(商 제138조) 등이 있다.

(ii) 상법상 일정한 경우 주의의무를 가중시키는 예로서는 영업범위 내 임치를 받은 상인의 당연한 선관주의의무(商 제62조), 상인간 매매의 경우 매수인의 목적물 검사 · 하자통지 · 목적물보관의무(商 제69조, 제70조) 등이 있다.

(iii) 상인(기업주)과 경영담당자에게 특별한 책임을 인정하는 예로는 사용자로서의 특별책임(商 제135조, 제152조, 제160조, 제794조, 제795조), 합명회사 사원과 합자회사의 무한책임사원의 책임(商 제212조, 제215조, 제269조), 주식회사와 유한회사의 이사 · 감사의 책임(商 제399조, 제401조, 제414조, 제567조, 제570조), 발기인 · 유사발기인의 책임(商 제321조 이하), 유한회사 사원의 자본충실책임(商 제550조, 제551조, 제593조)등이 있다.

■ **엄격책임주의~이사의 책임**(商 제399조 제1항: 이사가 법령 또는 정관에 위반한 행위를 하거나 그 임무를 해태한 때에는 그 이사는 회사에 대하여 연대하여 배상할 책임이 있다)

(3) 외관주의

법률관계에서 나타나는 외관이 그 내용과 일치하지 않는 경우 그 내용만을 중시하여 외관을 무시하게 되면 거래상 신뢰가 형성되지 않으므로 때로는 내용보다 외관을 우선하고 중시할 필요도 있다. 이는 영미법상의 금반언(禁反言)(estoppel)과 독일법상의 외관법리(外觀法理)(Rechtsscheintheorie)를 계승한 것이다. 표현지배인제도(商 제14조), 자칭사원의 책임(商 제215조), 퇴사원의 책임(商 제225조), 유사발기인의 책임(商 제327조), 표현대표이사(表見代表理事)(商 제395조, 제567조), 명의대여자의 책임(商 제24조), 부실한 상업등기의 공신력(商 제39조), 배서의 자격수여적 효력(商 제65조, 제336조 제2항, 어 제16조 제1항, 수 제19조) 등이 그 예이다.

(4) 기존상태 존중주의

상사거래의 안전과 계속성을 담보하기 위해서는 기존의 법률관계에 약간의 하자가 있더라도 이를 존중하고 이 바탕위에서 새 질서를 형성해야 한다. 사실상의 회사제도(商 제184조 이하, 제269조, 제328조, 제552조), 주주총회 · 사원총회의 결의하자 주장의 제한(商 제376조 이하, 제578조), 회사의 설립 · 합병 · 신주발행 · 자본감소 등의 무효 주장의 제한 내지 그 무효판결 효과의 불소급(商 제184조 이하, 제236조 이하, 제429조 이하, 제445조) 등은 이를 위한 것이다.

제 4 절 상법의 법원(法源)

Ⅰ. 머 리 말

법원(法源)(resources of law; Rechtsquelle)이란 용어는 법철학에서는 '법의 정당성의 근거'라는 뜻으로 쓰이고, 법해석학에서는 '법의 존재형식'이란 뜻으로 쓰이고 있다. 여기서는 후자의 뜻으로 쓰인다. 후자의 법원은 제정법(성문법(成文法))과 불문법(不文法)으로 나뉘고, 불문법(不文法)은 다시 관습법(慣習法), 판례법(判例法), 조리(條理)로 나뉜다. 다만, 우리나라에서는 영미에서처럼 '선례구속력(先例拘束力)의 원칙'이 확립되어 있지 않으므로 판례는 법원이 될 수 없다고 주장하기도 한다. 그러나 대법원 판례에 따르지 않는 하급심 판결의 대법원에서의 파기가능성, 대법원에서의 판례변경의 엄격한 요건(법원조직법 제7조 제1항 제3호 참조) 등을 고려할 때 판례는 '사실상의 법원성(法源性)'을 지니고 있고, 이 점에서 우리나라에서도 판례법의 존재를 인정할 수 있다고 하겠다. 또한 조리에 대해서도 조리는 법의 영역을 초월해서 사물의 당연한 이치를 뜻하므로 법원(法源)으로 볼 수 없다는 견해가 주장되기도 한다.

상법의 법원(法源)에 대해서도 법원(法源)에 관한 일반론이 그대로 적용될 수 있다. 그러나 상사거래에서는 민사거래에서보다 관습이 중요한 구실을 하기 때문에, 상법학자들은 민법학자들과는 달리 제정법과 관습법, 관습법과 사실인 관습 사이의 효력의 차이를 부인하기도 한다.

Ⅱ. 상사 제정법

상거래는 대량적이고 기술적으로 이루어지므로 그 거래의 내용을 명확히 규정하여 법적 안정성을 기할 필요가 특히 크다. 이런 이유 때문에 불문법주의 국가인 영미에서도 상사(商事)에 관해서는 다른 영역보다 비교적 많은 법이 제정되어 있다(성문화(成文化), 법전화(法典化); codification). 또한 상거래는 나날이 발전 · 변모해 가므로 이에 부응하기 위하여 상사제정법은 빈번하게 개정되는 것이 보통이다.

우리나라의 대표적인 상사제정법으로는 상법전(형식적 의의의 상법)이 있고, 상법전에 부속된 특별상사법령으로서는 상법시행법, 선박소유자 등의 책임제한절차에 관한 법률, 상업등기처리규칙(대법원규칙), 상법의 일부규정의 시행에 관한 규정(대통령령), 선박의 속구목록에 관한 규정(대통령령) 등이 있다. 상법전으로부터 독립된 특별상사법으로는 주식회사의 외부감사에 관한 법률, 담보부사채신탁법, 자산재평가법, 금융지주회사법, 채무회생 및 파산법, 회사정리법, 기업구조조정촉진법, 은행법, 자본시장 및 금융투자업법, 보험업법, 자동차손해배상보장법, 무역거래법, 신탁법, 비송사건절차법, 독점규제 및 공정거래에 관한 법률, 약관의 규제에 관한 법률, 부정경쟁방지법, 소비자보호법, 공장저당법, 광업재단저당법, 자산유동화에 관한 법률, 전자거래기본법, 전자서명법, 전자상거래 등에서의 소비자보호에 관한 법률 등 수많은 법률이 있다.

또한 상사에 관한 조약(국제항공운송에 관한 Warsaw Convention 등)과 일반적으로 승인된 상사에 관한 국제법규(공동해손에 관한 York-Antwerp Rules, 상업신용장에 관한 Risbon Rules, 무역조건에 관한 Incoterms 등)도 국내 상사제정법과 동일한 효력을 지닌다(헌법 제6조 제1항 참조).

Ⅲ. 상관습법

1. 상관습법의 의의

상관습법이란 관습의 형식으로 존재하는 상사(商事)에 관한 법규를 말한다. 이는 상인의 거래관계 또는 기업의 생활관계에서 오랜 시간 반복되어 온 관습이 법적 효력이 있는 것으로 확신되기에 이른 경우이다. 상법전이라는 성문법전을 지니고 있는 우리나라와 같은 국가에서도 상법전 자체가 기업생활관계 모두에 유의하여 제정될 수 없고 상거래는 빠르게 발전하므로 법전 제정과 별도로 상관습법이 생성 · 발전하여 실질적 의의의 상법 내용을 구성하는 것을 피할 수 없다.

2. 사실인 상관습과의 구별

상관습법은 단순히 상관행에 머물러 있는 '사실인 상관습'과는 다르다. 사실인 상관습은 거래계의 법적 확신을 얻어야 비로소 상관습'법'이 된다(법적 확신설). 양자의 구체적인 차이로는 (i) 상관습법은 민법보다 효력이 우선하여 민법의 강행규정과 달라도 성립할 수 있으나, 사실인 상관습은 임의규정에 구속되지 않을 뿐이다. (ii) 상관습법이 법적 확신에 의해 지지되려면 전국적 범위에서 널리 인정되어야 하지만, 사실인 상관습은 한 지방에 국한해서도 인정될 수 있다. (iii) 상관습법은 법규범의 효력이 있어(商 제1조 참조) 당사자의 의사와 무관하게 당사자를 구속할 수 있지만, 사실인 상관습은 법률행위 당사자의 의사해석 자료에 불과하다. (iv) 법원의 판결이 상관습법에 반하면 위법하여 상고이유로 할 수 있지만(民訴 제423조), 사실인 상관습을 무시한 때에는 사실인정의 문제로서 상고이유가 될 수 없다.

이와 같이 양자를 구별하는 기준과 구별 실익이 인정되기는 하지만, 실제로는 양자를 구별하기가 쉽지 않다. 이는 통설이 구별기준으로 제시하는 '법적 확신의 유무'가 분명하지 않은 예가 많기 때문이다. 다만 당사자의 의사해석이 문제로 되는 민

if) 전국적 범위에서, 농산물 매매에서는 매매대금을 후불하는 상관습이 있고
\+ 거래계의 「법적 확신」을 얻은 단계라면
⇒ 전국적 범위의 「상관습법」 성립
⇒ 법 규범의 효력

if) 제주도 어민들 사이의 어류매매에서는 매매대금을 선불하는 상관습이 있고
\+ 아직 「법적 확신」을 얻지 못한 단계라면
⇒ 지방의 「사실인 상관습」 정도
⇒ 당사자간 의사해석 자료에 불과

사법(民事法) 영역에서는 대개 사적자치(私的自治)가 지배하므로 사실인 상관습도 법규에 우선하여 적용되어 실제로는 상관습법과 사실인 상관습의 구별이 어려운 법률문제로 되는 예는 적다.

3. 상관습법의 적용

상법 제1조는 「상사에 관하여 상법에 규정이 없으면 상관습법에 의하고, 상관습법이 없으면 민법의 규정에 의한다」고 하고 있다. 그리하여 상관습법은 상법전보다는 적용상 후순위(後順位)이지만, 민법 규정보다는 우선한다. 특히 여기에서 상관습법이 민법의 효력보다 우선한다는 점이 중요한 부분인데, 상사에 관해서 존재하는 관습법이 민법의 제정법보다 우선한다는 데 특별한 의미가 있는 것이다. 이는 제정법 우선주의의 예외를 인정하는 것이다. 즉 비록 관습적인 것이라도 진보성과 합리성이 있는 것은 보통법인 민법상 제정법보다 우선시켜야 한다는 배려가 들어있다.

판례(1)

대판 1983. 2. 8, 82**다카**1275
(상인간의 계속적인 물품공급거래에 있어서 교부되는 인수증의 기재사항과 발행에 일정한 형식이 있음은 거래관행(상관습)이라는 사실을 인정한 사례)

"상인인 법인간의 계속적인 물품공급거래에 있어서는 원칙적으로 기업의 회계자료로서 물품의 매출, 매입 또는 수불관계를 명확하게 하기 위하여 수요자는 공급자에게 사전에 물건의 종류, 규격, 수량을 지정하여 발주하고, 공급자는 발주수량의 물건에 송장을 첨부하여 인도하면 발주자는 이를 검수 확인하고 송장에 수령사실을 확인하거나, 수령할 물건의 명세를 표시한 인수증을 공급자에게 발행하고 그 부본을 발주법인이 보관하되 그 인수증은 물건의 인도, 인수사실을 증명하는 문서이므로 특단의 사정이 없는 한 물품의 종류, 규격, 수량, 인수법인, 인수자의 직위, 성명을 기재하고 작성자의 날인을 하여 인수일자마다 개별적으로 발행함이 거래의 상례라 할 것이다."

판례(2)

대판 1967. 5. 16, 67**다**311
(일정한 지급보증서가 유가증권으로서 유통되는 상관습은 인정되지 않는다는 사례)

"甲"제4호증의 1, 2 지급보증서를 기록에 의하여 검토하면, 지급 금액 금 300만원 또는 200만원이라 하였고, 지급기일 1965. 2. 28. 자금 사용자 주식회사 삼정상공사, 자금용도 "수산협동조합 중앙회에 목탄 15만포 납품계약 이행용"이라 하였고, 위와 같은 금액을 피고가 지급보증을 한다는 내용으로 되어 있으나 위와 같은 지급보증서를 수령하는 자를 특정한 바 없이 다만 "은행 귀하"라고 되어 있음을 엿볼 수 있다. 그러므로 위와 같은 기재내용 특히 자금사용자가 특정되어 있을 뿐 아니라 자금용도가 특정되어 있다는 점으로 보아 이는 자금 사용자인 위의 회사가 그 자금용도로서 특정되어 있는 자금을 대부하는 은행에게 대하여, 피고가 그 지급을 보증한다는 민사상 보증을 한 보증서에 불과함을 엿볼 수 있을 뿐이고, 위와 같은 내용의 지급보증서가 유가증권으로서 유통되고 있다는 상관습은 없는 것이다."

Ⅳ. 상사 자치법

상사관계에서는 기업의 조직 · 활동과 관련하여 자주적으로 정한 각종의 규칙이 있다. 회사의 정관, 증권거래소의 업무규정, 어음교환소 규칙 등이 그것이다.

Ⅴ. 보통거래 약관

보통거래 약관에 관한 법학적 논의는 2가지로 나누어 볼 수 있다. 그 하나는 보통거래약관이 어떠한 것이기에 고객이 그에 구속되어야 하는지를 밝히는 것이고, 또 다른 하나는 불공정한 내용의 보통거래약관으로부터 고객을 보호하기 위해 약관의 규제에 관한 법리를 마련하는 것이다. 전자에 관한 논의를 약관본질론이라 하고, 후자에 관한 논의를 약관규제론이라고 한다. (보통거래)약관은 그 구속력의 근거에 관해서 규범설(법규범설)에 따르면 법원(法源)이 될 수 있지만, 의사설(계약설)에 따르면 법원(法源)이 될 수 없다.

1. 보통거래 약관의 의의

(1) 개념과 기능

보통거래약관이라 함은, 그 명칭이나 형태 또는 범위를 불문하고 계약의 일방당사자인 사업자(約規 제2조 제2항)가 다수인이거나 불특정한 고객과의 계약을 체결하기 위해서 일정한 형식에 의해 미리 마련하여 계약체결시에 고객에게 제시하고 그것에 따르도록 요구하는 부동문자(不動文字)로 된 정형적인 계약조항을 말한다(約規 제2조 제1항). 보통거래약관의 개념요소는 (i) 첫째, 계약조항을 사업자가 미리 일방적으로 마련한다는 점, (ii) 둘째, 고객이 다수이거나 불특정한 경우를 전제한다는 점이다.

보통거래약관은 19세기의 산업혁명으로 인해 인류가 대량생산과 대량소비의 경제생활을 누리게 됨에 따라 생겨난 것이다. 보통거래약관은 사업자가 일방적으로 작성하는 경우가 보통이나, 사업자단체와 소비자단체가 협의에 의하여 작성하는 경우 또는 제3자가 작성하는 경우도 있다. 오늘날은 보험, 은행, 증권, 신용카드, 전기 · 가스 · 주택의 공급, 할부거래, 창고, 운송 등 업태에 따라 무수한 보통거래약관이 존재하고, 이를 빼놓고는 현대의 경제생활을 생각할 수 없을 정도가 되었다.

(2) 표준약관

사업자 및 사업자단체는 건전한 거래질서를 확립하고 불공정한 내용의 보통거래약관이 통용되는 것을 방지하기 위하여 일정한 거래분야에서 표준약관을 마련하여 그 내용이 공정거래법에 위반되는지 여부에 관하여 공정거래위원회에 심사를 청구할 수 있다(約規 제19조의 2 제1항). 또한 소비자단체 등도 중요한 거래분야의 표준약관 제정을 공정거래위원회에 요청할 수 있다(동 제2항). 만약 사업자 및 사업자단체가 표준약관과 다른 내용을 보통거래약관으로 사용하는 경우 표준약관 표지를 사용할 수 없다(동 제8항).

(3) 문제점(규제의 필요성)

보통거래약관에 의한 계약체결의 경우에는 계약내용이 사전에 일방적으로 정해진다는 점, 계약당사자 사이의 이익형평이 대량으로 파괴된다는 점에서, 계약상대방의 보호문제가 대두되어 보통거래약관을 다각적으로 규제하게 된다.

2. 약관의 명시 · 설명의무

사업자는 (보통거래)약관에 의한 계약을 체결하고자 할 때에는 계약체결시에 고객에게 그 약관의 내용을 명시하고 설명해 주어야 한다. 여기서 약관의 명시라 함은 계약의 종류에 따라 일반적으로 예상되는 방법(적시, 게시, 비치, 교부 등)으로 약관의 존재를 알리는 것이고, 이 중에서 약관의 교부는 고객의 요구가 있으면 한다(約規 제3조 제1항). 약관의 설명이라 함은 약관의 중요한 내용을 설명하는 것이고(約規 제3조 제2항), 설명의 정도는 거래계의 평균인이 이해할 수 있는 정도로 하면 된다. 사업자의 약관의 명시 · 설명의무는 고객을 보호하기 위한 것이므로, 사업자가 이 의무를 위반한 경우에 고객이 스스로 의무위반의 효과를 포기하고 당해 약관조항의 구속력을 인정하는 것은 상관없다.

약관규제법과 동 시행령은, 행정관청의 인가를 받은 약관으로서 거래의 신속을 위하여 필요하다고 인정되어 대통령령이 정하는 약관(여객운송업, 통신업, 전기 · 가스 및 수도사업 등의 약관)에 대해서는 명시의무가 면제된다고 규정하고 있다(約規 제3조 제1항 단서, 시행령 제2조 제1항). 그러나 이러한 약관이라도 사업자는 영업소에 약관을 비치하여야 하며, 고객의 요구가 있는 때에는 당해 약관을 교부하여야 한다(시행령 제2조 제2항). 또한 사업자는 계약의 성질상 설명이 현저하게 곤란한 경우에는 설명의무가 면제된다(約規 제3조 제2항 단서). 신속한 거래를 요하는 여객운송업 등의 약관은 설명의무가 면제되는 것이다.

사업자가 약관의 명시 · 설명의무를 이행하지 않고 계약을 체결한 경우에는, 그 의무가 면제되지 않는 한, 그 약관조항은 계약의 내용으로 주장할 수 없고(約規 제3조 제3항), 그 계약은 나머지 부분만으로 유효하게 존속한다(일부무효의 원칙). 다만, 유효한 부분만으로는 계약의 목적달성이 불가능하거나 일방당사자(사업자 또는 고객)에게 부당하게 불리할 때에는 그 계약은 전부무효로 한다(約規 제16조). 그리고 이 의무를 위반한 사업자는 500만원 이하의 과태료의 벌을 받게 된다(約規 제34조 제2항).

[약관의 명시 · 설명 의무]

〈약관 명시의무〉 〈약관의 설명의무〉

3. 보통거래약관의 법원성(法源性)(약관의 구속력의 근거)

(1) 문제의 소재

(보통거래)약관은 개념본질적으로 계약의 양 당사자가 합의하여 작성할 수 없는 것인데 이러한 약관의 작성방식에도 불구하고 약관이 계약당사자를 구속할 수 있는가? 또, 구속할 수 있다면 그 근거는 무엇인가가 가장 문제이다.

(2) 학 설

가) 의사설(意思說)(계약설(契約說))

이것은 전통적인 법률행위이론에 따라 약관에 의한 계약도 보통의 계약과 마찬가지로, 당사자(특히 고객)가 약관의 내용을 알고 그것에 의하여 계약을 체결하였을 경우에만 당사자를 구속한다는 견해이다. 이 견해는 약관이 당연한 법원(法源)으로 됨에 반대한다(법원성(法源性) 부정: 주관주의).[8)]

[약관의 구속력의 근거 ①] ~ 의사설(계약설)

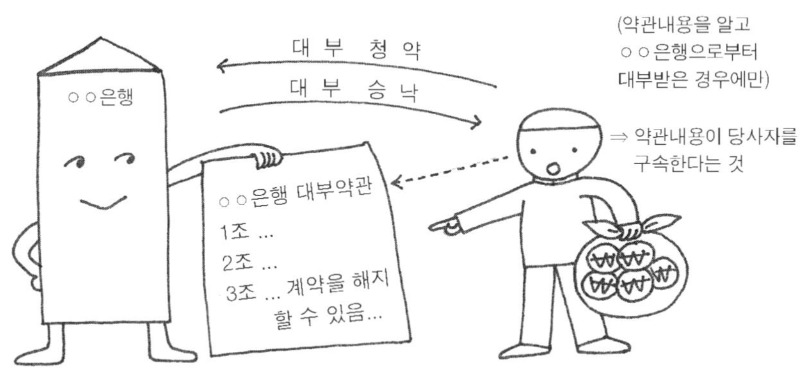

나) 규범설(規範說)

이는 (보통거래)약관은 당사자의 구체적인 의사에 관계없이 일정한 거래권내에서는 법규범과 같은 구속력을 갖게 된다는 견해이다. 즉, 당사자의 의사여하에 불구

8) 이 · 최, 94면; 이철송, 36면; 임홍근, 53면; 정동윤, 32면.

하고 약관은 상법의 법원(法源)이 된다는 입장이다(법원성(法源性) 긍정: 객관주의). 규범설의 근거에 있어서 다시 둘로 나뉘어 주장된다.

① 자치법설

이는 약관을 마치 사단법인내의 정관처럼 자치법의 하나로 이해하려는 것이다. 즉 약관에 의해 계약이 체결되었으므로 약관은 계약의 전제로서 법규가 되는 것이고 그 거래계의 부분사회를 지배하는 자치법(自治法)이 될 수 있다고 한다.

[약관의 구속력의 근거 ②] ~ 규범설 중 자치법설

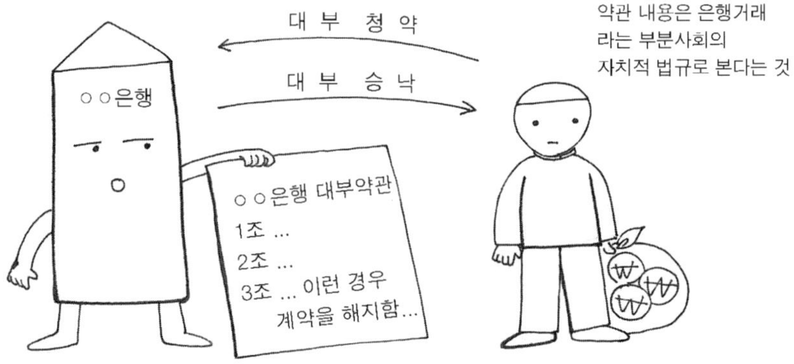

② 상관습법설

상관습법설에서도 (i) 약관의 내용 자체가 상관습법의 하나로 된다는 견해가 있으나 대체로는 (ii) 약관의 내용 자체에 대해서가 아니라 "약관에 의하여 거래한다"는 규범이 일정한 상거래계에서는 존재할 수 있다고 한다(백지상관습법설(白地商慣習法說)).[9]

9) 강 · 임, 26-27면; 김용태, 43면; 서 · 정, 45면.

[약관의 구속력의 근거 ③] ~ 규범설 중 상관습법설

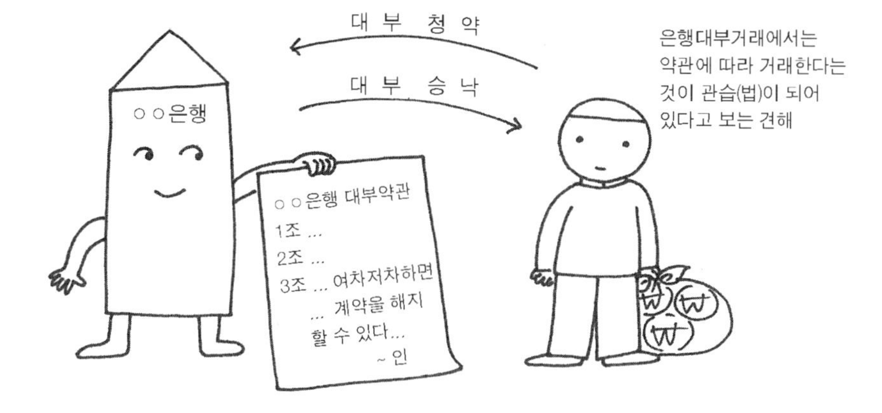

(3) 판례(의사설(意思說))

우리 판례는 의사설의 입장을 취하고 있다. 즉, "은행거래 약관도 다른 일반거래 약관과 마찬가지로 그 본질은 계약의 초안, 즉 예문에 불과하므로 그것이 계약당사자에 대하여 구속력을 가지려면 계약당사자 사이에서 계약내용에 포함시키기로 하는 합의가 있어야 할 것이지만, 일반적으로 계약당사자 사이에 약관을 계약내용에 포함시킨 계약서가 작성된 경우에는 계약당사자가 그 약관의 내용을 알지 못하는 경우에도 그 약관의 구속력을 배제할 수 없다."고 입장을 밝히고 있다.[10)]

(4) 사견(규범설 중 백지상관습법설(白地商慣習法說))

국가나 지방자치단체 등 헌법이 수권(授權)하지 않은 기관이 작성한 약관이 규범성을 지니는가에 대해 거부감이 드는 것은 자연스런 현상일 수 있다. 그러나 앞서

---

10) 대판 1992. 7. 28, 91다5624; 같은 취지의 판례로 대판 2004. 11. 11, 2003다30807(약관의 법원성을 부정한 판례: 보통보험약관을 포함한 일반거래약관이 당사자에게 구속력을 가지려면 이를 계약의 내용으로 하려는 명시적 · 묵시적 합의가 있어야 한다는 취지): "… 보통보험약관을 포함한 이른바 일반거래약관이 계약의 내용으로 되어 계약당사자에게 구속력을 갖게 되는 근거는 그 자체가 법규범 또는 법규범적 성질을 갖기 때문은 아니며 계약당사자가 이를 계약의 내용으로 하기로 하는 명시적 또는 묵시적 합의를 하였기 때문이라고 볼 것인바 … 기록을 살펴보더라도 이 사건 보험계약의 체결 당시 당사자들 사이에서 협회선박기간보험약관(원고의 주장에 의하자면 전손담보조건부약관으로서 1983. 10. 1. 개정된 것)을 이 사건 보험계약에 적용하기로 명시적으로 합의하였다고 볼 만한 증거가 전혀 없을 뿐만 아니라 위 약관을 계약내용에 편입시킨다는 취지가 담긴 보험계약서 내지 청약서가 작성되었다는 사정이나 기타 이 사건 보험계약을 체결함에 있어 원고와 피고 사이에 그 점에 대한 묵시적 합의가 있었다고 추정할 만한 특별한 사정도 찾아보기 어렵다."

상법의 유동성(진보성)의 특성에서 밝힌 바와 같이 상법이 아무리 빠르게 개정된다 하여도 현실적인 상인의 거래 내지 기업의 생활관계를 모두 틈이 없이 규율한다는 것은 불가능하여 이를 메울 규범으로서 보통거래약관이 필요하다. 또, 일정한 거래분야(은행, 증권거래, 보험가입 등)에서는 약관에 의하지 않으면 도저히 대량적 · 반복적 거래가 이루어질 수 없다는 정도의 상관습이 성립되어 있고 이는 건전한 사회통념상 법적 확신에 의해 지지된다고 할 수 있다(백지상관습법설(白地商慣習法說)). 그리고 약관내용이 당사자의 의사에 반한다거나 작성자의 일방적 의사만이 강요된다거나 하는 문제는 약관의 명시 · 설명의무의 이행, 약관에 대한 입법적 · 행정적(사전, 사후) · 사법적 통제장치를 굳건히 하는 방식으로 해결될 수 있다고 할 것이다. 이미 약관거래가 아니면 거래하기 어려운 사정이 있는 상거래에서 고객이 약관의 내용을 알아야만 계약의 내용에 편입될 수 있다는 것은 약관사용의 현실과 부합하지 않는다고 본다.

4. 보통거래약관의 규제

(보통거래)약관의 규제는 규제주체에 따라 입법적 · 행정적 · 사법적 규제, 공정거래위원회에 의한 규제, 자율적 규제 등으로 나누어 볼 수 있다. 입법적 규제는 약관을 규제하기 위한 법적 근거를 마련하는 것인데, 이는 다시 일반법을 제정하는 방식과 개별법을 제정하는 방식으로 나눌 수 있다. 우리나라에서는 전자의 방식으로는 약관의 규제에 관한 법률(1986. 12. 31. 법률 제3922호 공포, 1987년 7월 1일 시행; 일반적으로 '약관규제법'이라 불림)을 들 수 있고, 후자의 방식으로는 보험계약에 관한 상법 제663조, 해상물건운송계약에 관한 상법 제790조 등을 들 수 있다. 행정적 규제는 약관의 작성이나 개정에 미리 주무관청의 인가를 받게 하는 것이다(보험업법 제5조 제3항, 자동차운수사업법 제9조, 해운업법 제10조, 항공법 제118조 등). 사법적 규제는 불공정한 약관조항에 의해 불이익을 당한 자가 법원에 소를 제기하여 판결로써 구제를 받게 하는 것이다. 공정거래위원회에 의한 규제는 동 위원회가 약관규제법에 따라 불공정 약관조항을 심사하고(이는 추상적 내용통제임) 시정조치를 내리는 것이다(約規 제17조 이하). 자율적 규제는 사업자단체가 소속 사업자의 불공정 약관조항의 사용을 규제하는 것이다.

5. 보통거래약관의 해석

(보통거래)약관은 집단적인 다수의 거래관계에서 거래의 합리화를 위하여 정형적인 내용을 정한 것이므로 그 해석도 거래의 실정에 부합하도록 이루어져야 한다. 그 이외에도 다음과 같은 해석원칙이 있다.

(1) 개별약정 우선의 원칙

약관에서 정하고 있는 사항에 관하여 사업자와 고객이 약관의 내용과 다르게 합의한 사항이 있을 때에는 당해 합의사항은 약관에 우선한다(約規 제4조).

(2) 객관적(획일적) 해석의 원칙

약관이 그 약관을 사용하는 각 고객에 따라 달리 해석된다면 형평에 어긋날 뿐만 아니라 약관의 효력을 객관적(획일적)으로 확정할 수 없다. 그리하여 약관은 고객에 따라 다르게 해석되어서는 안되고 신의성실에 따라 공평하게 해석되어야 한다(約規 제5조 제1항).

판례

대판 2009. 5. 28, 2009다9294, 9300
(약관의 객관적 해석의 원칙: 보통거래약관의 내용이 명백하지 못하거나 의심스러운 사정이 없다면 객관적 · 획일적으로 해석해야 한다는 것)

아파트단지 내 이삿짐 운반을 위해 장시간 주차한 화물차 사다리를 이용한 이삿짐 운반작업 도중에 발생한 사고가 '운전자상해보험약관에서 정한 보험사고'가 되는가에 대하여 "… 자동차의 운행으로 사람이 사망 또는 부상하거나 재물이 멸실 또는 훼손된 경우에 일정한 범위 내의 보험가입을 의무화하고 보험금에 대한 피해자의 직접청구권을 보장하는 등 손해배상제도를 확립하여 피해자를 보호하고 자동차운송의 건전한 발전을 촉진함을 목적으로 하는 「자동차손해배상 보장법」에 기하여 자동차의 소유 · 사용 · 관리 등 운행 중에 발생한 사고 전반을 담보하는 자동차보험의 대상인 보험사고에 해당하는지 여부를 판단하는 기준이 될 뿐, 그러한 자동차보험의 범주에 속하지 않는 이 사건 운전자상해보험이 담보하는 보험사고의 범위를 정함에 있어서 약관상 명문의 규정 없이도 당연히 고려할 수 있는 요소는 아니라 할 것이다. 오히려 … 이 사건 운전자상해보험은 피보험자가 일반 상해사고로 인하여 입은 재산상 피해의 보상을 주된 보험대상으로 하면서 그에 부수하여 피보험자가 자동차운전 중 사고로 부담하거나 발생하게 된 법적 비용이나 그에 대한 위로금을 지급하는 것을 담보하는 내용의 보험임을 약관에서 명시하고 있는 점, 이 사건 보험 특약에서 6종 건설기계의 경우 작업기계로 사용되는 동안은 자동차로 보지 아니하고 그로 인한 손해는 보상손해에서 제외함을 명시한 것은 작업과 운전이 동시에 이루어질 것으로 예상되는 6종 건설기계의 특성을 감안하여 운전과 유관하거나 그에 수반되는 사고라 해도 운전 이외의 다른 직접적인 사고원인이 존재하는 경우에는 보험사고에서 배제함으로써 운전에 직접 기인한 사고만이 이 사건 보험에 의한 보상대상임을 분명히 한 것으로 볼 수 있다는 점, 이 사건 운전자상해보험의 해석상 준거로 삼은 현행 법령상 자동차운전의 개념에 관해 규정하고 있는 「도로교통법」의 해석에 의하더라도 이 사건처럼 아파트단지 내 이삿짐 운반을 위해 장시간 주차한 화물차 사다리를 이용한 이삿짐 운반작업 도중에 발생한 사고는 운전 중 사고에 해당하지 않는다는 점 등의 사정에 비추어 보면, 이 사건 차량의 운전과 관계없이 그 부착 장치를 이용한 작업 중 발생한 이 사건 사고는 보험약관의 객관적 해석상 이 사건 운전자상해보험에 의한 보상대상이 되는 보험사고의 범위에 들어간다고 해석하기는 어렵다 할 것이고, 이 사건 보험요율의 산정 및 예상되는 통상적인 보험사고의 유형 등을 감안할 때 이와 같은 해석론이 고객에게 부당하게 불리하거나 예상치 못한 불이익을 강요하는 것이라고 할 수 없고, 달리 이 사건 보험약관의 내용에 명백하지 못하거나 의심스러운 사정이 있다고 할 수도 없어 위 보험약관의 내용을 「약관의 규제에 관한 법률」 제5조 제2항에 따라 고객에게 유리하게 제한 해석하여야 할 여지도 없다 할 것이다…"라고 판시하고 있다.

(3) 작성자 불이익의 원칙(내용이 불명확한 경우)

약관은 그 내용이 명확하여야 당사자간에 다툼이 없다. 그리하여 사업자는 약관 내용을 명확하게 작성하여야 한다. 만약 약관의 내용이 명확하지 않다면 거래 상대방이 불이익을 입게 하여서는 안되고 작성자측에게 불리하게 되어야만 형평에 부합할 것이다. 이를 작성자 불이익의 원칙이라고 하고(約規 제5조 제2항), 독일의 구 약관규제법(AGB-G) 제5조에서 일찍이 규정되던 것이다.

판례

대판 2007. 9. 6, 2006다55005

(약관의 작성자불리 해석의 원칙: 약관의 내용이 분명하지 않은 경우에는 작성자에게 불리하게 해석해야 한다는 것)

"보통거래약관의 내용은 개개 계약체결자의 의사나 구체적인 사정을 고려함이 없이 평균적 고객의 이해가능성을 기준으로 하여 객관적 · 획일적으로 해석하여야 하고, 고객보호의 측면에서 약관 내용이 명백하지 못하거나 의심스러운 때에는 고객에게 유리하게, 약관작성자에게 불리하게 제한해석하여야 한다 … 원심판결의 이유 및 기록에 비추어 살펴보면, 이 사건 주계약인 '무배당 차차차 교통안전보험계약'은 제14조 제1항에서 '보험금을 지급하지 아니하는 보험사고'와 관련하여 "회사는 다음 중 어느 한 가지의 경우에 의하여 보험금 지급사유가 발생한 때에는 보험금을 드리지 아니함과 동시에 이 계약을 해지할 수 있습니다."라고 한 다음 그 제1호에서 '피보험자가 고의로 자신을 해친 경우'를 들면서 그 단서에서 다시 "① 피보험자가 정신질환상태에서 자신을 해친 경우와 ② 계약의 책임개시일로부터 2년이 경과된 후에 자살하거나 자신을 해침으로써 장해분류표 중 제1급의 장해상태가 되었을 경우에는 그러하지 아니합니다."라고 규정하고 있다. 그리고 이 사건 주계약에 부가된 재해보장특약 제11조는 "이 특약에 정하지 아니한 사항에 대하여는 주계약 약관의 규정을 따릅니다."라고 규정하고 있어 위 제14조 제1항 제1호의 규정이 재해보장특약에도 그대로 적용되도록 하고 있다.

여기서 위 제14조 제1항 제1호가 이 사건 주계약 제11조 또는 재해보장특약 제3조 소정의 보험금 지급사유가 발생한 경우를 전제로 하여 보험자의 면책사유만을 규정한 취지로 이해한다면, 고의에 의한 자살 또는 자해행위로 인하여 사망 또는 장해상태가 발생한 경우에는 재해보장특약 고유의 보험사고인 '재해'에 해당하지 아니하여 결국 위 제14조 제1항 제1호가 처음부터 적용될 여지가 없다고 해석하게 될 것이다. 그러나 다른 한편 이 사건 주계약 제11조 제1항 각 호에서 정한 보험금 지급사유 역시 차량탑승 중 교통재해, 무보험차량에 의한 사고, 뺑소니 차량에 의한 사고 등으로 한정되어 있고, 여기서 교통재해란 운행중인 차량의 사고로 인하여 차량탑승자가 입은 불의의 사고라고 정의하고 있어서, 위와 같은 해석론에 의하자면 주계약에 있어서도 피보험자의 고의에 의한 사고는 처음부터 보험사고에서 배제되어 있으므로, 결국 위 제14조 제1항 제1호를 이 사건 주계약 제11조 또는 재해보장특약 제3조 소정의 '보험금 지급사유가 발생한 경우'에 한정하여 적용되는 조항으로 해석하는 것은 위 조항을 그 적용대상이 존재하지 아니하는 무의미한 규정으로 보는 것과 다름이 없다. 오히려 평균적인 고객의 이해가능성을 염두에 두고 위 조항을 살펴보면, 위 조항은 고의에 의한 자살 또는 자해행위는 원칙적으로 우발성이 결여되어 이 사건 주계약 또는 재해보장특약이 정한 보험사고(교통재해 등 또는 재해)에 해당하지 아니하지만, 예외적으로 위 제14조 제1항 제1호 단서에서 정하는 요건, 즉 피보험자가 정신질환상태에서 자신을 해치거나 계약의 책임일로부터 2년이 경과한 후에 자살하거나 자신을 해침으로써 사망 또는 고도의 장해상태가 되었을 경우에 해당하면 특별히 보험사고에 포함시켜 보험금 지급사유로 본다는 취지라고 이해할 여지도 충분하고, 여기에 원래 '고의에 의한 자살 또는

> 자해행위'에 대하여는 위 제14조 제1항 제1호 본문의 규정이 아니더라도 상법 조항(제659조 제1항, 제732조의2, 제739조 참조)에 의하여 보험자가 면책되게 되어 있어서 위 제14조 제1항 제1호 중 보험계약 당사자간의 별도의 합의로서 의미가 있는 부분은 면책사유를 규정한 본문 부분이 아니라 부책사유를 정한 단서 부분이라는 점을 보태어 보면, 이러한 해석론이 보다 합리적이라 할 것이고, 또한 앞서 본 약관 해석에 있어서의 작성자 불이익의 원칙에도 부합하는 것이라 할 수 있다."

Ⅵ. 민 · 상법의 법원(法源)의 적용순위

상법의 법원(法源)으로는 상법전과 상관습법 이외에도 상사특별법령, 조약, 상사판례법, 상사자치법 등이 있으며, 이들과 민법의 법원(法源)을 일괄하여 적용순위를 표시하면 다음과 같다(상관습법 또는 민사관습법의 적용순위는 관습법의 효력에 대하여 보충적 효력설을 취하는지 개폐적 효력설을 취하는지에 따라 달라짐. 또한 자치법이라 함은 단체가 그 조직 및 구성원에 관하여 자주적으로 제정하는 규범을 말하는데, 상사자치법의 예로는 회사의 정관, 증권거래소의 업무규정 등을 들 수 있고, 민사자치법의 예로는 학술 · 자선단체와 같은 비영리단체의 정관 등을 들 수 있음).

① 상사자치법, ② 상사특별법령 또는 상사조약, ③ 상법전(또는 상관습법), ④ 상관습법, ⑤ 상사판례법, ⑥ 민사자치법, ⑦ 민사특별법령 또는 민사조약, ⑧ 민법전(또는 민사관습법), ⑨ 민사관습법, ⑩ 민사판례법, ⑪ 조리.

상인(商人)(기업의 주체)

제 2 장

기업의 인적 조직은 영업의 주체인 상인과 인적 보조자인 상업사용인으로 구성된다. 상인은 기업경영의 주체로서 기업활동을 조직 · 기획 · 관리하고 그 활동에 따른 권리의무의 귀속을 받는 법적 지위에 있음에 비하여, 상업사용인은 상인에게 종속된 관계를 맺고 상인의 대외적 영업활동을 확장하는 대리인으로서의 법적 지위에 있다. 본 장에서는 기업경영 주체인 상인에 대해서만 설명하고 상업사용인은 제3장에서 다룬다.

Ⅰ. 상인(商人)의 개념

상인은 기업 조직과 활동의 권리주체이다. 상법은 상인(商人)의 조직과 활동에 대하여 특별한 규율을 하므로 어떤 자를 商人으로 볼 것인가를 고찰할 필요가 있다. 또, 한편으로 상인은 상행위를 그 개념요소로 하기도 하므로(商 제4조 참조), 상인개념을 상행위개념과 관련시켜 양자를 유기적으로 검토해야 한다.

1. 상인(商人)개념과 상행위(商行爲)개념의 확정

상법은 상인의 영업조직과 거래활동을 규율대상으로 한다. 또한, 상인은 자기명의로 '상행위'를 하는 자이므로 상인과 상행위의 개념은 밀접한 관련을 맺고 있는 2대 기본개념이다.

2. 상인(商人)개념을 정하는 입법주의

(1) 상행위주의(商行爲主義)(실질주의, 객관주의)

상행위의 실질을 기초로 상행위개념을 정하고 그 행위를 하는 자를 상인으로 보는 입장이다. 프랑스 상법과 이탈리아 구상법, 독일 구상법이 이러한 입법주의를 따랐고 객관주의·실질주의라고도 한다. 다만, 이에 의하면 상거래의 급변과 발전에 발맞추지 못하는 결함이 있고, 상인의 영업조직과 활동을 규제하는 상법의 특성에 부합하지 않는다는 단점이 있다.

[상인 개념을 정하는 입법주의①] ~ 商行爲主義(실질주의, 객관주의)

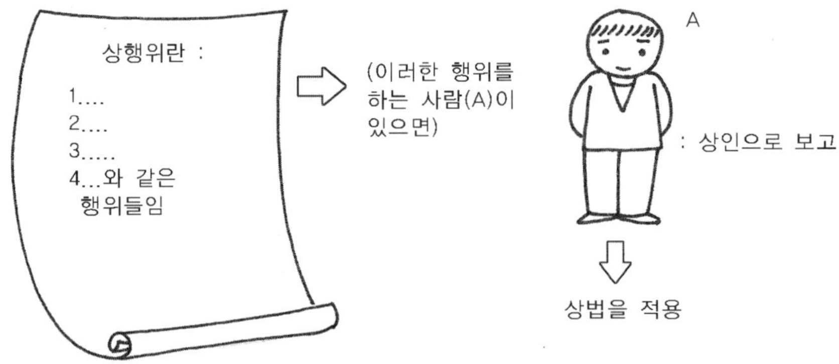

(2) 상인주의(商人主義)(형식주의, 주관주의)

이는 먼저 상인이 무엇인가를 확정한 다음 그 상인의 영업상의 행위를 상행위라고 규정하여 상법의 규율대상으로 하는 것으로서 주관주의·형식주의라고도 한다(스위스 채무법, 독일 신상법).

(3) 절충주의(折衷主義)

위의 양 학설의 결함을 보완하고자 상행위주의와 상인주의를 절충하는 것이다(일본 상법). 이는 다시 상인주의적 절충주의와 상행위주의적 절충주의로 나뉜다.

3. 우리 상법의 입장

우리 상법은 상인을 당연상인(商 제4조)과 의제상인(商 제5조)으로 크게 나누고 상행위에 대해서는 기본적 상행위(商 제46조)와 보조적 상행위(商 제47조)를 규정하여 상인과 상행위 개념을 각각 정하고 있다. 그런데 상법 제5조의 의제상인은 점포 등 설비구비라는 요소에 의하여 상인개념을 규정하고 있으나, 상법 제4조의 당연상인은 '상행위'를 그 개념요소로 하고 있어서 우리 상법이 순수한 상인주의(형식주의, 주관주의)를 취하였는지에 대해 논란이 일게 되었다.

즉, (i) 첫째, 상법 제4조의 규정형식에도 불구하고 우리 상법이 의용상법에 있던 '절대적 상행위'라는 개념을 폐지하였고 기본적 상행위(商 제46조)라는 개념자체가 '상인의 영업적 성격'('영업적으로'라고 하는 개념표지)을 전제로 하여서만 인정되는 것이어서 상행위주의를 현저히 벗어나 상인주의(형식주의, 주관주의)의 입법을 하였다고 평가하는 견해[1)]가 있다.

---

1) 서 · 정, 59-60면; 임홍근, 53면.

(ⅱ) 둘째, 상법 제4조의 당연상인 개념은 상행위의 개념을 기초로 하고 있다는 점에서 우리 상법은 절충주의적 입법에서 벗어날 수 없다는 견해[2)]가 있다.

(ⅲ) 생각건대, 현행 상법은 의용상법과 달리 절대적 상행위를 폐지하는 등 상인적 표지에 많이 기울었으나 당연상인의 개념이 상행위개념 표지를 전혀 배제할 수는 없다는 점에서 상인주의적 절충주의라고 이해해야 할 것이다(상인주의적 절충주의).

Ⅱ. 상법상 상인의 유형

우리 상법상 상인은 당연상인, 의제상인으로 나뉠 수 있다. 그 중에서도 규모가 너무 영세한 것은 소상인으로 부르고 상법규정이 일부 면제된다.

1. 당연상인(當然商人)(실질상인, 고유의 상인: 商 제4조)

당연상인(當然商人)이란 자기명의로 상행위를 하는 자이다(商 제4조). 여기서 상행위라 함은 상법 제46조에 규정된 기본적 상행위와 특별법에서 상행위로 되어 있는 것(담보부사채신탁법에서의 사채총액인수)을 말한다. '자기명의'로 상행위를 한다는 것은 상행위 결과 발생하는 권리 · 의무를 그 행위자가 자신에게 귀속시킨다는 것을 뜻한다. 그리하여 경제적 손익이 누구에게 귀속되는가 또는 조세채무를 누가 부담하는가의 문제와는 다르다.

판례(1)

대판 1995. 4. 21, 94다36643
(당연상인성을 인정한 사례: 동업으로 부동산중개업을 운영하는 조합체는 자기명의로 계속적 · 반복적으로 영리추구(영업)를 하는 당연상인이라고 한 사례)

"위 소외인들은 도시재개발사업지구로 지정된 서울 관악구 신림동, 봉천동 일대의 대지 및 무허가 건물을 매입하여 전매하는 등 부동산중개업을 운영하면서, 피고들에게 무허가건물을 매수하여 오면 건물 1동당 금 500,000원의 사례금을 주겠다고 제의하였

2) 강 · 임, 38면; 서정갑, 84면; 손주찬, 66면; 이 · 최, 119면; 정동윤, 47면; 정찬형, 52면; 최기원, 53면.

고, 이에 따라 피고들이 무허가주택 13동을 매수하여 계약금만 지급한 상태에서 위 소외인들에게 전매를 의뢰하였으나 전매가 여의치 아니하고 매도인들로부터 중도금 및 잔대금의 지급독촉을 받게되자, 위 소외인들은 그 자금마련을 위하여 위 금원을 피고들에게 대여하기에 이른 사실을 알 수 있는바, 사실관계가 이와 같다면 위 소외인들이 동업으로 부동산중개업을 운영하던 조합체는 상법 제46조 제11호, 제4조에 의하여 상인임이 명백하고(대법원 1968. 7. 24. 선고 68다955 판결 참조), 소외인들의 이 사건 금원대여 행위는 상법 제47조에 의하여 영업을 위하여 한 상행위로 추정함이 상당하여 이로 인하여 발생한 채권은 상사채권으로서 5년의 상사시효의 적용을 받게 되는 것이라고 볼 것…"

판례(2)

대판 2006. 2. 10, 2004다70475

(당연상인성을 부정한 사례: 수산업협동조합은 조합원을 위하여 차별없는 봉사를 함에 목적이 있을 뿐 영리나 투기를 목적으로 할 수 없으므로 당연상인으로 볼 수 없다는 사례)

"구 수산업협동조합법(1994. 12. 22. 법률 제4820호로 개정되기 전의 것)에 의하여 설립된 조합이 영위하는 사업은 조합원을 위하여 차별없는 최대의 봉사를 함에 그 목적이 있을 뿐이고, 조합은 영리 또는 투기를 목적으로 하는 업무를 행하지 못하는 것이므로(제6조 제1항, 제2항), 김제수협을 (당연)상인으로 볼 수는 없다."

2. 의제상인(擬制商人)(형식상인: 商 제5조)

점포 기타 유사한 설비에 의하여 상인적 방법으로 영업을 하는 자나 민사회사는 상행위를 하지 아니하더라도 상인으로 본다(商 제5조). 상법은 당연상인을 규정할 때 상법 제46조와 일부 특별법상의 상행위만을 기초로 하였기 때문에 이 제한적으로 열거된 상행위에 해당하지 않는 거래행위에 대해서는 상법을 적용하기 어렵게 된다. 빠르게 발전하고 변화하는 기업의 생활관계를 상법이 반영하지 못한다는 것은 그 실효성과 규범성을 현저히 약화시키는 것이어서 이를 보완할 필요가 있게 되는데 상법 제5조의 의제상인이 그것이다. 상법 제5조는 상법 제4조(당연상인)처럼 주관적 의사(영리목적)나 일정한 상행위를 영위하는지에 관계없이 '설비'와 '상인적 방법'이라는 형식만으로 간단히 상인으로 인정한다는 데 특징이 있다.

이로써 상법 제4조가 상인의 개념을 정할 때 '상행위'를 기초로 하는 입법주의를 취한 한계를 벗어날 수 있고 상법이 '상행위 중심주의'가 아니라 '상인주의'에 현저히 접근하는 입법으로 발전하는 계기가 되었다. 의제상인은 설비상인과 민사회사로 나뉜다.

(1) 설비상인(設備商人)

점포(店鋪) 기타 유사한 설비에 의하여 상인적 방법으로 영업을 하는 자는 상행위를 하지 아니하더라도 상인인 것으로 간주된다(商 제5조 제1항). 이 규정에 의하여 예컨대 농업, 수산업 등 원시산업에 종사하는 자도 원시취득한 쌀, 어물 등을 점포 기타 유사한 설비에 의하여 시장에서 판매하면 상인이 되어 상법을 적용받는다.

가) 점포 기타 유사한 설비의 구비

첫째, 설비상인으로 의제되려면 기본적 상행위 이외의 행위를 하면서도 '점포 기타 유사한 설비'를 갖추어야 한다. 이러한 설비는 상법 제5조의 취지상 상인을 보조하는 인적(人的)·물적(物的) 설비를 뜻한다고 보아 상업사용인, 상업등기, 상호, 상업장부 등이 그에 해당할 것이다.

나) 상인적 방법의 사용

둘째, 설비상인으로 되려면 '상인적 방법'을 사용하여야 한다.

'점포 기타 유사한 설비'가 상인의 인적(人的)·물적(物的) 설비를 주로 의미함에 비하여 '상인적 방법'은 계속·반복적 행위를 취하는 것을 뜻한다고 본다. 그러나, '점포 기타 이와 유사한 설비의 사용'과 '상인적 방법의 사용'은 다같이 의제상인의 개념적 표지일 뿐이므로 위와 같이 엄격히 구분되지는 않는다. 그리하여 '상인적 방법'에 상업장부, 상호, 상업사용인의 존재를 포함시키는 견해도 있다.[3)]

판례(1)

大決 2008. 6. 26, 2007마996

(법무사의 의제상인성을 부정한 사례: 법무사는 법령에 의하여 상당한 정도로 영리추구활동이 제한되어 있고 직무의 공공성이 요구되므로 상법 제5조의 의제상인으로도 볼 수 없다는 취지)

"법령에 의하여 상당한 정도로 그 영리추구 활동이 제한됨과 아울러 직무의 공공성

3) 최기원, 64면.

이 요구되는 법무사의 활동은 상인의 영업활동과는 본질적인 차이가 있고, 법무사의 직무 관련 활동과 그로 인하여 형성된 법률관계에 대하여 상인의 영업활동 및 그로 인하여 형성된 법률관계와 동일하게 상법을 적용하지 않으면 안될 특별한 사회·경제적 필요 내지 요청이 있다고 볼 수도 없으므로, 법무사를 상법 제5조 제1항이 규정하는 '상인적 방법에 의하여 영업을 하는 자'라고 볼 수는 없다. 따라서 법무사의 상호등기 신청을 각하한 등기관의 처분은 정당하고, 법무사 합동법인의 경우 법무사법 제33조 이하에서 그 명칭의 등기를 허용하고 있다거나, 상호의 등기를 허용하는 다른 일부 전문 직종에서 관계 법령에 공익적 목적의 제한규정을 두고 있는 경우가 있다는 사정만으로 부당한 차별에 해당하여 위법하다고 볼 수는 없다."

판례(2)

大決 2007. 7. 26, 자2006마334

(변호사의 의제상인성을 부정한 사례: 변호사는 영리추구활동을 엄격히 제한하고 공공성·윤리성을 강조하는 변호사법에 비추어보거나 그 직무활동과 법률관계에 대하여 상법을 적용해야 할 사회경제적 요청도 없다는 점에서 변호사를 상법 제5조의 의제상인으로 볼 수 없다는 취지)

"변호사의 영리추구 활동을 엄격히 제한하고 그 직무에 관하여 고도의 공공성과 윤리성을 강조하는 변호사법의 여러 규정에 비추어 보면, 위임인·위촉인과의 개별적 신뢰관계에 기초하여 개개 사건의 특성에 따라 전문적인 법률지식을 활용하여 소송에 관한 행위 및 행정처분의 청구에 관한 대리행위와 일반 법률사무를 수행하는 변호사의 활동은, 간이·신속하고 외관을 중시하는 정형적인 영업활동을 벌이고, 자유로운 광고·선전활동을 통하여 영업의 활성화를 도모하며, 영업소의 설치 및 지배인 등 상업사용인의 선임, 익명조합, 대리상 등을 통하여 인적·물적 영업기반을 자유로이 확충하여 효율적인 방법으로 최대한의 영리를 추구하는 것이 허용되는 상인의 영업활동과는 본질적으로 차이가 있다 할 것이고, 변호사의 직무 관련 활동과 그로 인하여 형성된 법률관계에 대하여 상인의 영업활동 및 그로 인한 형성된 법률관계와 동일하게 상법을 적용하지 않으면 아니 될 특별한 사회경제적 필요 내지 요청이 있다고 볼 수도 없다. 따라서 근래에 전문직업인의 직무 관련 활동이 점차 상업적 성향을 띠게 됨에 따라 사회적 인식도 일부 변화하여 변호사가 유상의 위임계약 등을 통하여 사실상 영리를 목적으로 그 직무를 행하는 것으로 보는 경향이 생겨나고, 소득세법이 변호사의 직무수행으로 인하여 발생한 수익을 같은 법 제19조 제1항 제11호가 규정하는 '사업서비스업에서 발생하는 소득'으로 보아 과세대상으로 삼고 있는 사정 등을 감안한다 하더라도, 위에서 본 변호사법의 여러 규정과 제반 사정을 참작하여 볼 때, 변호사를 상법 제5조 제1항이 규정하는 '상인적 방법에 의하여 영업을 하는 자'라고 볼 수는 없다 할 것이므로, 변호사는 의제상인에 해당하지 아니한다."

(2) 민사회사(民事會社)

상법상 회사는 상행위 기타 영리를 목적으로 설립한 사단법인이다(商 제169조). 즉 회사는 '상행위'를 목적으로 할 수도 있고 상행위 이외의 '기타 영리'를 목적으로 할 수도 있는데[4] 전자를 상사회사(商事會社), 후자를 민사회사(民事會社)라고 편의상 나누어 부른다. 그런데 상사회사(商事會社)는 '상행위'를 목적으로 하므로 당연상인이 되어 상법이 적용될 것이지만, 민사회사(民事會社)는 '상행위'를 하는 것이 아니어서 당연상인이 아니고 상법 적용에서 배제될 가능성이 있다. 그리하여 상법 제5조 제2항은 "회사는 상행위를 하지 아니하더라도 상인으로 본다"고 규정, 민사회사(民事會社)도 상법적용을 받게 하여 이러한 문제를 해결하였다.

3. 소상인(小商人)

소상인은 영업규모가 일정규모에 미달하는 경우를 말한다. 이는 완전상인 또는 보통상인의 개념에 대비되는 개념이다. 상법상 규정은 상인에게 일정한 제약을 가하여 사적 자치를 일정 부분 제한하기도 하는데 이를 소상인에게까지 적용하면 영업규모상 가혹하거나 불편하기만 할 경우도 있다. 그리하여 상법은 소상인의 기준을 자본금액이 1,000만원에 미달하는 자로 정하여(상법시행규칙 제2조) 그에 대해서는 상법 중 지배인 · 상호 · 상업장부 · 상업등기에 관한 규정을 적용하지 않도록 하고 있다(商 제9조).

Ⅲ. 상인자격의 취득과 상실

1. 서 설

어떤 자연인이나 법인이 법률행위를 성립시키고 그 효력을 발생시키려면 권리능력과 행위능력이 있어야 하는 것처럼, 어떤 행위에 상법이 적용되려면 상인자격과

4) 예컨대, 농수산물 등 원시산업을 경영하는 회사가 수확한 쌀, 어물을 시장에 내다파는 행위와 같은 것이다.

영업능력을 갖춘 자가 행위(상행위)를 하여야 한다. 특히 어떤 사람(자연인, 법인)에게 상인자격이 인정되고 언제부터 언제까지 상인자격이 있는 것으로 볼 것인지를 분명히 하여야 상법적용 여부도 명확하게 된다.

2. 자연인의 경우

(1) 상인자격의 취득

사람은 생존한 동안 누구나 권리와 의무의 주체가 되므로(民 제3조), 자연인의 경우 누구든지 연령 · 성별 · 행위능력에 관계없이 상인으로서의 지위(상인자격)을 누릴 수 있다. 다만, 상인이 아니었던 자연인이 언제부터 현실적으로 상인자격을 가지게 되는가에 대하여는 견해가 대립한다. 즉, 이에 관하여는 (ⅰ) 상인이 되려는 자연인이 객관적으로 기업으로 인식될 수 있는 조직을 갖추었을 때 상인자격을 취득한다는 견해(기업조직 인식시설)가 있다. 그러나 (ⅱ) 객관적 영업조직을 갖추기 전이라도 상호(商號)를 선정하거나 상업사용인을 선임한 때, 영업을 위한 차금행위(借金行爲)를 할 때 등에도 상법이 적용되어야 하므로 자연인은 영업행위를 개시할 때 상인자격을 취득하는 것으로 보되, 그 영업행위의 시기는 기본적 상행위의 개시가 아니라 그를 위한 보조적 상행위 개시시로 보자는 견해가 타당하다고 본다(보조적 상행위 개시시설).[5)]

(2) 상인자격의 상실

자연인의 상인자격은 그가 영업을 사실상 폐지한 때나 사망하여 영업활동이 정지된 때에 상실한다. 영업의 사실상 폐지는 기본적 영업행위의 종료나 관련법률의 변경, 관청의 허가취소시가 아니라 영업의 청산절차(잔무처리)가 모두 마친 때를 기준으로 한다. 이 때 영업의 청산행위(잔무처리)는 보조적 상행위가 되어 여전히 상법이 적용된다.

3. 법인(法人)의 경우

법인도 법률의 세계에서는 자연인과 같이 일정한 권리의무를 지닐 수 있으므로 상인의 지위(상인자격)을 취득 · 상실할 수 있다. 다만, 법인은 자연인과 달리 그 존립

---

5) 같은 취지: 강 · 임, 47면; 손주찬, 83면; 양 · 박, 53면; 이기수 외, 95면; 이철송, 76면; 최기원, 69면; 대판 1999. 1. 29, 98다1584.

의 목적이 한정되어 있어서 목적에 따라 구분하여 살펴야 한다.

(1) 영리법인(회사)

회사는 영리사단법인으로서 상행위를 하거나 기타 영리추구행위를 하는 경우에 설립과 동시에 상인의 자격을 취득하는(商 제4조, 제5조) 태생적(胎生的) 상인이다. 다만, 회사가 설립등기를 하기 전의 단계인 설립중의 회사가 개업준비행위(설립사무소의 임차, 직원채용 등)를 할 때가 문제되는데 회사의 상인자격 취득시기는 설립등기(商 제172조)시로 고정되므로 이 때에도 설립중의 회사에 상인자격을 부여할 수는 없다고 본다. 그 때의 개업준비행위는 보조적 상행위로 보아 상법을 적용하되, 설립중의 회사(법인격 없는 사단)나 발기인 등에게 일단 효력을 귀속시켰다가 회사의 설립등기 이후에 정식으로 회사 자체에 그 권리의무 관계를 이전시키는 것으로 문제를 해결할 일이다.

그리고, 회사의 상인자격 상실시기는 자연인의 경우와 마찬가지로 청산작업이 사실상 종료한 때로 본다.

(2) 비영리법인

비영리법인 중 (i) 학술, 종료, 자선, 사회사업 등의 공익(公益)사업을 하는 이른바 공익법인(公益法人)은 그 목적인 공익을 수행함에 필요하거나 유익한 경우 상행위를 할 수 있고(사립학교법 등에서도 인정), 이러한 제한적 상행위는 상인자격을 취득하여 상법적용을 받는다. 다만, (ii) 농업협동조합, 상호보험회사와 같이 구성원의 내부적 이익을 도모하는 것을 목적으로 하는 중간법인(中間法人)에게 상인자격 취득을 인정할 것인가에는 이를 부정하는 견해가 통설이다.[6] 그런데 농업협동조합, 상호보험회사 등을 위의 학술, 종교, 자선 등 공익법인과 달리 차별할 이유가 분명하지 않다. 또, 이들의 존립 자체가 구성원의 사적이익(私的 利益)을 보호하고 증진하려는 것이고 이들의 영리추구행위가 이미 많이 이루어지고 있는 현실(농업협동조합의 은행업 진출 등)에서 상인자격을 부정하여 상법적용이 어렵게 하는 것은 문제가 있다. 그리하여 일정한 영리행위를 하는 때에는 상인자격을 인정하여 상법적용을 받게 함이 옳다고 본다.

비영리법인의 상인자격 취득과 상실의 시기는 영리법인(회사)과 같이 볼 것이

6) 강 · 임, 49면; 손주찬, 88면; 양 · 박, 54면. 정동윤, 54면; 정찬형, 71면; 최기원, 72면.

다.[7]

(3) 공법인(公法人)

공법인 중 (ⅰ) 농업기반공사 등과 같은 특수 공법인은 그 존립목적이 특정되어 있고 공공 영조물(公共 營造物)이라는 특수성 때문에 영리행위를 할 수 없어서 상인자격이 인정될 수 없다. (ⅱ) 국가, 지방자치단체와 같은 일반적 행정목적의 공법인은 존립목적이 한정되어 있지 않으므로 목적달성에 필요한 범위에서 상인자격이 인정된다(예: 철도, 버스 등 운수사업의 경영). 상법 제2조도 이를 긍정한다. 공법인의 상행위에는 특별법에서 규정을 두는 경우가 많다. 그 상인자격의 취득과 상실시기는 자연인의 취득 · 상실시기와 같이 볼 것이다.

Ⅳ. 영업능력

누구라도 상행위를 적법 · 유효하게 하기 위해서는 상인자격뿐만 아니라 영업능력을 갖추어야 한다.

영업능력이란 유효하게 영업행위를 할 수 있는 법률적 지위를 말한다(영업행위의 유효요건). 상인자격이 민법상 권리능력에 대비된다면 영업능력은 민법의 행위능력에 대비된다. 이는 상인으로서의 법적지위(상인자격)를 가졌다고 하여도 현실적 영업행위를 효력있게 하려면 사회적으로 적절한 판단능력이 있어야 한다고 보기 때문이다.

법인의 경우에는 상인자격을 가지면 권리능력을 가지게 되고 그 권리능력 범위 내에서 언제나 행위능력(영업능력)을 가지므로 영업능력을 특별히 설명할 필요가 없다. 그러나 자연인의 경우는 권리능력, 상인자격을 가졌더라도 다시 영업능력을 갖추었는지를 추가적으로 살펴보아야 한다. 그런데, 민법상 행위능력에 관한 규정이 상법상 자연인의 영업능력에 대해 그대로 적용된다. 상법은 특별규정으로서의 공시(등기) 등에 관한 규정만 추가적으로 두고 있을 뿐이다.

민법상 행위무능력자는 미성년자, 한정치산자, 금치산자이므로 상법상 영업무능력자도 미성년자, 한정치산자, 금치산자이다. 다만, 이들 영업무능력자가 어떤 경우에 예외적으로 영업능력을 갖는지가 중요하게 된다.

---

7) 대판 2001. 1. 5, 2000다50817.

1. 미성년자(未成年者)

(1) 원칙적 무능력자

미성년자는 행위무능력자이므로 영업능력도 없어서 단독으로 영업행위를 하면 이를 무능력자 자신이나 그 대리인, 승계인이 취소할 수 있다(民 제140조). 그러므로 미성년자가 거래하는 상대방은 언제 그 영업행위가 취소될지 모르므로 그 법적지위가 매우 불안정하게 된다.

(2) 영업능력 구비의 예외(법정대리인의 허락)

미성년자도 법정대리인의 영업허락을 받으면 예외적으로 영업능력을 가지게 된다. 즉, 미성년자가 법정대리인으로부터 허락을 받은 특정영업에 관해서는 성년자와 같은 영업능력(행위능력)이 있다(民 제8조 제1항). 이 때의 허락은 「특정영업」에 한정해야 하고 「모든 영업」을 허락한다는 등의 방식은 허용될 수 없다. 법정대리인이 미성년자에게 영업허락을 한 경우에는 이를 公示하게 하여 거래안전을 꾀할 필요가 있으므로 등기를 하여야 한다(商 제6조).

법정대리인이 영업행위를 허락하였다고 하여도 미성년자의 판단미숙, 사정변경 등에 따라 허락을 철회 또는 제한할 수 있으나 이러한 철회나 영업제한도 등기하여야 한다(民 제8조 제2항 본문, 商 제40조). 영업허락의 철회 또는 제한은 선의의 제3자에게 대항할 수 없으나(民 제8조 제2항 단서), 등기상 허락철회나 제한의 내용을 기재하면(商 제40조) 그 등기의 대항력(商 제37조)에 의하여 보호받을 수 있다. 같은 법정대리인이라고 하여도 친권자 등과 달리 후견인은 미성년자의 영업행위를 허락하려면 친족회의 동의를 받아야 한다(民 제950조 제1항 제1호).

(3) 법정대리인이 영업행위를 대리하는 경우

위에서 본 바와 같이 법정대리인이 미성년자에게 영업행위를 허락하여 미성년자 자신이 영업행위를 직접 하게 할 수도 있지만, 미성년자의 판단력 미숙 등을 고려하여 법정대리인 자신이 미성년자의 영업을 대리하는 것도 물론 가능하다. 다만, 이 때에도 이 대리행위 사실을 거래계에 널리 알려 제3자의 이익을 보호하여야 하므로 법정대리인이 미성년자를 대리하여 영업행위를 하는 경우에는 登記를 하여야 한다(商 제8조 제1항). 법정대리인의 대리권에 대한 제한은 거래의 안전상 선의의 제3자에게 대항하지 못한다(商 제8조 제2항).

후견인이 미성년자의 영업행위를 대리하는 경우에는 반드시 친족회의 동의를 얻어야 한다(民 제950조 제1항 제1호). 친족회가 동의를 할 때 후견인의 대리권에 제한을 가할 수는 있지만 이를 선의의 제3자에게 대항할 수는 없다(商 제8조 제3항). 친족회의 동의가 없이 후견인이 미성년자를 대리하여 영업행위를 하면 미성년자 자신이나 친족회가 취소할 수 있다(民 제950조 제2항).

(4) 인적회사에서의 특례(미성년자가 무한책임사원이 되는 경우)

미성년자가 법정대리인의 허락을 얻어 회사(합명회사, 합자회사 등 인적회사)의 무한책임사원이 되는 경우에는 사원자격으로 인한 행위에서는 능력자로 본다(商 제7조). 이는 일단 법정대리인의 동의를 얻어 인적회사의 무한책임사원이 되었다면 그 사원자격에 기한 인적회사 내부 · 외부관계의 행위(기관의 구성, 지분의 출자, 대표행위, 지분의 양도 등)에 대해 추가적으로 법정대리인의 동의를 받을 필요없이 자유롭게 활동하도록 하려는 것이다.

2. 한정치산자(限定治産者)

미성년자의 행위능력에 관한 규정은 한정치산자에 준용되고 있으므로(民 제10조) 한정치산자의 영업능력은 미성년자의 경우와 같다. 그리하여 한정치산자의 원칙적 무능력, 법정대리인(후견인)의 영업허락의 경우 예외적으로 영업능력을 갖는 것, 법정대리인(후견인)이 한정치산자를 대리하여 영업행위를 할 수 있다는 점, 인적회사에서 한정치산자가 무한책임사원이 된 경우의 넓은 행위능력의 부여 등에 대해서는 미성년자에 대한 설명과 같다.

3. 금치산자(禁治産者)

금치산자는 민법상 행위무능력에 대한 법리대로 미성년자 · 한정치산자와 달리 법정대리인의 허락을 받더라도 독자적으로 영업행위를 할 수 없다. 그리하여 금치산자 명의로 영업행위를 가능하게 하려면 법정대리인이 금치산자를 대리하여 영업을 하여야 한다. 다만, 이해관계인의 거래안전을 위하여 이 경우에도 미성년자나 한정치산자에서와 같이 그 영업행위의 대리사실을 등기하여야 한다(商 제8조).

상인의 인적(人的) 보조조직

제3장

상인의 영업을 위하여는 인적(人的) · 물적(物的) 보조조직이 필요한데 인적(人的) 보조조직으로는 비독립적인 상업사용인과 독립적 상인인 대리상, 중개인, 위탁매매인, 운송주선인 등이 있다. 여기서는 비독립적인 보조조직인 상업사용인만 설명한다.

Ⅰ. 상업사용인의 의의와 유형

1. 상업사용인의 의의

상업사용인은 특정한 상인(영업주)에게 종속되어 대외적인 영업상 업무를 보조하는 자이다. 무능력자의 영업을 위한 친권자, 후견인 등은 법정대리인(法定代理人)임에 비하여 상업사용인은 상인의 임의대리인에 해당한다.

그 개념표지를 나누어보면 (i) 첫째, 상업사용인은 특정한 상인(영업주)에게 종속되어 있어야 한다. 그러므로 상인에게 내부적으로 종속되어 있지 않은 대리상, 중개인, 위탁매매인, 운송주선인 등은 상업사용인이 아니다. 이러한 종속관계는 고용관계가 있는 경우뿐만 아니라 대리권 수여만 있으면 가족관계(부모 자녀간, 부부간)에서도 성립할 수 있다. (ii) 둘째, 상업사용인은 영업주의 업무를 대외적으로 보조하여야 한다. 대외적인 업무란 영업주의 내부적인 사무처리 범위를 넘어서 제3자와의 거래행위를 하는 것을 말한다. 그리하여 工員, 운전기사, 선원, 급사, 배달원, 청소부 등은 상업사용인에 해당하지 않는다. 상업사용인은 특정한 상인에게 종속되어 있어야 하므로 회사의 대표이사 등 기관의 자격으로 근무하는 자도 상업사용인이 아니다. (iii) 셋째, 상업사용인은 영업주를 대리하는 대리권이 있어야 한다. 영업주의 대외업무를 보조하더라도 대리권이 없는 경우에는 내부적인 업무 규율문제에 그치고 상업사용인의 대리권 행사문제와는 구별된다.

2. 상업사용인의 유형

상법은 상업사용인을 대리권 범위에 따라 지배인, 부분적 포괄대리권을 가지는 사용인 및 물건판매점포의 사용인의 세 가지로 나누고 있다. 상업사용인의 법률상 중요성은 그 영업상 행위의 효과가 영업주에게 귀속된다는 점에 있으므로 그 관심의 초점은 대리권 범위에 있기 때문이다.

Ⅱ. 지배인(支配人)

1. 지배인의 의의

지배인이란 영업주에 갈음하여 그 영업에 관한 재판상 또는 재판외의 모든 행위를 할 수 있는 권한을 가지는 상업사용인을 말한다(商 제11조). 즉, 지배인은 상인의 영업을 보조하는 자로서 영업전반에 관하여 포괄적인 대리권을 가지는 자인데 이는 영업을 부분적으로 보조 · 대리하는 인적 보조조직만으로는 상인의 영업을 확장함에 부족하기 때문이다. 지배인의 대리권(지배권)은 포괄적일 뿐만 아니라 정형화되어 있어서 거래 상대방이 일반적인 대리에서와 달리 대리권(지배권)의 유무와 범위를 일일이 확인할 필요가 없어서 거래의 안전과 신속성이 보장되어 있다. 근대적인 지배인 제도는 독일, 우리나라, 일본 등 독일법계 국가에서이고 1862년 독일 구상법이 처음 규정하였다. 프랑스, 영미법계 국가에서는 지배인 제도가 없다.[1)]

지배인은 상인의 최고의 기업보조자로서 제2의 자기(自己)(alter ego)라고 일컬어지고, 그 대리권은 법률에 의하여 정형화되어, 그 명칭의 여하와는 관계없이 그 실질에 따라 지배인 여부를 판단한다. 그러므로 가령 지점장이란 명칭을 가진 자라도 실질이 없으면 지배인이 아니다. 다만 본점 또는 지점의 영업주임 기타 유사한 명칭을 가진 사용인에 대해서는 재판상의 행위를 제외하고는 지배인(支配人)과 동일한 권한이 있는 것으로 본다(商 제14조). 이를 표현지배인(表見支配人)이라 하며, 선의(善意)의 거래상대방을 보호하기 위하여 영미법상의 금반언(禁反言)의 법리에 따라 인정된 것이다.

1) 김성태, 193면.

■ 지배인의 의의(商 제11조): 지배인이란 영업주에 갈음하여 그 영업에 관한 재판상 또는 재판외의 모든 행위를 할 수 있는 권한을 가진 상업사용인이다.

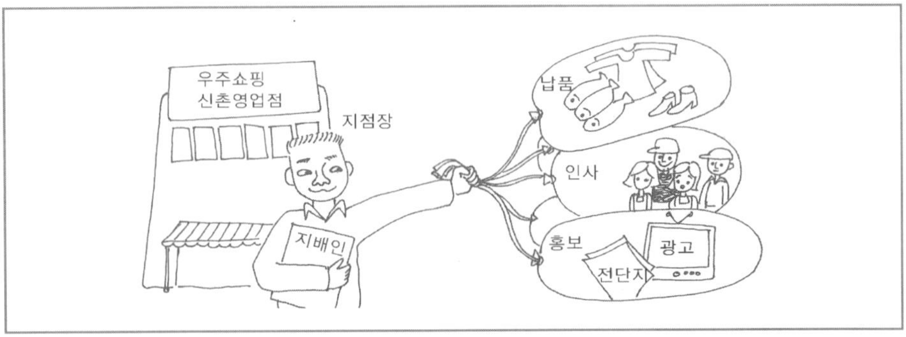

2. 지배인(支配人)의 선임(選任)과 종임(終任) · 등기(登記)

(1) 선임(選任)

가) 지배인의 선임권자

지배인을 선임할 수 있는 자는 영업주인 상인 또는 지배인 선임의 권한이 부여된 대리인이다(商 제10조). 다만, 지배인도 영업주의 대리인이기는 하지만 다른 지배인을 선임할 수는 없다(商 제11조 제2항). 회사의 경우에는 회사의 대표기관이 그 대표권의 내용으로 당연히 지배인을 선임할 수 있다. 다만, 소정의 내부절차를 거쳐야 하고(商 제203조, 제274조, 제393조, 제564조), 청산중의 회사와 파산한 회사는 그 성질상 영업의 계속을 전제로 하는 지배인 선임을 할 수 없다. 지배인을 선임하는 행위는 지배권이라는 대리권을 수여하는 이른바 대리권 수권행위로서 그 기초적 내부관계인 위임, 고용, 도급계약 등과는 구별된다. 지배인을 선임하는 수권행위는 명시적 또는 묵시적 의사표시로 할 수 있고 일정한 형식이 요구되지 않는다(불요식 행위).

나) 지배인으로 선임될 수 있는 자

지배인은 영업주의 영업을 본점, 지점이라는 장소를 기초로 하여 대외적인 거래행위를 현실적으로 대리하여야 하므로 법인은 될 수 없고 반드시 자연인이어야만 한다. 다만, 지배인이 되는 자는 반드시 행위능력자일 필요는 없어서 무능력자도 가능하다. 또 지배인의 자격에는 특별한 제한이 없다. 회사의 경우 업무집행사원이나 이사가 지배인을 겸하는 것을 금지하는 규정이 없으므로 그 겸직이 가능하다. 그러나, 감사는 그 업무가 직무감사 · 회계감사가 주된 것이므로 지배인으로 선임될 수 없다(商 제411조, 제570조).

판례

대판 1978. 12. 26, 78도2131

(지배인의 선임요건: 지배인으로 등기된 변호사 사무원에 대하여 지배인선임을 부정한 경우: 변호사 사무원으로 있으면서 회사의 지배인으로 등기한 것에 소송사건 처리 이외의 지배인 선임의사를 인정할 수가 없어서 지배인의 적법한 지위에 있지 않고, 따라서 이러한 자의 행위는 적법한 지배인의 권한행사로 될 수 없어서 별도의 범죄행위(변호사법 위반행위)를 구성할 수 있다는 사례)

"변호사 사무원으로 있으면서 3개 회사의 지배인으로 등기된 것은 그 회사들이 순전히 변호사법을 어겨 변호사가 아닌 자로 하여금 그 회사의 소송사건을 맡아 처리할 수 있도록 하기 위한 하나의 방편에 불과하였던 것임을 인정할 수가 있으므로 위 소위는 각 회사의 지배인을 가장한 변호사법 위반에 해당한다."

(2) 종임(終任)

지배인은 영업주에 의하여 대리권을 수여받은 자이므로 대리권이 소멸하는 사유에 의하여 지배인은 종임된다. 또, 지배인제도는 영업의 계속을 전제로 하므로 영업이 폐지되거나 회사가 해산되면 지배인은 종임한다. 그런데, 영업양도에 의하여 지배인이 종임하는가에 대해서는 견해의 대립이 있다. 이에 관해 영업주와 지배인 사이는 고도의 인적신뢰를 토대로 하는 것이어서 영업양도에 의하여 지배인은 당연히 종임한다는 견해가 있으나,[2] 영업양도는 영업의 동일성(지배인도 포함)을 유지하면서 다른 사람에게 이전하는 것이므로 영업양도인과 영업양수인 사이에 지배인 종임에 관한 특별약정이 없으면 그대로 이전된다고 해석해야 할 것이다.[3]

(3) 등기(登記)

상인은 지배인의 선임과 그 대리권의 소멸에 관하여 그 지배인을 둔 본점 또는 지점소재지에서 등기하여야 한다(商 제13조). 지배인의 등기는 지배인 등기부(개인 상인의 경우) 또는 회사등기부(회사의 경우)에 각각 등기하며 지배인과 영업주의 인적사항, 지배인을 둔 장소, 공동지배인을 둔 경우 그 내용 등을 기재한다(商登 제53조, 54조, 55조). 지배인등기는 상업등기의 일종이므로 등기는 대항요건일 뿐이다.

---

2) 정동윤, 59면; 최기원, 84면.
3) 같은 취지: 강 · 임, 57면; 이병태, 106면; 임홍근, 80면.

3. 지배인(支配人)의 대리권(代理權)(지배권(支配權))

지배권이란 지배인이 상업사용인으로서 갖는 대리권이다. 대리권의 본질은 민법상의 대리권과 다를 수 없고 대리행위의 법률관계(3면관계)도 같다. 다만, 상업사용인 중 가장 넓은 대리권을 가지게 된 지배인의 경우는 그 대리권 범위와 특성, 제한 등에서 민사대리권과는 구별되는 독특한 특색이 있다.

(1) 지배권의 특성

지배권은 포괄성, 획일성(불가제한성) 등의 특성을 지니고 있다.

가) 포 괄 성

지배인은 영업소를 단위로 하여 영업주의 모든 행위를 하게 하는 것이므로 포괄성을 띤다. 이는 영업행위를 신속히 하고 효과적으로 하기 위한 것이다. 각 행위시마다 대리권의 범위가 각각 달리 주어진다면 매우 불편하기 때문이다.

나) 획일성(불가제한성)

지배인은 그 선임과 해임이 영업주의 의사에 좌우되므로 법정대리인(法定代理人)이 아니라 임의대리인(任意代理人)이라고 할 수밖에 없지만, 그 대리권의 범위는 영업소를 기준으로 전부 미치게 획일화(정형화)되어 있어 마치 법정대리인의 대리권 범위와 유사하다. 지배권의 획일성은 포괄적인 지배권이 불가측적(不可測的)인 형태가 아니라 일정한 크기로 정형화되어 있음을 나타낸다(商 제11조 제1항의 취지).

그런데 포괄성과 획일성(정형성)을 지향하는 상법 제11조 제1항은 그 제3항에서도 관철된다. 즉, 지배권의 범위를 제1항에서와 달리 영업주가 제한하는 것은 사적자치(私的 自治)의 원리상 허용할 수밖에 없지만 이러한 제한을 하는 경우에도 그 제한을 지배인 등기란에 등기할 수도 없게 되어 있고(商登 제53조), 그 제한을 선의의 제3자에게 대항할 수도 없다(商 제11조 제3항). 나아가 이러한 지배권의 범위를 확장하여 수권할 수도 없다. 이는 지배인의 대리권을 가급적 영업소 단위로 재판상 · 재판외의 행위를 하는 대리인으로 획일화(정형화)하여[4] 거래의 안전을 꾀하려는 의도 때문이다. 이로써 거래 상대방은 지배권의 유무와 범위를 별도로 조사할 필요가 없게 되는 편의를 누린다.

---

4) 지배인을 영업주에 대한 관계에서 "제2의 자기(alter ego)"라고 부르거나(최기원, 85면), "지배권은 全部가 아니면 全無이다(Entweder ganze Prokura oder keine Prokura)"라고 하는 것은 이러한 취지 때문이다(손주찬, 98면).

(2) 지배권의 범위

가) 영업주의 영업에 관한 모든 행위

'영업주의 영업에 관한 모든 행위'라는 것은 영업주의 영업망과 설비를 기초로 하여 이를 발전적으로 촉진하는 모든 행위를 말한다. 그리하여 영업의 기초를 변경·폐지하는 영업의 폐지, 영업의 양도, 파산신청, 상호의 변경이나 폐지 또는 영업재산의 처분행위는 할 수 없다. 다만, 이러한 기준은 객관적·추상적으로 정해져야 하고 주관적 의도를 고려하여 결정할 수는 없다.[5] 그리하여 지배인이 영업주를 위하지 않고 그 자신의 개인적인 목적을 위하여 어떤 행위를 하더라도 그 거래 상대방이 그 주관적 의도를 알고(악의) 거래하지 않은 한에서는 그 효과가 영업주에게 귀속된다. 그리고 지배인은 재산상의 행위만을 하는 것이 그 제도의 취지이므로 친족법, 상속법상의 행위(한정승인 등)나 대리를 허용하지 않는 선서나 서명 등은 할 수 없다.[6]

나) 지배인의 권한의 기준단위(상호(商號), 영업소)

지배인의 권한은 영업주의 상호(商號)와 영업소의 동일성을 기준단위로 함이 원칙이다. 영업주의 지배인 사용은 어떤 상호(商號)하의 특정 영업유형, 어떤 영업소(본점, 지점)단위에서 이루어지는 영업을 보조하게 하고 그 등기 자체가 본점이나 지점단위로 허용되기 때문이다. 다만, 당사자들의 사적 자치(私的 自治)에 의하여 한 명의 지배인이 본점과 모든 지점을 통할하는 「총지배인」을 두거나, 여러 개의 영업소의 지배인을 겸하게 하는 것은 무방하다.

---

5) 대판 1987. 3. 24, 86다카2073(지배인의 대리권 범위: 지배인의 대리권 범위 내 행위인지 여부는 그 행위의 객관적·추상적 성질에 비추어 판단되어야 한다는 것): "지배인의 어떤 행위가 영업주의 영업에 관한 것인가의 여부는 지배인의 행위당시의 주관적 의사와는 관계없이 그 행위의 객관적 성질에 따라 추상적으로 판단되어야 할 것인바, 피고는 국민은행법 제18조 제1항 제4호의 규정에 의하여 자금의 대출을 그 업무의 하나로 하고 있고, 위 반포남지점의 지점장인 A는 피고의 지배인으로서 위 지점의 영업에 관한 포괄적인 대리권을 가진다 할 것이므로 위 인정과 같이 A가 원고 및 B와의 합의에 따라 B에게 대출하기로 한 금원을 원고에게 직접 지급하기로 약정한 것은 피고의 업무의 하나인 "자금의 대출"에 부수되는 행위로서 피고의 업무 내지 A가 위 지점장으로서 가지는 대리권의 범위에 속한다 할 것이고, 따라서 A가 한 위 약정은 그 객관적, 추상적 성질에 비추어 피고의 영업에 관한 것이라고 할 것이다."

6) 대판 1984. 7. 10, 84다카424, 84다카425(지배인의 권한 범위 외의 행위에 대하여 회사의 책임을 부정한 경우: 상업사용인(지배인)이 포괄적 대리권을 가지는 것은 분명하지만, 그 권한행사가 영업주 본인의 영업범위 내에 속하여야 영업주에게 귀속(책임부담)시킬 수 있다는 취지): "상업사용인인 소외 (갑)이 원고로부터 자신이 매수한 부동산 대금의 지급을 위하여 자기명의의 어음을 발행하고 그 어음금의 지급을 보증하는 뜻으로 여기에 피고 명의의 배서를 대행한 경우, 피고 회사가 그 상업사용인인 위 (갑) 개인의 토지매매대금채무의 변제를 담보하는 일은 피고 회사의 영업범위 내에 속하는 일이라고 볼 수 없다 …"

■ 지배인 대리권(지배권)의 범위: 영업주가 여러 개의 상호(商號)를 사용하여 여러 개의 영업을 하는 경우 지배인의 대리권(지배권)은 그 각 상호(商號)하의 영업에 한정된다.

다) 재판상 · 재판 외의 모든 행위

지배권은 재판외의 행위뿐만 아니라 재판상의 행위에도 미친다. 재판상의 행위란 소송행위를 말한다. 비록 변호사가 아니라도 지배인에게 영업주를 위한 소송대리권을 인정(民訴 제87조)하는 것은 지배인의 능력을 신뢰하고 영업소의 원만한 업무수행을 기하기 위한 것이다. 재판외의 행위란 소송행위 이외의 모든 영업상 행위인데 법률행위(예: 매매계약의 체결), 준법률행위(예: 청약의 유인, 변제 등)가 모두 포함된다.

■ 지배권의 특징: 지배권은 영업소를 단위로 하여 ① 재판상 ② 재판 외의 모든 행위에 미친다.

(3) 지배권의 제한

지배인의 지배권 범위는 상법상 정해진 범위보다 확장될 수는 없으나[7] 제한하는 것은 가능하다. 다만, 그 제한도 대항력의 한계가 있다. 그 밖에 공동지배인 제도를 두는 것도 지배권을 제한하는 방법이 된다.

가) 지배권 제한과 그 대항력의 한계

영업주와 지배인 사이의 대리권수여관계(수권행위)는 당사자 자치원칙에 지배되므로 영업주가 지배권의 범위를 거래내용별로 제한할 수 있음은 물론이다. 그리하여 지배인이 이러한 제한에 위반하면 해임당하거나 손해배상청구를 당하는 원인이 된다. 그러나 이러한 제한은 상업등기부나 회사등기부에 기재하는 방법이 없고, 그 제한을 하여도 선의의 제3자에게는 대항하지 못하게 하여 거래의 안전을 도모하도록 하였다(商 제11조 제3항). 이는 가급적 지배권의 획일성(정형성)을 유지시켜 거래상대방의 신뢰를 보호하여 거래안전을 도모하고 지배인을 통한 활발한 상거래를 기하려는 것이다.

■ 지배권의 제한과 그 대항력의 한계(商 제11조 제3항): 지배인의 대리권(지배권) 제한을 영업주가 할 수 있지만, 그 제한을 선의(善意)의 제3자에게 대항할 수 없다.

나) 공동지배인 제도(Gesamtprokura)

지배인의 대리권은 거래의 안전을 위하여 정형적으로 포괄성을 띠고 있지만 영업주의 입장에서는 자신의 이익보호의 관점에서 매우 불안한 것이므로 공동지배인

7) 영업주가 상법상 法定權限을 초월하는 권한을 지배인에게 부여하면(예: 영업재산의 처분권 부여) 이는 지배권 이외의 별개의 授權이 이루어지는 것이 된다(손주찬, 100면).

제도를 인정하고 있다. 즉, 영업주는 그 영업에 관하여 수 인의 지배인을 두고 그 수 인이 공동하여 대리권을 행사하게 할 수 있다(商 제12조 제1항). 영업주가 수 인의 지배인을 두는 경우에도 각 지배인이 독립하여 영업주를 대리할 수 있음이 원칙이지만 (각자대리(各自代理)의 원칙), 영업주의 특별한 의사표시로 이를 공동행사하게 할 수 있다는 법리이다. 이는 독일법계에서만 인정되고 있는데 이와 비슷한 예는 민법상 공동대리제도(民 제119조 단서), 인적회사의 공동대표사원(商 제208조, 제265조), 주식회사의 공동대표이사(商 제389조 제2항) 제도 등이 있다. 이는 지배인의 자율성을 축소시키는 것이므로 사실상 지배인의 대리권을 제한하는 것이다. 공동지배인을 두는 경우 그 설정, 변경, 소멸은 등기사항이다(商 제13조). 다만, 공동지배인을 두는 경우에도 수동대리는 지배인 1인이 할 수 있다(商 제12조 제2항).

■ 공동지배인 제도(商 제12조 제1항): 영업주는 그 영업에 관하여 수 인의 지배인을 두고 그 수 인이 공동하여 대리권(지배권)을 행사하게 할 수 있다.

(4) 지배권의 남용

지배권의 남용이란 객관적으로는 지배인의 권한(지배권) 행사가 그 권한범위내에서 이루어지지만, 주관적으로는 지배인 자신의 이익이나 영업주 이외의 제3자의 이익을 도모하기 위한 경우를 말한다. 본래, 지배인의 행위 효과를 본인인 영업주에게 귀속시킬 수 있는가의 문제는 행위의 성질을 객관적으로 판단해서 결정해야 하고 권한 행사자인 지배인의 주관적 의사를 모두 고려해서는 법적 안정성, 거래의 안정을 기할 수가 없다. 그러나, 이러한 판단기준에도 불구하고 지배권이 남용된다고 볼 수 있는 경우라면 이를 신의칙위반으로 보아 영업주 본인에게 그 행위효과를 귀속시키지 않되, 다만 이 남용행위를 상대방이 거래 당시에 그 주관적 사정에 대해 알았거나 알 수 있었을 경우만으로 한정해야 할 것이다. 판례의 경우에는 민법 제107조 제1항 단서를 유추적용하여 해결하고자 하는데(대판 2001. 10. 30, 2001다51879 등), 지배권의 남용을 인정하는 요건은 대동소이하다.

판례(1)

대판 1999. 3. 9, 97다7721, 7738

(지배권 남용의 경우: 지배인의 권한(지배권) 범위 내 행위는 영업주에게 법률효과가 귀속됨이 원칙이지만, 지배인 자신의 이익을 위하여 한 배임적 행위이고 상대방도 이를 알았거나 알 수 있었다면 영업주 본인에 대한 관계에서 무효라고 한 사례)

"지배인의 행위가 영업에 관한 것으로서 대리권한 범위 내의 행위라 하더라도 영업주 본인의 이익이나 의사에 반하여 자기 또는 제3자의 이익을 도모할 목적으로 그 권한을 행사한 경우에 그 상대방이 지배인의 진의를 알았거나 알 수 있었을 때에는 민법 제107조 제1항 단서의 유추해석상 그 지배인의 행위에 대하여 영업주 본인은 아무런 책임을 지지 않는다고 보아야 하고, 그 상대방이 지배인의 표시의사가 진의 아님을 알았거나 알 수 있었는가의 여부는 표의자인 지배인과 상대방 사이에 있었던 의사표시 형성 과정과 그 내용 및 그로 인하여 나타나는 효과 등을 객관적인 사정에 따라 합리적으로 판단하여야 한다 … 은행 지점장이 자신이 유용한 씨디 매도 대금을 마련하기 위하여 그 지점에서 담보용으로 보관중인 어음을 임의로 유출하여 할인하거나 그 할인금 채무의 담보조로 교부한 경우, 그 어음할인과 어음양도는 은행의 이익과 의사에 반하여 그 지점장 자신의 이익을 위하여 한 배임적인 행위로서 금융업에 종사하는 상대방으로서도 제반 사정에 비추어 통상의 주의만 기울였다면 이를 충분히 알 수 있었으므로 위 어음할인 및 양도행위는 영업주 본인인 은행에 대한 관계에서 무효라고 본다."

판례(2)

대판 1997. 8. 26, 96다36753

(지배권의 남용 등: 지배인의 대리권 남용에 관한 제3자의 악의 · 중과실에 대한 입증책임은 이를 주장할 법률상 이익이 있는 영업주 자신이 부담한다는 것과 여기에서의 제3자의 범위는 어음행위에 있어서는 지배인으로부터 직접 어음을 취득한 상대방뿐만 아니라 그로부터 다시 배서양도받은 제3취득자가 포함된다고 한 사례)

"지배인의 어떤 행위가 그 객관적 성질에 비추어 영업주의 영업에 관한 행위로 판단되는 경우에 지배인이 영업주가 정한 대리권에 관한 제한 규정에 위반하여 한 행위에 대하여는 제3자가 위 대리권의 제한 사실을 알고 있었던 경우뿐만 아니라 알지 못한 데에 중대한 과실이 있는 경우에도 영업주는 그러한 사유를 들어 상대방에게 대항할 수 있다고 할 것이고, 이러한 제3자의 악의 또는 중대한 과실에 대한 주장 · 입증책임은 영업주가 부담한다고 할 것이다. 소론과 같이 원심이 원고에게 이 사건 지배인의 대리권 제한을 알지 못한 중대한 과실이 있다는 피고의 주장에 대하여 판단을 유탈하였다고 하더라도, 기록상 원고에게 중대한 과실이 있었다고 인정할 증거가 없으므로, 위 판단유탈의 사유는 파기사유가 되는 위법이라고 할 수 없다. 한편 지배인이 내부적인 대리권 제한 규정에 위배하여 어음행위를 한 경우, 이러한 대리권의 제한에 대항할 수 있는 제3자의 범위에는 그 지배인으로부터 직접 어음을 취득한 상대방뿐만 아니라 그로부터 어음을 다시 배서양도받은 제3취득자도 포함된다고 할 것 …"

4. 표현지배인(表見支配人)

(1) 의 의

어떤 사람이 지배인인지 아닌지는 실제로 지배권을 수여받았는지에 따라서 정하여진다. 그러나, 본점 또는 지점의 본부장, 지점장 그 밖에 지배인으로 인정될 만한 명칭을 사용하는 자는 재판외의 행위에 관하여 상대방이 악의가 아니라면 본점 또는 지점의 지배인과 같은 권한이 있는 것으로 의제하는 경우가 있고 이를 표현지배인이라고 한다(商 제14조).[8] 이는 본부장, 지점장, 지사장, 지배인, 영업주임, 출장소장 등의 명칭을 나타내어 거래를 하면 상대방이 그 외관만을 보고 거래를 하는 경우가 많기 때문이다. 영미법상의 금반언법리와 독일법상의 외관이론과 같은 취지이다. 이는 민법상 표현대리제도(民 제125조, 제126조, 제129조)를 지배인제도에 맞게 수정 · 변용한 것으로서 이와 비슷한 예는 회사법상 표현대표이사(商 제395조)가 있다. 재판상 행위에 대하여 표현지배인을 배제한 것은 소송행위는 거래행위가 아니고, 실체적 진실이 재판외의 행위보다 더욱 강하게 요구되기 때문이다.

8) 2010년 5월 개정상법은 '영업주임'이라는 오래된 표현 대신 '본부장, 지점장' 등으로 용어를 바꾸었다. 또, '사용인'이라는 표현이 마치 상업사용인만 표현지배인이 될 수 있는 것처럼 보일 수 있고 상업사용인이 아닌 단순한 피용자도 지배인으로서 외관을 갖추면 표현지배인이 될 수 있다는 점을 고려하여 이를 '… 명칭을 사용하는 자'로 수정하였다.

■ **표현지배인**(商 제14조 제1항): **본점 또는 지점의 본부장, 지점장, 그 밖에 지배인으로 인정될 만한 명칭을 사용하는 자는 재판외의 행위에 있어서 본점 또는 지점의 지배인과 동일한 권한이 있는 것으로 본다**(영업주의 선의 제3자에 대한 책임)

(2) 요　건

가) 영업소(營業所)의 요건 구비(본점이나 지점의 실체)

본래 지배인은 일정한 영업소(본점이나 지점)를 기준단위로 하여 지배권이 인정되므로 표현지배인이 성립하기 위해서도 표현지배인이 참칭하는 영업소의 명칭은 영업소(본점이나 지점)로서의 실체를 인정받을 수 있는 정도여야 한다(실질설: 다수설,[9] 판례[10]). 여기서의 영업소란 내부적으로 영업활동의 지휘명령이 내려지고 외부적으로 영업활동의 중심이라고 인정되는 장소이다. 그리하여 비록 영업소라는 명칭이 사용되고 있어도 보험회사의 영업소와 같이 조직적·통일적으로 장악하지 못하여 영업활동의 중심으로 인정될 수 없는 장소는 여기서의 영업소가 아니다.[11]

나) 본부장, 지점장 그 밖에 지배인으로 인정될 만한 명칭의 사용(외관(外觀)의 존재)

표현지배인이 본부장, 지점장, 지사장, 영업소장, 출장소장, 사업소장 등 마치 영업소의 영업책임자인 듯한 명칭을 사용해야 한다.[12] 공동지배인 중 1인이 단독지

9) 김성태, 212면; 이기수 외, 127면; 정찬형, 88면; 채이식, 61면; 최기원, 92면; 이에 대하여 영업소(본점이나 지점)의 실체를 갖추지 못하더라도 영업소에 관한 본점이나 지점의 외관이나 표시를 신뢰한 제3자에 대하여서는 표현지배인의 성립을 인정하자는 견해(소수설: 형식설)가 있다(이·최, 160-161면).

10) 대판 1978. 12. 13, 78다1567.

11) 대판 1978. 12. 13, 78다1567 참조.; 같은 취지로 대판 1983. 10. 25, 83다107: "보험회사의 영업소장은 상법 제14조의 표현지배인에 해당되지 않는다."

12) 다만, '보험회사 지사장'이나 '보험회사 영업소장'의 명칭은 보통 보험회사 지사장이나 영업소장이 보험모집과 보험료의 징수 주선을 하는 데 지나지 않고 실질적으로 지점을 통할하여 영업을 지휘

배인인 듯한 명칭을 사용한 경우도 다른 요건을 갖추면 표현지배인이 될 수 있다고 본다.[13]

판례(1)

대판 1998. 10. 13, 97다43819
(표현지배인을 부정한 경우: 표현지배인이 성립하려면 표현지배인 자신이 어느 정도 대외적인 독립영업을 할 수 있는 정도여야 한다는 취지)

"상법 제14조 제1항 소정의 표현지배인이 성립하려면 당해 사용인의 근무 장소가 상법상의 영업소인 '본점 또는 지점'의 실체를 가지고 어느 정도 독립적으로 영업 활동을 할 수 있는 것임을 요하고, 본 · 지점의 기본적인 업무를 독립하여 처리할 수 있는 것이 아니라 단순히 본 · 지점의 지휘 · 감독 아래 기계적으로 제한된 보조적 사무만을 처리하는 영업소는 상법상의 영업소인 본 · 지점에 준하는 영업 장소라고 볼 수 없다 … 회사의 주주로서 자금조달 업무에 종사함과 아울러 지방 연락사무소장으로서 그 회사로부터 토지를 분양받은 자들과의 연락 업무와 투자중개 업무를 담당해 온 경우, 회사를 위하여 독립적으로 영업 활동을 할 수 있는 지위에 있었다고 단정할 수 없다는 이유로, 표현지배인이 아니라고 본다."

판례(2)

대판 1994. 1. 28, 93다49703
(지점장 대리의 권한범위 인정과 표현지배인의 성립가능성 부정: 증권회사 지점장대리의 경우 영업소(본점 또는 지점)단위의 상위직의 존재를 나타내는 자이므로 지배인의 외형이 불가능하여 표현지배인이 성립할 수 없다는 취지)

"일반적으로 증권회사의 지점장대리는 그 명칭 자체로부터 상위직의 사용인의 존재를 추측할 수 있게 하는 것이므로, 상법 제14조 소정의 영업주임 기타 이에 유사한 명칭을 가진 사용인이라고 할 수는 없고, 단지 같은 법 제15조 소정의 영업의 특정한 종류 또는 특정한 사항에 대한 위임을 받은 사용인으로서 그 업무에 관한 부분적 포괄대

하거나 명령하는 권한이 없으므로 표현지배인으로 인정되는 명칭이 될 수 없다(대판 1983. 10. 25, 83다107). 또, 支部는 통상 支店의 하부조직일 뿐이어서 '支部長'이란 명칭을 사용하는 경우에도 표현지배인이 성립할 수 없다(손주찬, 105면).

13) 같은 취지: 최기원, 92면.

리권을 가진 사용인으로 봄이 타당하다.

증권회사의 지점장대리는 그 지위나 직책, 특히 증권거래법 제52조 제1호에 의하면, 증권회사 또는 그 임직원이 고객에 대하여 유가증권의 매매거래에서 발생하는 손실의 전부 또는 일부를 부담할 것을 약속하고 그 매매거래를 권유하는 행위를 금지하고 있는 점 등의 사정에 비추어 볼 때, 특별한 사정이 없는 한 증권회사 지점장대리와 고객과의 사이에서 증권회사의 채무부담행위에 해당하는 손실부담약정을 체결하는 것은 위 대리권의 범위에 속한다고 볼 수 없다."

판례(3)

대판 1994. 9. 30, 94다20884

(표현지배인을 부정한 경우: 건설회사 현장소장의 경우 공사시공에 관한 업무만 하므로 영업소(본점 또는 지점)를 단위로 영업주를 포괄적으로 대리하는 지배인의 외형을 갖추는 것이 불가능하여 표현지배인으로 될 수 없다는 취지)

"건설업을 목적으로 하는 건설회사의 업무는 공사의 수주와 공사의 시공이라는 두 가지로 크게 나눌 수 있는데, 건설회사 현장소장은 일반적으로 특정된 건설현장에서 공사의 시공에 관련한 업무만을 담당하는 자이므로 특별한 사정이 없는 한 상법 제14조 소정의 본점 또는 지점의 영업주임 기타 유사한 명칭을 가진 사용인, 즉 이른바 표현지배인이라고 할 수는 없고, 단지 상법 제15조 소정의 영업의 특정한 종류 또는 특정한 사항에 대한 위임을 받은 사용인으로서 그 업무에 관하여 부분적 포괄대리권을 가지고 있다고 봄이 상당하다."

다) 명칭사용의 허락(명시 · 묵시적 허락: 외관(外觀)의 부여)

영업주가 표현지배인의 명칭사용을 명시적이거나 묵시적으로 허락하였어야 한다.

라) 상대방의 선의(善意)(선의 · 경과실 보호설)(외관(外觀)에 대한 신뢰)

영업주에 대해 표현지배인의 행위에 대한 책임을 묻기 위해서는 거래상대방이 善意여야 한다. 외관신뢰의 보호(거래안전의 추구)취지상 당연하다. 여기서 '선의'라 함은 명칭사용자가 지배인이라고 믿은 것을 말한다. 이 때 경과실은 보호받을 것이나 중과실이 있다면 악의자와 같이 취급하여야 할 것이다(선의 · 경과실 보호설: 통설).[14)]

14) 손주찬, 106면; 이 · 최, 164면; 이기수 외, 132면; 임홍근, 89면; 정동윤, 84면; 정찬형, 89면; 최기원, 92면.

선의나 무중과실의 판단시기는 거래행위시를 기준으로 한다.

(3) 효과(영업주의 책임)

표현지배인(表見支配人)은 영업주의 영업에 관하여 재판상의 행위를 제외하고는 지배인과 동일한 권한이 있는 것으로 보아 영업주가 그 책임을 진다(商 제14조 제1항 참조).

Ⅲ. 부분적(部分的) 포괄대리권(包括代理權)을 가진 사용인(使用人)

1. 의 의

부분적 포괄대리권을 가진 사용인이란 영업의 특정한 종류 또는 특정한 사항에 대하여 포괄대리권을 가진 상업사용인이다(商 제15조 제1항). 그 예는 근대적 기업에서의 부장, 차장, 팀장, 과장, 대리, 계장, 주임 등이다. 구체적 사정을 보면 이러한 지위에 있는 사람도 그 특정한 종류(예: 운송 업무, 전자제품 업무) 또는 특정한 사항(예: 총무부서, 경리부서, 기획부서)에 대한 포괄적 권한을 부여받지 못했을 수도 있지만, 그러한 권한을 수여받고 상대방과 거래하는 것이 상거래의 통상적 예이므로 지배인 다음가는 포괄대리권을 인정하여 거래안전을 보호하려는 데 그 취지가 있다.

■ 부분적 포괄 대리권을 가진 사용인(商 제15조): 영업주로부터 영업의 특정한 종류 또는 특정한 사항에 대한 위임을 받은 상업사용인을 말한다(부장, 과장, 대리 등)

2. 선임(選任) · 종임(終任)

(1) 선임(選任)

부분적 포괄대리권을 가진 사용인은 영업주나 영업주의 일반적인 대리인 또는 지배인이 선임할 수 있다(商 제11조 제2항). 지배인의 경우와 다른 점은 지배인도 그 선임을 할 수 있고, 소상인에게도 적용되며 그 선임이 등기사항이 아니라는 점이다. 지배인 선임에서와 같이 그 선임은 대리권을 수여하는 계약으로서 이를 발생시키는 기초적 법률관계(고용, 위임계약 등)와는 구별되지만, 합체(合體)되어서 이루어지는 경우가 많을 것이다. 회사의 이사도 부분적 포괄대리권을 가진 상업사용인으로 선임됨에 지장이 없다.[15)]

(2) 종임(終任)

부분적 포괄대리권을 가진 사용인의 종임사유는 지배인의 종임사유와 같이 대리권의 소멸, 고용계약 · 위임계약의 종료 등이고 영업주의 사망은 종임사유가 아니다. 영업이 폐지되거나 해산되면 이러한 사용인은 종임되나 영업의 양도시에는 다른 의사표시가 없으면 영업의 물적시설과 함께 양수인에게 이전된다고 본다.[16)] 이 사용인의 종임은 선임에서와 같이 등기사유가 되지 않는다.

3. 대 리 권

(1) 대리권의 범위

부분적 포괄대리권을 가진 사용인은 영업의 특정한 종류 또는 특정한 사항에 관하여 재판외의 모든 행위를 할 수 있다(商 제15조 제1항). 지배인과 같이 영업소를 단위로 하여 모든 포괄적 대리권을 부여받는 것은 아니지만, 영업의 특정한 종류나 특정한 사항에 있어서는 포괄적으로 대리권을 인정한다는 점[17)]이 민법상 개개의 행위

---

15) 대판 1996. 8. 23, 95다39472(상업사용인의 겸임: 상업사용인은 이사와 구별되지만 이사 중 회사 전체를 대표하는 권한을 가진 대표이사가 아닌 자는 지배인 등 상업사용인의 지위를 겸하지 못할 이유가 없다는 것): "주식회사의 기관인 상무이사라 하더라도 상법 제15조 소정의 부분적 포괄대리권을 가지는 그 회사의 사용인을 겸임할 수 있다."

16) 같은 취지: 최기원, 95면.

17) 부분적 포괄대리권을 가진 상업사용인의 권한범위는 거래통념에 따라 객관적으로 정해진다는 취지로 대판 2009. 5. 28, 2007다20440, 20457: "상법 제15조에 의하여 부분적 포괄대리권을 가진 상업사용인은 그가 수여받은 영업의 특정한 종류 또는 특정한 사항에 관한 재판 외의 모든 행위를 할 수 있으므로 개개의 행위에 대하여 영업주로부터 별도의 수권이 필요 없으나, 어떠한 행위가

에 대해 대리권이 주어지는 것과 다르다.

판례(1)

대판 1994. 10. 28, 94다22118

(부분적 포괄대리권을 가진 상업사용인의 권한범위: 오피스텔 건물 분양업자의 위임을 받아 관리부장이나 관리과장의 직위에 있게 되어 분양계약업무 일체를 처리하는 자들은 상법 제15조의 부분적 포괄대리권을 가진 상업사용인이고, 이들의 권한은 분양계약체결 뿐만 아니라 그 계약의 합의해제, 해제권 유보에 관한 약정과 보완적인 계약체결에까지 미친다는 취지)

"오피스텔 건물의 분양사업을 영위하는 자의 위임을 받아 관리부장 또는 관리과장의 직책에 기하여 실제로 오피스텔 건물에 관한 분양계약의 체결 및 대금수령, 그리고 그 이행책임을 둘러싼 계약상대방의 이의제기에 따른 분쟁관계의 해결 등 일체의 분양관련 업무를 처리하여 온 자들은, 특히 그 업무의 수행이 단지 일회적으로 그치게 되는 것이 아니라 당해 오피스텔 건물의 분양이 완료될 때까지 계속적으로 반복되는 상행위인 성질에 비추어 볼 때, 상법 제15조 소정의 영업의 특정된 사항에 대한 위임을 받은 사용인으로서 그 업무에 관한 부분적 포괄대리권을 가진 상업사용인으로 봄이 타당하다 … 이러한 분양관련 업무를 처리해 온 자들의 업무의 범위 속에는 오피스텔 건물에 관한 분양계약의 체결은 물론이고, 기존 분양계약자들과의 분양계약을 합의해제하거나 해제권 유보에 관한 약정을 체결하고, 나아가 그에 따른 재분양계약을 체결하는 일체의 분양거래행위도 당연히 포함되는 것이라고 봄이 상당하고, 이러한 건물의 일반분양업무는 통상 개별적인 분양계약의 체결에 그치지 않고, 사정에 따라 그 일부 분양의 취소 내지 해제와 이에 따른 보완적인 재분양계약의 체결 등의 거래행위가 순차적, 계속적으로 수행되는 것이므로, 일반 거래상대방의 보호를 위하여는 이러한 모든 행위가 일률적으로 그 업무범위내에 속한다고 보아야지, 그 중에서 분양계약의 취소, 해제만을 따로 떼어 그 업무는 본인이 이를 직접 수행하든지 분양업무를 맡은 사용인에게 별도의 특별수권을 하여야 한다고 새겨서는 안 될 것이다."

위임받은 영업의 특정한 종류 또는 사항에 속하는가는 당해 영업의 규모와 성격, 거래행위의 형태 및 계속 반복 여부, 사용인의 직책명, 전체적인 업무분장 등 여러 사정을 고려해서 거래통념에 따라 객관적으로 판단하여야 한다."

판례 (2)

대판 2006. 6. 15, 2006다13117
(부분적 포괄대리권을 가진 상업사용인의 권한범위)

"부분적 포괄대리권을 가진 상업사용인이 특정된 영업이나 특정된 사항에 속하지 아니하는 행위를 한 경우, 영업주가 책임을 지기 위하여는 민법상의 표현대리의 법리에 의하여 그 상업사용인과 거래한 상대방이 그 상업사용인에게 그 권한이 있다고 믿을 만한 정당한 이유가 있어야 한다 … 전산개발장비 구매와 관련된 실무를 총괄하는 상업사용인의 지위에 있는 자가 회사에 새로운 채무부담을 발생시키는 지급보증행위를 하는 것은 부분적 포괄대리권을 가진 상업사용인의 권한에 속하지 아니한다."

판례 (3)

대판 1999. 5. 28, 98다34515
(부분적 포괄대리권을 가진 상업사용인의 권한범위: 관리부서장은 현장소장의 지휘 아래 노무, 자재, 안전 및 경리업무를 담당하는 부분적 포괄대리권을 가진 상업사용인이지만, 그 권한이 담당업무에 한정되어 있어서 회사의 부담이 되는 채무보증과 채무인수 등은 그 권한사항으로 될 수 없다는 것)

"도로공사를 도급받은 회사에서 그 공사의 시공에 관련한 업무를 총괄하는 현장소장의 지휘 아래 노무, 자재, 안전 및 경리업무를 담당하는 관리부서장은 그 업무에 관하여 상법 제15조 소정의 부분적 포괄대리권을 가지고 있다고 할 것이지만, 그 통상적인 업무가 공사의 시공에 관련된 노무, 자재, 안전 및 경리업무에 한정되어 있는 이상 일반적으로 회사의 부담으로 될 채무보증 또는 채무인수 등과 같은 행위를 할 권한이 있다고 볼 수는 없다."

판례 (4)

대판 1990. 1. 23, 88다카3250
(부분적 포괄대리권을 가진 상업사용인의 권한범위: 주식회사의 경리부장은 경리사무 일체에 관한 권한을 위임받은 부분적 포괄대리의 상업사용인이지만, 그 권한범위 판단에 있어서 회사의 자금차용은 그 범위를 초과한다는 것)

“일반적으로 주식회사의 경리부장은 경상자금의 수입과 지출, 은행거래, 경리장부의 작성 및 관리 등 경리사무 일체에 관하여 그 권한을 위임받은 것으로 봄이 타당하고 그 지위나 직책, 회사에 미치는 영향, 특히 회사의 자금차입을 위하여 이사회의 결의를 요하는 등의 사정에 비추어 보면 특별한 사정이 없는 한 독자적인 자금차용은 회사로부터 위임되어 있지 않다고 보아야 할 것이므로 경리부장에게 자금차용에 관한 상법 제15조의 부분적 포괄대리권이 있다고 할 수 없다.”

판례(5)

대판 2008. 7. 10, 2006다43767
(부분적 포괄대리권을 가진 상업사용인의 대리권남용)

“부분적 포괄대리권을 가진 상업사용인이 그 범위 내에서 한 행위는 설사 상업사용인이 영업주 본인의 이익이나 의사에 반하여 자기 또는 제3자의 이익을 도모할 목적으로 그 권한을 남용한 것이라 할지라도 일단 영업주 본인의 행위로서 유효하나, 그 행위의 상대방이 상업사용인의 진의를 알았거나 알 수 있었을 때에는 민법 제107조 제1항 단서의 유추해석상 그 행위에 대하여 영업주 본인에 대하여 무효가 되고, 그 상대방이 상업사용인의 표시된 의사가 진의 아님을 알았거나 알 수 있었는가의 여부는 표의자인 상업사용인과 상대방 사이에 있었던 의사표시 형성 과정과 그 내용 및 그로 인하여 나타나는 효과 등을 객관적인 사정에 따라 합리적으로 판단하여야 한다.”

(2) 대리권의 제한

부분적 포괄대리권을 가진 상업사용인의 권한도 지배인의 권한처럼 정형성·포괄성을 지니고 있으나, 영업주가 구체적 사정에 따라 거래의 종류, 거래의 금액, 거래의 시기를 제한하거나 어음(수표)행위를 금지하는 등의 제한을 가할 수 있는 것은 사적자치의 원칙상 당연하다. 그러나, 영업주의 편의와 의사만에 의하여 지배인과 같이 거래안전을 꾀하려고 둔 상법상의 제도가 형해화하는 것은 안 되므로 이러한 제한을 가하더라도 선의의 제3자에게 대항하지 못한다(商 제15조 제2항, 제11조 제3항).

(3) 표현사용인(표현지배인 규정의 유추적용의 可否)

부장, 과장 등의 명칭을 사용하여 상대방과 거래하였으나 그 권한(대리권)이 없는 경우에는 일종의 무권대리에 해당한다. 그리하여 민법상의 표현대리 요건(民 제125조, 제126조, 제129조)이 충족되면 민법상 표현대리로 거래상대방은 보호받을 수 있다. 그러나, 상법은 지배인 제도에서 민법에서보다 용이하게 표현지배인으로 볼 수 있는 규정을 두고 있는데, 이 규정을 부분적 포괄사용인에게 유추적용할 수 있다면 거래상대방을 더 쉽게 보호할 수 있게 된다. 그런데 이 표현지배인 규정(商 제14조)이 부분적 포괄사용인에게 유추적용될 수 있는가에 대해서는 견해의 대립이 있다.

(i) 긍 정 설

이는 거래상대방을 보호하기 위하여 표현지배인 규정을 유추적용하자고 하는 입장이다.[18]

(ii) 부 정 설

이 견해는 표현지배인과 같은 특별규정이 없이 이 규정을 부분적 포괄사용인에게 적용할 수는 없다는 입장이다.[19]

(iii) 사견(긍정설)

생각건대, 부분적 포괄사용인이 아니면서 부장, 과장, 대리 등의 명칭을 사용하여 거래행위를 한 경우 상대방이 이를 믿고 거래를 하였다면 표현대리 규정을 유추적용하여 보호하는 것이 타당하다고 본다. 왜냐하면 첫째, 지배인과 부분적 포괄사용인은 다같은 상업사용인이라는 점에서 공통적이고, 둘째, 그 권한의 면에서 부분적 포괄사용인도 지배인 못지 않게 넓은 대리권을 가진 경우가 있어서 민법상 표현대리보다 용이하게 거래상대방의 신뢰를 보호할 필요가 있다고 보기 때문이다.

Ⅳ. 물건판매점포의 사용인(使用人)(점포(店鋪) 사용인)

1. 의 의

물건판매점포의 사용인이란 점포의 물건판매에 관한 업무에 종사하는 상업사용인을 말한다. 점포를 두고 판매하는 영업거래는 보통 소매(小賣)이고 일반 구매자들이 빈번하게 거래 상대방이 된다는 점에서 이러한 점포에서 영업주를 보조하는 점원(店員) 등에게 실질적인 대리권 부여 여부에 관계없이 일정한 대리권이 있는 것으로

18) 임홍근, 91면; 정동윤, 69-70면; 정찬형, 92-93면.
19) 김성태, 219면; 이철송, 120면.

의제하여 상거래의 안전과 신속을 도모하려는 것이 기본적 취지이다.

■ 물건판매점포의 사용인(商 제16조 제1항): 물건판매점포에서 물건판매를 할 수 있는 권한이 부여된 상업사용인

2. 적용요건

상법 제16조의 물건판매점포 사용인의 물건판매권한이 의제되어 상대방이 보호되기 위해서는 물건을 판매하는 점포에서 영업주의 사용인이 점포내의 물건을 판매하는 경우여야 한다. 이러한 요건은 거래상대방이 일정한 사정하에서 신뢰를 형성한 것만 보호할 가치가 있고, 또한 영업주의 이익도 상대방의 이익 못지 않게 균형있게 보호하여야 하기 때문이다. 이를 세분하여 살핀다.

(1) 「물건판매점포에서의」 판매행위(장소의 제한)

영업주의 사용인의 행위(판매)는 물건판매의 점포라는 제한된 장소에서 이루어져야 한다. 여기서 「점포」라 함은 물건의 판매가 행해지는 물적 공간으로서 구매고객의 출입이 자유롭게 보장된 곳을 말한다. 이러한 점포시설에서는 물건을 구매하는 고객이 그 곳에서 영업하는 종업원(영업주의 사용인)이 판매에 관한 권한(대리권)을 부여받고 있다고 믿는 것이 보통이다. 따라서 이러한 신뢰를 보호하여 대리권 유무에 대한 번잡한 다툼을 막아 신속 · 대량의 거래가 이루어지게 하려는 것이다. 따라서 「물건판매점포」의 요건을 구비하지 못한 사무소 정도이거나 물건판매점포 밖에서 이루어지는 외무사원의 행위(판매)에는 적용되지 않는다(대판 1976. 7. 13, 76다860).

판례

대판 1976. 7. 13, 76다860

(상사회사(백화점) 지점의 외무사원의 지위: 백화점 지점의 외무사원은 '점포 내'에서 근무하는 자가 아니므로 상법 제16조의 물건판매점포 사용인으로 될 수 없어서 이러한 자의 물건판매, 물품대금 수금행위는 영업주인 백화점에 귀속될 수 없고 다만 그 불법행위가 인정되는 범위에서만 영업주인 회사는 사용자로서의 배상책임을 부담할 수 있을 뿐이라는 취지)

"상사회사(백화점) 지점의 외무사원은 상법 16조 소정 물건 판매점포의 사용인이 아니므로 위 회사를 대리하여 물품을 판매하거나 또는 물품대금의 선금을 받을 권한이 있다고 할 수 없고, (다만) 위 외무사원의 점포 밖에서 그 사무집행에 관한 물품거래행위로 인하여 타인에게 손해를 입힌 경우에는 위 회사는 사용자의 배상책임을 면할 수 없다."

(2) 「점포 안에 있는 물건」의 판매행위(객체의 제한)

영업주의 사용인의 행위(판매)는 「점포 안에 있는 물건」에 대해 이루어져야 한다. 이와 달리 「점포 밖에 있는 물건」에 대해서도 그 물건을 점포 안에서 판매하는 이상 이 규정을 적용할 수 있다는 견해가 있다.[20] 그러나, 판매객체인 물건은 「점포 내」에 있는 경우여야 한다고 본다. 이는 (ⅰ) 첫째, 이 규정은 물건을 구매하는 고객이 점포 안에 있는 물건을 직접 보고 구입하는 경우를 보호하려는 것이고, (ⅱ) 둘째, 영업주의 종업원(사용자)은 그 점포 안에 현실적이고 가시적으로 존재하는 물건의 판매에 관해서만 판매대리권이 주어지는 것이 일반적인 경우이고 점포 밖의 물건판매에 대해서까지 판매대리권이 부여되는 것은 매우 드물기 때문이다.

(3) 사용인에 대한 고용계약의 필요성 문제(학설의 대립)

물건판매점포의 사용인이 권한 없이 그 점포내의 물건을 판매하는 경우에 그 판매권한이 있다고 믿는 상대방을 보호하려는 것이 본 규정의 취지이지만, 그 사용인은 반드시 영업주와 고용관계를 맺은 상태여야 하는가가 논의된다.

20) 이철송, 122면; 정찬형, 94면; 정희철, 87면.

(ⅰ) 고용계약 필요설(必要說)(적극설)

이는 상법 제16조의 규정에 따라 거래의 상대방을 보호하여 유효한 매매계약의 효력을 갖는 것으로 적용하려면 판매점포의 사용인은 영업주와의 사이에 고용계약이 있어야 하고, 만약 고용계약이 없다면 상법 제16조 규정을 유추적용할 수밖에 없다고 하는 견해이다.

(ⅱ) 고용계약 불요설(不要說)(소극설)

상법 제16조를 적용하는 데 있어서는 영업주의 종업원(사용인)은 영업주와 고용관계에 있지 않아도 된다는 입장이다.[21]

(ⅲ) 사견(고용계약 불요설(不要說)(소극설))

생각하건대, 물건판매점포의 사용인은 영업주와 고용계약을 맺지 않아도 이 규정이 적용될 수 있다고 본다. 왜냐하면 (ⅰ) 첫째, 물건판매점포에서 물건판매의 권한이 있으리라고 믿고 거래하는 상대방을 보호하려는 데 있어서는 그 판매의 종업원(사용인)이 고용계약을 영업주와 맺었는가를 고려할 필요가 없고 (ⅱ) 둘째, 고용계약이 반드시 있어야 한다고 하면 고용계약이 없는 가족, 친지의 판매행위에는 구입 상대방을 보호하기 어렵다는 곤란한 점이 있기 때문이다.

(4) 「물건」의 「판매」에 관한 행위(행위의 제한)

「물건」의 「판매」에 관한 행위여야 대리권이 의제된다. 상법의 이 규정은 주로 유체물(有體物)인 물건이 점포 안에서 가시적이어서 신속 · 대량으로 매매가 이루어지기 때문에, 복잡한 수권관계를 고려할 필요없이 대리권이 있는 것으로 의제될 필요가 거래계에 있기 때문이다. 따라서 「물건」이 아닌 금전이나 어음 · 수표에는 적용되지 않고(금전의 지급, 어음 · 수표의 발행, 배서, 보증 등) 물건「판매」가 아닌 물건「구입」에도 적용될 수 없다.

3. 대리권(代理權)의 의제

물건판매점포의 사용인은 그 판매에 관한 모든 권한이 있는 것으로 본다(商 제16조 제1항). 그리하여 이러한 사용인이 영업주로부터 그러한 권한(대리권)을 수여받지 못한 경우에도 그 대리권이 있는 것과 같이 거래행위의 결과 발생하는 권리의무가 영업주 본인에게 귀속된다. 다만, 구체적인 경우에 물건판매점포의 사용인이 대

21) 정동윤, 70면.

리권 없음에 대해 거래상대방이 악의(惡意)인 때에는 대리권이 의제되지 않는다(商 제16조 제2항, 제14조 제2항).

V. 상업사용인(商業使用人)의 의무(특히 경업피지의무(競業避止義務))

1. 의 의

(1) 개 념

상업사용인은 영업주의 허락이 없으면 자기 또는 제3자의 계산으로 영업주의 영업부류에 속하는 거래를 하거나, 회사의 무한책임사원, 이사 또는 다른 상인의 사용인이 되지 못한다(商 제17조 제1항).

상업사용인은 상인인 영업주와의 내부관계에서 영업주에 대한 종속적 지위에 있고 영업주의 지휘에 따라 그 대외적 업무처리를 보조한다. 영업주로서는 이 상업사용인이 선량한 관리자의 주의를 기울여(民 제681조 참조) 그에게 부여된 대리권을 사용하고 적정하게 업무 수행하는 것에 못지않게 상업사용인이 지득한 영업상 기밀을 영업주의 이익이 아닌 상업사용인 자신의 이익을 위해 사용하지 않게 방지해야 할 관계에 있다. 전자(前者)의 적극적 의무이행에 대한 이해관계의 연장선상에서 후자(後者)의 소극적 의무이행에 대한 이해관계 또한 상법은 당연하게 보아 계약으로 이를 정하지 않은 경우에도 상업사용인의 경업피지의무를 법정(法定)하였다. 상업사용인에게 경업피지의무를 부과하는 근거는 그 영업에 대한 노동력을 확보하려는 취지뿐만 아니라 영업주의 이익을 이와 같이 보호하려는 두 가지 뜻이 동시에 있다.

(2) 다른 경업피지의무와의 비교

경업피지의무는 상업사용인에게뿐만 아니라 대리상(商 제89조), 합명회사 사원(商 제198조)이나 합자회사의 무한책임사원(商 제269조, 제275조), 주식회사와 유한회사의 이사(商 제397조, 제567조), 영업양도인(商 제41조) 등에게도 요구된다. 그 밖에도 익명조합 영업자의 경업피지의무와 계약상의 경업피지의무가 고려된다. 구체적으로는 다음과 같은 내용상 차이를 보인다.

가) 대리상의 경업피지의무

대리상은 본인의 허락없이 자기나 제3자의 계산으로 본인의 영업부류에 속하는 거래를 하거나 동종영업을 목적으로 하는 회사의 무한책임사원 또는 이사가 되지 못한다(商 제89조). 대리상은 본인과는 독립한 상인으로서 상업사용인처럼 종속되어 있지 않지만, 대리상의 성격상 본인의 영업과 경합할 가능성이 상존하므로 양자의 이익충돌을 피하여 본인의 이익을 보호하기 위한 것이다. 대리상의 경업피지의무는 겸직금지의무의 경우 동종영업을 목적으로 하는 회사에만 해당되므로 동종영업 목적이 아닌 경우에는 겸직이 가능하다는 점이 상업사용인의 겸직피지의무와 다르다. 대리상이 경업피지의무를 위반한 때 본인이 대리상 계약을 해지하거나 손해배상청구를 할 수 있고 또 개입권을 행사할 수 있는 것은 모두 상업사용인의 경우와 같다.

나) 합명회사 사원(합자회사의 무한책임사원)의 경업피지의무

합명회사의 사원(합자회사의 무한책임사원)은 다른 사원의 동의가 없으면 자기 또는 제3자의 계산으로 회사의 영업부류에 속하는 거래를 하지 못하고 동종영업을 목적으로 하는 다른 회사의 무한책임사원 또는 이사가 되지 못한다(商 제198조 제1항). 이는 대리상의 경업피지의무 내용과 그 금지의 범위가 같다. 상법이 무한책임사원에게 경업피지의무를 부과하는 것은 이들이 원칙적으로 소유와 경영이 분리되지 않는 회사의 경영자의 지위에 있게 되는 결과 회사의 기밀에 정통하고 회사에 대하여 선관주의의무, 충실의무를 지기 때문에 그 실효성(實效性)을 담보하기 위함이다. 이 의무를 위반한 경우 회사는 그 사원에 대하여 손해배상청구를 할 수 있다(商 제198조 제3항). 그리고 다른 사원과반수의 결의에 의하여 제명선고를 할 수 있으며(商 제220조) 같은 요건으로 개입권을 행사할 수 있다(商 제198조 제4항). 개입권은 다른 사원 1인이 이 거래를 안 날로부터 2주간, 그 거래가 있은 날로부터 1년 이내에 행사해야 한다.

다) 주식회사(유한회사) 이사의 경업피지의무

주식회사나 유한회사의 이사는 이사회의 승인이 없으면 자기 또는 제3자의 계산으로 회사의 영업부류에 속하는 거래를 하거나 동종영업을 목적으로 하는 회사의 무한책임사원이나 이사가 되지 못한다(商 제397조 제1항, 제567조). 주식회사나 유한회사의 이사는 합명회사의 사원(합자회사의 무한책임사원)과 같이 회사의 경영에 관여하여 회사의 기밀에 정통하고 회사에 대하여 선관주의의무, 충실의무를 부담하기 때문이다. 이사가 이 의무를 위반한 경우 회사는 그 이사에 대하여 손해배상을 청구할 수 있고(商 제399조 제1항), 해임사유가 된다(商 제385조). 그리고 이사회의 결의로 개입권도 행사할 수 있다. 개입권의 행사는 거래가 있은 날로부터 1년 이내에 행사하여야 한다(商 제397조 제3항).

라) 영업양도인의 경업피지의무

영업양도인은 다른 약정이 없으면 10년간 동일한 특별시, 광역시, 시 · 군과 인접한 특별시, 광역시, 시 · 군에 한하여 동종영업을 하지 못한다(商 제41조 제1항). 영업양도인이 동종영업을 하지 않을 것을 약정한 때에는 동일한 특별시, 광역시, 시 · 군과 인접한 특별시, 광역시, 시 · 군에 한하여 20년을 초과하지 아니하는 범위내에서 그 효력이 있다(동 제2항). 만약 영업양도인이 경업을 한다면 영업양도의 경제적 목적이 달성될 수 없고 영업양수인의 기대이익이 영업양도인에 의해 침해될 것을 우려하기 때문이다. 영업양도인의 경업피지의무 위반의 효과에 대하여는 상법에 규정이 없으므로 민법의 규정에 따라 강제집행, 손해배상청구의 원인으로 될 것이다.

마) 익명조합 영업자의 경업피지의무

익명조합의 영업자가 익명조합 업무에 관하여 경업피지의무를 부담하는가에 관해서는 상법상 아무런 규정이 없다. 그러나, 익명조합상 익명조합원과 영업자 사이의 신뢰를 위해 경업피지의무를 인정해야 할 것이다(긍정설).

바) 계약에 의한 경업피지의무

당사자간 계약에 의해 경업피지의무를 규정하는 것도 사회질서에 반하지 않는 한 당사자자치의 원칙상 가능하다. 이러한 경우는 영업양도의 경우와 사용인이 영업주로부터 독립하여 영업을 개시하는 경우에 보통 발생한다.[22]

2. 경업피지의무(競業避止義務)의 내용

(1) 경업거래 금지(협의의 경업피지의무)

상업사용인은 영업주의 허락이 없는 한 자기 또는 제3자의 계산으로 영업주의 영업부류에 속한 거래를 하지 못한다(商 제17조 제1항 전단). 이것은 협의의 경업피지의무이다. 영업주의 영업부류에 속한 거래는 영업주의 영업목적인 거래를 말하는데 영업의 종류뿐만 아니라 영업의 방식과 태양(예: 도매상, 소매상의 구분), 상업사용인의 주관적 의사(영리추구의사) 등 실질적으로 이해관계의 충돌이 있는지를 고려하여 판단한다. 그리하여 영업을 보조하는 어음 · 수표행위, 영리의사가 없는 사용인의 소비대차, 주택구입, 보험계약 체결 등은 여기에 해당하지 않는다.

---

22) 양 · 박, 65-66면.

(2) 겸직의 금지

상업사용인은 영업주의 허락이 없으면 회사의 무한책임사원, 이사 또는 다른 상인의 사용인이 되지 못한다(商 제17조 1항 후단). 경업거래금지(협의의 경업피지의무)가 상업사용인의 활동이 영업주의 이익에 정면으로 배치되는 것을 피하고자 하는 반면, 이 겸직금지의무는 상업사용인이 노력의 낭비없이 영업주를 위하여 집중하여 업무수행할 것을 위한 것이다. 여기서 겸직이 금지되는 회사의 범위에 대해 (i) 영업주의 영업과 동종인 회사로 한정된다고 하는 견해가 있지만(제한설: 소수설),[23] (ii) 어떤 회사의 무한책임사원 등에도 취임할 수 없다고 본다(무제한설: 다수설).[24] 이는 상업사용인의 경업피지의무가 대리상, 이사 등의 경업피지의무보다 금지범위가 넓어야 하고 모든 회사의 무한책임사원, 이사 등에 취임할 수 없어야 경업피지의무의 경제적 목적이 달성될 수 있기 때문이다.

■ **상업사용인의 경업피지의무**(商 제17조 제1항): **상업사용인은 영업주의 허락이 없으면 자기 또는 제3자의 재산으로 영업주의 영업부류에 속하는 거래를 하거나**(협의의 경업피지의무), **회사의 무한책임사원, 이사 또는 다른 상인의 사용인이 되지 못한다**(겸직금지의무)

23) 서 · 정, 86면; 서정갑, 111면.
24) 같은 취지: 강 · 임, 76면; 이 · 최, 173면; 정동윤, 65면; 정찬형, 98면; 정희철, 88면; 채이식, 57-58면; 최기원, 103면.

3. 경업피지의무(競業避止義務) 위반의 효과

(1) 위반행위의 효력(유효)

상업사용인이 경업피지의무를 위반한 때에도 그 위반행위 자체는 유효하다. 상업사용인의 그 의무는 영업주와의 내부관계일 뿐이고 외부관계에서는 제3자의 이익(거래안전보호)이 더 중요하기 때문이다. 제3자가 악의인 경우라도 마찬가지이다. 다만, 영업주의 이익을 보호하기 위하여 상법은 이하의 내용대로 규정을 두어 상업사용인을 제재하고 있다.

(2) 경업거래금지(협의의 경업피지) 위반의 제재

상업사용인이 협의의 경업피지의무를 위반하여 영업주의 허락없이 경업거래를 한 경우 영업주는 개입권을 행사하거나 계약의 해지, 손해배상청구를 할 수 있다.

■ 경업피지의무 위반의 효과 ①(商 제17조 제2항)(개입권 행사): 상업사용인이 경업피지의무에 위반하여 제3자와 거래를 한 경우에 그 거래가 상업사용인의 계산으로 한 것인 때에는 영업주가 이를 영업주의 계산으로 한 것으로 볼 수 있고, 제3자의 계산으로 한 것인 때에는 영업주가 사용인에게 이로 인한 이득의 양도를 청구할 수 있다.

가) 개입권의 행사

① 개입권의 의의 · 성질

개입권이란 상업사용인이 경업피지의무에 위반하여 제3자와 거래를 한 경우에 그 거래가 상업사용인의 계산으로 한 것인 때에는 영업주가 이를 영업주의 계산으로 한 것으로 볼 수 있고, 제3자의 계산으로 한 것인 때에는 영업주가 그 사용인에 대하여 이로 인한 이득의 양도를 청구할 수 있는 권리이다(商 제17조 제2항). 이 개입권은 탈취권(奪取權)이라고도 하고 영업주의 일방적인 의사표시에 의하여 그 효과를 발생시키므로 형성권(形成權)에 속한다.

■ 경업피지의무 위반의 효과 ②(상법 제17조 제3항)(일반적 효과): 상업사용인이 경업피지의무를 위반하면 영업주가 해임하거나 손해배상을 청구할 수 있다

② 개입권의 존재이유

상업사용인은 영업주에 대하여 충실의무(忠實義務)를 질 뿐만 아니라 영업상의 기밀에도 정통하고 있는 것이 보통이므로 이를 악용함으로써 영업주의 이익을 해치지 않도록 하려는 데 개입권의 존재이유가 있다. 또한, 영업주로서는 그 의무자의 의무위반이 있을 때 그 의무위반에 기하여 손해배상을 청구할 수도 있으나(商 제17조 제3항), 개입권은 손해배상청구의 요건인 손해입증의 곤란을 면하게 하고 고객관계를 유지할 수 있게 하는 장점이 있기 때문이다.

③ 개입권행사의 기간

개입권은 영업주가 그 거래를 안 날로부터 2주간, 거래가 있은 날로부터 1년 안에 행사하여야 한다(商 제17조 제4항).

④ 개입권행사의 효과

개입권의 법적 성질은 형성권(形成權)이지만 일단 그 형성권을 행사하였다고 하여 경업피지의무를 위반한 상업사용인에게 귀속한 경제적 효과가 당연히 영업주에게 귀속되는 것은 아니다. 개입권행사로 인하여 상업사용인에게 귀속된 재산 등은 다시 이행절차를 거쳐 영업주에게 이전되어야 한다는 점에서 개입권행사의 효과는 채권적일 뿐이다.

■ 개입권 행사의 효과: 개입권 행사는 형성권 행사지만 그 효과는 채권적일 뿐이다.

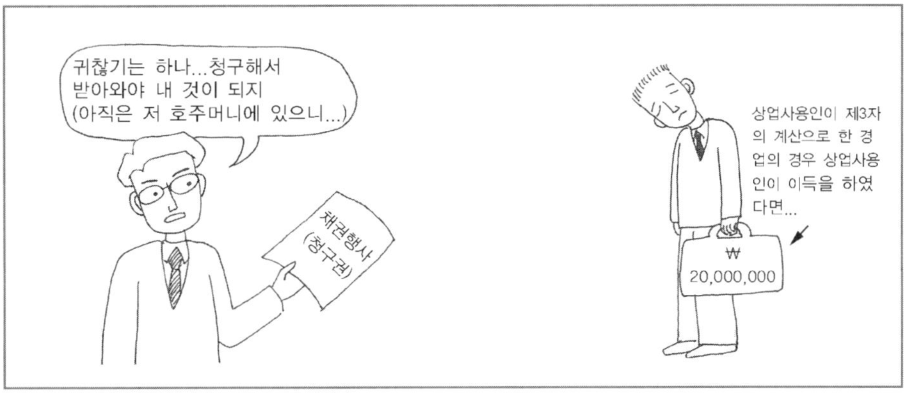

나) 계약의 해지 · 손해배상 청구

상업사용인이 경업거래금지의무(협의의 경업피지의무)에 위반한 경우 영업주는 개입권행사 이외에 계약의 해지나 손해배상청구를 하는 것이 가능하다(商 제17조 제3항). 영업주의 개입권행사만에 의해서는 그 상업사용인의 제재나 영업주의 손해전보에 충분하지 않을 수 있기 때문이다. 여기에서 영업주가 '계약을 해지'한다는 것은 영업주와 상업사용인간의 대리권수여계약이나 기초적 법률관계(고용, 위임계약 등)를 해지한다는 것일 뿐, 상업사용인이 이 의무를 위반하여 체결한 계약을 해지할 권한은 영업주에게 없다.

상업사용인이 경업거래금지를 위반하여 영업주가 개입권을 행사하거나 이익양도를 받고도 여전히 손해가 있다면, 영업주는 그 상업사용인에게 손해배상을 청구할 수 있다. 영업주로서는 먼저 상업사용인에게 손해배상의 청구를 한 후에 개입권을 행사할 수도 있지만, 이중의 이득을 방지할 필요가 있어서 이 때 발생하는 부당이득은 상업사용인에게 반환하여야 할 것이다.

(3) 겸직금지 위반의 제재(계약해지권 · 손해배상청구권의 행사)

상업사용인이 겸직금지의무에 위반한 경우에도 무한책임사원이나 이사 등 특정지위에 대한 취임 자체는 유효하다. 다만, 영업주는 상업사용인에 대한 제재로서 계약해지권, 손해배상청구권만을 행사할 수 있고, 해석상 개입권을 행사할 수는 없다. 특정지위 취임은 조직법적 관계로서 개인법적 관계인 개입권이 행사될 여지가 없고 특정 이익을 반환하라고 요구할 수 있는 것도 아니기 때문이다.

상인의 물적(物的) 보조조직

제4장

상인의 인적(人的) 보조조직에 상업사용인(내부), 대리상 · 중개인 · 위탁매매인 · 준위탁매매인 · 운송주선인(외부) 등이 있다면 상인의 물적(物的) 보조조직으로서는 영업소, 상호(商號), 상업장부, 상업등기부 등이 있다.

제 1 절 영업소(營業所)

Ⅰ. 서(序)

1. 영업소의 의의

영업소(place of business, Handelsniederlassung)라 함은 기업활동을 지휘 · 통할하는 중심지를 말한다. 자연인에게 있어서 생활의 근거지인 주소를 중심으로 각종의 법률관계가 설정되는 것과 같이 기업활동에 있어서도 그 영업활동의 장소적 거점이 필요하고 그에 따른 법률효과가 인정된다.

영업소에 대하여는 일정한 법률효과가 부여되므로 영업소로 인정되기 위해서는 기업활동이 계속적으로 이루어지는 특정 공간이어야 하고 기업활동의 독립적 결정권이 있어야 하며 영업상 결과가 그 곳으로 통할되어야 한다.[1)]

1) 보험회사의 영업소와 같이 기업활동의 독립적 결정권이 없고 영업상 결과의 통할권이 없다고 보여지는 경우에는 상법상 영업소의 요건을 충족할 수 없다(대판 1978. 12. 13, 78다1567).

2. 영업소의 종류(본점과 지점)

상인이 수 종의 영업을 한다면 각각의 종류에 따른 영업소를 둘 수 있음은 물론이다. 그뿐만 아니라 단일한 영업을 하는 경우에도 수 개의 영업 준거장소를 가질 수 있고 이 영업소 중 주된 영업소를 본점이라 하고 나머지 영업소를 지점이라 한다.

지점은 본점과 같은 영업을 하여야 하고 본점과는 장소적 구획을 달리할 뿐 본점의 영업에 경제적으로 종속되어야 한다. 어떤 영업단위가 지점으로 될 수 있는가는 영업의 실질(즉, 영업활동의 계속성, 독립적 결정권한, 영업결과의 통합 등)에 따라 판단되어야 하고 그 명칭(출장소, 분점 등)에 좌우되는 것은 아니다.

Ⅱ. 영업소(營業所)의 법률적 효과

상인의 기업활동에 따르는 법률관계를 귀속시킴에 있어서 기업활동의 장소적 준거를 기준으로 할 필요성이 크다. 이를 영업소 일반에 대하여 발생하는 효과와 특히 지점(支店)에 대하여 발생하는 효과로 나누어 설명한다.

1. 일반적 효과

(1) 채무의 이행장소

영업에 관한 채권관계에 있어서 채무의 성질 또는 당사자의 의사표시로 변제장소를 정하지 않은 때 특정물 인도채무가 아닌 한 채권자의 영업소에서 채무의 변제를 해야 한다(民 제467조 단서).

(2) 증권적 채무의 이행장소

증권적 채무(지시증권상의 채무, 무기명증권상의 채무 등)는 증서에 변제장소를 정하지 않은 때에는 채무자의 현 영업소를 변제장소로 한다(民 제516조 전단, 제524조). 증권적 채무는 일반채무와 달리 채권자가 채무자에게 청구하도록 해야 하는 추심채무로 되기 때문이다.

(3) 법원의 보통재판적(普通裁判籍) 및 민사소송상 서류송달의 장소

회사를 포함한 법인에 관한 보통재판적은 그 주된 사무소 또는 영업소에 의한다(民訴 제5조). 민사소송상 서류송달의 장소도 같다(民訴 제170조).

(4) 상업등기소의 기준

상업등기는 당사자의 영업소 소재지를 관할하는 지방법원, 그 지원 또는 등기소의 상업등기부에 한다(商 제34조, 商登 제3조 제1항).

2. 지점(支店)에 대한 특수한 효과

지점은 본점에 의하여 지휘를 받는 영업소일 뿐이어서 독립적인 법률관계의 주체로는 될 수 없다. 다만 지점은 본점과 다른 지역적 거래를 독립적으로 행할 필요가 있기 때문에 때로는 본점과는 별개독립의 효과를 부여받을 필요도 생긴다. 그리하여 다음과 같은 효과가 추가적으로 인정된다.

(1) 지점채무의 이행장소

채권자의 지점에서의 거래로 인한 채무이행의 장소가 그 행위의 성질 또는 당사자의 의사표시에 의하여 특정되지 아니한 경우, 특정물 인도채무 이외에는 그 지점을 이행장소로 본다(商 제56조). 2010년 5월 개정시 '채권자'의 지점에서의 거래만으로 한정하였다.

(2) 지배인의 선임 · 표현지배인의 결정 기준

상인은 본점 이외에 지점의 영업에 관한 지배인을 선임할 수 있고(商 제10조), 지점(支店)의 본부장, 지점장 기타 유사명칭 사용을 근거로 표현지배인을 인정할 수 있다(商 제14조).

(3) 상업등기의 단위(상업등기의 대항력)

본점 소재지에서 등기할 사항은 지점 소재지에서도 원칙상 등기하여야 하고(商 제35조), 본점 소재지에서의 등기를 지점에서의 대항력으로 원용할 수 없다(商 제38조).

(4) 영업양도의 단위

영업양도는 그 영업을 구성하는 재산의 전부가 이전될 필요는 없고 영업의 유기체로서의 인적 · 물적 동일성이 유지되는 한 영업 일부(특히 지점(支店))의 양도도 가능하다(商 제374조 제1항 제1호 참조).

제 2 절 상호(商號)

Ⅰ. 서 설

1. 상호(商號)의 의의

상호란 ‘상인’이 ‘영업상 자기를 표시’하는 ‘명칭’이다. 기업이 유기적 조직체로서 사회적으로 존재하는 이상 영업생활의 면에 있어서 자기를 나타낼 명칭을 필요로 하게 된다. 이것은 영업생활을 전제로 하는 회사의 경우뿐 아니라, 개인기업의 경우에 있어서도 개인의 일반생활에서 자기의 영업생활을 구별할 필요상 민법상의 성명과 구별할 영업 자체의 명칭을 요하는 것이다. 따라서 상호제도가 영업의 동일성을 나타내어[2] 그 명성과 신용의 기초가 되어 있으므로 상법은 한편에서는 상인 자신의 이익을 도모하는 동시에 다른 한편으로는 상호의 남용을 제한하여 사회공중의 이익을 보호하려고 꾀하고 있다.

2. 상호(商號)의 선정

(1) 상호선정의 입법주의

상호를 선정하여 표시하는 방법에 다음 3가지의 입법주의가 있다.

가) 상호(商號) 진실주의

상호에 영업주의 명칭, 소재지, 업종 등을 사용할 때에는 반드시 그 실질과 일치하게 하여야 한다는 주의로서 프랑스법계(프랑스, 스페인, 벨기에, 남미 여러 나라 등)에서 채용하고 있었다. 이는 거래 상대방이 누구와 거래하는지를 정확하게 인식시켜 그를 보호하려는 데 중점이 있지만, 그 반면 영업이 양도되거나 상속되면 상호는 고쳐져야 하므로 영업주에게는 대단히 불리하게 된다.

나) 상호(商號) 자유주의

위의 상호진실주의와는 반대로 상인은 어떤 상호라도 자유롭게 골라서 사용할 수 있다는 것인데 영미법계에서 채용하는 입법주의이다. 이는 영업주로서는 대단히

---

2) 상호(商號)가 영업자체를 나타내는 표시라는 점에서 상품을 표시하는 상표(商標)와는 구별된다.

편리하지만 거래상대방이 상호에 대하여 오해를 할 수 있다는 단점이 있다.

다) 절충주의

독일법계에서는 절충주의를 취하여 새로운 상호를 선정할 때에는 진실주의를 요구하지만, 기존 영업을 양수 또는 상속하거나 개명(改名)하는 경우에는 종전의 상호를 그대로 사용할 수 있게 하는 것이다. 이는 결국 기존 영업의 유지와 그 명칭의 지적재산적 가치를 고려한 것이다.[3]

(2) 우리 상법의 내용(절충주의)

우리 상법은 절충주의를 취하여 상호자유주의를 원칙으로 하되 거래의 안전을 위하여 상호진실주의를 일부 요구하고 있다.

가) 상호(商號) 자유주의의 원칙

상법은 "상인은 그 성명 기타의 명칭으로 상호를 정할 수 있다"고 하여(商 제18조) 상인이 상호를 선정함에는 자신의 성명이나 그 무슨 명칭을 사용하여도(다른 사람의 명칭이나 기타 명칭 사용도 가능) 무방하도록 하고 있다.

나) 상호(商號) 자유주의의 제한

위와 같은 상호 자유주의의 원칙에도 불구, 일반 공중의 보호를 위하여 일정한 제한을 부가하였다.

(i) 부정목적(不正目的) 사용금지

누구든지 부정(不正)한 목적으로 타인의 영업으로 오인할 수 있는 상호를 사용하지 못한다(商 제23조 제1항). 이를 위반하면 200만원 이하의 과태료에 처한다(商 제28조). 신용있는 타인의 상호를 함부로 사용하게 방치하면 기존의 정당한 상호권을 침해하고 상거래의 질서를 문란하게 하기 때문이다. 그리하여 이는 상호전용권(商號專用權)의 문제이기도 하다.

(ii) 회사명칭의 사용금지와 사용규제(제한)

회사는 법인이면서 영리 자체를 목적으로 하고 있어서 사회적 신용도가 개인 상인 등에 비하여 더 높다. 그리하여 어떤 자가 회사가 아니면 상호에 회사임을 표시하는 문자를 사용하지 못한다(商 제20조 전문(前文)). 이는 회사의 영업을 양수한 경우에도 같다(동 후문(後文)). 반드시 '회사'라는 문자가 아니라도 회사로 오인할 수 있는 문자는 사용하지 못한다. 또, 은행, 신탁, 보험, 증권업을 영업으로 하지 않는 자는 그

---

3) 최기원, 110면.

명칭에 이러한 영업임을 표시하는 문자를 사용해서는 안 된다.

나아가 실체가 회사인 경우에도 그 상호사용에는 일정한 규제(제한)가 가해진다. 즉, 회사의 상호에는 그 종류에 따라 합명회사, 합자회사, 주식회사, 유한회사의 문자를 사용하여야 한다(商 제19조). 회사는 다른 개인상인 등과 달라서 그 조직, 법률관계의 특수성이 인정되고 각 회사의 구별에 따라 사원의 출자, 대표, 업무집행, 사원의 책임관계가 다르므로 이를 명확히 표시하게 한 것이다. 그뿐만 아니라 금융업종에 관련되는 은행, 신탁, 보험, 증권 등의 사업은 은행법, 보험업법 등 특별법에 의하여 그 구체적인 업종도 표시하여야 한다.

3. 상호의 수(상호 단일(單一)의 원칙)

동일한 영업에는 단 하나의 상호(단일(單一)의 상호)를 사용하여야 한다. 동일한 영업(예: 도서 매매업)에 대해 여러 개의 상호(甲 도서, 乙 도서 등)를 사용하면 거래상대방을 혼란시킬 것이기 때문이다. 그리하여 만약 어떤 개인상인이 2개의 영업(예: 도서매매업, 청과매매업)을 한다면 단 1개의 상호를 사용하거나 단일상호 2개를 사용하면 된다. 그러나, 회사의 경우에는 여러 개의 영업을 하더라도(도서매매업, 청과매매업) 상호는 1개만 사용해야 한다. 개인상인과 달리 회사의 법률관계는 분리될 수 없고 통일적으로 귀속되어야 하기 때문이다. 그리고 지점의 명칭에는 본점과의 종속관계를 표시하여야 한다(商 제21조 제2항).

판례

제주지판 1998. 4. 23, 97가합3244

(상호단일의 원칙: 상호단일의 원칙에 위반하여 복수로 사용되는 상호는 비록 등기된 경우라도 상호권으로 보호될 수 없다는 취지)

"원고가 동일한 영업소에서 1996. 2. 13.부터 '신제주 이삿짐 센타', 1997. 2. 28.경부터는 '신제주 익스프레스'라는 상호를 같이 사용하여 이삿짐, 화물 운송 등의 영업을 해 온 사실이 인정되나, 나아가 같은 시내에서 같은 종류의 영업을 하고 있는 피고가 '신제주 이삿짐 센타'라는 상호를 현재 사용하고 있다고 볼 아무런 증거가 없으므로, 피고에 대하여 이 상호 사용의 폐지를 구하는 원고의 청구 부분은 더 나아가 살필 것 없이 이유 없다. 다음으로 '신제주 익스프레스'라는 상호 사용에 관하여는 일단 원고가

> 실질적으로 먼저 이와 같은 상호를 사용하면서 그 처 명의로 상호등기까지 마친 이상 같은 시내에서 동종 영업을 하는 피고로서는 그 자동차알선사업 등록 여하에 불구하고 이 상호를 부정한 목적으로 사용한 것으로 추정되나, 한편 우리 상법 제21조에서는 동일한 영업에 대한 상호단일의 원칙을 명문화함으로써 소비자를 보호하고 타인의 상호선정 자유의 부당한 제약을 방지하고 있는바, 따라서 원고가 '신제주 이삿짐 센타'라는 상호를 사용해 오다가 그 처 명의로 '신제주 익스프레스'라는 상호를 등기한 후 실질적으로 동일한 영업소에서의 동일 · 유사한 영업에 2개의 상호를 병행사용하고 있는 것은 상법상 상호단일의 원칙을 위배한 것으로 그 등기 여하에 불구하고 이중 상호로서 보호받을 수 없다."

Ⅱ. 상호(商號)의 등기(登記)와 가등기(假登記)

상호는 상업등기부(개인상인의 경우)나 회사등기부(회사의 경우)에 등기 · 가등기함으로써 한층 더 보호될 수 있다. 상호등기는 상업등기의 일종으로서 민법상 부동산 등기와는 구별된다.

1. 상호(商號)의 등기(登記)

상호는 상인의 영업상 자기를 나타내는 명칭이어서 어떤 상호를 사용하는가는 상인 자신뿐만 아니라 일반 소비자, 거래 상대방의 이익에도 매우 중요하여 이를 공시하게 할 필요가 있다. 그 공시의 방법으로 개인상인은 상호등기부에 등기하고 회사는 회사등기부에 등기하게 한다. 다만 개인상인은 상호등기가 강제되지 않고 임의적이며 등기가 되면 상호권이 강화될 뿐이다. 상호권 등기의 구체적 절차와 내용은 상업등기법에서 정하고 있다.

개인상인의 상호등기는 상호, 영업의 종류, 영업소, 상호사용자의 성명, 주소 및 주민등록번호를 등기내용으로 한다(商登 제31조). 회사의 상호는 설립등기사항에 포함되어 반드시 등기하여야 하는 내용인데(商 제180조 제1항, 제271조 제1항, 제317조 제2항 1호, 제549조 제2항 제1호), 상호등기부에 하지 않고 회사등기부에 등기하면 된다(商登 제37조 제1항).

타인이 등기한 상호는 동일한 특별시 · 광역시 · 시 · 군에서 동종영업의 상호로 등기하지 못한다(商 제22조). 즉 상호의 등기는 동일한 특별시 · 광역시 · 시 · 군내에서는 동일한 영업을 위하여 다른 사람이 등기한 것과 동일한 상호는 등기할 수 없다(商登 제30조). 2009년 개정이전에는 동일상호뿐만 아니라 유사상호도 등기될 수 없었으나, 회사설립시 유사상호 등기의 조사와 확인에 시간과 비용이 들어가고 등기관이 상호의 유사성 여부를 자의적으로 판단할 우려도 있었기에 2009년 개정시 이미 동일한 상호가 등기되어 있는 경우에만 후에 등기할 수 없게 규제완화하였다.

2. 상호(商號)의 가등기(假登記)

(1) 상호 가등기의 의의 · 필요성

상호의 가등기(假登記)란 상호의 본등기(本登記)가 이루어지기 전에 그를 사전에 보전(保全)하기 위하여 이루어지는 등기를 말한다. 이는 1995년 상법개정시에 신설한 제도로서 개인상인에는 허용되지 않고 회사에만 허용된다. 주식회사와 유한회사의 물적회사 설립에 시간이 많이 걸려 이를 알게 된 제3자가 미리 등기예정 장소에서 상호등기를 해버리거나, 회사설립 후 본점 이전 등의 경우 이를 알게 된 제3자가 본점이전 예정지에서 미리 등기하면 큰 손해를 입을 수 있기 때문에 상호 가등기 제도를 마련하였다. 이 상호가등기는 회사설립 전에는 주식회사와 유한회사에만 인정되고, 회사설립 후에는 모든 회사에 적용될 뿐만 아니라 회사의 상호 · 목적이나 본점 소재지를 변경하는 경우에도 인정된다.

(2) 상호 가등기의 요건

상호 가등기는 회사설립 전과 설립 후에 있어서 각각 다음과 같은 요건(사유)이 갖추어져야 한다.

가) 회사설립 전의 상호가등기(물적 회사의 설립전 상호가등기)

주식회사 또는 유한회사와 같은 물적회사를 설립하고자 할 때에는 본점소재지를 관할하는 등기소에 상호의 가등기를 신청할 수 있다(商 제22조의 2 제1항). 이 가등기가 허용되려면 본점소재지가 정해져야 하므로 원시정관이 확정되는 때부터 가등기 신청이 가능하다고 본다. 이러한 상호가등기는 발기인 또는 사원이 본점의 소재지를 관할하는 등기소에 신청하여야 하고 상호, 목적, 본점이 소재할 특별시 · 광역시 · 시 또는 군, 발기인 전원의 성명 · 주민등록번호 · 주소, 본 등기를 할 때까지의 기간을 등기하여야 한다(商登 제38조 제1항). 본등기를 할 때까지의 기간(예정기간)은 2년을 초과할 수 없다(商登 제38조 제3항).

나) 회사설립 후의 상호가등기(각종 회사의 상호나 목적의 변경, 본점의 이전)

(i) 회사의 상호나 목적 또는 상호와 목적을 변경하고자 할 때에는 본점의 소재지를 관할하는 등기소에 상호의 가등기를 신청할 수 있다(제2항). 여기에서의 회사는 주식회사와 유한회사뿐만 아니라 합명회사, 합자회사도 포함한다. 회사의 상호나 목적을 변경하려면 정관을 변경하는 등 절차를 거쳐야 하는데 그런 절차를 거치는 동안 다른 사람이 미리 등기를 해버릴 우려가 있기 때문이다. 이 때 본등기까지의 예정기간은 1년을 초과할 수 없다(商登 제39조 제2항).

(ii) 본점을 이전하고자 할 때에도 그 이전할 곳을 관할하는 등기소에 상호의 가등기를 신청할 수 있다(商 제22조의 2 제3항). 여기에서도 회사는 합명회사, 합자회사, 주식회사, 유한회사를 모두 포함한다. 이 때의 본등기까지의 예정기간은 2년을 초과할 수 없다(商登 제39조 제2항).

(3) 상호 가등기의 효력

상호의 가등기는 제22조의 적용(등기상호의 다른 등기 배척력)에 있어서는 상호의 등기로 본다(商 제22조의 2 제4항). 즉 상호의 가등기를 해두면 같은 행정구역(동일한 특별시, 광역시, 시, 군내)에서 동종영업의 상호로 등기하지 못한다. 그리하여 등기관은 관할구역 내에서 가등기된 상호와 동일한 회사상호의 등기신청이 있는 경우에는 그 등기신청을 각하하여야 한다. 그리고 가등기한 상호와 같은 상호가 착오로 등기된 때에는 상호를 가등기한 자는 그 말소청구를 할 수 있다.

Ⅲ. 상호권(商號權)(Subjektives Firmenrecht)

1. 상호권의 의의 · 법적 성질(상호권의 재산적 가치성)

상호권은 적법하게 선정한 상호를 타인의 방해를 받지 않고 사용할 수 있고(상호사용권(商號使用權)), 또 자신의 상호사용권에 대한 우선권을 주장하여 만약 타인이 부정한 목적으로 자기가 사용하는 상호와 동일 또는 유사한 상호를 사용하는 경우에 이를 배척할 수 있는 권리(상호전용권(商號專用權))이다.

상호권의 법적 성질에 관해서는 (i) 인격권설, (ii) 재산권설, (iii) 등기의 전후에 따라서 등기 전에는 인격권, 등기 후에는 재산권이라는 학설, (iv) 인격권을 포함하는 재산권이라는 학설(통설)이 있다. (v) 생각건대 상호권은 상인의 물적(物的) 설비인 상호(商號)에서 발생한 것이고 영업을 위하여 이용한다는 점에서 재산권적 성질(무체재산권)이 주된 것이지만, 상호가 상인을 표시하는 명칭이고 자신의 명예와 신용 등 인격적 표지와도 관련이 있다는 점에서 (iv)에서와 같이 인격권을 포함하는 재산권으로 이해함이 옳다고 본다(인격권을 포함하는 재산권설).

2. 상호권의 내용(상호사용권(使用權)과 상호전용권(專用權))

(1) 상호사용권(商號使用權)

가) 의 의

상호사용권이란 상인이 적법하게 선정한 상호를 부정(不正)의 목적이 없는 한 등기하지 않은 상태에서도 타인의 방해없이 자유롭게 사용할 수 있는 권리를 말한다. 헌법상 직업의 자유의 한 내용으로서 이는 당연히 인정되는 것이고 부정(不正)의 목적이 없는 한 타인이 이미 같은 명칭의 상호를 등기하였다고 하여도 그 사용에 아무런 지장이 없다. 이러한 상호사용권이 완전히 보호되려면 그 정당한 사용권을 방해하는 자에 대한 배타적인 권리까지 포함되어야 하지만 이는 상호전용권이라 하여 별도로 설명한다.

■ 상호사용권: 자기가 적법하게 선정한 상호를 타인의 방해없이 자유롭게 사용할 수 있는 권리

나) 상호 부정(不正) 사용에 대한 제재(商 제28조)

회사가 아니면서 상호에 회사임을 표시하는 문자를 사용하거나 不正한 목적으로 타인의 영업으로 오인할 수 있는 상호를 사용하는 자는 200만원 이하의 과태료에 처한다.

(2) 상호전용권(商號專用權)

가) 의 의

상호권자는 타인이 부정(不正)의 목적으로 자신이 사용하는 상호와 동일하거나 유사한 상호를 사용하지 못하게 할 수 있는 권리를 가지는데 이를 상호전용권이라고 한다. 이 상호전용권은 상업등기부에 등기하였는지 여부를 묻지 않고 인정되며 다음과 같은 내용을 지닌다.

나) 요건(특히 미등기상호의 경우)

상호권자가 상호 전용권(專用權)을 행사하려면 상대방이 자기의 상호로 오인할 수 있는 상호를 부정(不正)한 목적으로 사용하고 그로 인해 손해를 입을 염려가 있어야 한다. 이러한 요건은 특히 미등기 상호권자에게 요구된다(商 제23조 제1항, 제2항).

① 오인할 수 있는 상호(동일 · 유사 상호) 사용

상호 전용권자는 다른 사람(상인 또는 비상인(非商人))이 자신의 상호와 동일하거나 유사한 상호를 사용하여 자기의 상호로 오인하게 하는 것을 막으려 한다. 상호의 동일성, 유사성, 오인 가능성은 상호의 업종, 고유명사 등 주요부분을 비교하여 판단하되 거래통념을 고려하여야 한다.[4] 상호를 「사용」한다는 것은 법률행위(상품매매계약서에 기재하는 등)뿐만 아니라 사실행위(간판, 광고, 계산서, 상품포장지에 상호를 기재하는 것 등)까지 모두 해당한다.

판례(1)

대판 1996. 10. 15, 96다24637
(유사상호가 아니라고 한 예: 甲의 상호와 乙의 상호가 유사하여도 상법 제23조의 상호권 침해 요건으로서의 '不正目的'을 인정하기 위해서는 영업의 종류, 성질, 내용이 같아야 하고 상호 자체가 서로 혼동이 될 만큼 유사성이 있어야 한다고 한 사례)

---

4) 대판 1970. 9. 17, 70다1225, 1226: "주식회사 천일약방과 천일한약주식회사라는 2개의 상호는 유사상호로 볼 수 있느냐 하는 점은 별문제로 하고 상법상 동일상호라고는 볼 수 없다."

"'합동공업사'라는 등록상호로 자동차정비업을 하던 甲이 '합동특수레카'라는 상호를 추가로 등록하여 자동차견인업을 함께 하고 있는 상황에서 乙이 같은 시에서 자동차견인업을 시작하면서 '충주합동레카'라는 상호로 등록하였음에도 실제는 등록상호를 사용하지 아니하고 '합동레카'라는 상호를 사용한 경우, 자동차정비업과 자동차견인업은 영업의 종류가 서로 다르고 그 영업의 성질과 내용이 서로 달라서 비교적 서비스의 범위에 있어서 관련성이 적은 점, 자동차를 견인할 경우 견인장소를 차량 소유자가 지정할 수 있는 점, 운수관련 업계에서 '합동'이라는 용어가 일반적으로 널리 사용되고 있어 그 식별력이 그다지 크지 아니한 점, 甲과 乙측의 신뢰관계, 甲도 자동차정비업과 함께 자동차견인작업을 하면서 별도의 견인업 등록을 한 점, 乙이 자동차정비업을 하고 있지 아니한 점과 乙의 영업 방법이나 그 기간 등을 고려할 때, 양 상호 중의 요부인 '합동'이 동일하다 하더라도 乙이 상법 제23조 제1항의 '부정한 목적'으로 상호를 사용하였다고 할 수 없다."

판례 (2)

대판 2002. 2. 26, 2001다73879
(상호전용권의 인정 기준: 상호를 오인할 염려가 없어서 상호전용권 침해가 되지 않는다는 사례)

"상법 제23조 제1항은 누구든지 부정한 목적으로 타인의 영업으로 오인할 수 있는 상호를 사용하지 못한다고 규정하고 있는바, 타인의 영업으로 오인할 수 있는 상호는 그 타인의 영업과 동종 영업에 사용되는 상호만을 한정하는 것은 아니라고 할 것이나, 어떤 상호가 일반 수요자들로 하여금 영업주체를 오인 · 혼동시킬 염려가 있는 것인지를 판단함에 있어서는, 양 상호 전체를 비교 관찰하여 각 영업의 성질이나 내용, 영업방법, 수요자층 등에서 서로 밀접한 관련을 가지고 있는 경우로서 일반 수요자들이 양 업무의 주체가 서로 관련이 있는 것으로 생각하거나 또는 그 타인의 상호가 현저하게 널리 알려져 있어 일반 수요자들로부터 기업의 명성으로 인하여 절대적인 신뢰를 획득한 경우에 해당하는지 여부를 종합적으로 고려하여야 할 것이다(대법원 1996. 10. 15. 선고 96다24637 판결 참조).

원심판결 이유와 원심이 인용하고 있는 제1심판결 이유에 의하면 원심은, 그 판시의 증거들을 종합하여, 원고 회사는 1995. 6. 20. 본점 소재지를 서울특별시, 설립목적을 전자부품 · 전자제품 · 반도체부품의 도소매업 및 수출입업 등으로 하여 설립된 회사로서 당초 '주식회사 서주반도체부품'이라는 상호로 위 목적사업을 영위하여 오다가 그 상호를 1995. 12. 29. '파워컴전자 주식회사'로, 다시 1999. 11. 3. '파워컴 주식회사'

로 각 변경하고 각 그 변경등기를 마친 사실, 소외 한국전력공사는 그 소유의 광통신망 및 동축케이블망 등을 현물출자하여 피고회사를 설립하면서 1999. 9. 21. '주식회사 파워콤'으로 상호가등기를 경료하였고, 피고 회사는 2000. 1. 26. 본점소재지를 서울특별시, 설립목적을 전기통신회선설비 임대사업, 종합유선방송 분배망 및 전송망 사업 등으로 하여 설립된 후 위 상호가등기에 기하여 상호등기를 경료하고 위 목적사업을 영위하여 온 사실을 각 인정한 다음, 피고 회사가 원고 회사와 동일·유사한 상호를 사용하고 있는 사실은 인정되나, 그 판시의 증거들에 의하여 인정되는 사실관계, 즉 피고 회사가 영위하고 있는 전기통신회선설비 임대사업 등과 원고 회사가 영위하고 있는 전자부품·전자제품·반도체부품의 도소매업 및 수출입업 등은 각 그 공급하는 재화와 용역이 서로 상이한 점, 원고 회사의 주고객이 전자부품·전자제품·반도체부품의 수요자인 전자제품 제조회사 또는 소비자 등인 데 비하여, 피고 회사의 주고객은 전기통신회선설비 사용자인 전기통신사업자들로서 그 수요자층이 서로 다른 점, 원고 회사의 자본금이 6억 4,000만원이고 2000년도 매출액이 금 52억원 상당인 데 비하여, 피고 회사는 자본금이 7,500억원, 2000년도 매출액이 금 2,580억원으로써 그 사업규모에 있어서 큰 차이가 있는 점 등에 비추어, 피고 회사가 원고 회사의 상호와 동일·유사한 상호를 사용하더라도 일반 수요자들이 피고 회사의 영업을 원고 회사의 영업으로 오인할 염려가 없다고 판단하여 피고 회사가 상법 제23조 제1항 소정의 타인의 영업으로 오인할 수 있는 상호를 사용한 자에 해당된다는 원고의 주장을 배척하고 있는데 … 사실인정과 판단은 정당하다고 수긍이 된다. … 상호를 먼저 사용한 자(先 사용자)의 상호와 동일·유사한 상호를 나중에 사용하는 자(後사용자)의 영업규모가 선사용자보다 크고 그 상호가 주지성을 획득한 경우, 후사용자의 상호사용으로 인하여 마치 선사용자가 후사용자의 명성이나 소비자 신용에 편승하여 선사용자의 상품의 출처가 후사용자인 것처럼 소비자를 기망한다는 오해를 받아 선사용자의 신용이 훼손된 때 등에 있어서는 이를 이른바 역혼동에 의한 피해로 보아 후사용자의 선사용자에 대한 손해배상책임을 인정할 여지가 전혀 없지는 않다고 할 것이나, 상호를 보호하는 상법과 부정경쟁방지및영업비밀보호에관한법률의 입법 취지에 비추어, 선사용자의 영업이 후사용자의 영업과 그 종류가 다른 것이거나 영업의 성질이나 내용, 영업방법, 수요자층 등에서 밀접한 관련이 없는 경우 등에 있어서는 위와 같은 역혼동으로 인한 피해를 인정할 수 없다는 것, 즉 상호전용권의 인정기준을 제시한 후, 본 사례에서는 상호의 후 사용자가 상호전용권을 침해하지 않는다."

② 부정(不正)한 목적(目的)

여기서 부정한 목적이란 기존의 다른 사람의 상호에 의하여 발생한 신용이나 이

익 등을 이용하려는 것이다.[5)]

판례(1)

대판 2004. 3. 26, 2001다72081

(상호권 침해의 '부정한 목적'의 개념: '부정한 목적'이란 자기의 영업을 타인의 영업으로 오인시켜 그로 인해 자신의 영업이익을 늘리려는 부당한 의도)

"상법 제23조 제1항은 "누구든지 부정한 목적으로 타인의 영업으로 오인할 수 있는 상호를 사용하지 못한다."고 규정하고 있고, 같은 조 제4항은 "동일한 특별시 · 광역시 · 시 · 군에서 동종 영업으로 타인이 등기한 상호를 사용하는 자는 부정한 목적으로 사용하는 것으로 추정한다."고 규정하고 있는바, 위 조항에 규정된 '부정한 목적'이란 어느 명칭을 자기의 상호로 사용함으로써 일반인으로 하여금 자기의 영업을 그 명칭에 의하여 표시된 타인의 영업으로 오인시키려고 하는 의도를 말한다."

판례(2)

대판 1993. 7. 13, 92다49492

(고려당 사건)(유사한 상호를 사용하였음에도 부정한 목적이 없다고 한 사례: A가 마산에서 '고려당'이라는 상호로 제과점을 하면서 1959. 7. 21. 등기된 후(등기상호권), B가 'Since 1945 신용의 양과 서울고려당 마산분점'으로 표시하여 서울 고려당의 마산대리점을 경영한 사례에서 B의 상호사용은 A의 등기상호권에 의하여 '不正目的'이 있다고 추정되기는 하지만, B는 서울의 '주식회사 고려당'과 적법하게 대리상계약을 체결하였고 A와는 같은 마산시내에 소재하여도 제과점 위치가 비교적 원거리이며 B의 영업본점인 '주식회사 고려당'이 오히려 A의 마산 '고려당'보다 명성과 신용이 더 크다는 점에 비추어 不正目的의 추정이 번복된다는 사례)

"원심은 피신청인의 상호인 "서울 고려당"은 그 요부가 "고려당"에 있고, 간이신속을 존중하는 거래계에서는 간략히 특징적인 부분인 "고려당"으로 호칭될 것이므로 그 경

5) 다만, 우리 판례는 이를 '오인시킬 의도'라고만 표현하고 있으나 결국 같은 의미라고 본다: 대판 2004. 3. 26, 2001다72081(상법 제23조 제1항은 "누구든지 부정한 목적으로 타인의 영업으로 오인할 수 있는 상호를 사용하지 못한다."고 규정하고 있고, 같은 조 제4항은 "동일한 특별시 · 광역시 · 시 · 군에서 동종 영업으로 타인이 등기한 상호를 사용하는 자는 부정한 목적으로 사용하는 것으로 추정한다."고 규정하고 있는바, 위 조항에 규정된 '부정한 목적'이란 어느 명칭을 자기의 상호로 사용함으로써 일반인으로 하여금 자기의 영업을 그 명칭에 의하여 표시된 타인의 영업으로 오인시키려고 하는 의도를 말한다).

우 신청인의 상호인 "고려당"과 동일하여 양자는 오인, 혼동의 우려가 있어 서로 유사한 상호로 봄이 상당하고, 신청인의 "고려당"이라는 상호가 1959. 7. 21. 등기되었으므로 피신청인이 그와 유사한 위 상호를 동일한 시에서 동종영업을 위하여 사용하는 이상 상법 제23조 제4항에 의하여 피신청인에게 부정한 목적이 있다고 일응 추정된다 할 것이나, 거시증거에 의하면, 신청외 망 A가 1944. 서울 종로 2가에서 "고려당"이라는 상호 및 상표로 양과자 제조, 판매업을 개시하여 1945. 9. 1. 위 상호로 영업감찰을 받은 이래 같은 업체를 경영하여 오던 중 1971. 10. 1. 그의 후손들에 의하여 "주식회사 고려당"이 설립된 사실, 위 회사는 40년이 지난 지금까지 동일한 상표와 상호로 같은 영업을 계속해 오면서 상표인 "고려당"이란 표장을 선전해 왔으며, 매출액도 1990년에 23,000,000,000원, 1991년에는 27,000,000,000원이나 되고 전국적으로 250여 개의 판매대리점 및 직영점을 가지고 있어 일반수요자들에게 "고려당"은 위 회사의 상호 및 제품에 사용되는 상표인 것으로 널리 인식되기에 이른 사실, 피신청인은 1991.8.1. 위 회사와 위 회사 제품의 마산대리점 계약을 체결함에 있어(피신청인은 1990.11.1. 위 회사와 위 수탁판매계약을 체결하여 위 회사의 분점개설, 상호 및 상표의 사용권을 가지는 신청 외 고려당판매주식회사와 판매대리점계약을 체결하였다가 위 두 회사가 합병함에 따라 다시 계약을 체결하였다) 위 회사의 상표인 "고려당"을 상품에 관한 광고, 간판 등에 사용할 수 있는 권리도 취득한 사실, 이에 피신청인은 위 회사 마산대리점을 개점, 운영함에 있어 위 회사의 연혁과 그 관계를 표시하기 위하여 "SINCE 1945 신용의 양과 서울 고려당 마산분점"이라는 간판을 사용한 사실, 신청인과 피신청인은 모두 같은 마산시에서 제과점을 경영하고 있으나 신청인은 합포구 창동에, 피신청인은 회원구 양덕동에 제과점이 위치하여 비교적 원거리에 있는 사실이 인정되며 위 인정사실에 비추어 보면 피신청인은 위 회사의 명성과 신용을 믿고 위 회사 등과 마산판매대리점계약을 체결한 자로서 위 회사의 "고려당"이란 상호를 간판에 내세운 것으로 인정될 뿐 신청인의 상호인 마산의 "고려당"이 가지는 신용 또는 경제적 가치를 자신의 영업에 이용하고자 하는 의도는 없었다고 봄이 상당하므로 피신청인이 부정한 목적으로 신청인의 상호와 동일한 상호를 사용함을 전제로 한 이 사건 신청인은 이유 없다는 취지로 판단하고 있다.

기록에 의하여 살펴보면 원심의 위 사실인정과 판단은 정당하다고 수긍할 수 있고, 거기에 상법 제23조에 관한 소론과 같은 법리오해의 위법이 있다고 할 수 없다.

피신청인이 그의 간판에 "SINCE 1945 신용의 양과 서울 고려당 마산분점"이라고 표시한 것이 주식회사 고려당과의 관계를 나타내기 위하여 위 회사의 상호를 표시한 것이라면 피신청인에게 위 상호의 사용과 관련하여 부정경쟁의 목적이 있는가를 판단함에 있어서 원심이 피신청인이 아닌 위 회사와 신청인의 명성과 신용을 비교한 것을 잘못이라고 할 수 없다…(그리하여 신청인의 논지는 모두 이유없다)."

판례(3)

대판 1995. 9. 29, 94다31365, 31372

(상법 제23조 제4항의 부정한 목적 사용의 추정번복: 상법 제23조 제4항의 '부정한 목적'이 추정되는 경우에도 후에 상호를 사용하는 자가 독자적 · 독립적 영업기반으로 신용과 명성을 쌓았다면 '부정한 목적' 추정이 번복된다는 취지)

"부정한 목적이란 '어느 명칭을 자기의 상호로 사용함으로써 일반인으로 하여금 자기의 영업을 그 명칭에 의하여 표시된 타인의 영업으로 오인시키려고 하는 의도'를 말하는바, 원심이 적법하게 인정한 바와 같이 피고 회사는 1984년 법인설립 이래 경남지역에서 자신의 등기된 상호의 주요부분인 '동성'이라는 이름으로 아파트공사를 시작하여 그 지역에서 주지성을 확보한 이래 서울에 지점을 설치하고 수도권 지역에 사업을 확장하면서도 일관되게 '동성'이라는 이름을 계속 사용하여 아파트건설업을 하여온 반면, 원고 회사는 당초 등기된 상호인 '동성종합건설'과는 전혀 관계없는 '상아'라는 이름으로 1978년경부터 10년이 넘는 장기간을 아파트 건설업을 하여옴으로써 일반인에게 '상아'아파트를 건설하는 회사로서 널리 알려져 오다가 1990년경부터서야 비로소 아파트 건설에 '동성'이라는 이름을 사용하기 시작한 점, 원고 회사가 피혁제품의 제조 판매를 사업목적으로 하는 주식회사 동성을 흡수 합병한 1986년 이래 1990년경부터 위와 같이 아파트에 '동성'이라는 이름을 사용하기 시작한 때까지는 원고 회사의 주력 업종은 피혁 부분의 사업이었던 점, 원 · 피고 회사의 건설공사 도급한도액 순위가 피고 회사가 서울 등 수도권지역에서 본격적인 건설사업을 벌이기 시작한 1991년도에는 원고 회사 151위, 피고 회사 152위로 비슷하였으나 그 후부터는 오히려 피고 회사가 앞선 점 등에 비추어 보면 피고에게 원고의 명칭과 동일 유사한 명칭을 사용하여 일반인으로 하여금 자기의 영업을 원고의 영업으로 오인시키려고 하는 의도가 있었다고 보기는 어렵다 할 것이므로 위의 부정한 목적이 있다는 추정은 깨어졌다고 봄이 상당할 것이다."

③ 손해의 염려

상호권자 아닌 타인이 상호권자와 동일하거나 유사한 상호를 사용하여 상호권자가 손해를 받을 염려가 있어야 한다.

판례

전주지판 2008. 8. 20, 2007가합6382

(가맹점계약 종료 후 상호사용에 의한 상호권 침해: 가맹점 계약 후에도 여전히 가맹점 상호를 계속 사용하여 손해의 염려가 있다면 상호권 침해가 인정된다는 사례)

"원고는 2003. 3. 26.부터 전주시 완산구 평화동1가에서 '개성 전통한방 삼계탕 ○○○점'이라는 이름으로 삼계탕 전문 음식점을 운영하던 자로서, 2004. 3. 22. "개성 전통한방 삼계탕"이라는 상호에 관하여 상호등기를 마친 바 있다 … 피고는 2005. 2. 14. 원고와 사이에 '개성전통한방삼계탕 △△점'에 관한 체인점거래 계약(이하 '이 사건 가맹계약')을 체결하면서, 계약기간을 같은 날부터 2007. 2. 13.까지 2년간으로 하여, 원고는 피고에게 조리기술의 전수와 아울러, 식재료를 공급하고, 피고는 이 사건 상호를 사용하여 삼계탕 전문점을 운영하되, 원고에게 조리기술전수 비용 명목으로 1,000만원을 지급하기로 약정하였다. 그 후 피고는 전주시 덕진구 인후동1가(지번 생략)에서 '개성전통한방삼계탕 △△점'이라는 이름의 삼계탕 전문 음식점 영업을 하여 왔는데, 2006. 11.경 원고로부터, 원고가 "예우랑"이라는 새로운 상호를 사용하기로 하였으니 피고의 점포명을 '예우랑 △△체인점'으로 변경하여 달라는 요청을 받았으나 간판교체 비용 등을 이유로 위 제안을 거절하였고, 이에 원고는 2006. 12. 18. 피고에게 내용증명 우편으로 이 사건 가맹계약이 계약기간 만료일인 2007. 2. 13.자로 종료된다는 취지의 계약해지 통보를 하여, 위 통보서가 2006. 12. 19. 피고에게 도달되었다. 한편, 피고는 이 사건 가맹계약의 계약기간이 만료된 후 원고로부터 수차례 이 사건 상호의 사용중지를 요청받았음에도 종전과 마찬가지로 이 사건 상호를 사용하면서 '개성전통한방삼계탕 전주 △△점'을 운영한 사례: "가맹점계약이 종료되었음에도 가맹점상호를 계속 사용하는 것은, 일반 수요자들로 하여금 가맹점상호사용자의 영업이 상호권자의 영업과 동일한 것이거나 관련이 있는 것으로 오인 · 혼동하게 할 가능성이 충분하고, 등기된 상호의 경우 상호사용자에게 부정한 목적이 있음도 추정되므로, 가맹점상호사용자는 상법 제23조에 따라 더 이상 가맹점상호를 사용하여서는 아니 되고 상호권침해에 따른 손해배상의무도 진다."

④ 입증책임

미등기 상호권자의 경우 위의 요건사실을 모두 입증하여야 한다(법률요건 분류설). 특히 상대방에게 부정(不正)한 목적이 있다는 것, 그 사용으로 인하여 자신이 손해를 입을 염려가 있다는 것을 입증하여야 한다는 점에서 상호권 주장이 어려울 수

있으나, 그러한 입증은 동일 · 유사 상호 사용사실에서 쉽게 인정될 수 있다는 견해도 있다.[6)]

다) 등기상호권의 상호전용권(商號專用權) 강화

상호전용권은 미등기 상호권자나 등기 상호권자 모두 누릴 수 있지만(상호전용권 내용의 동일), 등기한 상호권자의 경우에는 그 주장이 용이하게 되어 상호전용권이 강화되었다고 할 수 있다.

① 일정 지역내의 등기배척권(商 제22조)

타인이 이미 등기한 상호는 동일한 특별시, 광역시, 시, 군에서 동종영업의 상호로 등기하지 못한다(商 제22조). 2009년 개정 상업등기법은 동일 특별시, 광역시, 시, 군내에서 동일한 영업을 위하여 다른 사람이 등기한 것과 동일한 상호에 한하여 등기할 수 없게 하고 유사한 상호에 대해서는 조사 · 확인절차의 번잡, 기업설립시 장애 등 이유에서 등기금지를 해제하였다(商登 제30조). 즉 등기상호는 일정한 지역내에 한하여 등기를 배척할 수 있는 효력이 주어진다.

판례

대판 2004. 3. 26, 2001다72081
(등기된 상호권의 효력: 후등기 배척력(事前)과 후등기 말소력(事後))

"상법 제22조는 '타인이 등기한 상호는 동일한 특별시 · 광역시 · 시 · 군에서 동종영업의 상호로 등기하지 못한다.'고 규정하고 있는바, 위 규정의 취지는 일정한 지역범위 내에서 먼저 등기된 상호에 관한 일반 공중의 오인 · 혼동을 방지하여 이에 대한 신뢰를 보호함과 아울러, 상호를 먼저 등기한 자가 그 상호를 타인의 상호와 구별하고자 하는 이익을 보호하는 데 있고, 한편 비송사건절차법 제164조에서 '상호의 등기는 동일한 특별시 · 광역시 · 시 또는 군 내에서는 동일한 영업을 위하여 타인이 등기한 것과 확연히 구별할 수 있는 것이 아니면 이를 할 수 없다.'고 규정하여 먼저 등기된 상호가 상호등기에 관한 절차에서 갖는 효력에 관한 규정을 마련하고 있으므로, 상법 제22조의 규정은 동일한 특별시 · 광역시 · 시 또는 군 내에서는 동일한 영업을 위하여 타인이 등기한 상호 또는 확연히 구별할 수 없는 상호의 등기를 금지하는 효력과 함께 그와 같은 상호가 등기된 경우에는 선등기자가 후등기자를 상대로 그와 같은 등기의

6) 이 · 최, 192-193면.

말소를 소로써 청구할 수 있는 효력도 인정한 규정이라고 봄이 상당하다."

② 일정지역내의 부정목적(不正目的) 추정(商 제23조 제4항)

상호전용권으로서 상호권을 침해하는 자에 대하여 사용폐지, 등기말소청구 등을 하려면 그 사용자의 부정목적(不正目的)을 상호권자가 입증하여야 하는데 등기된 상호권의 경우 그 입증부담이 경감될 수 있다. 즉, 동일한 특별시, 광역시, 시, 군에서 동종영업으로 타인이 등기한 상호를 사용하는 자는 부정한 목적으로 사용하는 것으로 추정한다(商 제23조 제4항). 이 추정을 번복하려면 등기된 타인의 상호를 사용하는 자가 자신에게 부정한 목적이 없음을 입증하여야 한다.

③ 손해요건의 입증 면제(商 제23조 제2항)

미등기상호권자의 경우 부정목적 상호사용자에 대하여 사용폐지 청구를 하려면 그 부정목적의 사용에 의하여 손해를 입을 염려가 있음을 주장하고 입증하여야 하지만, 등기된 상호권은 이를 주장하거나 입증할 필요가 없다(商 제23조 제2항).

라) 효 과

① 상호사용 폐지청구권(商 제23조 제2항)

상호권자는 자신의 상호권을 침해하는 상호 부정(不正)사용자에 대하여 그 상호의 사용폐지(상호를 기재한 간판의 철거, 상품자체나 포장지에 기재한 표시의 제거 등)를 청구할 수 있다. 현재 사용중인 상호를 폐지할 것을 요구할 수 있을 뿐만 아니라 장래의 사용금지를 요구할 수도 있다.

■ **상호전용권**(商號專用權) – **상호사용폐지청구권**(상법 제23조 제1항, 제2항): 상호권자는 자기의 영업으로 오인할 수 있는 상호를 타인이 부정(不正)한 목적으로 사용하는 경우, 그 사용을 하지 못하게 하고 그 폐지를 청구할 수 있다.

② 상호등기 말소청구권

부정하게 사용하는 상호가 등기되어 있는 경우 상호권자는 그 등기말소를 청구할 수 있다. 이는 상호사용 폐지의 연장선상에 있는 내용이므로 상법규정(商 제23조 제2항)에 의하여 당연히 인정된다고 본다.

■ **상호등기말소청구권**(상법 제23조 제2항): **상호권자는 타인이 부정**(不正)**한 목적으로 자신의 영업으로 오인할 수 있도록 상호를 등기한 경우에는 그 등기말소를 청구할 수 있다**

③ 손해배상청구권

부정(不正)한 목적으로 상호권자의 상호와 동일하거나 유사한 상호를 사용하여 손해를 끼친 때(영업이익 감소, 신용의 저하, 고객의 감소 등)에는 그 배상청구를 할 수 있음이 당연하다(商 제23조 제3항). 상법상으로는 '부정(不正)한 목적(目的)'이 있으면 사용자의 고의나 과실을 추가적인 요건으로 하지 않으나(商 제23조 제3항) 부정경쟁방지 및 영업비밀보호법에서는 손해배상청구의 요건으로 고의나 과실을 요구한다(동법 제5조). 이 손해배상청구권은 상호사용폐지 청구권이나 상호등기말소 청구권과도 양립할 수 있다(商 제23조 제3항).

■ **손해배상 청구권**(商 제23조 제3항): **부정**(不正)**한 목적으로 상호권자의 상호와 동일하거나 유사한 상호를 사용하여 손해를 끼친 때에는 그 배상청구를 할 수 있다**

마) 부정경쟁방지 및 영업비밀보호법의 특칙

부정경쟁 방지 및 영업비밀보호법은 상법의 내용보다 더 강하게 상호권 침해 등 부정경쟁행위에 대한 조사와 구제제도를 마련하고 있다.

(i) 부정경쟁행위(상호권 침해 등 포함)로 인하여 영업상의 이익이 침해되거나 침해될 우려가 있는 자는 법원에 그 행위의 금지나 예방을 청구할 수 있고 그 부정행위를 조성한 물건의 폐기, 부정경쟁행위에 제공된 설비의 제거, 부정경쟁행위의 대상이 된 도메인 이름의 등록말소, 그 밖에 부정경쟁행위의 금지 또는 예방을 위하여 필요한 조치를 청구할 수 있다(부정경쟁법 제4조).

(ii) 고의나 과실에 의한 부정경쟁행위로 타인의 영업상 이익을 침해하여 손해를 가한 자는 그 배상책임을 지게 하고(동법 제5조), 이 때 손해배상에 갈음하거나 손해배상과 함께 영업상 신용회복조치까지 명할 수 있다(동법 제6조).

(iii) 특허청장은 부정경쟁행위 등의 확인을 위하여 필요한 조사 · 검사를 하게 할 수 있고 부정경쟁행위로 인정될 때에는 30일 이내의 기간을 정하여 그 행위를 중지하거나 표시를 제외 또는 폐지할 것 등 그 시정에 필요한 권고를 할 수 있다(동법 제7조, 제8조).

Ⅳ. 상호(商號)의 이전 · 변경과 폐지

1. 상호의 이전

(1) 상호의 양도

가) 상호권 양도의 허용성

상호권은 일부 인격권의 성격이 있으나 주로 재산권적 내용으로 구성되어 있으므로 그 권리자가 임의로 처분할 수 있어야 한다. 그리하여 상호권자는 자신의 의사에 따라 타인에게 그 권리를 이전할 수 있고 그 양도방식에는 아무런 제한이 없다.

나) 상호권 양도의 요건(등기의 대항요건으로서의 특수성)

상호는 이를 사용하는 상인 자신에 대한 표지이기도 하지만 그 상인의 거래행위와 밀접히 관련되어 있다. 그리하여 상호는 그 영업과 함께 양도하게 할 필요가 있다. 다만, 영업을 폐지할 경우에는 언제든지 상호만의 양도가 가능하다(商 제25조 제1항).

판례

대판 1988. 1. 19, 87다카1295

(상법 제25조 제1항의 취지, 동 소정 "영업의 폐지"의 개념, 상호만의 이전 긍정: 상법 제25조 제1항은 상호는 영업을 폐지하거나 영업과 함께 하는 경우에 한하여 이를 양도할 수 있다고 규정하고 있어 영업과 분리하여 상호만을 양도할 수 있는 것은 영업의 폐지의 경우에 한하여 인정되는데, 이는 양도인의 영업과 양수인의 영업과의 사이에 혼동을 일으키지 않고 또 폐업하는 상인이 상호를 재산적 가치물로서 처분할 수 있도록 하기 위한 것인 점에 비추어 위 법조항에 규정된 영업의 폐지라 함은 정식으로 영업폐지에 필요한 행정절차를 밟아 폐업하는 경우에 한하지 아니하고 사실상 폐업한 경우도 이에 해당한다는 취지)

"원심판결 이유에 의하면, 원심은 그 거시증거들을 종합하여 원고가 서울 성동구 성수동 2가에서 "신라당"이라는 상호로 제과업체를 경영하던 소외 1에게 1984. 12.부터 1985. 3.까지 사이에 도합 금 28,356,240원 상당의 마아가린 등을 외상으로 판매한 사실, 피고가 1985. 5. 8.경 소외 1로부터 위 "신라당"이라는 상호를 양수하고 또한 같은 달 13에는 관할 서울성동구청에 위 "신라당"제과점의 대표자 명의를 소외 1로부터 피고로 변경하는 허가사항변경신고서를 제출하여 그와 같이 변경하였으며, 같은 해 6. 20.에는 관할 동부세무서에 "신라당"이라는 상호로 피고를 사업자로 하여 제과, 제빵

제조업의 사업자등록을 하고 그 무렵부터 위 "신라당"이라는 상호를 사용하면서 소외 1이 경영하던 같은 장소에서 종전종업원 중 일부를 계속 고용하여 제과, 제빵업을 경영한 사실, 소외 1이 경영하던 위 "신라당"제과업체는 서울, 수원, 안양, 부천, 부평 등지에 약 30개소 이상의 직영 및 가맹점포망을 가지고 있었는데, 소외 1이 1985. 3. 21. 금 18억여원의 부도를 내고 구속되는 바람에 사실상그 영업이 폐지되기에 이른 사실, 피고는 소외 1의 채권자의 한 사람으로서 그 후 같은 해 5. 8.경 소외 1과 사이에 당시 피고가 소지하고 있던 소외 1 발행의 액면 합계 금 3억 8천만원의 당좌수표를 동인에게 반환해 주는 대신 동인으로부터 그 무렵 한 때 제과업계에서 수억원을 호가하던 위 "신라당"상호를 양수하기로 약정하고 이에 따라 동인에게 위 당좌수표를 반환하고 위 상호를 양수한 사실, 그 후 피고는 이미 1982년부터 소외 A 및 원고 등 소외 1의 채권자들의 강제경매신청에 의하여 소외 1 경영의 위 "신라당" 제과공장내의 냉장고, 발효기, 믹사기 등 제과설비와 책상, 금고 등 사무용 비품을 포함한 도합 59개 품목의 유체동산에 대한 강제경매절차가 진행되어 오던 중 1985. 6. 14. 소외 B에게 경락되고 위 B로부터 다시 소외 C에게 매도된 위 유체동산을 위 C로부터 매수한 사실, 또한 그 무렵 피고는 위 제과공장건물의 소유자인 소외 A와의 사이에 위 건물에 대한 임대차계약을 체결한 후 앞서 본 바와 같이 같은 해 6. 20.자에 피고 명의로 사업자등록을 마치고 위 "신라당"상호로 제과업체를 경영하면서 이 때부터 같은 해 12월까지 새로이 28개 대리점과 사이에 판매대리점계약을 체결하여 그 대리점망을 통하여 제품을 판매하여 온 사실을 인정하고, 피고가 소외 1로부터 그가 경영하던 "신라당"의 영업일체를 양수하였다는 원고주장에 부합하는 그 거시증거들을 그 판시와 같은 이유로 배척한 다음 위 인정사실에 의하면 피고는 소외 1로부터 그가 경영하던 위 제과업체를 거액의 부도로 영업이 폐지된 후에 채권회수책으로 상호만을 양수한 후 동일한 영업장소에서 일부 종업원을 계속 고용하여 영업을 하였을 뿐 제과설비 등 유체동산을 제3자로부터 새로이 매수하고 공장건물에 대한 임대차계약을 별도로 체결하였으며, 영업조직체로 가장 중요한 판매망 역시 기존의 대리점 등을 그대로 인수한 것이 아니고 새로이 각 대리점계약을 체결하여 구축한 것이니만큼 피고는 소외 1의 위 제과영업을 유기적 일체로서 동일성을 유지하며 이른바 영업양도의 방식에 의하여 양수한 것으로 볼 수는 없고 그 영업이 폐지된 후 재산적 가치가 기대되는 상호만을 양수한 것으로 봄이 상당하다 하겠으므로 피고가 소외 1로부터 그가 경영하던 제과영업을 영업양도에 의하여 양수하였음을 전제로 한 원고의 이 사건 청구는 이유없다고 판단하고 있는바, 원심판결을 기록에 의하여 검토하여 보면 원심의 위와 같은 사실인정과 판단은 정당하고 거기에 소론과 같은 입증책임의 법리를 오해하고 채증법칙위배 내지 심리미진으로 인하여 사실을 오인한 위법이 있다고 할 수 없고 또한 상법 제25조 제1항은 상호는 영업을 폐지하거나 영업과 함께 하는 경우에 한하여 이를 양도할 수 있다고 규정하고 있어 영업과 분리하여 상호만을 양도할 수 있는 것은 영업의 폐지의 경우에 한하여 인정되는데, 이는 양도인의 영업과 양수인의 영업과의 사이에 혼동을 일으키지 않고 또 폐업하는 상인이 상호를 재산적 가치물로서 처분할 수 있도록 하기 위한 것인 점에 비추어 위 법조항에 규정된 영업의 폐지란 정식으로 영업폐지에 필요한 행정절차를 밟아 폐업하는 경우에 한하지 아니하고 사실상 폐업한 경우도 이에 해당한다고 풀이할 것이므로 원심이 소외 1이 경영하던 신라당 제과업이 사실상 폐업한 상태에서 피고가 그 상호만을 양수하였다고 판단하고 있음은 정당하고 거기에 소론과 같은 상법 제25조 제1항 및 같은 법 제42조의 규정에 관한 해석을 잘못함으로써 판결에 영향을 미친 위법이 있다고 할 수 없다."

상호양도는 불요식(不要式)의 계약으로 체결될 수 있지만, 제3자에게 대항하려면 등기하여야 한다. 등기상호의 양수인이 그 상호를 계속 사용하려면 양도를 증명하는 서면을 첨부하여 등기신청을 해야 하고(商登 제33조 제1항), 이 때 양도를 증명하는 서면 이외에 영업과 함께 하거나 영업폐지 후의 상호양도임을 증면하는 서면을 첨부하여야 한다(商登 제33조 제3항). 제3자의 선의 · 악의 여부에 관계없이 대항력을 결정한다는 점에서 물권법상의 등기와 유사하다.

■ 상호권 양도의 방식, 대항요건: 상호양도는 불요식의 계약으로 체결할 수 있지만, 제3자에게 대항하려면 등기하여야 한다. 제3자의 선의나 악의 여부에 관계없이 대항력을 결정한다는 점에서 선박등기와 유사하다(商 제25조 제2항)

(2) 상호의 상속

상호(권)는 인격적 성질보다 재산적 성질을 더 많이 지니고 있으므로 양도뿐 아니라 상속도 가능하다. 상호권을 상속하는 사람이 그 상호를 계속 사용하려면 상속사실을 증명하는 서면도 첨부하여야 한다(商登 제35조).

2. 상호의 변경

상인은 자신의 상호를 자유롭게 변경할 수 있다. 다만, 상호의 변경은 새로운 상호에 대해서는 그 상호의 선정 · 사용이 되지만 변경 이전에 사용하던 상호를 폐지하는 것이 된다.

3. 상호의 폐지

상인은 자신의 상호를 명시 또는 묵시의 의사표시로 사용폐지할 수 있다. 이는 상호권을 절대적으로 소멸시키는 행위이다. 상호를 등기한 경우 그 상호를 변경하거나 폐지한 때에는 당사자는 지체없이 변경 또는 소멸의 등기를 하여야 한다(商 제40조). 다만, 그 변경이나 소멸의 등기를 게을리하여 다른 사람의 상호등기를 방해하는 사례가 많으므로 상호사용 변경 · 폐지 후 2주간 내에 그 변경 · 폐지 등기를 하지 않으면 이해관계인이 그 등기의 말소를 청구할 수 있게 하고 있다(商 제27조). 그리고, 상호를 등기한 자가 정당한 사유없이 2년간 이를 사용하지 않으면 상호폐지로 간주한다(商 제26조).

Ⅴ. 명의대여자의 책임

명의 대여자의 책임은 엄밀하게는 상호권뿐만 아니라 성명 등의 명칭 대여에 따른 대여자의 책임문제이다. 다만, 상호의 대여가 그 중요한 요건 중 하나이므로 상호권과 관련하여 이 곳에서 설명한다.

1. 의의(商 제24조)

타인에게 자기의 성명이나 상호를 사용하여 영업을 할 것을 허락한 자는 자기를 영업주로 오인하여 거래한 제3자에 대하여 그 타인과 연대하여 변제할 책임이 있다

(商 제24조). 이는 어떤 자가 자신의 이름 등을 타인에게 빌려주어 거래행위를 허용하였다면 그를 신뢰한 제3자를 보호해야 한다는 금반언의 법리 내지 외관법리의 한 예이다. 명의대여는 거래상 명의의 형식과 명의의 사용 실정이 불일치하여 상대방 입장에서는 누가 거래상 책임을 질지에 대하여 혼란을 불러올 수 있는데 이러한 경우 명의대여자에게도 연대책임을 지워 해결하려는 것이다. 상호 대여의 책임에 관해 보자면 상호의 진실주의를 간접적으로 강제하는 효과도 있다. 명의대여는 행정관청의 인허가를 요하는 업종에서 그 인허가를 얻지 못한 자가 타인의 명의를 빌리는 경우가 있어서 이를 不法으로 해석하는 경우가 많고 법령 자체에서(예: 여객자동차 운수사업법) 명의대여를 금지하는 경우도 있다.

2. 명의대여자의 책임발생 요건

명의대여자의 책임이 발생하려면 명의사용을 타인에게 허락하고, 그 타인이 거래행위에서 그 명의를 사용하며, 거래 상대방은 이를 명의대여자의 영업으로 오인하여야 한다.

가) 명의사용의 허락

명의대여자의 주요한 책임원인은 다른 사람에게 자기의 성명, 상호를 사용하여 영업을 할 것을 허락한 데 있다. 여기에서 '명의'에는 성명, 상호뿐만 아니라 명의대여자를 표시하는 것이라면 다른 명칭이라도(예: 예명, 아호, 약칭 등) 포함한다. 또 차용한 상호에다 다른 문구를 추가하거나 중요한 부분이 같은 범위에서 변경된 경우에도 명의사용 허락에 해당한다.

명의사용의 '허락'에는 명시적, 묵시적 허락이 모두 해당한다. 다만, 자기의 명칭을 임의로 사용함을 알면서도 방치하는 부작위(不作爲)에 대해 (i) 이를 묵시적 허락으로 볼 수 있다는 견해가 있으나,[7] (ii) 이러한 부작위(不作爲)만으로는 부족하고, 구체적으로 점포의 사용료를 받았다든가 하는 사정이 있어야 그 부작위(不作爲)가 묵시적 허락으로 될 수 있다고 본다(다수설).[8] 명의사용을 허락하는 방법에는 명의만을 사용하게 하는 경우도 있고, 영업의 양도, 영업의 임대차, 상호의 임대차 등을 통하여 이루어지는 예도 있다. 특히 영업양도의 경우 영업양도인이 자신의 명칭이 붙은 상호를 함께 양도하면 명의대여자 책임을 부담하게 될 것이다.[9] 명의사용을 허락한

7) 손주찬, 126면; 이철송, 177면.
8) 이 · 최, 183면; 최기원, 132면.

후에라도 그 허락을 철회할 수는 있으나, 이 때 명의대여자는 상호차용자에 대해 사용중지 의사표시와 같은 소극적인 방법으로는 부족하고 명의차용자의 거래처에 통지하는 등 책임을 면하는 적극적인 조치를 취하여야 한다.

■ 명의대여자의 책임요건(商 제24조)

판례(1)

서울고판 1976. 11. 18, 76나1795

(상호사용을 허락한 하도급 수급인(명의대여자)의 책임: 원공사의 수급인이 하도급계약을 체결한 외에 그 수급인의 상호사용을 하도급 수급인에게 허락하였다면 하도급 수급인을 원공사의 수급인으로 오인하고 거래한 제3자에게 그 거래에 따른 책임을 져야 한다는 취지)

"원고 등은 … 피고회사가 위 공사를 소외 1에게 하도급주었다고 하더라도 피고회사는 소외 1에게 피고회사의 상호를 사용하여 위 공사를 하도록 허락한 자로서 피고회사를 영업주로 오해하고 거래한 원고등에 대하여 위 각 채무를 변제할 책임이 있다는 취지의 주장을 하므로 살피건대, 성립에 다툼이 없는 을 제4호증(현장대리확인원), 원심증인 소외 1의 증언에 의하여 그 진정성립을 인정할 수 있는 갑 제13호증(메모)의 각 기재, 원심증인 소외 1, 4, 2, 6, 당심증인 소외 5, 3의 각 일부증언 및 변론의 전취지를 종합하면, 피고회사는 그가 도급받은 위 공사를 직접 시공하지 아니하고 소외 1에게 위 공사보수금의 85퍼센트에 해당하는 금액을 보수로 정하여 다시 하도급주고, 동인으로 하여금 위 공사를 시행하게 함에 있어 동인에게 위 공사현장입구에 시공일자, 준

9) 같은 취지: 최기원, 133면.

공일자, 공사내용 등을 기재한 피고회사명의의 공사안내판을 세워 사용하게 하는 한편, 화약류취급면허자를 선발하여 채용하고 당국으로부터 피고회사명의로 화약류사용허가를 받는 권한 등을 위임하면서 피고회사명의의 관계서류 등을 교부하였으며 위 공사를 조속히 완성할 것을 독촉하면서 그에 관한 수시보고를 요구하는 등 방법으로 소외 1에 대한 감독권을 행사한 사실, 소외 1이 위 공사기공식 때부터 피고회사 이름의 문자가 새겨진 모자와 작업복을 쓰고 입고 다니는 한편, 자의로 피고회사의 상무이사라는 직함이 인쇄된 명함을 사용하면서 위 공사를 시행한 사실, 위 공사는 이미 완공이 되었고 피고회사는 나라로부터 위 공사보수금을 모두 지급받은 사실 및 원고 등은 피고회사를 위 공사의 영업주로 오인하고 소외 1과 사이에 앞서 본 바와 같은 각 거래를 한 사실을 인정할 수 있고, 위 인정 일부에 반하는 당심 증인 소외 3, 2의 각 일부증언은 믿을 수 없고 달리 반증이 없는바, 위 인정의 사실에 의하면 피고회사는 소외 1에게 자기의 상호를 사용하여 위 공사를 할 것을 허락한 상법상의 이른바 명의대여자라고 할 것 … 이다."

판례(2)

서울고판 1973. 2. 28, 72나2507

(하수급인에 대한 상호대여자로서의 책임을 인정한 사례: 피고회사가 공사의 하수급인에게 피고회사의 남산철책공사 현장책임자임을 나타내는 명칭을 사용하는 것을 묵시적으로 허락하고 상대방이 위 하수급인을 피고회사의 현장책임자로 오인하여 공사용물품을 납품한 경우에는 피고회사는 상호사용을 허락한 자로서 상대방이 납품한 물품대금을 변제할 책임이 있다는 취지)

"소외 A가 피고회사에게서 하도급받은 공사의 현장에는 "○○실업주식회사 남산철책공사현장"이라는 간판이 붙어져 있었으며, 그 공사장에 피고회사가 파견한 기사가 주재하고 있었고, 원고가 동 공사장에 철재를 납품할 때에 이를 인수한 현장종업원들이 작성해준 서류(갑 제1 내지 10호)에는 한결같이 피고회사 소속 공사장직원들이 인수한 것처럼 기재되어 있고, 원고가 위 거래기간중인 1972. 5. 24.에 일부 철재대금조로 받은 약속어음은 모두 피고회사가 발행인으로 되어 있는 것으로서 피고가 자재대조로 소외 ○○○에게 주어 원고에게 교부된 사실이 인정되고 달리 반증이 없으므로, 이상의 사실로 보아 피고회사는 소외 ○○○이 피고회사의 남산철책공사 현장책임자임을 나타내는 명칭을 사용하는 것을 적어도 묵시적으로 허락하고 있었던 것으로 보여지며, 그러한 명칭을 사용한 위 소외인과 거래한 원고는 적어도 1972. 5. 26. 이전에는 동 소외인이 피고회사의 하부조직인 공사현장책임자로서 동인이 한 거래행위의 효과가 피고회사에게 귀속되는 것으로 오인하였던 것이다."

나) 거래행위에 있어서 명의의 사용(외관의 존재)

명의 사용의 허락을 받은 자는 그 대여자의 명칭을 영업에 관하여 사용하여 마치 명의대여자의 영업의 명칭으로 사용하는 듯한 외관을 나타내어야 한다. 반드시 똑같은 명칭을 사용하지 않더라도 '…지점', '…영업소', '…지사' 등과 같이 부가문언이 있고 영업주의 영업이라는 외관을 나타내면 이에 해당한다.[10] 그리고, 명의차용자는 이러한 대여자의 명칭을 자신의 거래행위에 사용하여야 한다.

다) 명의대여자·차용자의 상인성(商人性)·동종(同種)영업 요부(要否)

상법 제24조의 책임을 적용함에 있어서 명의대여자·명의차용자가 반드시 상인이어야 하는가, 그리고 명의대여자의 영업과 명의차용자의 영업종류가 같아야 하는가가 문제될 수 있다.

(i) 첫째, 명의대여자의 상인성 문제에서는 상법 제24조는 '상호'뿐만 아니라 '성명'을 빌려준 경우에도 대여자의 책임이 있다고 하므로 명의대여자가 상인이 아니라도 가능하다고 본다.[11] 그리하여 상인이 아닌 국가, 지방자치단체가 명의대여한 경우에도 이에 해당한다.

(ii) 둘째, 명의차용자의 상인성 문제에서 법조문에서 '영업할 것을 허락'한 경우라고 규정하고 있어서 명의차용자가 상인이고 그의 상인으로서의 영업에서 대여자의 명칭을 표시한 경우가 주된 것이지만, 명의차용자가 반드시 상인이 아니라도 보조적 상행위, 비상행위(非商行爲) 등에서 대여한 명칭을 사용할 수 있다. 또, '거래행위'는 비상인(非商人)이라도 얼마든지 할 수 있고 비상인(非商人)의 거래행위에서 대여자의 명칭을 사용하고 이를 신뢰한 제3자의 보호 필요성도 있으므로 명의차용자가 상인이 아니라도 해당한다고 할 것이다.[12]

(iii) 셋째, 명의대여자·차용자의 영업이 반드시 동종(同種)이어야 하는가에 대하여 이는 명의대여자의 귀책사유로 그의 영업명칭인 듯한 외관을 나타내게 한 데 대해 책임을 지우는 것이므로 명의대여자 영업의 실질과 명의대여자·명의차용자간

10) 대판 1957. 6. 27, 4290민상178; 대판 1969. 3. 31, 68다2270; 대판 1973. 11. 27, 73다642; 대판 1985. 2. 26, 83다카1918.

11) 대판 1987. 3. 24, 85다카2219.

12) 같은 취지: 손주찬, 127면; 정동윤, 83면; 반대로 명의차용자가 반드시 상인이어야 한다는 견해로는 임홍근, 120면; 정찬형, 122면; 최기원, 135-136면.

의 영업의 동일성여부는 엄격한 판단기준으로 될 수 없다고 본다. 판례도 나이트클럽 영업에 관한 채무에 있어서 명의대여자가 실제로 나이트클럽 영업을 하지 않은 사실은 명의대여자 책임판단에 영향을 줄 수 없고(대판 2001. 4. 13, 2000다10512), 명의대여자의 영업이 야채중매업이라고 하더라도 명의차용자의 야채판매업에 관한 명의사용에 대하여 책임을 진다고 하였다(대판 1992. 8. 18, 91다30699).

라) 상대방의 오인(誤認)(선의(善意) · 경과실(輕過失)의 보호)

명의대여자의 책임이 생기려면 명의차용자의 대여자 명칭 사용에 대하여 제3자가 명의대여자의 명칭인 것처럼 오인(善意)하여야 한다. 이는 일정한 외관을 제3자가 신뢰한 것을 보호하려는 규정이기 때문이다. 그리하여 제3자(상대방)가 그 거래행위가 명의대여자와는 별개로 행해진 명의차용자의 거래행위임을 알고 있었던 경우(惡意)에는 대여자의 책임이 생기지 않는다. 여기서 제3자는 명의차용자와 직접 거래를 한 상대방을 주로 지칭하지만 그로부터 채권양수를 받은 자 등 특정승계인도 포함한다고 할 것이다.[13] 그리고, 이 오인(誤認)이 선의임은 명백하지만 상대방의 무과실까지 요구하는지 등 그 보호정도에 관해서는 견해가 대립한다. 즉, 이에 대하여는 (ⅰ) 상대방에게 선의이기만 하면 어떤 과실이 있어도 보호한다는 견해(선의 보호설),[14] (ⅱ) 상대방이 선의이면 경과실 정도는 있어도 보호한다는 견해(선의 · 경과실 보호설: 다수설),[15] (ⅲ) 상대방이 선의이고 전혀 과실이 없어야 보호한다는 견해(선의 · 무과실 보호설)[16]가 있다. (ⅳ) 생각건대, 상대방에게 경과실 정도만 있다면 이를 보호함이 명의대여자와 상대방을 균형있게 보호하는 길이라는 점, 중과실은 통상 고의와 같이 본다는 점을 고려할 때 선의 · 경과실 보호설이 타당하다고 본다. 상대방이 악의였다거나 중대한 과실이 있어서 상법 제24조의 보호를 받을 수 없다는 입증 책임은 영업주가 져야 한다.[17]

13) 대판 1983. 3. 22, 82다카1852.

14) 강위두, "명의대여자의 책임요건에 있어서 제3자의 과실있는 선의", 「판례월보」 제278호(1993. 11), 24면.

15) 손주찬, 128면; 이 · 최, 185면; 이기수 외, 164면; 이철송, 185면; 임홍근, 121면; 정동윤, 84면; 정찬형, 124면; 채이식, 86면; 최기원, 135면.

16) 일본 동경지재 1956. 8. 3.

17) 대판 2001. 4. 13, 2000다10512.

3. 명의대여자의 책임내용

가) 명의대여자 책임의 성질(부진정 연대채무(不眞正 連帶債務)

명의대여자는 명의차용자가 대여한 명의를 사용하여 부담한 채무에 대하여 연대하여 변제할 책임이 있다(상법 제24조 참조). 명의대여자와 명의차용자간에는 연대채무에서와 같은 주관적 공동관계가 존재하지 아니하므로 엄밀히 말하면 그 책임의 성질은 부진정 연대채무이다. 다만, 공평의 견지에서 책임을 이행한 명의대여자의 명의차용자에 대한 구상권 행사는 허용해야 할 것이다.

■ 명의대여자 책임의 성질(부진정 연대채무)

나) 명의대여자 책임의 범위

① 거래상 채무

상법 제24조에 의해서 명의대여자는 자기를 영업주로 오인하고 거래한 제3자에 대하여 그 타인과 같은 내용의 책임을 지게 되므로, 그 책임의 범위는 명의 차용자의 거래와 관련하여 부담한 채무에 한한다. 명의차용자가 거래한 행위라면 거래 자체로 발생한 채권채무뿐만 아니라(예: 목적물 인도의무, 대금지급의무, 하자담보 책임 등), 그 거래에서 파생된 권리의무(예: 채무불이행으로 인한 책임 등)까지도 포함한다. 그러나, 명의차용자의 불법행위 등으로 인한 채무나 단순한 개인적인 채무와 같이 거래행위로 발생하지 않은 부분에까지 책임이 미칠 수는 없다.[18] 다만, 명의차용자의 불법행

18) 대판 1989. 9. 12, 88다카26390: "상법 제24조의 명의대여자의 책임규정은 거래상의 외관보호와 금반언의 원칙을 표현한 것으로서 명의대여자가 영업주로서 자기의 성명이나 상호를 사용하는 것을 허락했을 때에는 명의차용자가 그것을 사용하여 법률행위를 함으로써 지게 된 거래상의 채무에

위에 대해서는 대여자책임이 전혀 미치지 않는다고 하는 견해도 있지만,[19] 명의차용자가 대여받은 명의를 사용하는 데 관련하여 사용자책임을 부담해야 하는 경우 등 명의사용과 관련된 범위에서는 불법행위에 대해서도 대여자가 책임을 지게 하는 것이 옳다고 본다.[20]

판례

대판 1989. 9. 12, 88다카26390
(상법 제24조 명의대여자의 책임: 명의차용자의 외관창출로 인한 명의대여자의 책임은 원칙적으로 법률행위인 거래에서 발생한다는 취지)

"상법 제24조의 명의대여자의 책임규정은 거래상의 외관보호와 금반언의 원칙을 표현한 것으로서 명의대여자가 영업주(여기의 영업주는 상법 제4조 소정의 상인보다는 넓은 개념이다)로서 자기의 성명이나 상호를 사용하는 것을 허락했을 때에는 명의차용자가 그것을 사용하여 법률행위를 함으로써 지게 된 거래상의 채무에 대하여 변제의 책임이 있다는 것을 밝히고 있는 것에 그치는 것이므로 여기에 근거한 명의대여자의 책임은 명의의 사용을 허락받은 자의 행위에 한하고 명의차용자의 피용자의 행위에 대해서까지 미칠 수는 없다."

② 어음상 채무

(i) 어음상 채무에 대하여도 만약 그 어음행위가 영업과 관련하여 행하여지고 그 영업에 명의대여가 행하여진 경우라면 당연히 상법 제24조가 적용된다.

(ii) 문제는 영업상 명의대여가 행하여진 것이 아니라 어음행위 자체에만 명의사용이 허락된 경우이다. 이에 관해서는 상법 제24조의 유추적용을 부정하는 견해[21]도 있으나, 거래의 안전, 선의자 보호의 필요성이 어음행위에서도 상행위 못지 않게 긴요하므로 상법 제24조의 명의대여자 책임규정을 유추적용함이 타당하다고 본다(유추적용 긍정설[22]).

대하여 변제의 책임이 있다는 것을 밝히고 있는 것에 그치고 있는 것이므로 여기에 근거한 명의대여자의 책임은 명의의 사용을 허락받은 자의 행위에 한하고, 명의차용인의 피용자의 행위에 대해서까지 미칠 수는 없다."

19) 대판 2001. 4. 13, 2000다10512.
20) 같은 취지: 대판 1989. 9. 12, 88다카26390.
21) 일본최고재 1967. 6. 6; 이기수 외, 168면; 정동윤, 85면; 최기원, 139면.

제3절 상업장부

Ⅰ. 서(序)

1. 상업장부의 의의

상업장부(trade book, Handelsbücher, livres de commerce)라 함은 상인이 영업상황과 재산의 구성상황을 명백히 하기 위하여 작성하는 서류로서 상법에 그 작성이 의무로 되어 있는 것이다. 상업장부는 상인이 작성하는 장부만을 지칭하므로 상업장부와 비슷하더라도 상인이 아닌 자(예: 상호보험회사나 협동조합)가 작성하는 장부는 상업장부가 아니다. 또, 상업장부는 영업상황과 재산의 구성상황을 명백히 하기 위한 것이므로 주주명부(商 제352조) · 의사록(商 제373조) · 사채원부(商 제488조) 등은 상업장부가 아니다. 그리고, 주식회사나 유한회사에서 총회의 승인을 얻기 위해서 작성하는 단순한 의안(영업보고서, 손익계산서, 이익잉여금 처분계산서, 결손금 처리계산서 등)도 상업장부로 보지 않는다. 그리고, 손익의 사정(즉, 영업성적)을 기재한 손익계산서(P/L)도 상업장부가 아니다.

상업장부는 상법상의 의무로 작성하는 것이므로 상인이 그 영업에 관하여 임의로 작성하거나 小商人이 작성하는 장부는 상업장부가 되지 않는다.

우리 상법상 상업장부는 (ⅰ) 회계장부(會計帳簿)(영업상황의 표시)와 (ⅱ) 대차대조표(貸借對照表)(재산의 구성상황의 표시)가 있다.

2. 상업장부의 필요성과 연혁

상인이 영업활동을 조직적으로 하기 위하여는 주먹구구식이나 단순기억에 의존해서는 안된다. 상인은 회계장부와 대차대조표 등을 세심하고 일목요연하게 기재하고 정리함으로써 영업과정을 스스로 돌아보고 이를 반영하여 미래의 영업활동 방침을 정하거나 수정할 수 있다. 특히 회사조직의 경우에는 주주에게 이익배당의 기초를 제공하고 사채권자 등 회사채권자에게 재무건전성을 公示하는 기능을 하여 일반

---

22) 같은 취지로 손주찬, 130면; 임홍근, 122면; 정찬형, 126면.

공중의 신뢰를 얻는 데 기여한다. 또, 건전한 노사관계 정립을 위해서도 영업활동과 기업재산 구성을 정직하게 알려야 하고, 세무당국 입장에서는 공평하게 과세표준을 설정할 수 있게 하여 조세정의를 실현하게 한다.

이 상업장부제도는 세계사적으로 상업의 발전이 가져온 기술적, 법률적 소산이다. 즉, 고대 이집트나 그리스에서 유래한 이 제도는 로마시대에 그 설정과목과 형식을 정리한 장부를 출현시켰고, 13-16세기에 이탈리아의 베니스, 제노바, 플로렌스 등 지중해 무역의 중심도시에서 크게 발전하여 전 유럽에 재산목록, 대차대조표를 유포시켰다. 상업장부제도를 법적으로 규제하려는 노력은 14, 15세기의 이탈리아 여러 도시의 규약에서 보이기 시작하고 1673년 프랑스 루이 14세의 상사조례(商事條例)가 이에 관해 상세한 규정을 두었다. 이는 1807년 프랑스 상법전, 1861년 독일 구상법에 영향을 주었다. 우리나라에서도 조선시대에 개성상인의 4개 치부법(置簿法) 등(장부(帳簿)제도: 송도부기(松都簿記))이 있었다고 한다.[23]

3. 상업장부(商業帳簿)와 재무제표(財務諸表)의 차이

상인은 상법상 의무로서 상업장부를 작성하여야 하지만, 물적회사(物的會社)(주식회사, 유한회사)에서는 상업장부 이외에도 재무제표(財務諸表)를 작성하여야 한다. 이는 모두 상인이 작성하는 장부이지만, 그 차이를 분명히 할 필요가 있다. 상업장부와 재무제표는 작성목적과 적용범위, 종류, 작성시기, 작성방법(재산평가시기), 작성절차(확정절차)와 공시, 작성의무 위반에 대한 제재규정 유무 등에 있어서 차이를 나타낸다.

(1) 작성목적과 적용범위

(i) 상업장부(회계서류와 대차대조표)는 영업의 과정(회계서류)과 재산의 현재상태(대차대조표)를 나타내는 데 주된 목적이 있고, 재무제표처럼 일정한 기간내의 영업성적(실적)을 손익 중심으로 계산해내는 데 중점이 있지 않다. 그리하여 손익기록뿐만 아니라 일상적 거래와 재산에 미치는 모든 사항, 모든 과정을 표시하므로 동태적(動態的) 요소와 함께 정태적(靜態的) 요소도 같이 기재하고 이는 손익계산 목적만으로 쓰이지는 않는다. 이는 영업이익을 계산해내려는 특수한 미시적 목적이 아니라 상인 스스로 영업의 과정을 돌아보는 자료로 사용하려는 일반적 · 거시적 목적을 지

23) 이 · 최, 203-204면.

니고 있다. 그 특징은 일반적 상인의 서류라고 정의할 수 있고, 그 적용범위는 회사를 포함하고 모든 개인 상인에게까지도 미친다.

(ii) 재무제표(財務諸表)는 상업장부와 달리 그 작성목적은 매우 특수하여 일정한 기간을 단위로 하여(회계기간) 영업성적(실적)을 손실, 이익 중심으로 산출해내서 이익배당의 기초로 삼으려는 데 있다. 그리하여 상업장부(특히 일기장, 분개장 등의 회계장부)보다도 더 동태적(動態的) 요소에 치중한다(flow개념). 재무제표 작성은 물적회사(物的會社)(주식회사와 유한회사)에만 적용된다.

(2) 종 류

(i) 상업장부는 회계장부(일기장, 분개장, 원장)와 대차대조표의 2가지가 있어서 간단하다.

(ii) 주식회사, 유한회사의 재무제표는 상업장부와 대차대조표만 공통되고 그 외에 손익계산서,[24] 이익잉여금 처분계산서나 결손금 처리계산서, 현금흐름표(기업회계기준)가 추가된다.

(3) 작성시기

(i) 상업장부는 거래가 있을 때마다 작성하여야 하는 것이 원칙이다. 그리하여 회계장부는 영업재산에 영향을 주는 어떤 사항(법률행위, 사건, 불법행위 모두 포함) 그 발생시기마다 적어두어야 한다. 대차대조표는 그 작성목적에 따라 나누어 (a) 영업개시한 때, (b) 매년 1회 이상 결산하는 때, (c) 회사의 성립시기(商 제30조 제2항)에 각각 작성하여야 한다.

(ii) 그러나, 재무제표는 일정 회계단위내의 손익(손실, 이익)을 산출해내려는 것이어서 결산기에만 작성하면 된다.

(4) 작성방법(재산평가방법)

(i) 상업장부의 작성에 관해서는 2010년 5월 상법개정 이전에는 재산의 유형을 대분류(大分類)(유동자산과 고정자산)하여 그 평가원칙을 정하고 있었다. 그러나, 2010년 5월 개정시 상업장부의 자산평가에 관해서는 일체의 사항을 일반적인 회계관행에 따르도록 상법 제31조를 삭제하였다.

(ii) 재무제표는 주식회사, 유한회사의 손실과 이익 산출이 주요목적이므로 회

24) 이를 상업장부에서 제외하는 것이 보통이다.

사의 회계장부에 기재된 자산에 대하여 상세원칙을 두고 있다. 즉, 유동자산, 금전자산, 사채(社債), 주식, 영업권 등에 대한 평가기준을 구체화하고 재산평가에서 원가주의에 더욱 충실하고 시가주의를 적용할 때에는 시가가 원가(취득가액 또는 제작가액)보다 현저히 낮을 때에 한정하였다(엄격한 시가주의 또는 저가주의(低價主義): 商 제452조). 이는 주식회사 등에서 재산평가를 엄격히 하여 회계부정(會計不正)(분식회계(粉飾會計) 등)을 막기 위한 것이다.

(5) 작성절차(확정절차)와 공시(公示)

(i) 상업장부는 이에 대해 특별한 규정이 없다.

(ii) 재무제표는 주식회사에서는 심의안을 먼저 작성하여 이사회의 승인절차(商 제447조), 감사의 감사와 감사보고서 작성(商 제447조의 3, 4), 정기총회에 제출하여 승인을 얻어야 하고(商 449조)(확정절차), 정기총회에서 승인을 얻어 확정된 후에는 재무제표 중 대차대조표를 공고(公告)하여야 한다(公示).

유한회사에서는 이사가 매 결산기에 재무제표를 작성하여 감사(監事)가 있는 때에는 감사(監事)의 감사(監査), 감사보고서(監査報告書) 작성을 거쳐(商 제579조), 정기총회의 승인(商 제583조)을 받아 확정된다. 다만, 주식회사에서와 같은 공시(公示)절차(대차대조표의 公告)는 없다.

(6) 의무위반에 대한 제재규정 유무

(i) 상업장부의 경우 그 작성의무 위반에 대한 제재규정은 없다.

(ii) 재무제표의 경우에는 그에 기재할 사항을 누락하거나 부실(不實)기재한 때에는 500만원 이하의 과태료에 처한다(商 제635조)는 규정이 있다.

Ⅱ. 상업장부의 종류(회계장부와 대차대조표)

상업장부에는 회계장부와 대차대조표가 있다. 1984년 상법개정 전에는 일기장, 재산목록, 대차대조표였으나 그 개정시에 지금과 같이 변경되었다. 그리하여 재산목록은 폐지되었고 일기장은 회계장부로 확대되었다.

1. 회계장부

회계장부란 영업상 계산의 내용을 기재한 장부라는 뜻인데 상인이 거래와 기타 영업상 재산에 영향이 있는 사항을 기재하는 장부(商 제30조 제1항)를 말한다. 회계장부에는 일기장, 분개장, 원장, 전표 등이 포함된다. (ⅰ) 일기장(日記帳)이란 매일매일의 거래사항을 날짜별로 빠짐없이 기재하는 장부이다. (ⅱ) 분개장(分介帳)은 거래내용을 계정과목(현금, 외상매출금, 상품, 대여금 등)별로 그 계정과목의 성격(자산, 자본, 부채별 성격)에 따라 정리하여 기입하는 서류이다. 이는 다시 일반 분개장과 특수 분개장으로 나뉜다. (ⅲ) 원장(元帳)은 위의 내용을 종합하여 정리해두는 서류이다. (ⅳ) 전표(傳票)제도는 거래를 간편한 방법인 전표에 쉽게 기재하도록 하는 것인데, 이로써 일기장, 분개장, 원장을 대신하려는 것이다. 전표에는 현금의 입금전표, 출금전표, 대체전표 등이 있다.

회계장부에는 상인의 영업재산에 영향이 있는 것은 모두 작성하여야 하므로 법률행위에 의한 거래뿐만 아니라 사건(화재, 도난 등), 불법행위 등과 같은 것도 모두 적어두어야 한다. 그리하여 위에서의 일기장, 분개장, 원장, 전표 등 명칭에 구애되지 않는다.

■ 회계장부: 상인이 거래와 기타 영업상의 재산에 영향이 있는 사항을 기재하는 장부(상법 제30조 1항): 일기장, 분개장, 원장, 전표 등

① 일 기 장

번호	날짜	종목	수입	지출	잔액	계정과목
1	2006. 3. 1.	이자수입	250,000		779,500	이자
2	2006. 3. 2.	전기료		10,000	769,500	공과금
3	2006. 3. 3.	택배비용		5,000	764,500	우편료
4	2006. 3. 4.	T.V 판매	1,000,000		1,764,500	상품매출
5	2006. 3. 5.	전화요금		20,000	1,744,500	공과금

② 분 개 장

일자	출고전표	적요	원면	차변	대변
2006. 3. 1.				현 금 250,000	이 자 250,000
2006. 3. 2.				전기료 10,000	현 금 10,000
		합계			

③ 매출원장

거래업체명: (주)○○○

일자	적요	단위	매출			수입			금액	잔액	비고
			수량	단가	금액	수량	단가	금액			
2006. 3. 4.	T.V 5대 매출		5	200,000	1,000,000				1,000,000		

2. 대차대조표

대차대조표(balance of sheet(B/S); Bilanz)는 영업재산의 내용을 자산, 부채, 자본으로 나누어 기재하여 이로써 일정시점의 영업재산 상태를 한 눈에 알아보게 정태적(靜態的)으로 나타낸 서류이다. 이는 일정기간의 손익을 나타내는 손익계산서와 대조되는 것으로 통상 대차대조표와 비상대차대조표로 구분된다.

(ⅰ) 통상 대차대조표는 개업 때나 회사가 성립하는 때 작성하는 개시(開始) 대차대조표와 영업기말에 결산을 목적으로 작성하는 결산(決算) 대차대조표가 있고, (ⅱ) 비상 대차대조표는 회사의 청산, 합병, 파산 등 비상시(非常時)에 작성하는 대차대조표로서 청산, 합병 등의 특수한 목적을 위하여 작성된다(商 제247조 제1항, 제256조, 제269조, 제439조 제2항, 제533조 제1항, 제597조 등).

■ 대차대조표: 일정한 시기에 상인의 영업용 재산을 자산과 부채로 구분하여 재산상태와 손익상태를 명백히 한 적요표~통상 대차대조표와 비상 대차대조표로 구분

Ⅲ. 상업장부에 관한 의무

상인의 상업장부에 관한 의무에는 상업장부의 작성의무, 제출의무, 보존의무 등이 있다.

1. 상업장부의 작성의무

(1) 상업장부의 작성방법과 원칙(공정 · 타당한 회계관행)

상법은 상업장부의 작성방법(원칙)에 대하여 규정하기를, 우선 상법규정에 의하고 상법규정이 없으면 '일반적으로 공정타당한 회계관행'에 의하도록 한다(商 제29조 제2항). 상업장부의 작성은 대단히 복잡하고 기술적인 회계방법이므로 이를 모두 상법에 규정하는 것은 적절하지 않고 또 가급적 변화발전하는 회계관행과 상법간의 모순저촉이 생기는 것을 피하려고 하기 때문이다.

주식회사의 외부감사에 관한 법률은 금융위원회가 증권선물위원회의 심의를 거쳐 회사의 회계처리기준을 정할 수 있게 하였고, 국제회계기준위원회의 국제회계기준을 채택하여 정한 회계처리기준과 기타 동법(同法)에 따라 정한 회계처리기준에 따르도록 하였다(同法 제13조 제4항). 금융위원회는 이 업무를 전문성을 갖춘 민간법인이나 단체에 위탁할 수 있다(同法 제13조 제4항). 그리하여 현재 '일반적으로 공정타당한 회계기준'은 외부감사를 받는 주식회사를 주로 대상으로 하지만, 외부감사를 받지 않는 회사에도 준용하는 것이 상례이므로 사실상 모든 회사의 회계처리규범으로 작용한다.

(2) 상업장부상의 자산평가(資産評價)

가) 자산평가의 3가지 방법

상업장부상 자산을 평가하는 데는 원가주의, 시가주의, 저가주의의 3가지 방법이 있다.

(ⅰ) 원가주의(原價主義)

원가주의는 자산의 가치를 기재할 때 그 원가(原價)만을 기재하는 것이다. 그리하여 상인이 직접 제작한 것은 제조 원가로 그 가액을 기재하고 직접 제작하지 않고 다른 사람으로부터 매입 등 취득한 것은 그 취득가액을 기재하며, 고정자산은 감가상각액을 뺀 가액으로 기재하는 것이다. 이 방식에 의하면 항상 객관적인 기재가 가능하고 주관적으로 증감하여 기재하지 않게 된다.

(ii) 시가주의(時價主義)

시가주의(時價主義)는 자산의 가액을 기재할 때 현재의 시장가격을 기재하는 것이다. 이 방식의 장점은 현재의 자산가치를 정확히 나타내는 것이다. 다만 단점은 시장가치를 부당하게 크게 평가하여 과대계상하는 일이 있을 수 있고 평가익(評價益)이 나타날 수 있다는 점이다.

(iii) 저가주의(低價主義)

저가주의는 자산의 원가와 시가 중 더 낮은 가액을 기재하는 것이다. 이는 첫째, 원가주의의 단점인 시가 하락시의 부당평가 문제와 둘째, 시가주의에서 과대계상하거나 평가익(評價益)이 나타나는 단점을 모두 해소할 수 있다.

나) 상법상 자산평가(일반적인 회계관행에 위임)

2010년 5월 상법개정 전에는 자산을 고정자산과 유동자산으로 나누어 각각의 특성에 따라 평가원칙을 구분하여 규정하였었다(商 제31조). 그러나, 2010년 5월에 상법을 개정하면서 자산평가에 관련된 일체의 사항은 상법에 규정하지 않고 일반적인 회계관행에 따르도록 하였다(商 제31조의 삭제). 이는 자산평가 등 회계에 관해서는 법률에 구체적인 규정을 두지 않는 국제적 추세에 부응하고, 변화하는 기업회계관행에 신속히 대응하려는 것이다.

2. 상업장부의 제출의무(商 제32조)

법원은 신청에 의하여 또는 직권으로 소송당사자에게 상업장부 또는 그 일부분의 제출을 명할 수 있다(商 제32조). 이는 상업장부의 특수성 때문에 서증(書證)에 관한 민사소송법의 특칙(特則)으로 규정된 것이다. 즉, 민사소송법 제344조에 의하면 문서의 제출의무자는 (i) 당사자가 소송에서 인용한 문서를 가지고 있을 때(인용문서), (ii) 신청자가 문서를 가지고 있는 사람에게 그것을 넘겨달라고 하거나 보겠다고 요구할 수 있는 사법(私法)상의 권리를 가지고 있는 때(권리문서), (iii) 문서가 신청자의 이익을 위하여 작성되었거나, 신청자와 문서를 가지고 있는 사람 사이의 법률관계에 관하여 작성되었을 때(이익문서 등)에만 해당된다. 그러나, 상법의 특칙에 의하면 이러한 요건이 필요하지 않고 또 당사자의 신청이 없더라도 직권에 의하여 제출명령을 할 수 있다. 문서의 제출의무자는 상업장부의 보존의무를 지는 자로서 장부의 소지인인데 다만, 민사소송법 제344조와 달리 소송당사자만이 이 의무를 부담한다. 또 제출의무 있는 서류는 상업장부일 뿐 영업에 관한 중요서류는 제외된다.

제출된 상업장부가 어느 정도 요증(要證)사실에 대하여 증거력이 있는지는 자유심증주의(自由心證主義)에 의한다(民訴 제202조). 다만, 제출명령에 응하지 않는 경우 법원은 상업장부에 관한 상대방의 주장을 진실한 것으로 인정할 수 있고(民訴 제349조), 당사자가 상대방이 사용을 방해할 목적으로 제출의무가 있는 문서를 훼손하여 버리거나 이를 사용할 수 없게 한 때에는 법원은 그 문서의 기재에 대한 상대방의 주장을 진실한 것으로 인정할 수 있다(民訴 제350조).

3. 상업장부의 보존의무

상업장부는 후일의 분쟁이나 책임추궁 등에 대비하여 이를 보존할 필요가 있다. 그리하여 상인은 10년간 상업장부와 영업에 관한 중요한 서류를 보존하여야 한다. 다만 전표 또는 이와 유사한 서류는 5년간 이를 보존하여야 한다(商 제33조 제1항). 이 기간은 장부를 폐쇄한 날로부터 기산하고(商 제33조 제2항), 특히 회사기업에는 그 보존의무에 관하여 특별규정이 있다(商 제266조, 제269조, 제541조, 제613조 제1항). 영업에 관한 중요한 서류란 후일 분쟁시 증거자료가 될 수 있는 자료를 말하는데 영수증, 주문장 등이 이에 속한다. 전표(傳票)는 거래 때마다 작성하는 현금출납전표, 상품의 입출고 전표 등을 말한다. 전표나 그에 유사한 서류의 보존기간을 5년의 단기로 한 것은 전표 등의 부대서류는 대량으로 작성되어 보관하기에 비용과 노력이 더 들기 때문이다. '영업에 관한 중요서류'의 보관기간 기산점은 수령한 날(수령한 영수증) 또는 작성한 날(스스로 작성한 주문서 등)이 된다. 이러한 상업장부는 상인 자신이 보존할 의무를 진다. 영업을 폐지하여 상인자격이 상실될 때에도 이 의무를 지고 상인이 사망한 때나 영업양도된 때에는 상속인, 영업양수인이 그 보존의무를 진다.

위와 같은 보존기간과 보존방법에 대하여는 1995년 개정시에 큰 혁신이 있었다. 이는 첫째, 전표류의 보존기간을 5년으로 절반 단축한 것과, 둘째 장부나 서류를 마이크로필름 등의 전산정보처리조직에 의하여 보존할 수 있게 허용한 것이다.

이는 방대하고 복잡한 상업장부나 기타 서류의 보관상 어려움을 덜어주고 전산방법을 적극 활용할 필요가 있다는 인식 때문이다. 다만 마이크로필름 등 전산정보처리조직에 의해 보존하는 것은 그 방법이 매우 편리하지만 아직 전산화가 지닌 기술적 한계 때문에 원본(原本)보존의 예외적 필요성도 인정하고 있다. 그리하여 마이크로필름이나 컴퓨터 디스켓에 의한 보관장치도 그 제출의무나 증거능력, 증명력 등은 기존의 장부 · 서류와 같으나 「상법의 일부규정의 시행에 관한 규정」에 특별규정을 두고 있다. 즉, 상법에 의하여 작성자가 기명날인 또는 서명하여야 할, 장부 또는 서류는 그 기명날인 또는 서명된 서류의 원본(原本)을 보존하여야 한다(동 규정 제2조의 2 단서). 이는 작성자의 기명날인이나 서명이 된 문서는 후일 분쟁이 있거나 책임추궁을 할 때 원본(原本)을 제출하여야 하기 때문이다.

또, 상업장부나 영업에 관한 중요서류를 전산정보처리조직에 의하여 보존하여야 하는 경우에는 당해 장부나 서류를 보존하기 위한 프로그램의 개발과 운영에 관한 기록을 보관해야 하며, 보존의 경위 및 절차를 기록하여야 한다(동 규정 제2조의 2 제1호). 그리고 전산정보처리조직에 의하여 보존하는 장부나 서류는 그 보존내용을 영상 및 출력된 문서에 의하여 육안으로 열람할 수 있도록 하여야 한다(동법 제2조의 2 제3호). 전산정보처리조직에 의하여 장부나 서류를 보존하는 경우에는 이러한 장치의 성격상 멸실 · 훼손되는 때가 있으므로 그에 대비하여 조치를 강구하여야 한다(동 규정 제2조의 2 제4호).

기업의 공시(商業登記)

제5장

Ⅰ. 서 설

1. 상업등기의 의의

상업등기(commercial registration, Handelsregister, enregistrement de commerce)라 함은 상법의 규정에 의하여 상업등기부에 하는 등기(商 제34조)와 전산정보처리조직에 의한 등기(商 제34조의 2)를 말한다. 상법에서 규정하는 바에 따라 이루어지는 등기라고 하여도 선박등기(商 제743조, 선박법 제8조)는 민법상 부동산등기와 유사하여서 별도의 법에 의해 등기부(선박등기부)가 마련되어 있다. 민법상 부동산등기와 보험업, 협동조합법 등 특별법에 의한 상호보험회사의 등기나 협동조합의 등기도 상업등기가 아니다. 다만, 상호회사와 협동조합 등도 상법규정을 많이 준용하고 있어서 등기부 중 특징적으로 대비되는 것은 민법상 부동산등기와 선박등기라고 할 수 있다. 상업등기는 법원이 관장한다는 점에서, 특허청 등 행정관청이 관장하는 지적재산권(특허권, 실용신안권, 상표권 등)의 등록과 구별된다. 소상인(小商人)에 대하여는 상업등기에 대한 규정이 적용되지 아니한다(商 제9조).

상업등기의 실체적 사항에 관하여는 상법이 규정하고 있고(商 제34조부터 제40조까지), 절차적 사항에 대하여는 상업등기법이 정하고 있다.

2. 상업등기의 연혁과 효용

상업등기제도는 중세 이탈리아의 상인단체명부에서 시작되었다. 이 명부에는 상인의 성명, 그 보조자, 도제 및 상인이 사용하는 영업기호가 기재되어 있었다. 18세기에 들어와 독일에서는 회사등기부, 대리인등기부, 상호등기부 등이 생겼고 독일 보통상법전(ADHGB, 1861년)에서 모든 상인에게 상호, 지배인 등을 등기하고 서명 등을 공시하게 하였으며 이로써 근대적인 상업등기 제도가 마련되었다. 이는 1897년 독일 신상법에서도 계속되었고 일본과 우리나라가 계수하게 되었다.[1)]

상업등기제도는 상인과 일반(공중) 모두에게 유용하다. (i) 상인측에서 보면 자신의 영업상 내용을 공시하는 것에 거부감이 생길 수 있으나, 일정한 사항을 공중에게 알려주고(公示) 그 내용 · 효력을 제3자에게 그 선의 · 악의에도 불구하고 주장할 수 있다면 유익하고 공중의 신뢰를 얻어 상인 자신의 사회적 신용을 유지함에 이익이 된다. (ii) 일반 공중의 경우 상인의 영업상 중요내용을 별도의 조사없이 등기부만으로써 알 수 있고, 이를 기초로 거래에 임할 수 있어서 거래의 신속 · 안전이 도모된다.

상업등기제도는 개인상인에서보다 회사에서 더욱 중요한데, 회사의 법률관계는 개인상인에서보다 복잡할 뿐만 아니라 이해관계인도 다수이기 때문이다. 그리하여 회사에서는 그 자본, 대표관계, 본점소재지, 회사합병과 회사분할, 해산 등에 관해 등기하게 하고 나아가 이 등기를 강제하고 있다.

3. 상업등기의 종류

상업등기에는 상호, 무능력자, 법정대리인, 지배인, 합명회사, 합자회사, 주식회사, 유한회사, 외국회사 등 9종류가 있다.

4. 상업등기의 특색(부동산등기와의 차이)

상업등기는 부동산등기와 매우 큰 차이를 나타낸다. 민법상 부동산등기가 부동산의 물권변동을 일으키려는 데 초점이 있는 반면, 상업등기는 대항력을 확보하려는 것에 중점이 있기 때문이다. 즉, 부동산물권변동을 공시하려면 원칙적으로 등기공무원이 부동산등기부의 사항란에 등기의 절차로써 기재하여야 한다. 이는 부동산 물권의 설정, 보존, 이전, 변경, 소멸 등과 같은 부동산의 권리관계의 등기를 하여 일반에게 공시하여야만 그 물권변동의 효력을 인정하겠다는 것이다(民 제186조: 물권변동의 요건). 그에 비하여 상업등기제도는 기업의 내용 · 실질을 일반에게 나타내 보이게 하여 기업에 대한 사회적 신용을 증대시키고 기업거래관계의 예측가능성을 높이려는

---

1) 김성태, 318면.

것이다. 상업등기가 기업의 사정을 일반대중에게 공시하게 하는 제도라는 점은 부동산등기와 같지만 부동산등기처럼 권리관계의 변동요건에 핵심이 있지 않고 일반공중의 신뢰를 확보하려는 점이 더욱 중요한 동기이다. 그리하여 상업등기사항은 선의의 제3자에게 대항력을 지니고 부동산 등기와는 달리 어느 정도 공신력(公信力)도 인정되고 있다(商 제39조).

■ **상업등기의 특색**(부동산 등기와의 차이): **부동산 등기는 물권변동의 요건이지만**(민법 제186조), **상업등기는 권리의 변동요건이 아니고 기업의 사정을 일반인에게 널리 알리는 게 목적**(대항력만 인정)

Ⅱ. 상업등기사항

상업등기사항은 그 구별표준에 따라 다음과 같이 분류될 수 있다.

1. 상인일반의 등기사항, 개인상인의 등기사항, 회사의 등기사항

상업등기사항은 등기를 하는 주체에 따라 개인상인이나 회사 모두에 해당하는 상인일반의 등기사항(상호등기, 지배인등기), 개인상인에 특유한 등기사항(무능력자(미성년자, 한정치산자, 금치산자)의 영업과 법정대리인), 회사에 특유한 등기사항(합명회사, 합자회사, 주식회사, 유한회사, 외국회사의 설립, 자본의 증감, 해산, 청산, 합병, 분할 등에 관한 사항)으로 분류된다.

2. 절대적 등기사항, 상대적 등기사항

상업등기사항에는 당사자가 반드시 등기해야 효력이 발생하거나(예: 회사의 설립등기, 해산등기, 합병등기) 선의의 제3자에게 대항할 수 있는(예: 지배인 선임등기나 해임등기) 절대적 등기사항과, 당사자가 등기하지 않아도 효력이 있고 선의의 제3자에게 대항할 수도 있지만, 등기를 갖춤으로써 그 효력이 강화되는(예: 상호의 등기(商 제22조), 영업양수인의 채무불인수(債務不引受)의 등기(商 제42조 제1항)) 상대적 등기사항이 있다.

절대적 등기사항 중 회사의 등기사항은 등기가 강제되고 이를 해태하면 벌칙의 제재가 있다(商 제635조 제1항 제1호). 상대적 등기사항은 일단 당사자가 신청하여 등기되고 나면 그 변경사항이나 소멸사실은 절대적 등기사항(대항요건)으로 변한다.

3. 창설적(설정적) 등기사항, 선언적 등기사항, 면책적 등기사항

등기를 하고 나면 어떤 법률관계가 창설(설정)되는 것이 창설적(설정적) 등기사항(예: 회사의 설립등기, 합병등기)이고, 이미 성립하고 있는 법률관계에 대해 대외적인 대항력을 강화하기 위해 선언적 효력이 생기는 것이 선언적 등기사항(예: 지배인의 선임등기나 그 해임등기)이며, 등기로써 책임을 면하게 해주는 것을 면책적 등기사항(예: 지배인이나 이사의 해임등기, 합명회사 사원의 퇴사등기)이다.

4. 본점의 등기, 지점의 등기

이는 영업소의 구분에 따른 등기사항의 구별이다.

본점에서 하는 등기와 별도로 지점의 등기를 요구하는 것은 지점에서의 거래도 본점의 영업주에게 그 효과가 귀속되는 것은 본점에서와 같은데, 지점의 거래 상대방이 본점하의 등기소까지 가서 등기사항을 열람하고 확인하는 것은 불편하므로 지점자체의 公示를 할 필요가 있기 때문이다. 그리하여 상법상 다른 규정이 없으면 본점 소지지에서 등기할 사항은 지점소재지에서도 등기하여야 한다(商 제35조). 여기서 '상법상 다른 규정'은 상법 제13조("지배인의 선임과 그 대리권 소멸에 관하여는 그 지배인을 둔 본점 또는 지점의 소재지에서 등기하여야 한다")와 같이 본점이나 지점의 등기사항을 각각 별개가 되도록 상법 자체에서 구분해 두고 있는 경우를 말한다. 그리하여 이러한 특별규정이 없으면 본점 등기사항은 모두 지점의 등기사항으로 된다.

Ⅲ. 상업등기절차

상업등기는 다음과 같은 절차를 거쳐야 한다. 상업등기를 통일적으로 규율하기 위하여 2007년 8월에 상업등기법이 단행법으로 제정되었다. 이는 상업등기사무의 전산화사업이 완료됨에 따라 변화된 환경에 맞추어 상업등기사무의 처리절차 · 방법 등을 정비하고, 기업의 등기편의를 위하여 전산정보처리조직에 의하여 등기를 신청할 수 있도록 한 것이다. 특히 회사의 설립 · 이전 및 합병 등에 있어서의 등기절차를 간소화하는 한편, 비송사건절차법과 대법원규칙 등에서 규정하고 있는 상업등기에 관한 규정을 통합하여 단행법인 상업등기법을 마련하게 되었다.

1. 등기의 신청 또는 촉탁, 직권발동(신청주의 원칙)

상업등기는 부동산등기에서와 같이 당사자의 신청에 의하여 이루어지는 것이 원칙이다. 촉탁등기나 직권으로 하는 등기는 예외적이다.

촉탁등기는 주식회사의 설립무효판결이 확정된 경우(商 제328조) 또는 주주총회에서 결의한 사항을 등기한 경우에 결의취소의 판결이 확정된 때(商 제378조) 등과 같이 회사에 대한 재판이 이루어진 경우 그 결과를 등기에 반영하려는 때에 이루어지고 등기관(登記官)의 직권발동에 의한 등기는 휴면회사(休眠會社)의 해산(商 제520조의 2, 商登 제100조 제1항) 등에 이루어진다. 등기의 신청을 할 때에는 회사의 경우 그 대표자가 신청하여야 하고(商登 제17조 제2항), 개인상인의 경우에는 당사자나 대리인이 등기소에 출석하여 신청하여야 한다(商登 제18조 제1항).

2. 관할 등기소

상업등기에 관하여는 당사자의 영업소 소재지를 관할하는 지방법원, 그 지원 또는 등기소를 관할등기소로 한다(商 제34조, 商登 제3조).

3. 등기소의 심사권 범위

부동산등기와 마찬가지로 상업등기도 가급적 실체관계와 등기사항이 부합하도록 노력하여야 하고 허위의 부실등기(不實登記)가 이루어지는 것을 방지하여야 한다. 그리고 등기신청이 있을 때 그 신청이 등기사항의 법정요건(法定要件)에 부합하지 않을 때에는 등기관은 이유를 기재한 결정(決定)으로 신청을 각하하여야 한다(商登 제27조). 그러자면 등기관이 일정한 심사를 하여야 하는데 어느 범위까지 등기관이 심사할 수 있는가에 대하여는 학설의 차이가 있다.

(1) 형식적 심사주의

이는 등기관이 등기신청이 法定의 형식에 맞게 적법한 것인가에 대해서만 심사할 수 있고 신청사실이 실질적으로 진실한가에 대해서까지 심사할 수는 없다고 하는 태도이다. 형식적 심사주의의 근거로는 등기관이 심판관(審判官)이 아니라 단순한 기록관(記錄官)에 불과하고 등기관에게 실질적 심사권까지 부여하면 절차가 너무 지연될 우려가 있다는 것을 든다.

(2) 실질적 심사주의

이는 등기관이 등기신청사실이 법정(法定)의 요건을 갖추었는가뿐만 아니라 실질적인 법률관계에 부합하는가에 대해서까지 심사할 권한이 있다고 보는 입장이다. 그리하여 등기원인인 매매행위나 기타 법률사실의 유효 여부까지 심사하여야 한다는 것이다.[2] 이는 그 근거로, 등기는 본래 진실을 공시하는 데 그 목적이 있다는 점을 든다.

(3) 수정형식적 심사주의

이 견해는 위의 두 입장을 절충하되 형식적 심사주의를 원칙으로 하는 것이다. 즉 형식적 심사주의가 원칙적으로 타당하지만, 등기신청사항의 진실성에 의심이 들 때에만 등기관이 실질적 사항까지 심사할 수 있다고 하는 입장이다.

(4) 수정실질적 심사주의

이는 절충주의이면서도 실질적 심사주의를 원칙으로 하여, 등기관은 등기신청사항의 실질적 심사권을 가지되, 신청사항에 의문이 없다면 실질심사를 할 필요가 없다는 견해이다.

(5) 사견(수정형식적 심사주의)

생각건대, 등기사항이 실체관계에 부합하도록 하는 것이 이상적이다. 그러나,

2) 이를 두고 재판관적 심사주의라고 하는 견해도 있다(이성환, "등기공무원의 심사권과 등기신청의 각하사유", 재판자료 제43집, 136면).

등기사항의 진실성을 모두 조사하게 한다면 너무나 복잡하고 절차가 지연되는 것이 현실이다. 또, 실질적 심사주의를 원칙적으로 하기 어렵다는 점에서 상업 등기나 부동산 등기 모두 공신력(公信力)을 인정하지 않고 있는 것이다. 그리하여 형식적 심사주의를 원칙으로 하되, 진실성에 의심이 갈 경우에만 등기관이 진실여부까지 심사하는 것이 옳다고 본다.

4. 전산정보처리조직에 의한 상업등기의 경우

전산정보처리조직에 의한 상업등기라 함은 전산등기부에 등기사항을 기재하여 하는 상업등기를 말한다. 1995년 상법개정 때 상업등기사무의 전부나 일부를 전산정보처리조직에 의하여 처리할 수 있게 한 바 있지만(임의적 전산등기), 2007년 8월에 제정된 상업등기법에 의하여 모든 등기사무는 전산정보처리조직에 의하여 처리하여야 한다(필요적 전산등기: 商登 제6조 제1항). 그리하여 이제는 등기를 하기 위해 당사자가 서면으로 신청하고, 등기소에서 서면으로 기재하는 방식을 벗어나게 되었다. 상업등기의 전산화(電算化)는 등기업무의 효율화와 비용절감을 가능하게 하였다.

Ⅳ. 상업등기(商業登記)의 효력

거래관계를 공시(公示)하기 위한 상업등기는 공고(公告)와 결합하여 공시적(公示的) 효력을 발생시켰으나 1995년 상법개정시에 공고(公告)제도는 폐지되어 상업등기 자체만으로 효력을 가지게 되었다.

상업등기의 효력은 상업등기의 일반적 효력인 공시적 효력(대항력)과 다른 효력(특수적 효력)으로 나누어 본다. 특수적 효력 중 공신력은 등기한 사항과 실체의 사항이 불일치하는 경우에도 거래안전을 위하여 등기한 사항대로 일정한 효력을 발생하게 하는 제도이다.

1. 상업등기(商業登記)의 일반적 효력(공시적(公示的) 효력: 대항력(對抗力))

상업등기사항을 등기하면 대항력을 가지게 되는데(등기 후의 효력), 이를 강조하는 의미에서 등기전에는 대항력을 가지지 않는다는 점까지 부가적으로 설명하는 것이 보통이다.

(1) 등기 전의 효력(소극적 공시력)

등기할 사항은 이를 등기하지 아니하면 선의의 제3자에 대항할 수 없다(商 제37조 제1항). 등기사항은 절대적 등기사항, 상대적 등기사항 모두 포함한다. 그리하여 지배인을 해임한 경우(商 제13조의 등기사항) 그 해임등기를 하지 않으면 그 지배인이 제3자와 매매 등 거래행위를 한 효과를 부정하지 못한다. 이러한 등기를 하지 못한 사유가 당사자나 등기관의 고의(故意)나 과실(過失)에 의하였던 때에도 마찬가지이다. 이러한 등기의 부존재는 이미 등기한 사항에 변경이 생긴 때에 그 변경등기를 하지 않은 경우뿐만 아니라 등기사항(예: 지배인의 선임)을 아예 등기하지 않고 있다가 후에 변경사항(예: 지배인의 해임)이 생겼음에도 변경등기(지배인 해임등기)를 하지 않은 경우까지 포함한다.

이는 선의의 제3자를 보호하려는 데 그 취지가 있다. '제3자'라 함은 등기사항의 당사자가 아닌 자로서 등기사항에 대하여 정당한 이해관계가 있는 자이다. 그리하여 청산인의 선임이나 지배인의 선임에서의 그 청산인과 지배인은 제3자가 아니고 그 선임의 효력은 등기 유무가 아니라 선임계약 자체의 효력에 의해 결정된다.

'선의(善意)'는 등기 여부가 아니라 등기된 목적사항(예: 지배인의 선임) 자체에 대해 알지 못하는 것이다. 제3자의 '선의(善意)' 판단 여부는 제3자가 거래를 맺은 시기를 표준으로 한다. 제3자의 선의는 추정되므로 그의 악의(惡意)를 주장하는 자가 악의를 입증하여야 한다. 그리고 등기사항을 등기 전에 '대항하지 못한다'는 것은 선의의 제3자에 대하여 등기대상 사실(사항)의 존재를 주장하지 못한다는 것이므로, 역으로 선의의 제3자가 등기대상 사실(사항)의 존재를 주장하는 것은 가능하다.

■ 상업등기의 공시적(公示的) 효력(일반적 효력)(대항력) ① — 등기 전의 효력(소극적 공시력): 상업등기의 대상은 등기하지 않으면 선의의 제3자에게 대항할 수 없다(상법 제37조 1항)

판례(1)

대법원 1964. 5. 5, 63마29

(상법 제37조 제1항의 범위: 대항요건일 뿐인 상업등기(주식회사 해산등기)의 예: 상업등기에는 특별규정이 없는 한 대항력만 인정되므로 등기 전이라고 하더라도 그 실체대로의 효력이 있고 다만 선의의 제3자에 대한 대항력이 결여될 뿐이라는 취지)

"회사해산등기의 효력에 대하여는 회사설립등기와 같은 특별규정이 없는 이상 상법총칙규정에 의하여 이는 제3자에 대한 대항요건에 불과하다고 할 것이므로 해산결의가 있고 청산인선임 결의가 있다면 그 해산등기가 없어도 청산 중인 회사이다."

판례(2)

대판 1996. 10. 29, 96다19321

(상업등기의 공신력, 공시력: 상업등기의 공신력이 원칙적으로 부정된다는 것, 그리고 합자회사의 무한책임사원이 추가되었으나 그에 관한 변경등기가 이루어지지 아니한 경우, 회사 또는 등기되지 아니한 무한책임사원이 등기부상 무한책임사원으로부터 그 지분을 양수한 선의의 제3자에게 대항할 수 없다는 것)

"회사등기에는 공신력이 인정되지 아니하므로, 합자회사의 사원 지분등기가 불실등기인 경우 그 불실등기를 믿고 합자회사 사원의 지분을 양수하였다 하여 그 지분을 양수한 것으로는 될 수 없다 … 합자회사의 무한책임사원으로 甲이 등재되어 있는 상태에서 총사원의 동의로 乙을 무한책임사원으로 가입시키기로 합의하였으나 그에 관한 변경등기가 이루어지기 전에 甲이 등기부상의 총사원의 동의를 얻어 제3자에게 자신의 지분 및 회사를 양도하고 사원 및 지분 변경등기까지 마친 경우, 구 상법(1995. 11. 30. 법률 제5053호로 개정되기 전의 것) 제37조 제1항에 의하면 등기할 사항은 등기와 공고 후가 아니면 선의의 제3자에게 대항하지 못하므로, 총사원의 동의로 乙이 무한책임사원으로서의 지위를 취득하였다고 하더라도 그에 관한 등기가 마쳐지기 전에는 등기당사자인 회사나 乙로서는 선의의 제3자에게 乙이 무한책임사원이라는 사실을 주장할 수 없으므로, 만약 제3자가 甲만이 유일한 무한책임사원이라고 믿은 데 대하여 선의라면, 회사나 乙로서는 제3자가 乙의 동의를 받지 아니하였음을 주장하여 그 지분양도계약이 효력이 없다고 주장할 수 없다."

(2) **등기 후의 효력**(적극적 공시력: 대항력)

등기를 한 후에는 제3자가 비록 그 사실에 대해 선의였다 하여도 악의를 의제하여 대항할 수 있는 효력을 적극적으로 갖게 된다(商 제37조 제1항: 상업등기의 적극적 공시력), 다만, 상법 제37조 제2항은 제3자가 정당한 사유로 인하여 그 등기사실을 알지 못한 때에는 그에 대항할 수 없게 한다. 이 '정당한 사유'는 상업등기의 적극적 공시력을 부정하는 것이므로 가급적 제한적으로 해석해야 한다. 따라서 등기소의 화재로 등기사항을 열람할 수 없었다거나 전자정보처리조직에 의한 상업등기처리의 경우 자기디스크의 고장 등 등기소측의 과실로 인한 사고 등[3] 객관적 사정이 있어야 하고 제3자가 입원치료를 받거나 해외여행 등으로 등기사항을 열람할 수 없었다는 등의 주관적 사정까지는 이 '정당한 사유'에 포함하지 않는다. 이 '정당한 사유'는 그를 주장하는 자가 입증하여야 한다. 이 대항력의 적용범위에 대해 불법행위나 부당행위에도 일부 적용된다는 견해[4]가 있으나, 상업등기의 대항력은 등기한 영업주 등 당사자가 제3자에 대하여 그 효력을 주장하려는 경우이고, 이 제도 자체가 거래의 원활과 안전을 위한 것이어서 거래행위 이외의 불법행위나 부당행위에는 적용여지가 없다고 본다.[5]

■ 상업등기의 공시적(公示的) 효력(일반적 효력)(대항력) ② — 등기 후의 효력(적극적 공시력): 상업등기를 한 후에는 제3자가 비록 그 사실에 대해 선의였다 하여도 악의를 의제하여 대항할 수 있다

3) 손주찬, 180-181면.
4) 정동윤, 99면; 최기원, 171면.
5) 같은 취지: 강 · 임, 135면; 김성태, 331면; 손주찬, 181면; 정찬형, 151면; 채이식, 108면.

판례

서울고판 1977. 3. 23, 76나2843

(상업등기 후 제3자에 대한 악의의제: 이사의 퇴임등기가 이루어진 경우, 상법 제37조 제1항의 법리상 제3자도 모두 악의로 의제되는 효과가 있으므로 민법 제129조의 표현대리 요건으로서의 제3자(상대방)의 선의는 부정된다는 취지)

"주식회사의 이사가 퇴임하여 퇴임등기 및 공고를 한 경우에는 상법 37조의 해석상 제3자는 악의로 의제되므로 민법 제129조의 표현대리가 성립될 수 없다."

그리고, 상호권 양도에 대해 상법 제25조 제2항에서 "상호의 양도는 등기하지 아니하면 제3자에게 대항하지 못한다"고 하고 있어서 이 규정에 의하면 상호양도의 등기가 없으면 선의뿐만 아니라 악의의 제3자에 대해서도 대항할 수 없게 된다. 이러한 규정내용은 등기 결여시 선의의 제3자에게만 대항할 수 없게 한 제37조의 규정과 다르다. 그리하여 양자의 관계를 어떻게 보아야 하는지가 문제된다. 이에 대해서는 (i) 이 2가지 규정은 각기 적용하는 경우를 달리한다는 견해(이차원설(異次元說))[6]와 (ii) 상법 제25조 제2항과의 관계에서는 상법 제37조가 적용되지 않는다는 견해(적용배제설(適用排除說))[7]가 대립한다. (iii) 생각건대, 상법 제37조상 등기의 대항력은 일반대중에 대한 등기의 공시력(公示力)을 말한다. 그에 반하여 상법 제25조 제2항에서 상호양도의 등기를 하게 한 것은 상호권(商號權)이라는 권리의 배타적 귀속을 나타내려 한 것이다. 특히 상호권(商號權) 이중양도의 경우에 양도 당사자 사이에서 물권법상 등기처럼 먼저 등기한 자를 우선시키려는 것이므로 양자의 적용은 구별하여야 한다. 즉 적용영역을 달리하는 차원의 것이라고 본다(이차원설(異次元說)).

또, 나아가 표현지배인(商 제14조), 표현대표이사(商 제395조)가 성립할 가능성이 있을 때 영업주, 회사 등이 지배인 등기(商 제13조), 대표이사 등기(商 제317조 제2항 제9호)의 대항력을 주장하면서 표현지배인, 표현대표이사의 행위에 대해 영업주나 회사측의 책임을 요구하는 상대방의 악의(惡意)를 의제하여 방어할 수 있느냐도 문제된다. 이에 대해서는 상법등기의 대항력에 관한 상법 제37조 제1항의 규정이 적용되지 않는다는 견해가 거의 통설적 입장이다. 그런데 그 근거에 관해서는 (i) 양자는

6) 채이식, 113-114면.

7) 손주찬, 182면; 정동윤, 101면; 정찬형, 151-152면.

별개의 차원에 있기 때문이라는 견해(소수설: 별개차원설)[8]와 (ii) 표현지배인과 표현대표이사 규정은 상법 제37조에 대한 예외규정이라는 견해(다수설: 예외규정설)가 대립한다.

(iii) 생각건대, 상법 제37조가 상업등기 후 그 등기사항을 선의의 제3자에게도 주장할 수 있다는 것은 상업등기의 본질적 가치와 그 존재이유를 밝히고 상업등기를 촉진시키려는 취지를 지니고 있는 것이다. 그러나, 표현지배인제도나 표현대표이사제도는 외관주의라는 점에서는 이와 같지만, 그 요건과 효과 자체가 상업등기 제도와는 전혀 별개의 것으로 제37조의 예외라고 하기보다는 취지를 달리하는 차원의 규정이라고 할 것이다. 영업주나 회사 등이 상업등기(지배인등기나 대표이사등기)를 경료하였다고 하여도 거래상 지배인이나 대표이사가 아닌 자에게 그의 외관을 부여하여 제3자가 그 외관을 신뢰한 때 영업주나 회사 등이 그 책임을 져야 하는 것은 등기(登記)라는 공시(公示)의 영역이 아니라 신뢰보호, 거래안전 우선이라는 공신(公信)의 영역이라는 점에서 더욱 그러하다. 따라서 상법 제37조상 등기의 대항력에 전혀 관계없이 표현지배인이나 표현대표이사에 관한 법규정상 요건 성취여부만으로 그 성립여부가 판단되어야 한다고 본다(별개 차원설).

(3) 대항력의 기준(등기한 본점이나 지점)

상업등기의 대항력이 발생하는 지역적 범위는 영업소 단위를 기준으로 한다. 그러므로 상인의 영업소가 여러 개 있는 경우 본점 소재지에서 등기하는 것만으로는 충분치 않다. 지점도 독립한 영업소로서 그 지점을 기준으로 영업상 법률관계가 발생, 변경, 소멸하는 것이기 때문에 본점에서 등기할 사항은 원칙적으로 지점소재지에서도 등기하여야 그 지점상 거래에 관해 대항력을 인정받을 수 있다(商 제38조). 예컨대, 공동대표이사를 둔 주식회사가 이를 본점에서만 등기하고(商 제317조 제2항 제10호), 지점에서는 등기하지 않은 경우에(商 제35조 참조) 회사는 그와 지점에서 거래한 선의의 제3자에게는 공동대표이사라는 사실로써 대항할 수 없게 된다.

2. 상업등기(商業登記)의 특수적 효력

앞에서 설명한 바와 같이 상업등기는 영업내용의 중요한 부분을 상업등기부 기재라는 형식으로 거래계 일반에게 공시하여 제3자에게 등기사항의 존재와 유효성을

8) 이기수 외, 219면; 정동윤, 100면.

주장(대항)할 수 있게 함이 본질적이지만, 그 이외에도 다음과 같은 효력을 갖는 특수한 경우가 있다. 여기에서는 상법 제37조가 적용되지 않고 다른 특별규정이나 법원리가 적용된다고 하여 특수적 효력이라고 한다.

(1) **창설적 효력**(설정적 효력)

상업등기의 창설적 효력이란 일정한 상업등기가 법률관계를 성립(창설)시키는 효력을 지니는 것이다. 예컨대, 회사의 설립등기를 하면 회사가 그 등기시에 성립하는 것(商 제172조)과 회사의 합병은 그 합병등기가 되어야 효력이 발생하는 것(商 제234조, 제269조, 제530조 제2항, 제603조)과 같은 것이다. 이러한 예는 상업등기도 부동산등기처럼 법률관계를 창설하는 경우가 있음을 보여준다. 회사의 설립등기, 합병등기 등이 이루어진 후에는 제3자의 선의나 악의에 관계없이 회사의 성립·합병의 효력이 발생한다. 이는 회사의 성립·합병 등의 경우 그 효과의 획일적 확정이 요구되기 때문이다.

■ 상업등기의 창설적 효력: 상업등기도 부동산 등기와 같이 법률관계를 창설하는 경우가 예외적으로 있다(회사의 설립등기, 합병 등기 등)

(2) **하자보완적 효력**(치유적 효력)

이는 등기사항의 전제가 되는 사실 중 일부에 무효나 취소의 사유 등 하자가 있다 하여도 등기한 후에는 그 하자를 보완하는 효력이 있게 되는 것을 말한다. 만약 무효나 취소사유가 있다고 하여 등기 후까지 이 하자를 주장하게 허용한다면 매우 불편하고 거래의 신속과 안전이 위협받게 될 것이다. 따라서 일정한 법률사실에 대해서는 그 법률사실을 기초로 하는 등기 후에는 그에 존재하는 하자를 주장하지 못하게 하려는 것이다. 예컨대, 주식인수의 과정에서 무효나 취소(착오나 사기, 강박)의 사유가 있어도 주식회사의 설립등기가 되고 나면 그를 주장하지 못하는 것과 같다(商 제320조 제1항). 이는 상법 제37조의 등기의 대항력과 관계없이 별도로 상법상 인정되는 효력이다.

■ 상업등기의 하자보완적 효력: 상업등기의 사실 자체가 일정한 하자를 법률상 보완하는 효력을 가지는 예외적인 경우가 있다.

(3) **부수적 효력**(일정한 행위 허용과 책임면제)

상업등기로 인하여 어떤 법률행위의 금지가 해제되거나 어떤 경영 관여자의 손해배상책임이 면제되는 경우가 있다. 주식회사에서 회사가 설립되기 전 주식을 인수한 자는 아직 주주가 되지 못하고 주식인수인의 지위에 불과하여 그 권리주의 지위를 양도할 수 없으나(商 제319조), 설립등기 후에는 이런 금지사항이 해제되고 외국회사는 그 영업소의 소재지에서 영업소 설치의 등기를 하고 나면 국내에서 거래를 할 수 있다(商 제616조 제1항). 그리고, 합명회사나 합자회사의 사원은 퇴사등기를 하고 나면 2년 경과 후(商 제225조, 제269조), 해산등기를 하고 나면 5년 경과 후(商 제267조, 제269조) 그 책임이 없어지는 것도 그러한 예이다.

■ **상업등기의 부수적 효력**(해제적 효력): **상업 등기로 인하여 어떤 법률행위의 금지가 해제되거나 어떤 경영관여자의 책임을 면제시키는 예외적인 경우가 있다**(商 제319, 제225, 제269, 제267조)

(4) 추정력(推定力)**과 예외적 공신력**(公信力)

가) 추정력(推定力)

상업등기부에 등기된 사항은 그 실체적 진실이 어떠하든 간에 우선 등기한 사실대로의 추정력(사실상의 추정력)이 생긴다. 다만, 입증책임을 전환시키는 정도의 법률상의 추정력은 없다고 본다(통설).[9] 등기는 그 실체적 진실에 대하여 심사가 이루어지지 않고 형식적 심사만에 의하여 이루어지기 때문이다.

나) 예외적 공신력(公信力)(부실등기(不實登記)의 경우: 민법과의 차이)

상업등기의 요체는 객관적으로 존재하는 영업의 중요한 사항을 대외적으로 표시(공시)하여 그 효력을 확보하려는 것이므로(공시력(公示力) 확보) 그 등기사항에 대한 공신력(公信力)을 인정하려는 것이 아니다. 그러나 아무리 상업등기가 공시력을 확보하려는 데만 목표를 둔다 하여도 상업등기의 대상은 상업거래상 중요한 사실이기 때문에 이 등기사항을 신뢰하고 거래하는 이들이 생겨나게 된다. 이러한 제3자의 신뢰를 보호할 필요가 있고 상업등기를 한 자에게 고의나 과실이 있다면 그 책임을 물을 필요도 있게 되므로 매우 제한적이나마 공신력(公信力)을 허용하고 있다.[10] 즉, 고의(故意) 또는 과실(過失)로 인하여 사실과 상위(相違)한 사항을 등기한 자는 그 상위(相違)를 선의의 제3자에게 대항하지 못한다(商 제39조). 이를 나누어 살펴본다.

---

9) 손주찬, 187면; 이기수 외, 225면; 정동윤, 103면; 정찬형, 154면; 채이식, 114면; 최기원, 178면.

10) 본래 公信力이란 당사자의 고의나 과실에 관계없이 인정되는 것이지만, 고의나 과실을 요건으로 공신력을 인정하는 것도 입법정책상 충분히 가능한 것이다.

■ 상업등기의 예외적 공신력(민법과의 차이)(상법 제39조): 상업등기에서 고의 또는 과실로 인하여 사실과 다른 사항을 등기한 자는 그 다른 점을 선의의 제3자에게 대항하지 못한다

① 公信力의 요건

(i) 不實의 등기

등기한 사실과 실제의 사실이 일치하지 않는 경우여야 한다.

판례

대판 2004. 2. 27, 2002다19797

(부실등기의 사례: 취소되는 주주총회결의에 의하여 이사로 선임된 대표이사가 마친 이사 선임 등기가 상법 제39조 소정의 부실등기에 해당하고 … 그 이사 선임의 주주총회결의에 대한 취소판결이 확정된 경우, 상법 제39조에 의하여 회사의 부실등기책임을 인정할 수 있다는 취지).

"이사 선임의 주주총회결의에 대한 취소판결이 확정되어 그 결의가 소급하여 무효가 된다고 하더라도 그 선임 결의가 취소되는 대표이사와 거래한 상대방은 상법 제39조의 적용 내지 유추적용에 의하여 보호될 수 있으며, 주식회사의 법인등기의 경우 회사는 대표자를 통하여 등기를 신청하지만 등기신청권자는 회사 자체이므로 취소되는 주주총회결의에 의하여 이사로 선임된 대표이사가 마친 이사 선임 등기는 상법 제39조의 부실등기에 해당된다.

원심판결 이유에 의하면 원심은, 이 사건 주주총회에서 선임된 이사들에 의하여 대표이사로 선임된 A는 당일 법인등기부에 같은 내용의 등기를 함으로써 법인등기부상으로는 그 이후부터 주주총회 취소판결이 확정될 때까지 원고 회사의 대표이사로 등재된 사실, 거래상대방인 B는 당시 법인등기부상 원고 회사의 대표이사로 등재된 A와

근저당권설정계약을 체결하고 그에 기하여 근저당권설정등기를 경료한 사실, B를 비롯한 피고들은 이 사건 주주총회결의 취소판결이 확정될 때까지는 A가 원고 회사의 적법한 대표이사가 아니라는 사정을 전혀 알지 못하였던 사실을 적법하게 인정한 다음, 원고 회사는 상법 제39조의 법리에 따라 원고 회사와 B와 체결된 근저당권설정계약과 근저당권설정등기 및 이에 터잡은 모든 거래행위에 대하여 책임을 져야 할 것이므로 원고의 주장은 이유 없다고 판단하였는바, 앞에서 본 법리에 비추어 볼 때 원심의 사실인정과 판단은 정당한 것으로 수긍되고 거기에 상고이유에서 주장하는 바와 같은 부실등기의 요건에 관한 법리를 오해한 위법이 없다."

(ii) 등기신청인 등의 고의나 과실(경과실 포함)

등기가 사실과 일치하지 않는데도 등기사항의 당사자가 책임을 지우는 것은 등기신청인이나 등기에 관련된 자의 귀책사유(고의나 과실)가 있는 때에 한한다. 고의란 등기사항이 사실과 다르다는 것을 알고 있는 것이고, 과실이란 그 불합치에 대해서 선의이기는 하지만 그 선의에 있어서(모르는 데 있어서) 부주의가 있었던 것으로 중과실과 경과실을 모두 포함한다. 등기신청인 등 당사자가 아니라도 주식회사의 이사로 선임·등기되는 경우 이사로 등기되는 자와 같이 부실등기(不實登記)에 조력(助力)한 자의 고의나 과실도 포함하고 그러한 자도 자신의 귀책사유에 대해 책임을 져야 한다. 이는 등기신청권자뿐만 아니라 누구라도 부실등기(不實登記)의 원인을 제공하였다면 선의의 제3자에게 책임지게 하는 것이 외관의 법리와 형평의 취지에 부합하기 때문이다. 고의나 과실을 요건으로 하여서만 공신력을 인정하는 것은 한편에서 제3자의 신뢰보호 필요성을 고려하면서도 무과실(無過失)의 공신력까지 인정하면 기업경영이 불안정해질 수 있다는 점에서 나온 입법적 타협형태이다(제한적 공신력의 타협적 성질). 처음 등기가 이루어질 때 고의·과실이 있는 경우뿐만 아니라 부실등기(不實登記)가 이루어졌음을 추후에 알게 되었음에도 경정(更正)·말소(抹消)하지 않은 경우에도 그러한 경정(更正)·말소(抹消)의 태만이 부작위(不作爲)에 의한 과실 정도로 인정될 수 있으면 이 요건에 해당할 것이다.[11] 또한 등기할 당시에는 사실과 일치하였으나 그 후 사정변경으로 실체관계가 등기의 기재사항과 달라진 경우에도 지체없이 변경·소멸 등기를 하지 않으면 상법 제39조가 적용된다고 본다.[12]

---

11) 1975. 5. 27, 74다1366.

12) 이 경우 등기부에서 변경되지 못한 '새로운 사실'은 선의의 제3자에게 주장하지 못하여 公示力의 문제(商 제37조 제2항)로 되는 한편, 등기부에 이미 기재되어 '변경·소멸되지 못한 不實의 기재사

판례(1)

대판 1981. 1. 27, 79다1618, 1619

(상법 제39조 소정의 부실등기에 있어서의 고의과실의 판단기준: 합명회사에 있어서 상법 제39조 소정의 부실등기에 대한 고의 과실의 유무는 그 대표사원을 기준으로 판정하여야 하고 대표사원의 유고로 회사정관에 따라 업무를 집행하는 사원이 있다고 하더라도 그 사원을 기준으로 판정하여서는 아니 된다는 취지)

"소외 B는 피고 회사의 불법 대표사원으로서 당시 피고 회사의 적법한 대표권이 없었다고 판단하고, 나아가 원고들의 주장 즉 위 B가 불법 대표사원으로 등기되었다 하더라도 이는 피고 회사의 유일한 업무집행 사원인 소외 2의 고의로 인하여 사실과 상위된 사항을 등기한 데 기인한 것으로서 그를 적법한 대표사원으로 믿고, 매수한 선의의 제3자인 원고들의 선대 등에 대항할 수 없다는 주장에 대하여 원심이 전단(논지 제1점)에서 인정한 바와 같이 피고 회사의 대표사원으로 등기된 위 B와 원고들의 선대 등과의 간에 원고주장과 같은 매매가 있었다는 사실을 인정할 수 없을 뿐 아니라, 가사 원고 주장과 같은 매매가 있었다고 가정하더라도 상법 제39조 소정의 불실등기에 있어서의 고의 과실은 피고 합명회사의 대표사원인 소외 A를 기준으로 그 고의 과실의 유무를 결정하여야 한다 할 것이고, 피고 회사의 정관에 대표사원 유고시는 사원이 업무집행을 할 수 있게 되어 있다 하여 동인을 표준으로 하여 결정할 수는 없다 할 것이며, 위 A는 당시 행방불명 상태에 있었으므로 동 불실등기를 피고의 책임으로 돌릴 수 없다고 판단하고 있는바, 원심의 위와 같은 사실인정 및 판단조치는 정당하다."

판례(2)

대판 2008. 7. 24, 2006다24100

(상업등기의 부실등기의 효력: 부실등기에 대한 고의나 과실이 인정되지 않아 부실등기의 공신력을 부정한 사례)

"등기신청권자 아닌 사람이 주주총회의사록 및 이사회의사록 등을 허위로 작성하여 주주총회결의 및 이사회결의 등의 외관을 만들고 이에 터잡아 대표이사 선임등기를 마친 경우에는, 주주총회의 개최와 결의가 존재는 하지만 무효 또는 취소사유가 있는 경우와는 달리, 그 대표이사 선임에 관한 주식회사 내부의 의사결정은 존재하지 아니

항'은 그를 믿은 선의의 제3자에게 대항하지 못하여 公信力의 문제(商 제39조)가 되는 것으로 각각 분리하여 이해하여야 한다.

> 하여 등기신청권자인 회사가 그 등기가 이루어지는 데 관여할 수 없었을 것이므로, 달리 회사의 적법한 대표이사가 그 불실등기가 이루어지는 것에 협조 · 묵인하는 등의 방법으로 관여하였다거나 회사가 그 불실등기의 존재를 알고 있음에도 시정하지 않고 방치하는 등 이를 회사의 고의 또는 과실로 불실등기를 한 것과 동일시할 수 있는 특별한 사정이 없는 한, 회사에 대하여 상법 제39조에 의한 불실등기 책임을 물을 수 없고, 이 경우 위와 같이 허위의 주주총회결의 등의 외관을 만들어 불실등기를 마친 사람이 회사의 상당한 지분을 가진 주주라고 하더라도 그러한 사정만으로는 회사의 고의 또는 과실로 불실등기를 한 것과 동일시할 수는 없다."

(iii) 제3자의 선의(선의 · 경과실 보호설)

부실등기에 공신력을 인정하는 것은 제3자의 신뢰가 보호받을 가치가 있을 때이므로 그 요건으로 제3자의 선의가 필요하다. 여기에서 제3자라 함은 등기를 신뢰함으로써 법률관계에 영향을 받는 자 모두를 포함한다고 본다. 등기신청인이나 부실등기된 자와 거래한 직접 상대방이 아니라도 등기부 신뢰로써 침해될 수 있는 경우가 있을 수 있기 때문이다. 제3자가 선의라고 하더라도 중과실이 있는 경우는 민사법(民事法)에서 특별한 규정이 없는 한 대체로 악의와 같이 취급하고 또 여기에서도 보호가치가 낮다고 보아 악의자와 같이 볼 것이다(선의 · 경과실 보호설).[13] 선의 · 악의의 판단시기는 부실등기된 자와 거래한 당시로 본다.[14]

② 공신력의 효과

부실등기(不實登記)에 대해 위와 같은 요건이 갖추어지면 등기가 진실과 다르다고 하여 선의의 제3자에게 대항할 수 없다. 그리하여 부실등기(不實登記)에 대해 부실등기를 신청한 자, 방치한 자 또는 그에 조력한 자(예: 합명회사에서 자신이 무한책임사원으로 등기되도록 승낙한 자)도 책임을 질 수 있다. 다만, 이러한 책임은 부실등기의 원인을 제공하였다고 모두 부담하는 것이 아니라 부실등기가 진실이라면 책임을 질 자(예: 합명회사 자신과 무한책임사원)가 고의 · 과실이 있다면 책임져야 한다는 의미이고 이로써 공신력(公信力)의 목적은 충분히 달성된다.

---

13) 같은 취지: 이철송, 229면; 최기원, 181면.
14) 손주찬, 190면; 대판 1974. 2. 12, 73다1070.

기업의 이전(營業讓渡)

제6장

제1절 서 설

Ⅰ. 기업이전의 의의

넓은 의미의 기업이전이라 함은 상인이 자신의 영업을 타인에게 종국적으로 이전하거나 자신의 영업을 타인에게 임대차 또는 경영위임, 담보제공하는 것을 말한다. 전자(前者)를 좁은 의미의 기업이전으로 볼 수 있는데 영업양도가 그에 해당한다. 이러한 기업의 이전은 자유로운 직업선택과 매매 등 사적자치 활동의 표현으로 이해될 수 있다.

Ⅱ. 기업이전의 유형

기업의 이전에는 좁은 의미의 기업이전인 영업양도와, 기타의 기업이전형태인 영업의 임대차, 경영위임, 영업의 담보제공 유형이 있다. 어떤 경우에나 영업의 동일성을 유지하면서 타인에게 소유권이나 경영권을 이전하는 것이어야 한다.

제 2 절 영업양도(營業讓渡)

I. 영업양도의 의의

영업양도는 상인의 영업상 유기적 실체 전부가 양도의 의사표시에 의하여 그 동일성을 그대로 유지하면서 타인에게 이전하는 채권계약이다. 영업양도의 대상이 되는 영업은 인적·물적 조직의 일체화된 단위이기 때문에 인적 조직(상업사용인과 기타 피용자)과 물적조직(동산, 부동산, 채권, 지적재산권 등)과 사실관계(영업상 비결 등)까지 모두 포함한다. 영업양도의 객체로서의 영업은 객관적 의의의 영업이기 때문에 영업활동을 의미하는 주관적 의의의 영업과는 구별되고, 개개의 영업용 재산이나 영업용 재산의 총합과도 다른 개념이다. 영업양도는 양도인과 양수인의 계약에 의하여 이루어지므로 상속이나 합병과 같은 법률규정에 의한 재산권의 변동과는 다르다. 영업양도는 영업 자체를 해체하지 않고 타인에게 이전하는 것을 허용하는 점에서 합병과 함께 기업유지 이념의 한 표현이다.

판례(1)

대판 2009. 1. 15, 2007다17123, 17130
(영업양도의 의의)

"상법상의 영업양도는 일정한 영업목적에 의하여 조직화된 업체, 즉 인적·물적 조직을 그 동일성은 유지하면서 일체로서 이전하는 것을 의미하고, 영업양도가 이루어졌는가의 여부는 단지 어떠한 영업재산이 어느 정도로 이전되어 있는가에 의하여 결정되어야 하는 것이 아니고 거기에 종래의 영업조직이 유지되어 그 조직이 전부 또는 중요한 일부로서 기능할 수 있는가에 의하여 결정되어야 하므로, 영업재산의 일부를 유보한 채 영업시설을 양도했어도 그 양도한 부분만으로도 종래의 조직이 유지되어 있다고 사회관념상 인정되면 그것을 영업의 양도라 볼 수 있고, 이러한 영업양도는 반드시 영업양도 당사자 사이의 명시적 계약에 의하여야 하는 것은 아니며 묵시적 계약에 의하여도 가능하다."

판례 (2)

서울고판 1974. 3. 20, 73나1359

(영업양도가 부정된 사례: 점포 및 재고품만을 매도한 경우 상법상 영업양수인에 해당하지 아니하고 유기적 일체로서의 영업양도가 될 수 없다는 취지)

"종전의 영업자로부터 그 영업중에 발생한 채권채무를 양수함이 없이 그의 재고품과 점포시설물만을 매수하였다면 종래의 상호를 계속 사용하였고 국가에 대한 영업감찰의 승계절차를 취하였다는 사유만으로 상법상 그 매수인을 종전 영업자의 영업양수인이라고 볼 수는 없다."

Ⅱ. 영업양도의 성질

영업양도의 법적 성질은 (ⅰ) 유상양도(有償讓渡)의 경우 매매(民 제563조) 또는 교환계약(民 제596조)이나 그에 유사한 계약이 될 수 있다. (ⅰ) 무상양도(無償讓渡)의 경우라면 증여계약이나 그에 유사한 계약이 될 것이다. (iii) 다만, 현실의 영업양도는 전형계약이 아니라 영업재산의 다양한 처분내용이 있을 수 있고, 또 양도인이 부작위의무(不作爲義務)도 부담하므로 복잡한 내용을 지닌 혼합계약(混合契約)으로 되는 것이 보통이다. 그런데 영업양도의 성질에 대해 학설이 나뉘는 것은 영업의 객관적 측면인 영업재산 등을 중시하는지, 영업의 주관적 측면인 경영자 지위 등의 이전을 중시하는지에 대한 견해의 차이 때문인데 그 내용은 다음과 같다.

1. 영업재산양도설(營業財産讓渡說)

이 견해는 영업양도는 상인이 자신의 객관적 의미의 영업재산을 타인에게 처분하는 계약이라고 이해하는 것이다.[1]

2. 지위교체설(地位交替說)

이는 영업양도는 상인인 영업자가 자신의 영업재산을 처분하는 것이 아니라 자

1) 강 · 임, 145면; 손주찬, 194면; 이 · 최, 230면; 이기수 외, 233-234면; 이철송, 232면; 정동윤, 115-116면; 정찬형, 162-163면; 최기원, 186면.

신의 경영자 지위 자체라는 주관적 의미의 영업을 이전하는 것이라고 이해하는 입장이다. 이 견해는 다시 영업활동교체설, 영업자지위교체설 등으로 나뉜다.

3. 사견(영업재산 양도설)

생각건대, 영업양도는 유기적인 영업자체를 영업자인 상인이 타인에게 이전하는 채권계약(債權契約)이라는 점에서 단순한 영업용 재산의 개별적 이전이나 그 총합보다도 더 포괄적인 것은 분명하다. 그러나, 영업양도에서 아무리 유기적 사실관계까지 포함하여 이전대상으로 한다고 하여도 이는 어디까지나 객관적 의미의 양도재산을 포괄적이고 총체적으로 표현하는 데 불과한 것이고 영업자의 영업활동 또는 영업자의 주체적인 지위를 교체하는 것은 영업양도 계약당사자의 주된 관심대상이 아니다. 그러므로 영업재산 양도설이 타당하다고 본다.

Ⅲ. 영업양도와 회사합병의 비교

영업양도와 합병은 기존의 영업을 해체하지 않고 타인에게 이전한다는 점, 기업유지의 이념에 봉사한다는 점, 기업결합수단으로 되어 경쟁방지나 독점유지 등을 위하여 이용될 수 있다는 점에서 같으나, 그 법적 성질, 절차, 효과 등에 있어서 다음과 같은 차이가 있다.

(ⅰ) 영업양도는 영업을 일반 거래법상 방식으로 이전하는 것인데(거래법상 채권계약), 합병은 회사법상 제도이다(단체법상 계약).

그리하여 영업양도는 채권계약의 요건과 효력에 의하여 규율되지만 합병은 회사법상 요건과 효력에 의하여 규율된다. 영업양도는 회사가 아닌 자도 상인이기만 하면 개인도 당사자가 될 수 있지만, 합병은 오로지 회사만이 당사자로 된다.

(ⅱ) 영업양도에서는 영업의 일체성 · 동일성이 유지되는 한 영업의 일부나 지점만을 양도하는 것이 가능하지만, 합병은 회사 전부를 대상으로 하여야 한다.

(ⅲ) 영업양도는 채권계약의 이행으로 개개 재산을 영업양수인에게 이전하는 행위(인도,등기, 등록 등)가 필요하지만, 합병에는 합병성립요건으로서 합병등기(설립등기 또는 변경등기)만이 필요하고 합병등기 후에는 합병되는 회사의 재산은 다른 개별적 이전행위 없이 포괄적으로 이전된다.

(ⅳ) 영업양도를 하여도 영업양도인의 법인격은 소멸하지 않으나, 합병의 경우

에는 합병 후 해산회사의 법인격은 소멸한다. 그리하여 영업양도의 경우에는 社員(주주 등)의 승계문제가 발생하지 않으나, 합병의 경우에는 해산하는 회사의 社員은 신설회사나 존속회사에 당연히 수용·흡수된다. 또, 영업양도의 경우 영업양도인의 법인격이 여전히 존속하는데, 영업양도 목적 달성을 위하여 동종(同種)영업은 하지 못하도록 그에게 경업피지의무를 부담시킨다.

(v) 영업양도는 채권계약이므로 그 하자의 주장은 민법의 일반법리에 의하여 무효, 취소의 주장을 할 수 있지만, 회사합병은 단체법적·조직법적 계약이므로 그 하자의 주장은 취소가 배제되고 무효로 한정되며 그 방법도 소(訴)만으로 가능할 뿐이다.

■ (1) 회사합병: 합병의 효과가 합병등기에 의해 당연히 발생

■ (2) 영업양도: 합병처럼 재산이전 효과가 당연히 발생하지는 않고 양도인의 개별적 이행행위 필요

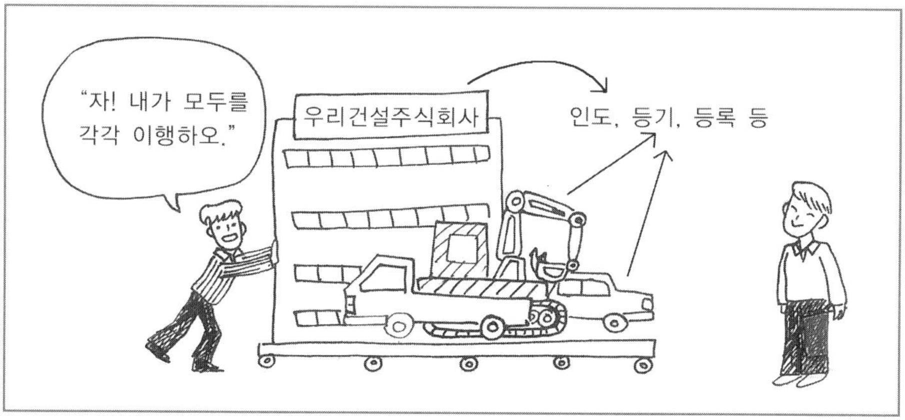

Ⅳ. 영업양도의 자유와 제한

우리 상법상으로는 영업의 양도나 양수를 금지하거나 제한하는 규정이 없으므로 영업의 양도 · 양수는 원칙적으로 자유이다. 다만, 금융분야 등 특정한 분야에서는 이를 제한할 필요가 있고 독점규제 등의 우려가 있는 경우에는 이를 금지할 필요가 있어서 특별법으로 제한하거나 금지하는 규정을 두고 있다. 가령, 은행 등 금융기관이 영업의 전부나 일부를 양도 · 양수하고자 할 때에는 대통령령이 정하는 바에 따라 금융위원회의 인가를 받아야 하고(은행법 제55조 제1항), 보험회사가 영업을 양도 · 양수하고자 하는 경우에도 금융위원회의 인가를 받아야 한다(보험업법 제150조). 그리고 누구든지 직접 또는 특수관계인을 통하여 다른 회사의 영업의 전부나 주요부분의 양수 등으로써 일정한 거래분야에서 경쟁을 실질적으로 제한하는 행위를 하지 못하는 것이 원칙이다(독점규제 및공정거래에 관한 법률 제7조 제1항 제4호).

Ⅴ. 영업양도의 당사자

영업양도의 당사자에 대하여 상법상 특별한 제한은 없으므로 일반법리에 따라 다음과 같이 설명할 수 있다.

1. 영업의 양도인

상인은 누구라도 영업의 양도인이 될 수 있다. 이 때의 상인은 자연인이나 회사 모두 포함되고 청산중의 회사도 청산의 방법으로써 영업양도를 선택할 수 있다.

자연인의 경우(개인상인) 수 개의 영업 중 일부를 양도하거나 지점을 양도한 경우에는 양도 후 상인자격을 상실하지 않으나, 하나의 영업이나 수 개의 영업을 지니고 있다가 그 영업의 전부를 양도하면 상인자격을 잃게 된다.

회사의 경우에는 영업양도 후에도 언제나 법인격이 존속한다.

2. 영업의 양수인

영업의 양수인은 상인뿐만 아니라 비상인(非商人)도 가능하다.

상인이 아닌 자는 영업을 양수하여 상인자격을 취득한다. 이 때 비상인(非商人)의 영업양수 행위는 영업을 준비하는 행위로서 보조적 상행위(商 제47조)가 되어 영업개시 전이라도 상법의 적용을 받는다.

Ⅵ. 영업양도의 절차

영업양도의 절차는 특히 회사의 경우 대내적 의사의 결정 등 신중한 절차가 요구된다.

1. 대내적 의사의 결정

영업양도인이 자연인(개인상인)인 경우에는 의사결정을 위한 아무런 절차가 필요하지 않으나 회사의 경우 영업양도는 회사의 이해관계에 중대한 영향을 미치므로 구성원의 의사를 반영하여 결정하여야 한다.

(ⅰ) 합명회사와 합자회사(인적회사)의 경우 총사원의 동의를 받아야 하지만(商 제204조, 제269조), 해산 후 양도하는 때에는 사원 과반수의 동의가 있으면 된다(商 제257조, 제269조).

(ⅱ) 주식회사나 유한회사(물적회사)의 경우 영업을 양도하거나 다른 회사의 영업 전부를 양수할 때에는 주주총회나 사원총회의 특별결의를 거쳐야 한다(商 제374조 제1항 제1호, 제576조 제1항). 그리고, 주식회사의 경우에는 영업에 중대한 영향을 미치는 다른 회사의 영업일부를 양수하는 때에도 특별결의를 거쳐야 한다(商 제374조 제1항 제4호).

2. 양도계약의 체결

영업양도를 위하여 영업양도 · 양수계약을 체결하여야 하는데 이에 관해 상법에 아무런 규정이 없으므로 자유로운 방식으로 계약을 체결하면 된다. 다만, 실제로는 영업양도 · 양수의 중요성에 비추어 서면으로 계약을 체결하는 것이 보통이다. 회사의 경우에는 대표기관에 의하여 체결되는데 대내적 절차를 거치지 않은 경우에는 사후에 대내적 절차를 거치면 된다(사후추인 방식). 영업양도 계약서에는 보통 (ⅰ) 이전할 자산과 부채의 사항 (ⅱ) 본 · 지점 등 영업소와 상호의 이전사항 (ⅲ) 양도의 대가와 대금지급방법과 시기 (ⅳ) 상업사용인 기타 종업원에 관한 사항 (ⅴ) 양도 이후 양도인의 폐업 여부, 경업피지의무에 관한 사항 (ⅵ) 계약해지사유 등의 사항을 기재한다.

판례 (1)

대판 2005. 7. 22, 2005다602

(영업양도사실을 부정한 경우: 영업양도가 인정되려면 사실상 경제적으로 그와 같은 상태가 된 것만으로는 부족하고 구체적인 영업양도계약이 체결되어야 한다는 취지)

"원심판결의 이유와 기록에 비추어 살펴보면, ① 이 사건에서 소외 회사의 거래처가 그 판시와 같은 경위로 원고 설립 직후부터 원고에게 승계되고, 소외 회사에 대한 병역특례지정업체 지정이 원고가 소외 회사의 공장 등을 낙찰받은 뒤에 원고에게 승계됨으로써 영업을 구성하는 무형의 재산과 경제적 가치를 갖는 사실관계가 상당 부분 원고에게 이전되었다고 할 것이고, ② 또 소외 회사에서 주요 직원들이 원고에 옮겨와 임원이 되었고, 소외 회사의 근로자들 중 상당수가 소외 회사에서 퇴직한 뒤 원고의 직원으로 입사하여 근무하게 되었는바, 이를 두고 근로관계가 승계되었다고 보기는 어렵지만, 역시 소외 회사의 경영의 내부조직과 영업비결 등의 승계가 있었다고 볼 수 있으며, ③ 그 밖에 소외 회사의 채권단이 소외 회사에 대한 채권행사를 유예하고 그 대신 원고를 설립하여 영업하는 것을 용인한 것은 원고와의 거래관계를 계속 유지하려던 것이었으므로 원고가 소외 회사의 그 채권자들에 대한 당시까지의 미수금채무도 인수하였던 것으로 보이며, 이에 따라 원고는 그 상호 변경시까지 대외적으로는 소외 회사(주식회사 A)의 명의로 거래를 계속하였던 것으로 보인다.

그러나 한편 원심판결의 이유와 기록에 비추어 살펴보면, ① 원고는 소외 회사로부터 그 가장 중요한 영업용 재산인 공장건물 등과 부지(김포시 풍무동 453-1, 453-3 공장부지 등)를 계약에 의하여 양수한 것이 아니라 원고가 설립된 뒤 1년 7개월 정도 후인 1997. 4. 16.에야 낙찰을 받아 취득하였고(원고는 그 공장건물 등과 부지를 낙찰받은 뒤 1997년 11월경 그 낙찰대금 마련을 위하여 그 중 공장부지만을 소외 주식회사 B에 매각하였고, 공장건물 등은 그대로 원고의 공장 등으로 사용한 것으로 보인다.), ② 또 그 이전까지는 원고는 그 공장의 일부 사무실 등을 매월 임대료를 지급하며 사용하였지만, 공장에 설치된 장비는 소외 회사가 지속적으로 사용하여 제품을 생산하였으며(다만, 그 생산 과정에 원고의 임 · 직원들이 일부 관여하였던 것으로 보인다), 이에 따라 원고는 1995년도에는 소외 회사로부터 완제품을 매입하였고, 1996년경부터는 원고가 원 · 부자재를 지급하면 원고의 주문에 따라 소외 회사가 제품을 제작하여 납품하였던 것으로 보이며, ③ 원고가 소외 회사로부터 그 장비 등을 계약에 의해 양수한 바 없고, 위 공장건물과 부지 등 낙찰시 함께 낙찰받은 것으로 보이는바, 이에 의하면 소외 회사와 원고가 원고 설립시부터 소외 회사의 공장의 건물과 부지의 양도를 예정한 것이 아니고(원고가 그 공장의 건물과 부지만을 양수할 자력도 없었고, 소외 회사가 이미 채무초과된 상태에서 채권단과의 문제 때문에 그 공장의 건물 및 부지와 함께 일정 채무만을 선별하여 인수할 수 있는 상황도 아니었던 것으로 보인다), 원고가 소외 회사의 협력하에 위에서 본 바와 같은 다소 변칙적인 방법으로 영업을 하던 도중에 그 공장건물과 부지가 경매신청되자 원고가 낙찰받은 것에 불과하다.

그런데 상법상의 영업양도는 앞에서 본 바와 같이 일정한 영업목적에 의하여 조직화된 유기적 일체로서의 기능적 재산인 영업재산을 그 동일성을 유지시키면서 일체로서 이전하는 채권계약이므로 이 사건에서도 이러한 영업양도계약이 있었음이 전제가 되어야 하는데, 위에서 본 영업재산의 이전 경위에 비추어 보면, 사실상 · 경제적으로 볼 때 결과적으로 그 약 3년 여의 기간에 걸쳐 영업양도가 있는 것과 같은 상태가 된 것으로 볼 수는 있을지언정 소외 회사의 대표이사와 원고의 대표이사 사이에 그와 같은 내용의 묵시적 영업양도계약이 있었고, 그 계약에 따라 원고가 소외 회사로부터 유기적으로 조직화된 수익의 원천으로서의 기능적 재산을 그 동일성을 유지시키면서 일체로서 양도받았다고 보기는 어렵다."

판례(2)

서울지법 동부지원 1999. 10. 22, 99가합4427
(영업양도계약의 해제: 경업피지의무를 이행하지 않았다고 하여 영업양도계약 자체를 해제할 수는 없다는 취지)

"노래방 영업의 양도계약에 따른 경업금지의무는 부수적 채무이므로 … 그 불이행을 이유로 양도계약을 해제할 수는 없다."

Ⅶ. 영업양도의 효과

영업양도의 효과는 다음과 같이 나누어 볼 수 있다.

1. 영업재산 · 근로계약의 이전(적극적 의무)

영업양도인은 양도계약(채권계약)의 효과에 따라 영업의 일체를 양수인에게 이전해 주어야 한다. 이전되는 재산의 범위는 전 재산을 양도하는 것은 물론, 영업의 동일성을 유지하는 중요재산이라면 계약으로 일부재산을 이전하는 것도 가능하다. 이 점이 합병과 구별되는 것으로 영업양도의 개인법적(비단체법적(非團體法的)) 성질을 나타내는 것이다. 따라서 상속이나 합병과 같이 사망이나 합병등기와 같은 하나의 법률요건으로 영업의 전부를 이전하는 법적장치는 없으므로 동산, 부동산, 채권, 지적재산권 등에 대한 이전요건을 각각 갖추어 주어야 한다. 즉, 동산의 인도, 부동산과 상호의 등기, 특허권 · 상표권의 등록, 지시채권의 배서 · 교부, 지명채권 양도의 통지나 승낙, 주식의 교부(무기명주식) · 명의개서(기명주식), 사실관계의 경우 영업비결의 전수, 고객 · 구입처의 소개 등이 필요하다. 다만, 채무가 제외되지 않고 영업이 양도되는 경우에는 채무의 인수(民 제454조)나 채무자 변경의 경개계약(更改契約)(民 제501조)이 있어야 한다. 다만, 상업사용인과 기타 종업원 등 인적 조직도 양도되어야 하는가에 대해서는 견해의 대립이 있다. 즉, (i) 이전설(移轉說)은 영업의 인적조직은 당연히 이전되어야 한다고 하는데, 고용계약에 관한 민법규정(商 제657조 제1항)[2]은 영업양도에는 적용되지 않는다고 한다. 그에 의하면 영업양수에 의하여 상인의 인적조직은 당연히 양수인에게 이전되고 다만, 상업사용인인 종업원은 고용계약을 해지할 수 있다고 한다.[3] (ii) 비이전설(非移轉說)은 영업양도가 있더라도 상업사용인 등 상인의 인적 조직은 당연히 양수인에게 이전되는 것이 아니라고 한다. (iii) 생각건대, 영업양도는 영업의 동일성을 유지하면서 영업을 이전하는 것인데, 상업사용인 기타 종업원의 영업비결과 수완, 고객과의 인간관계 등이 영업의 중요부분으로 될 수 있으므로 영업이 양도되면 이러한 인적 조직도 양수인에게 이전된다고 본다(영업재산의 동일성에 의한 이전설(移轉說)). 다만, 이러한 인적조직의 이전이 반드시 있어야 하는 것은 아니어서 당사자가 사적자치로 결정할 수 있을 뿐만 아니라, 영업양도의 실제에서는 양도계약상 종업원 등이 이전될지에 대해 약정을 별도로 두므로 사실상 이에 관한 분쟁이 생길 가능성은 별로 없다.

판례(1)

대판 1994. 6. 28, 93다33173
(영업이 양도되면 근로관계도 승계된다고 본 사례)

"노동조합법 제42조 소정의 노동위원회의 사용자에 대한 구제명령은 사용자에게 이에 복종하여야 할 공법상의 의무를 부담시킬 뿐 직접 노사간의 사법상의 법률관계를

2) 사용자는 노무자의 동의없이 그 권리를 제3자에게 양도하지 못한다.

3) 강 · 임, 150면; 김성태, 357면; 이철송, 247면; 임홍근, 172면; 정동윤, 119면; 정찬형, 171-172면; 최기원, 191면; 대판 2001. 7. 27, 99두2680.

발생 또는 변경시키는 것은 아니지만, 해고처분을 받은 근로자가 별도의 임금청구소송을 제기하여 승소판결이 확정되었으며 이 판결은 해고가 무효여서 여전히 근로자로서의 지위를 가지고 있음을 전제로 해고 이후 복직시까지의 임금의 지급을 명하는 것이라면, 비록 현실적인 복직조치가 없었다 하더라도 위 근로자는 영업양도 당시 양도회사와 적법 유효한 근로관계에 있었다고 보아야 하므로 그 근로자와 양도회사와의 근로관계는 양수회사에게 승계된다."

판례(2)

대판 2005. 2. 25, 2004다34790

(영업양도의 효과: 영업양도의 의미 및 영업의 일부만이 양도된 경우에도 해당 근로자들의 근로관계가 양수하는 기업에 포괄적으로 승계된다고 본 사례)

"원심은 그 채용 증거들을 종합하여, 정부는 1981.경부터 체신부의 주관하에 전파관리의 효율성을 극대화하기 위하여 피고 회사를 포함한 각 방송사들의 텔레비전 송신·중계소 등 정부 각 부처와 각 방송사 등에 산재해 있는 기간통신망시설 및 그 운영요원을 통합하여 한국전기통신공사(이하 '통신공사'라고 한다)로 하여금 운영토록 하고, 피고 회사 등은 통신공사의 국가기간통신망을 이용하되, 궁극적인 시설통합에 앞서 1982년 중으로 운용상의 통합을 완료하고, 운영요원은 통신공사가 인수하여 통신공사의 직원과 동등하게 처우하며, 신분사항에 따른 제반사항의 처리에 관하여는 체신부공무원이 통신공사직원으로 전환된 사례(근로관계를 포괄적으로 승계하였다)에 의하도록 하는 것을 주요 골자로 하는 국가기간통신망통합계획을 추진하여 오던 중, 위 계획실행의 일환으로 1983.경부터 방송국운영체제개선방안을 검토한 끝에, 1984. 6. 26. 방송사는 방송프로그램의 제작 및 편성기능을 담당하는 연주소만을 소유·운영하고 송출기능을 담당하는 방송송신소·중계소는 통신공사가 그 시설 및 운영요원을 인수하여 통합운영하는 내용의 방송송신·중계소 운영개선추진계획을 마련하였는데, 당시 언론기본법과 전파관리법 등 관련 법령상 방송사의 개념에 연주소시설과 송신시설이 포함되어 있고 무선국 허가명의도 방송사에 있는 데다가 물적 시설의 이관에는 막대한 자금이 소요되는 관계로 궁극적인 시설통합을 하기 위한 전단계로서 일단 시설은 방송사의 소유로 하되, 운영요원만을 통신공사에 이관하여 통신공사가 운영을 전담하는 위탁운영기간을 거치기로 한 사실, 위와 같은 정부 방침에 따라, 피고 회사를 비롯한 방송사들(피고 회사를 비롯한 지방 문화방송사들은 주식회사 문화방송이 대리하여 아래의 각 협정을 체결하였다)은 1984. 10. 30. 통신공사와 사이에, 원심 판시와 같은 내용의 방송송신·중계소 위탁운영에 관한 협정(이하 '위탁협정'이라고 한다)을 체결하였고, 위 위탁협정에 따라, 통신공사는 피고 회사를 비롯한 방송사들로부터 방송송신 · 중계소 등의 운영요원을 이관받고 피고 회사를 포함한 협정에서 정한 시설 일체를 위탁받아 운영하는 한편, 정부방침에 따라 통신공사 및 방송사의 간부급으로 구성된 방송업무협의회를 통해 향후 시설통합을 위한 계획수립 등의 준비작업을 추진한 사실, 그 후 1986.경 정부의 방송송신 · 중계소시설의 통합에 관한 방침이 확정됨에 따라, 피고 회사를 비롯한 방송사들은 1986. 12. 4. 통신공사와 사이에 방송송신 · 중계소의 업무수행에 필요한 자산과 인원 및 시설 일체를 통신공사에 통합하는 내용의 방송송신 · 중계소 통합에 관한 협정(이하 '통합협정'이라고 한다)을 체결하였다가 그 시행에 관한 이견이 발생하여 위 통합협정의 시행예정일인 1987. 1. 1.이 지나도록 이를 시행하지 못하고 있다가, 1987. 9. 29. 이관 시설에 관한 일부 조항을 개정하고 운영세칙을 제정하는 등 재협정이 이루어짐에 따라 같은 날부터 위 통합협정이 시행된 사실, 그리하여 통신공사가 피고 회사를 포함한 방송사들로부터 위탁받아 운영하여 오던 방송송신 · 중계소 등을 포괄적으로 이관받음으로써 방송송신시설의 통합이 완료된 사실, 그런데 1987. 7.경부터 이관요원들을 중심으로 원상복귀를 요구하는 집단농성이 계속되고 정부의 통합정책이 방송매체장악을 위한 방송탄압정책이라는 이유로 원상복귀를 요구하는 여론이 일었을 뿐만 아니라 인력운영 등의 면에서 여러 가지 문제점이 드러나자, 정부는 1988. 4.경 송신 · 중계업무 및 그 시설과 운영요원들을 종전대로 환원하는 것을 골자로 한 방송송신 · 중계소의 운영개선방침을 정하였고, 이에 따라 피고 회사를 비롯한 방송사들은 1988. 5. 19. 통신공사와 사이에 방송송신 · 중계소의 자산과 인원 및 시설 일체(통신공사로 시설통합된 이후에 채용된 운영요원과 통신공사가 새로이 취득한 자산을 포함)를 방송사들에게 이관하는 내용의 방송송신 · 중계소 이관에 관한 협정(이하 '이관협정'이라고 한다)을 체결하고, 통신공사로부터 방송송신 · 중계소 시설 일체와 운영요원들을 재이관받은 사실 등을 인정한 다음, ① 방송송신 · 중계소는 방송의 송출을 목적으로 하여 방송사의 연주소와는 다른 별도의 인적 조직과 물적 시설을 갖추고 활동하는 유기적 조직체인 점, ② 방송송신 · 중계소의 인적 조직과 물적 시설이 그 동일성을 유지한 채 미리 마련된 이관계획에 따라 위 위탁협정과 통합협정을 통하여 시간적 연속성을 가지고 순차적 · 단계적으로 일체로서 통신공사로 이관된 점, ③ 위 위탁협정이 체결되기 이전부터 피고 회사를 포함한 방송사들은 전문인력인 방송송신 · 중계소의 운영요원들을 확보하여 통신공사로의 이관 후에도 효과적으로 방송송신 · 중계소를 운용하기 위하여 이관할 운영요원의 명단과 숫자를 미리 파악하여 이를 확정한 후 대외비로 하여 그 운영요원의 이동뿐만 아니라 사표의 제출까지 막았던 점, ④ 피고 회사를 포함한 방송사들과 통신공사와 사이의 위 이관합의에 따라 방송송신 · 중계소의 운영요원이 일체로서 통신공사로 이관되었을 뿐 그 운영요원과 통신공사 사이에 개별적인 입사계약을 체결하는 등의 절차를 밟지 않은 점, ⑤

통신공사로 이관된 방송송신 · 중계소의 운영요원들이 종전과 같은 장소에서 종전과 같은 업무를 취급하면서 통신공사에서 별도로 마련한 직급과 호봉체계에 따라 종전과 비슷한 수준의 대우를 받은 점, ⑥ 방송송신 · 중계소를 방송사로 원상복귀시키라는 사회적 요구에 따라 방송송신 · 중계소의 인적 조직과 물적 시설이 그 동일성을 유지한 채 위 이관협정을 통하여 일체로서 방송사들에게 재이관(복귀)된 점, ⑦ 피고 회사를 포함한 방송사들과 통신공사와 사이의 위 이관협정에 따라 방송송신 · 중계소의 운영요원이 일체로서 통신공사로 이전되었을 뿐 그 운영요원과 방송사들 사이에 개별적인 재입사계약을 체결하는 등의 절차를 밟지 않은 점, ⑧ 피고 회사로 재이관된 방송송신 · 중계소의 운영요원들이 종전과 같은 장소에서 종전과 같은 업무를 취급하면서 피고 회사에 처음 입사한 때로부터 계속 근속한 것을 전제로 한 직급과 호봉 등을 인정받은 점 등에 비추어 보면, 방송송신 · 중계소의 위 위탁협정과 통합협정에 의한 통신공사로의 이관 및 위 이관협정에 의한 피고 회사로의 재이관은 모두 일정한 영업목적에 의하여 조직화된 총체인 인적 조직과 물적 시설을 그 동일성을 유지하면서 일체로서 이전하는 '영업양도'에 해당한다고 볼 것이고, 원고 및 선정자들과 피고 회사 사이의 근로관계는 통신공사에 포괄적으로 승계되었다가 다시 피고 회사에 포괄적으로 승계되었다 할 것이라고 하고, 나아가 ① 통신공사로의 이관시 위 위탁협정이 체결되기 이전부터 피고 회사를 포함한 방송사들은 전문인력인 방송송신 · 중계소의 운영요원들을 확보하여 통신공사로의 이관 후에도 효과적으로 방송송신 · 중계소를 운용하기 위하여 이관할 운영요원의 명단과 숫자를 미리 파악하여 이를 확정한 후 대외비로 하여 그 운영요원의 이동뿐만 아니라 사표의 제출까지 막았고 당시의 정치상황상 방송송신 · 중계소의 운영요원들이 정부의 방침에 따른 방송송신 · 중계소의 이관 자체를 거부할 수 없었던 관계로 원고 및 선정자들과 같은 방송송신 · 중계소의 운영요원들이 통신공사로의 이관을 거부할 경우 피고 회사를 사직하는 외에는 달리 선택할 여지가 없었던 점, ② 방송송신 · 중계소 운영요원들은 임금, 복지 등 근무여건이 상대적으로 열악한 통신공사로의 이관을 원하지 않았지만 정부의 방침에 따른 피고 회사의 지시에 의하여 어쩔 수 없이 일괄적으로 사직원을 제출한 다음 피고 회사로부터 퇴직금을 수령할 수밖에 없었던 점, ③ 통신공사로 이관된 방송송신 · 중계소 운영요원들의 원상복귀 요구도 방송송신 · 중계소를 피고 회사로 재이관하게 된 한 원인이 되었지만 방송송신 · 중계소 운영요원들의 위와 같은 원상복귀 요구는 통신공사와의 근로관계를 단절하는 데에 그 목적이 있다기보다는 무리한 정부정책에 의하여 통신공사로 이관된 그들의 근로관계를 원래의 상태대로 환원시키는 데에 그 목적이 있었다는 점 등에 비추어 보면, 원고 및 선정자들이 피고 회사 방송송신 · 중계소의 통신공사로의 이관시 피고 회사에 사직원을 제출하고 퇴직금을 지급받은 다음 통신공사에 재입사하는 형식을 취하고, 피고 회사로 재이관시 통신공사로부터 퇴직금을 지급받은 다음 피고 회사에 재입사하는 형식을 거쳤다고 하더라도, 이는 원고 및 선정자들을 포함한 피고 회사 방송송신 · 중계소 운영요원들의 자의(自意)에 의한 것이 아니라 방송송신 · 중계소를 이관 또는 재이관하는 피고 회사 또는 통신공사의 퇴직금을 지급하기 위한 방편이나 그들의 경영방침에 의한 일방적인 결정에 따라 퇴직과 재입사의 형식을 거친 것에 불과하다고 할 것이므로, 원고 및 선정자들이 위와 같은 형식을 거쳐서 퇴직금을 지급받았더라도 방송송신 · 중계소 운영요원으로서의 원고 및 선정자들의 계속근로관계는 단절되지 않았다고 할 것이라고 판단하였다. 기록 및 법리에 비추어 살펴보면, 원심의 사실인정 및 판단은 정당한 것으로 인정되고, 거기에 상고이유의 주장과 같은 채증법칙 위배로 인한 사실오인이나 영업양도 및 근로관계의 계속의 법리에 관한 법리오해의 위법이 없다."

2. 양도인의 경업피지의무(競業避止義務)(소극적 의무)

영업이 양도된 후에는 영업양수인의 영업행위가 당연히 기대된다. 이러한 영업양도의 경제적 목적(실효성(實效性))을 달성하기 위해서는 영업양도인이 그 영업을 계속하지 않아야 할 것이다. 영업양도 당사자가 신의성실원칙을 준수해야 한다는 점에서도 그러하다. 그리하여 상법은 영업양도인에게 영업양수인과 경쟁하지 않도록 일정한 부작위 의무를 부과하였다(법정의무(法定義務)). 즉, 영업양도인은 동일한 특별시 · 광역시 · 시 · 군과 인접한 특별시 · 광역시 · 시 · 군에서 10년간 동종영업을 하지 아니할 의무를 지고(商 제41조 제1항), 영업양도인이 경업피지의 특약을 하는 경우에는 동일한 특별시 · 광역시 · 시 · 군과 인접한 특별시 · 광역시 · 시 · 군에 한하여 20년을 초과하지 아니하는 범위에서 그 효력이 있다(商 제41조 제2항).

경업피지의무에서 (i) 개인상인의 경우 영업양도 후 동종의 영업을 하는 다른 상인의 피용자로 근무하는 경우도 금지된다. 영업양도 후 회사를 설립하여 경업을 한다면 실질적으로 경업피지의무에 위반되므로 법인격부인의 법리를 적용할 수 있을 것이다. (ii) 회사의 경우 영업양도를 한 회사 자체뿐만 아니라 그 회사의 대표자도 경업피지의무를 부담한다고 본다. (iii) 영업양도인 자신이 경업을 하는 경우와 함께 영업양도인이 제3자를 내세워 사실상의 경업을 하는 것도 탈법행위(脫法行爲)로서 금지된다(대판 1996. 12. 23, 96다37985). (iv) 만약 일부의 지점을 본점과 분리하여 영업양도하였다면 그 지점의 영업관할 범위내에서 양도인은 경업피지의무를 져야 할 것이다.

당사자간에 경업피지의무의 특약을 하는 경우 경업피지의무 기간을 너무 길게 하면 영업양도인의 직업의 자유(憲 제15조)를 과도하게 제한하기 때문에 20년의 최장 기간을 정한 것이다. 그리하여 그에 반하지 않는다면 법정(法定) 경업피지기간(10년) 보다 짧은 기간을 정할 수도 있고 이 의무를 배제하는 특약도 가능하다.[4] 영업양도인이 경업피지의무를 위반하면 양수인은 손해배상(民 제390조)과 경업행위의 중지(民 제389조)를 법원에 청구할 수 있다.

판례

대결 2009. 9. 14, 2009마1136

(영업양도인의 경업금지를 인정한 경우: 특별히 인계 · 인수할 종업원이나 노하우, 거래처 등이 존재하지 않는 소규모 미용실의 양도도 상호, 간판, 전화번호, 비품 등 일체를 인수받은 것은 단순한 물적 설비의 양도가 아니라 유기적 재산 일체로서의 영업의 양도에 해당되어 양도인에게 경업금지의무가 있다는 취지)

"원심은, 채권자가 채무자로부터 이 사건 미용실의 상호와 시설 일체를 그대로 양도받은 사실은 인정하면서도, 이 사건 미용실의 영업에 관한 경제적 가치가 있는 사실관계(영업상의 비결, 고객선관계, 구입선관계) 등에 대해서는 아무런 약정도 없었다는 점, 이 사건 미용실과 같이 1인이 운영하는 소규모 미용실의 경우 그 상호의 인지도나 위치보다는 운영자인 업주의 미용실력과 단골고객과의 신뢰도에 따라 영업의 성공이 좌우되는 점, 채권자가 채무자에게 지급한 비품대 700만원은 시설 · 비품의 구입대가로 보는 것이 적절한 점 등의 사정을 들어, 채권자는 이 사건 미용실의 물적 설비를 양도받은 것에 불과할 뿐, 이 사건 미용실의 영업을 양도받은 것이라고 볼 수 없다고 판단한 다음, 이 사건 양도계약이 영업양도임을 전제로 하여 상법 제41조에 정한 영업양도인의 경업금지의무를 피보전권리로 내세우는 이 사건 가처분 신청을 배척하였다.

그러나 앞서 본 법리와 기록에 나타난 위와 같은 사정들, 특히 채권자가 채무자로부터 이 사건 미용실을 인수하면서 임차인의 지위를 승계하고, 추가로 금원을 지급하고 채무자가 사용하던 상호(○○미용실), 간판, 전화번호, 비품 등 일체를 인수받은 다음 이를 변경하지 아니한 채 그대로 사용하면서 이 사건 미용실을 운영하고 있는 점에 비추어 보면, 비록 이 사건 미용실에 특별히 인계 · 인수할 종업원이나 노하우, 거래처 등이 존재하지 아니하여 이를 인수받지 못하였다 할지라도 채권자는 채무자로부터 유기적으로 조직화된 수익의 원천으로서의 기능적 재산을 이전받아 채무자가 하던 것과

4) 손주찬, 201면.

같은 영업적 활동을 계속하고 있는 것으로서, 이 사건 미용실의 영업을 양수하였다고 판단된다. 그럼에도 불구하고 채권자가 물적 설비만 양도받았을 뿐, 영업을 양수한 것이 아니라고 판단한 원심결정에는 영업양도에 관한 법리를 오해하여 재판에 영향을 미친 위법이 있다. 그러므로 원심결정을 파기하고, 사건을 다시 심리 · 판단하게 하기 위하여 원심법원으로 환송하기로 하여 관여 법관의 일치된 의견으로 주문과 같이 결정한다."

3. 제3자에 대한 관계

영업양도의 재산이 되는 영업재산에는 물권이나 무체재산권과 같이 제3자에 대항하는 문제가 별로 없는 것이 있는가 하면, 채권의 경우와 같이 채권자 · 채무자가 양도당사자가 아닌 제3자에게 대항하는 문제가 따르는 경우도 있다. 민법상 채권양도의 대항요건(民 제450조), 채무인수의 대항요건(民 제453조, 제454조)을 갖추었다면 다행이지만, 그렇지 않은 경우라도 영업양도에서 제3자 입장에 서는 영업상의 채권자나 채무자를 보호할 필요가 있게 되므로 상법은 특칙을 두고 있다.

(1) 영업상의 채권자에 대한 관계

사법(私法)의 일반원칙에 의하면 채권자의 승낙없이 채무자가 달라지는 것은 있을 수가 없다(民 제453조, 제454조 참조). 영업양도에서도 채권자의 승낙없이 영업상의 채무가 영업양수인에게 인수될 수는 없으나 외관법리에 따라 영업양수인이 변제책임을 지는 일정한 특칙을 규정한다. 이에 관해서는 영업양수인이 양도인의 명칭이 되는 상호를 계속 사용하는가 그렇지 않은가에 따라 채권자보호 조치를 각각 달리하였다. 다만, 명백히 채무인수를 거치거나(民 제454조) 채무자변경의 경개계약(更改契約)(民 제501조)을 체결하였다면 이 특칙이 적용될 여지가 없다.

가) 그 전의 상호를 계속 사용하는(상호속용(商號續用)) **경우**(원칙적 변제책임)

영업양수인이 영업양도인의 상호를 계속 사용(속용(續用))하고 있다면 영업양도인의 채무를 마치 승계하고 있다는 듯한 외관(外觀)이 창출된 것이므로 그 영업양도인이 영업으로 인하여 제3자에게 부담하는 채무를 양수인도 변제하여야 한다(商 제42조 제1항). 영업양수인의 상호가 영업양도인의 상호와 전혀 같을 필요는 없고 주요부분에서 같으면 여기에 해당한다.[5] 이는 영업양수인이 영업양도인의 상호를 계속 사용하는 경우에는 영업주의 교체를 알 수 없는 경우가 보통이기 때문에 양업양수인에게 외관책임을 부과하는 것이다. 이러한 영업양수인의 책임은 외관에 따른 것이므로 영업양도가 무효 · 취소되어도 발생한다. 다만, 채권자가 영업상 채무의 인수가 없었다는 것을 알고 있었던 경우(악의)에는 이 책임이 없다고 본다.[6] 영업양수인이 부담하는 채무에는 영업활동에 관하여 발생한 모든 채무이므로, 계약상 채무뿐만 아니라 채무불이행 책임, 영업과 관련하여 발생한 불법행위, 부당이득, 사무관리로 인한 채무, 조세채무, 소송비용 등도 포함한다.

그런데 영업양수인의 외관법리(外觀法理)에 따른 이러한 변제책임에 대해서는 적극적인 방어행위를 통해 회피할 수 있는 길을 열어두고 있다. 즉, 양수인이 영업양도를 받은 뒤 지체없이 양도인의 채무에 대하여 책임이 없음을 등기하거나 그 뜻을 양도인 · 양수인이 함께 지체없이 채권자에게 통지한 경우에는 영업양수인이 변제책임을 부담하지 아니한다(商 제42조 제2항).

영업양수인이 변제책임을 지는 경우에도 양도인의 책임이 면제되는 것은 아니며, 양자는 부진정 연대채무관계(不眞正 連帶債務關係)에 서게 된다. 다만, 영업양도인의 채무에 대한 채무명의(확정판결의 정본, 화해조서 등)로써 양수인에 대하여 강제집행할 수는 없고 양수인에 대한 강제집행을 하려면 양수인 자신에 대한 채무명의를 별도로 얻어야 한다.[7] 영업양수인이 변제책임을 지는 이러한 경우 영업양도인의 채무는 영업양도 후 2년이 지나면 소멸한다(제척기간: 商 제45조).

5) 대판 1998. 4. 14, 96다8826.

6) 반대: 이 · 최, 240면; 정동윤 121면.

7) 대판 1979. 3. 13, 78다2330.

■ 영업양도의 효력—영업상 채권자에 대한 관계 (1) 영업양수인이 그 전의 상호를 계속사용(상호속용(商號續用))하는 경우: 채무인수가 없었더라도 영업양수인은 영업양도인의 영업상 채무를 변제해야 함(상법 제42조 제1항). 다만, 영업양수인이 영업양도 후 지체없이 책임없음을 등기하거나 채권자에게 통지하면 책임 없음

판례(1)

대판 2009. 1. 15, 2007다17123, 17130
(영업양도에 있어서 상호속용의 의의)

"상호를 속용하는 영업양수인의 책임을 정하고 있는 상법 제42조 제1항의 취지에 비추어 보면, 상호를 속용하는 영업양수인에게 책임을 묻기 위해서는 상호속용의 원인관계가 무엇인지에 관하여 제한을 둘 필요는 없고 상호속용이라는 사실관계가 있으면 충분하다. 따라서 상호의 양도 또는 사용허락이 있는 경우는 물론 그에 관한 합의가 무효 또는 취소된 경우라거나 상호를 무단 사용하는 경우도 상법 제42조 제1항의 상호속용에 포함된다. 나아가 영업양도인이 자기의 상호를 동시에 영업 자체의 명칭 내지 영업 표지로서도 사용하여 왔는데, 영업양수인이 자신의 상호를 그대로 보유·사용하면서 영업양도인의 상호를 자신의 영업 명칭 내지 영업 표지로서 속용하고 있는 경우에는 영업상의 채권자가 영업주체의 교체나 채무승계 여부 등을 용이하게 알 수 없다는 점에서 일반적인 상호속용의 경우와 다를 바 없으므로, 이러한 경우도 상법 제42조 제1항의 상호속용에 포함된다."

판례 (2)

대판 1998. 4. 14, 96다8826
(상법 제42조 제1항 소정의 영업양수인의 상호 속용 여부의 판단 기준: 상법 제42조 제1항의 '상호속용' 여부를 해석함에 있어서 그 입법취지를 고려한 사례)

"상법 제42조 제1항이 상호를 계속 사용하는 영업양수인에게 양도인의 영업으로 인한 채무에 대하여도 변제할 책임이 있다고 규정하고 있는 것은, 일반적으로 채무자의 영업상 신용은 채무자의 영업재산에 의하여 실질적으로 담보되는 것이 대부분인데 채무가 승계되지 아니함에도 상호를 계속 사용함으로써 영업양도의 사실 또는 영업양도에도 불구하고 채무의 승계가 이루어지지 않은 사실이 대외적으로 판명되기 어렵게 되어 채권자에게 채권 추구의 기회를 상실시키는 경우 양수인에게도 변제의 책임을 지우기 위한 것이므로, 영업양도인이 사용하던 상호와 양수인이 사용하는 상호가 동일할 것까지는 없고 다만 전후의 상호가 주요 부분에 있어서 공통되기만 하면 상호를 계속 사용한다고 보아야 한다 … 영업양도인이 사용하던 상호인 '주식회사 파주레미콘'과 영업양수인이 사용한 상호인 '파주콘크리트 주식회사'는 주요 부분에서 공통된다고 보아, 상호 속용에 따른 영업양수인의 책임을 인정한다."

판례 (3)

대판 2009. 1. 15, 2007다17123, 17130
(상호속용의 예)

"원심이 확정한 사실관계에 의하면, 소외 1 주식회사'가 상호인 소외 1 주식회사는 'ㅁㅁ익스프레스', 'ㅁㅁ'이라는 명칭에 관하여 서비스표 등록을 마치는 등 자신의 상호 또는 그 약칭을 영업 명칭 내지 영업 표지로서도 사용함으로써 소외 1 주식회사의 영업이 타인의 영업과 식별되도록 하여 온 점, 피고의 상호는 '피고 주식회사'이지만 피고는 전화 안내나 인터넷 홈페이지에 소외 1 주식회사가 등록하여 사용하던 상호 내지 그 약칭인 'ㅁㅁ익스프레스', 'ㅁㅁ'을 사용하여 자신을 칭하여 온 점, 피고의 직원들은 고객들에게 피고와 소외 1 주식회사가 실질적으로 동일 법인이라는 취지로 전화응답을 하거나 피고가 소외 1 주식회사의 상호만을 변경한 법인인 것처럼 보이도록 대외적으로 광고하였던 점 등을 알 수 있다. 사정이 이와 같다면 피고는 자신의 상호를 사용하는 이외에도 소외 1 주식회사의 상호 또는 그 약칭이 영업 명칭 내지 영업 표지로서 갖는 고객흡인력을 피고의 영업활동에 이용하기 위하여 이를 피고 자신의 영업 명칭 내지 영업 표지로서 속용한 것이라 할 것이므로, 앞에서 본 법리에 비추어 볼 때 피고는 소외 1 주식회사의 상호를 속용한 것이라고 봄이 상당하다."

판례(4)

대판 2002. 6. 28, 2000다5862
(상호를 속용하는 영업양수인의 책임에 관한 상법 제42조 제1항 소정의 '양도인의 영업으로 인한 제3자의 채권'의 의미)

"상법 제42조 제1항은 영업양수인이 양도인의 상호를 계속 사용하는 경우에는 양도인의 영업으로 인한 제3자의 채권에 대하여 양수인도 변제할 책임이 있다고 규정하고 있고, 이 때 양도인의 영업으로 인한 채무란, 영업상의 활동에 관하여 발생한 채무를 말하는 것이다."

판례(5)

대판 1989. 12. 26, 88다카10128
(상호를 속용하는 영업양수인의 그 영업양도 사실을 알고 있는 양도인의 채권자에 대한 변제책임 긍정한 예: 영업양도에서 상호를 속용하는 영업양수인은 그 영업양도 사실을 알고 있는 양도인의 채권자라고 하여도 그가 채무인수 사실이 없다는 것을 알고 있는(즉 채무인수 부존재에 대한 악의) 것이 아니라면 그 채권자에 대하여 변제책임이 있다는 취지)

"상호를 속용하는 영업양수인의 책임은 어디까지나 채무승계가 없는 영업양도에 의하여 자기의 채권추구의 기회를 빼앗긴 채권자를 보호하기 위한 것이므로 영업양도에도 불구하고 채무인수의 사실 등이 없다는 것을 알고 있는 악의의 채권자가 아닌 한 당해 채권자가 비록 영업의 양도가 이루어진 것을 알고 있었다 해도 보호의 적격자가 아니라고 할 수는 없다."

판례(6)

대판 2009. 1. 15, 2007다17123, 17130
(상호를 속용하는 영업양수인의 책임이 문제되는 경우, 채무승계가 없다는 점에 대한 채권자의 악의의 주장 · 입증책임은 영업양수인이 부담한다는 취지)

"상호를 속용하는 영업양수인의 책임은 위와 같이 채무승계가 없는 영업양도에 의하여 자기의 채권추구의 기회를 빼앗긴 채권자의 외관신뢰를 보호하기 위한 것이므로, 영업양도에도 불구하고 채무승계의 사실 등이 없다는 것을 알고 있는 악의의 채권자가 아닌 한, 당해 채권자가 비록 영업의 양도가 이루어진 것을 알고 있었다고 하더라도 그러한 사정만으로 보호의 적격이 없다고는 할 수 없고, 이 경우 당해 채권자가 악의라는 점에 대한 주장 · 증명책임은 상법 제42조 제1항에 의한 책임을 면하려는 영업양수인에게 있다."

판례(7)

대판 2002. 6. 28, 2000다5862

(영업양도인이 주식회사인 경우 회사가 부담하는 채무가 영업으로 인한 채무가 아니라고 하는 점에 관한 입증책임은 영업상 채무로 추정됨을 깨뜨리려는 채무자(영업양수인)이 진다는 취지)

"영업양도인이 주식회사인 경우에는 회사에게 사적인 생활이 존재하지 아니한 관계로 주식회사의 명의로 한 행위는 반증이 없는 한 일단 회사의 영업을 위하여 하는 행위로 추정되며, 따라서 그로 인하여 회사가 부담하는 채무도 영업으로 인한 채무로 추정된다고 할 것이지만, 반증에 의하여 그 채무가 영업으로 인한 채무가 아니라는 점이 밝혀지는 경우 그러한 추정은 복멸될 수 있다."

나) 그 전의 상호를 계속 사용(상호속용(商號續用))**하지 않는 경우**(예외적 변제책임)

영업을 양수한 자가 영업양도인의 상호와 단절하여 별개의 상호를 사용하는 경우 신뢰보호나 외관법리(外觀法理)가 적용될 여지가 없어서 양수인은 변제책임이 없다. 다만, 상호를 속용하지 않아서 양수인이 변제책임이 없는 경우에도 양수인의 또 다른 행위로 채무인수 광고를 하였다면 변제책임을 지우는 것은 당연하다(商 제44조). 영업상 채권자가 여럿 있는 경우에 개별적으로 채무인수절차를 밟는 것은 번잡하고 사실상 곤란할 때가 있어서 영업양수인이 포괄적 채무인수광고를 하는 것이 때로는 유용하기 때문이다. 이는 독일상법의 영향(獨商 제25조 제2항)을 받은 것이다. 여기서 '채무인수의 광고'란 영업의 양수인이 다수의 대중에게 영업양도인의 영업상 채무를 자신이 인수하였음을 광고하는 것인데 반드시 '채무인수'라는 표현을 하지 않더라도 '사업을 양수'하였다는 등의 표현을 하여 채권자로 하여금 채무까지 인수하였다고 인식시킬 정도라면 충분하다.[8] 양수인이 채무인수를 광고하지 않고 개별적으로 의사표시하여도 같다.[9] 영업양수인이 채무인수 광고를 하는 이러한 경우에도 영업양도인이 여전히 채무를 부담하고(양자의 부진정연대채무) 이 경우 영업양도인의 채무가 영업양도 후 2년이 지나면 소멸하는 것은 위의 경우와 같다(商 제45조).

■ 영업양도의 효력 — 영업상 채권자에 대한 관계 (2) 영업양수인이 그 전의 상호를 계속 사용(상호속용(商號續用))하지 않는 경우: 영업양수인은 책임 없음. 다만 양수인의 또 다른 행위로 채무인수광고를 하였다면 물론 책임부담(商 제44조)

판례

대판 2008. 4. 11, 2007다89722
(양도인의 상호를 계속 사용하지 아니하는 영업양수인이 채무인수의 취지를 양도인의 채권자에게 개별 통지한 사례: 영업양도인의 채무를 인수하였다는 개별통지는 영업상 채무의 일부변제 등 종합적 사정 판단에 의하여 인정될 수 있다는 것)

"양도인의 상호를 계속 사용하지 아니하는 영업양수인에 대해서도 양도인의 영업으로 인한 채무를 인수할 것을 광고한 때에는 그 변제책임을 인정하는 상법 제44조의 법리는 영업양수인이 양도인의 채무를 받아들이는 취지를 광고에 의하여 표시한 경우에 한하지 않고, 양도인의 채권자에 대하여 개별적으로 통지를 하는 방식으로 그 취지를 표시한 경우에도 적용이 되어, 그 채권자와의 관계에서는 위 채무변제의 책임이 발생한다고 보아야 할 것이다.

8) 일본 최고재 1954. 10. 7.
9) 김성태, 374면; 서정갑, 196면; 손주찬, 204면; 정동윤, 123면; 정찬형, 180면; 최기원, 203면.

위 법리와 기록에 비추어 살펴보면, 원심이 그 채용증거를 종합하여 인정되는 다음과 같은 사정, 즉 피고가 위 미래테크로부터 그 판시 영업을 양수한 직후 원고에게 위 미래테크의 상호가 '미래테크(주)'에서 피고의 상호인 '(주)안테나 텍'으로 변경되었고, 연락처 및 주소도 변경되었다는 취지의 문서를 팩스로 보낸 데 이어 재차 발신자를 '(주)안테나텍(구 미래테크)'이라고 표시한 문서에 피고의 사업자등록증을 첨부하여 팩스로 보낸 사실, 그 이후 피고가 원고와 거래를 하면서 자신이 납품받은 물품에 대한 물품대금은 물론 원고에 대한 132,699,189원의 물품대금채무 중 68,840,000원을 변제하기까지 한 사실 등에 기초하여 피고는 영업양도인인 위 미래테크의 원고에 대한 판시 물품대금채무를 변제할 책임이 있다고 인정한 것은 정당한 사실인정과 판단으로 수긍할 수 있다.

상고이유에서 들고 있는 것처럼 피고와 위 미래테크의 상호 사이에 객관적 유사성이 없다든지, 피고와 위 미래테크 사이의 이 사건 영업양도계약 당시 판시 물품대금채무는 승계대상에서 제외하기로 하였다든지 하는 사정이 있다 하여도 그러한 사정만으로는 위와 같이 상법 제44조에 근거한 피고의 변제책임을 부정할 사유에 해당하지 아니하고, 한편 그 주장사유만으로는 위 영업양도계약에서 판시 물품대금채무가 승계대상에서 제외된 사정을 원고가 알았다고 인정하기에 부족하다 할 것이다."

(2) 영업상의 채무자에 대한 관계(상호속용(商號續用)의 경우 외관법리에 의한 면책)

사법상 일반원칙에 의하면 영업상 채권자가 채권양도를 한 후 채무자에게 그 양도통지를 하지 않고 채무자도 채권양도의 승낙(民 제450조 1항 참조)을 하지 않았다면 채권양수인이 그 채권양도로 채무자에게 대항할 수 없고 채무자는 영업양수인에게 변제책임이 없다. 나아가 그 채무자가 설령 영업양수인에게 변제하였다고 하여도 그 변제사실로 채권자에게 대항할 수 없다. 다만, 상법은 이와 같은 원칙을 기본적으로 인정하면서도 영업양도에 따른 특수성을 수용하고 있다. 즉, 영업양수인이 양도인의 상호를 계속 사용하는 경우에는 채권양도가 비록 아직 행해지지 않았다 할지라도 채무자가 선의(善意)이며 중과실(重過失)없이 양수인에게 변제하면 그 효력이 인정되어 그 변제액의 범위에서 면책된다(商 제43조). 상호가 계속 사용(속용)되고 있는 경우 영업상의 채무자는 영업주의 교체사실을 알기 어렵기 때문이다. 이는 마치 채무자가 채권의 준점유자나 영수증을 소지한 자에게 선의로 과실없이 변제하면 비록 무권리자에게 변제한 경우라도 그 변제의 효력이 있는 것(民 제470조, 제471조)과도 같은 취지이다.

영업양수인이 상호를 계속 사용하지 않는 경우에는 상법상 아무런 규정이 없으므로 채권양도의 대항요건에 관한 일반원칙에 의하여 채권양도의 통지나 채무자의 승낙이 없었다면 영업양도인에게 채무를 부담할 뿐이다. 다만, 이 경우에 채권의 이전이 없었거나 채권자의 양도통지가 없었음에도 영업양수인이 채권양수를 공고·통지하였다면 어떻게 되는가? 이에 대해 (i) 상법 제44조를 유추하여 채무자측의 선의변제 효력을 인정하자는 견해가 있으나,[10] (ii) 영업양수인이 채무인수를 광고하는 것에는 자신의 행위책임이 부과되지만, 채권양수를 광고한 것에 영업양수인의 이득을 인정함은 그 광고의 성질이 이욕적(利慾的)인 것이어서 채무인수광고와는 행위동기와 법적 성질을 전혀 달리하므로 상법 제44조를 유추하여 외관에 따른 효과를 부여할 수는 없다고 본다.[11]

■ 영업상 채무자에 대한 관계: 영업양수인이 그 전의 상호를 계속 사용(상호속용(商號續用))하는 경우: 채권양도가 아직 없더라도 채무자가 선의, 무중과실로 그 영업양수인에게 변제하면 그 범위에서 면책(상법 제43조)

10) 손주찬, 205면; 이철송, 266면; 정찬형, 180-181면.
11) 같은 취지: 최기원, 203면.

제 3 절 영업의 임대차 · 경영위임 · 담보제공 등

Ⅰ. 영업의 임대차 · 경영위임

(1) 영업의 임대차

영업의 임대차란 상인이 영업의 전부나 일부를 타인에게 임대하여 그 타인이 자신의 명의의 영업, 손익귀속의 주체가 되게 하고, 임대인은 대가로서 임차료를 받기로 하는 계약을 말한다. 이는 영업양도인에서처럼 유기적 일체인 영업자체를 대상으로 하는 것이어서 영업상 재산의 개별적 임대차계약과는 구별된다(객관적 의의의 영업에 대한 임대차). 이 계약으로써 영업임차인은 자신의 영업을 확장할 수 있고 영업임대인은 안정된 임대료를 받으면서 여전히 기업소유자의 지위를 누리는 장점이 있다.

영업의 임대차는 영업의 양도와 같이 복잡한 내용을 지닌 혼합계약이지만, 민법상 임대차 계약과 유사하므로 그 규정(民 제618조 이하)과 상법상 영업양도 규정을 유추적용한다.

영업의 임대차는 개인상인의 경우 특별한 절차가 필요없지만 물적회사인 주식회사 · 유한회사의 경우에는 그 영업전부를 임대하는 때에 특별결의를 내부절차로서 거쳐야 한다(商 제374조 제1항 제2호, 제576조 제1항).

영업의 임차를 한 임차인은 자신의 명의로 영업을 하여 그 결과인 권리의무의 귀속을 받지만, 영업재산 자체의 소유권은 임대인에게 있다. 임대인이 임차인의 상호에 자신의 성명 · 상호를 여전히 기재하고 있는 경우에는 명의대여자로서의 책임(商 제24조)을 부담할 수 있다. 영업의 임대차 기간 중 임대인은 경업피지의무를 부담한다고 해석해야 할 것이다.

(2) 경영위임

경영위임이란 상인이 자신의 영업에 대하여 여전히 영업주의 지위를 지닌 채 기업의 경영만을 다른 사람에게 위임하는 계약을 말한다. 경영위임자가 여전히 자신의 명의로 영업결과의 권리의무를 귀속받는다는 점이 영업의 임대차와 다른 점이다. 주식회사나 유한회사가 경영위임을 하는 경우에는 주주총회나 사원총회의 특별결의를 거쳐야 한다(商 제374조 제1항 제2호, 제576조 제1항). 공정거래 및 독점규제에 관한 법률은 경쟁을 실질적으로 제한하는 경영위임을 금지한다(동법 제7조 제1항 제4호).

경영위임은 내부관계에서도 위임인이 계산을 담당하는가에 따라 다시 협의의 경영위임과 경영관리계약으로 구분된다.

가) 협의의 경영위임

광의의 경영위임 계약 중 경영위임인과 경영수임인의 내부관계에서 경영수임인이 계산을 담당하는 유형이다. 그리하여 내부관계에서 경영수임자는 손익의 귀속을 받고, 경영위임자에게 경영위임 대가를 지급하게 되며 이는 영업의 임대차와 경영관리계약의 중간형태가 된다.[12] 경영위임인은 대외적으로 자신의 명의로 영업을 유지하지만, 내부적으로 계산은 수임인이 하므로 수임인에게 넓은 대리권을 포괄적으로 수여하여야 하고 자신은 경업피지의무를 부담해야 할 것이다.[13]

나) 경영관리

이는 광의의 경영위임계약 중 경영위임인과 경영수임인의 내부관계에서 경영위임인이 계산까지 담당하는 유형이다. 그리하여 경영수임인은 위임계약(民 제680조)에 따라 위임인을 위하여 경영관리만 수행하고 단순히 위임사무에 대한 보수를 받을 뿐이다.

Ⅱ. 영업의 담보제공과 강제집행

영업은 유기적 일체로서 독자적인 재산가치를 충분히 지니고 있어서 영업의 양도, 영업의 임대차, 경영위임계약의 목적으로 되지만, 현행법상 이러한 가치를 통일적으로 묶어서 담보로 제공하거나 강제집행하는 방법은 마련되어 있지 않다. 그리하여 현행법상 영업에 대하여 담보제공하거나 강제집행하려면 개별 재산에 대하여 질권, 저당권을 설정하거나 압류 등의 방법에 의할 수밖에 없다. 이러한 미비점은 영업재산 자체로 금융을 얻으려는 경우에 대단히 불편하고 채권자에게도 불리하다. 현재 공장저당법, 광업재단저당법에 의하여 특수한 재산의 집단에 대하여 포괄적으로 저당권을 설정하는 방법이 마련되어 있으나, 매우 미흡하다. 향후 이러한 불편을 해소하는 입법이 요청된다.

12) 이 · 최, 245면.
13) 손주찬, 208면; 정찬형, 183면.

제 2 편
상행위법(商行爲法)

서 론

제1장

제1절 상행위법의 의의와 특성

(1) 형식적 의미의 상행위법은 상법 제2편의 상행위에 관한 규정을 말하는 데 비해, 실질적 의미의 (영업적)상행위법은 상인(또는 기업)의 거래에 관한 법을 말한다. 형식적 의미의 상행위법 중에는 상호계산, 익명조합과 같이 실질적 의미의 상행위법에 해당하지 않는 것이 있고(보조적 상행위: 商 제72조 내지 제86조), 반대로 보험계약, 해상운송, 은행업이나 증권업에 관한 법규(商 제4편 · 제5편, 은행법, 증권거래법 등)와 같이 실질적 의미로는 (영업적)상행위법에 속하면서도 형식적 의미의 상행위법에 수용되지 못하는 경우도 있다. 현실적으로 우리 사회에는 상사특별법규가 많이 제정되어 있고 보통거래약관이나 상관습법에 의한 거래가 많이 이루어지고 있어서 실질적 의의의 상행위법을 이해하는 것이 특히 중요하게 된다.

(2) 상행위법은 상인(또는 기업)의 거래에 관한 법이므로, 계약자유의 원칙에 따라 임의법규가 많다는 점이 그 일반법인 민법과 유사하다. 이는 기업조직에 관한 규정과 달리 기업거래법에서는 거래당사자의 자유의사를 우선적으로 고려해야 하고 또 이는 제3자의 이익과는 대체로 관련이 없기 때문이다. 그러나, 때로는 기업거래의 상대방을 보호하기 위하여 강행법규를 두거나 약관에 대하여 인가(認可)를 요구하는 등 규제를 강화하기도 한다(商 제663조, 보험업법, 약관규제법 등 참조). 또, 거래의 안전, 신속, 정형성, 유상성 등을 특징으로 한다는 점에서는 일반법인 민법과 구별된다.

제 2 절 상행위(商行爲)의 의의와 종류

Ⅰ. 상행위의 의의

1. 상행위의 개념

상행위(商行爲)(Handelsgeschäft, acte de commerce)는 실질적 의의와 형식적 의의로 나누어 개념정의할 수 있다. 실질적 의의의 상행위는 영리를 추구하기 위한 상인의 행위를 말하고, 형식적 의의의 상행위는 상법(商 제46조)과 특별법(담보부사채신탁법 등)에서 상행위로 규정한 행위이다. 상행위는 영리를 추구하기 위한 채권적 행위인데[1] 법률행위뿐만 아니라 준법률행위, 사실행위까지 모두 포함한다. 이 상행위 개념은 상인개념과 함께 상법이론의 2대 지주로서 상인의 개념(商 제4조), 회사의 개념(商 제169조), 선박의 개념(商 제740조)을 정하는 기초가 된다.[2]

2. 상행위를 정하는 입법주의

어떻게 상행위개념을 정하는가는 상인의 개념을 어떻게 정하는가와 밀접한 관련이 있다. 왜냐하면 상행위는 '상인'의 영리추구행위로서 상인의 개념 위주로 할 것인가, 상행위 개념을 우선할 것인가에 따라 달라질 수밖에 없기 때문이다. 따라서 상행위에 관한 입법주의도 상인의 입법주의에서 고찰한 바와 같이 이해하면 된다. 앞에서 설명한대로 우리 상법은 상인주의적 절충주의에 속한다고 본다.

Ⅱ. 상행위의 종류

상행위는 영리를 추구하는 행위이다. 이를 좀 더 구체적으로 상법 제4조, 제5조, 제46조, 제47조 등에 기초하여 살펴보면 다음과 같다.

---

1) 손주찬, 216면.
2) 양 · 박, 104면.

(1) 기본적 상행위(영업적 상행위), 준상행위, 보조적 상행위

상행위를 나누는 가장 중요한 기준으로 기본적 상행위, 준상행위, 보조적 상행위가 있다.

가) 기본적 상행위(영업적 상행위)

기본적 상행위는 상법 제46조에서 규정하는 상행위 개념인데 상인 중 당연상인(商 제4조)을 정하는 기초가 된다. 상법 제46조는 22가지의 행위로 한정하고 이를 '영업으로'(즉, 영리를 목적으로 계속적 · 반복적으로)하는 경우에만 '상행위'가 되는 것으로 규정하였다. 그런데 상법 제4조가 이러한 상행위를 자신의 명의로 하는 자를 당연상인이라고 정하고 있어서 이 상행위는 상행위 중 가장 기본적인 것이라고 보아 '기본적' 상행위라고 부른다. 영업적으로(계속 · 반복적으로) 행위하여야 한다는 점에서 '영업적' 상행위라고도 한다. 다만, 22가지의 영업적 상행위에 해당한다고 하더라도 상인의 기업적 특성을 인정할 수 없는 것은 배제하고자 하여 '오로지 임금을 받을 목적으로 물건을 제조하거나 노무에 종사하는 자의 행위'를 상행위에서 제외하였다(商 제46조 단서). 상법 제46조에서 정한 기본적 상행위는 한정적이어서 그 이외의 행위는 기본적 상행위가 될 수 없다. 다만 요건을 갖추어 보조적 상행위가 되거나 의제상인의 행위로서 준상행위가 될 수 있을 뿐이다. 기본적 상행위(영업적 상행위)에는 다음과 같이 상법상의 행위와 특별법상의 행위가 있다.

(ㄱ) 상법상의 행위(商 제46조)

1) 동산, 부동산, 유가증권 기타의 재산의 매매(제46조 제1호)

이는 동산, 부동산, 유가증권 기타의 재산을 판매목적으로 유상(有償)으로(대가를 주고) 취득하거나 차액의 이윤을 얻기 위하여 그 취득한 것을 판매하는 행위이다. 이러한 행위를 전형적 상행위로 보려는 취지이다. 여기서 '유상(有償)으로 취득'한다는 것은 매수행위가 대표적이지만, 반드시 그에 한정되지는 않고 대물변제를 받거나 교환, 소비대차, 소비임치를 받는 것도 해당된다.[3] 그러나, 증여나 유증을 받는 것은 유상으로 취득하는 것이 아니므로 제외된다.

「유가증권의 매매」를 하기 위해서는 금융위원회의 허가를 받고 일정한 자본금 요건을 갖추어야 한다. 다만, 「수신 · 여신 · 환 기타의 금융거래」는 제8호에서 별도로 규정을 두고 있으므로 제8호에 포함되는 유가증권매매는 제외된다. 「기타의 재산

3) 정동윤, 141면; 정희철, 64면.

의 매매」는 준물권인 광업권 · 어업권의 매매와 지적재산권인 저작권 · 특허권 · 실용신안권 · 의장권 등의 매매가 해당한다.

위의 「매매」는 동산, 부동산 등을 이윤을 얻기 위해 매매하는 것이지만, 구체적으로 그 「매매」행위방식의 범위에 대해서는 견해의 차이가 있다.

(i) 첫째, 본호의 「매매」가 '매수와 매도'를 의미한다고 하는 견해이다. 이는 여기서의 매수와 매도는 내면적인 관련을 갖고 있어야 하므로 어떤 행위가 「매매」로서의 기본적 상행위가 되려면 매수행위와 매도행위를 겸해서 해야 한다는 학설이다. 그리하여 매수만을 하거나 매도만을 하는 행위는 「매매」로서의 기본적 상행위가 될 수 없다고 한다.[4]

(ii) 둘째, 본 호의 「매매」가 '매수와 매도' 또는 '매도'라고 이해하는 견해이다. 이는 매수 또는 매도행위 자체가 영업이윤 추구의 의도에서 이루어지면 본 호에서의 기본적 상행위가 되지만, 어떤 영업에서 '매수'만을 하는 경우는 상상할 수 없기 때문에 이를 제외하여 '매수와 매도' 또는 '매도'라고 이해하고자 하는 학설이다.[5]

(iii) 셋째, 본 호의 「매매」를 '매수 또는 매도'라고 이해하는 견해이다(가장 범위를 넓게 해석하는 학설). 이는 매수와 매도를 동시에 하지 않더라도 본호에서의 기본적 상행위로 볼 수 있다는 것이다.[6]

(iv) 사견('매수 또는 매도'라는 견해)

생각건대, 본 호의 취지는 동산, 부동산 등을 궁극적으로 판매하여 이윤(이득)을 취하려고 하는 행위를 기본적인 상행위로 보려는 것이다. 그리하여 미리 대가를 주고 취득해 두었던 물건을 판매하는 것이 전형적이지만, 그렇지 않더라도 장래에 판매할 것을 염두에 두고서 미리 유상(有償)으로 취득하는 행위(유상매수행위 등)도 여기서 제외할 이유가 없다. 그리하여 본 호의 「매매」는 '매수 또는 매도'를 의미한다고 볼 것이다. 이렇게 이해하지 않으면 매도행위에 현실적으로 착수하고 있지 않은 (상인의) 매수행위에는 상법이 적용될 수 없게 되는 문제가 생길 것이다.

본 호에서의 「매매」의 의미는 타인이 재배 · 생산 또는 제작 등 원시생산한 것을 유상으로 취득한 후 이윤을 붙여 판매하려는 행위를 주로 대상으로 하여 전형적인

---

4) 김영호, 338면; 서 · 정, 63면; 서정갑, 75면; 이기수 외, 263면; 정무동, 61면.
5) 이철송, 279면.
6) 김성태, 412면; 손주찬, 69면; 정찬형, 55면; 채이식, 146면.

상행위(기본적 상행위)로 보려 한 것이다. 그리하여 농산물 · 임산물 · 수산물 등을 재배 · 채취하는 원시 생산업은 그 농산물 · 임산물 · 수산물을 판매하여도 타인의 물건 또는 재산권을 구입한 후 판매하는 전형적인 매매행위와 구별하여 본 호에 해당하지 않는다고 할 것이다. 농산물 등을 대량 재배 · 채취하는 기업농 · 기업수산업 등도 있을 수 있지만, 그 원시생산의 본질 때문에 본 호에서는 제외된다. 그러나, 이러한 기업농 · 기업수산업 등의 경우에도 보통 상법 제5조의 설비상인의 요건에 해당하여 상법의 적용을 받을 수는 있다. 또, 광물(鑛物)이나 토석(土石)의 채취에 관한 행위는 원시 생산업이라도 특별히 제18호의 규정에 의하여 기본적 상행위로 된다.

타인이 재배 · 생산한 목적물을 구입한 후 그 상태대로 바로 판매하지 않고 일정한 '가공(加工)'을 한 후 판매하는 행위가 본 호의 「매매」에 해당하는가에 대해서는 견해의 차이가 있다.

(i) 긍 정 설

매수한 동산, 부동산 등에 일정한 '가공(加工)'을 한 후 판매하는 행위라도 상법 제46조 제1호의 「매매」에 해당한다는 견해이다.

(ii) 부 정 설

매수한 동산, 부동산 등 목적물에 '가공(加工)'을 하여 판매하는 행위는 본 호에서 규정하는 「매매」에 해당하지 않는다는 견해이다.[7)]

(iii) 사견(긍정설)

생각건대, 본 호의 「매매」는 자신이 원시생산한 것을 직접 판매하는 것을 제외할 뿐 타인에게서 구입한 원료나 반제품 등을 바로 판매하지 않고 부가가치를 높이기 위하여 가공을 한 다음 더 비싼 가격으로 판매하는 행위도 포함한다고 할 것이다. 이렇게 이해하여야만 유통업자의 매매행위뿐만 아니라 수많은 공산품 제조업 등 우리 사회의 2차산업을 본 호에 포함하여 상법의 규정을 적용할 수 있게 된다. 상법 제46조 제3호에서 「가공(加工)」을 하는 행위를 기본적 상행위로 규정한 것은 타인의 원료를 구입한 후 가공을 하여 판매하는 행위를 상행위로 규율하려는 것이 아니라 '타인을 위하여' 가공하는 행위에 관한 것이어서(즉, '타인을 위하여' 가공(加工)을 해주고 그 대가를 받으려는 행위) 여기에서의 논의와는 다른 내용의 것이다.

---

7) 정희철, 64면; 최기원, 57면; 정동윤, 142면; 정찬형, 56-57면.

판례(1)

청주지판 1987. 12. 10, 86**가합**390(본소), 87**가합**44(반소)
(영업재산 매매의 상행위성: 상인이 허가가 갱신되지 않아 휴업하고 있던 중이라고 하여도 그 영업재산은 여전히 상행위의 목적물이므로 영업재산의 전부를 매도한 행위는 상행위에 해당한다는 것)

"토석채취업을 해오던 상인(甲)이 비록 채취허가의 갱신이 이루어지지 않아 휴업하고 있던 중이라도 같은 영업에 종사하려고 하는 乙에게 영업재산의 전부(토석이 묻혀 있는 임야 및 기계 공구 등 시설일체)를 매도한 행위는 상행위라고 할 것이고, 따라서 이로 인하여 발생한 매도인(甲)의 위 임야 등 매도대금채권의 소멸시효기간은 5년이라고 볼 것이다."

판례(2)

창원지판 2000. 3. 16, 99**가합**5187
(상행위성이 부정된 매매의 사례: 비록 사기업의 회사라도 그 부채상환을 위하여 토지를 매도한 경우 그 부채상환의 성격 자체가 상행위로 볼 수 없다면(구조개혁추진을 위한 부채상환) 토지매도행위에도 보조적 상행위성이 인정되기 어렵다는 것))

"건설회사가 정부의 금융 · 기업 구조개혁촉진방안에 따라 금융기관에 대한 부채상환을 위하여 한국토지공사에 그 소유의 토지를 매도한 행위가 상행위에 해당되지 않는다."

2) 동산, 부동산, 유가증권 기타 재산의 임대차(제46조 제2호)

① 본 호의 목적물은 제1호에서와 같이 동산, 부동산, 유가증권 기타의 재산이고 그 의미도 동일하다. 다만, 그 행위의 모습이 매매처럼 소유권이전을 통하여 이득을 얻으려는 것이 아니라, 임대차라는 방식으로 이용권을 설정하거나 향유하는 것으로 행해진다는 점에서 다르다. 예컨대, 임차료를 받기 위하여 자전거, 자동차, 토지, 건물, 항공기, 선박 등을 빌려주거나(동산의 렌트업 또는 부동산의 임대업), 영리를 목적으로 이러한 동산, 부동산 등을 임차하는 행위가 여기에 해당한다.

② 다만, 본 호에서의 「임대차」가 임대와 임차의 내적 연관을 요구하는가에 관

해서는 학설상 차이가 있다.

(i) 첫째는 임차와 임대가 내적으로 연관되어야 한다는 견해이다. 이는 제1호 「매매」에서의 「매수」와 「매도」가 내적으로 관련되어 있어야 하듯이 본 호에서도 동산, 부동산 등 목적물의 임차와 임대가 내적으로 연관되어 있어야 한다는 것으로 이해하려는 것이다. 즉, 임차나 임대가 독립적으로 상행위가 될 수 있는 것이 아니라 임차는 임대를 목적으로 하여야 하고, 임대도 임차한 목적물이어야 한다는 의견이다. 그리하여 이 견해는 임대하는 재산을 임차에 의하지 않고 매수 등 방식으로 유상취득한 경우까지 포함하는 것은 본 호 해석의 한계를 넘는 것이고 이는 입법론으로 주장할 수 있을 뿐이라고 한다.[8)]

(ii) 둘째는 임차와 임대가 내적으로 연관되어 있지 않아도 된다는 견해이다. 이는 본 호의 「임대차」는 「임차」와 「임대」가 내적으로 연관되어 있지 않아도 그 자체가 개별적으로 영리를 목적으로 이루어지기만 하면 된다는 것이다. 이는 제1호의 「매매」와 본호의 「임대차」의 의미구조 해석을 달리하는 것이다.

(iii) 사견(제2설: 임차와 임대가 내적으로 연관되어 있지 않아도 된다는 견해)

본 호에서 동산, 부동산 등의 「임대차」는 영리의 목적으로 동산, 부동산 등의 목적물을 임차하거나 임대하는 행위이기만 하면 「임차」와 「임대」가 내적으로 연관되어 있지 않더라도 모두 여기에 포함된다고 본다. 왜냐하면 본 호에서의 「임대차」는 제1호의 동산, 부동산 등 매매행위와 달리 타인의 동산, 부동산 등을 우선 임차한 후 이윤을 얻기 위하여 임대하는 것에만 한정하면 그 범위가 너무 좁게 되어 많은 유상(有償)의 임대차 행위가 본 호에서 제외되는 문제가 있기 때문이다. 즉, 임대차 영업행위는 자기 소유물을 임대하여 이윤을 얻으려는 것이 대부분의 모습이고 임대의 목적으로 우선 타인으로부터 동산, 부동산 등을 유상(有償)으로 임차한 후 임대하는 경우는 매우 드물다는 점, 영리를 목적으로 하기만 하면 임대이든 임차이든 상행위로 보아 규율할 필요가 있다는 점을 고려하자는 것이다. 이러한 견해에 의하면 자신의 소유 동산이나 부동산 등을 영리목적으로 임대하는 행위도 본 호에서의 「임대차」에 포섭하여 상법을 적용할 수 있게 된다.

3) 제조, 가공 또는 수선에 관한 행위(제46조 제3호)

① 여기서 제조라 함은 어떤 재료에 노력을 가하여 전혀 새로운 물건을 만들어 내는 것이다. 그 반면 가공이라 함은 재료에 노력을 가하여 부가가치를 높이면서도

8) 서 · 정, 64면.

그 동일성을 유지하면서 물건의 종류를 바꾸지 않는 것이다. 또, 수선이라 함은 어떤 물건의 기능이 감소되었을 때 그 본래의 기능을 회복하게 하려는 노력을 말한다. 수선은 넓은 의미의 가공에 포함될 수도 있다. 그러나, 어떤 물건의 기능을 회복 내지 복원시키려 한다는 의미를 가지고 있어서 부가가치를 높임에 중점이 있는 좁은 의미의 가공개념과는 구별된다.

② 제조 · 가공 · 수선에 관한 행위라 함은 이윤을 얻기 위하여 타인을 위하여 제조 · 가공 · 수선의 서비스를 제공하려는 행위를 약속하는(인수하는) 행위(계약)를 말한다. 이는 타인의 재료를 제조 · 가공 · 수선하기 위해 인도받거나 이를 부탁하는 타인의 계산으로 매수하여 제조 · 가공 · 수선하는 행위 형태로 나타난다. 구체적인 제조 · 가공 · 수선행위는 이 인수행위(계약)를 이행하는 사실행위일 따름이다.

③ 그런데, 제조 · 가공 · 수선에 관한 행위가 '자기 자신을 위하여' 제조 · 가공 · 수선하는 행위까지 포함하는지에 대해서는 견해의 차이가 있다.

(i) 포함설

이는 본 호의 제조 · 가공 · 수선행위에 제조자 등이 '자기 자신을 위하여' 제조 · 가공 · 수선을 하는 행위까지 포함하여야 한다고 한다.[9] 이에 의하면 '자기를 위하여' '자기재료'에 제조 · 가공 · 수선을 하여 '판매'하는 경우까지 여기에 포함된다.

(ii) 불포함설

이 견해는 본 호에서의 제조 · 가공 · 수선에 관한 행위는 오로지 '타인'의 재료에 대하여 제조 · 가공 · 수선하는 것을 인수하는 행위뿐이라고 한다.[10] 이는 제조 · 가공 · 수선한 목적물의 '판매'에 관한 행위까지 포함시키는 것은 본호의 문맥에서 벗어나기 때문이라고 한다.

(iii) 사견(불포함설)

본 호에서의 제조 · 가공 · 수선에 관한 행위는 오로지 '타인의 재료'에 노력을 가하여 그 제조 · 가공 · 선의 대가를 취득하려는 영리적 행위를 말한다고 본다. 그렇지 않고 '자기를 위하여' '자기 자신의 재료에' 제조 · 가공 · 수선을 한 것은 제조 · 가공 · 수선에 관한 행위를 벗어나 분명 '판매'행위로 이어지게 된다. 이러한 '판매행위'는 제1호의 「매매」에 관한 행위 또는 제18호에서 정한 행위 범위에 포함될 것이기 때문에 이와 같은 제조 · 가공수선행위는 본 호에서 제외하여야 한다. '자기를 위하여'

9) 정동윤, 142면; 정찬형, 57면.

10) 손주찬, 70면.

'자기재료'에 제조 · 가공 · 수선하는 것은 제조 등의 대가를 취득하는 데 중점이 있을 수 없고 그에 후속하는 '판매' 등 별도의 영리행위에 중점이 두어질 수밖에 없다는 점(즉, 제조 · 가공 · 수선 자체의 영리성에서 벗어난다는 점)도 고려해야 한다.

4) 전기 · 전파 · 가스 또는 물의 공급에 관한 행위(제46조 제4호)

① 이는 영리(이윤)를 위하여 타인에게 전기공급(전기사업), 전파공급(텔레비전, 라디오 방송사업), 가스공급(가스공급업)이나 물의 공급(식수 공급업, 공업용수 공급업, 온천수 공급업 등)을 해주기로 하는 행위(인수계약)를 말한다. 이러한 행위는 주로 매매행위로 이루어지므로 제1호의 「매매」에 포섭될 수도 있으나 전기 · 전파 · 가스 또는 물 등 객체가 특수하다는 점에서 본 호에서 별도로 규정한 것이다. 이러한 전기 등의 공급에 관한 행위는 전기사업법, 방송법, 전파법, 전기통신사업법, 수도법 등 특별법의 규제를 받는다.

② 냉기(冷氣)공급에 관한 행위(냉방업), 스팀공급에 관한 행위(지역난방사업)도 본 호에 포함되는가에 대해서는 (i) 긍정하는 견해[11]와 (ii) 부정하는 견해[12]가 대립하는바, (iii) 본호에서는 행위객체를 「전기 · 전파 · 가스 또는 물」로 한정하고 있으므로 문리해석상 여기에 포함하기는 어려울 것이다(불포함설).

③ 전기 · 전파 · 가스 또는 물의 공급에 관한 행위가 이러한 공급의 인수계약(즉, 판매계약)에 한정되지 않고 이러한 공급시설을 임대하는 행위까지 부수적으로 포함하는 때가 있다. 이러한 경우에는 본 호의 기본적 상행위로서의 매매계약과 관련 시설의 임대차계약이 결합되는 것이므로 혼합계약이 된다.

5) 작업 또는 노무의 도급의 인수(제46조 5호)

도급이라 함은 일의 완성을 약정하고 상대방이 그 일의 결과에 대하여 보수를 지급할 것을 약정하는 계약(民 제664조)인데, 이러한 도급계약을 영리목적으로 하는 행위를 본 호에서 기본적 상행위로 규정하여 상법의 적용을 받게 하려는 것이다.

본 호는 작업의 도급을 인수하는 행위와 노무의 도급을 인수하는 행위로 나누어진다. 「작업의 도급을 인수」하는 행위는 일정한 공사업무를 인수하는 것으로 부동산 공사사업(건물의 건축, 도로 · 교량 · 철도의 부설)이 주로 여기에 해당하고 상법 이외에 건설사업기본법 등 특별법의 규율을 받는다. 「노무의 도급을 인수」하는 행위는 타인의 어떤 작업을 위하여 필요한 인부 기타 노무자를 공급하고 그 대가를 취득하려는

11) 임홍근, 213면.

12) 손주찬, 71면.

영리행위(인부공급계약 등)를 말한다. 작업의 도급의 인수가 어떤 일의 완성을 목적으로 계약하는 것임에 비하여, 노무의 도급의 인수는 인부 등 노무자를 공급함으로써 계약의 목적이 달성된다는 점에서 그 행위 모습이 구별된다. 노무의 도급의 인수에는 상법 이외에 직업안정법이 적용된다.

6) 출판 · 인쇄 및 촬영에 관한 행위(제46조 제6호)

① 본 호는 타인을 위하여 출판 · 인쇄 및 촬영을 해주는 행위를 기본적 상행위로 보려는 것이다. 출판업, 인쇄업 등 타인의 저작권에 관련된 행위와 촬영업이라는 서로 이질적인 두 개의 사업유형이 같이 규정되어 있다.

② 출판에 관한 행위라 함은 자기 스스로 또는 타인의 저작권 등 지적재산권을 기초로 하여 문서나 도화(그림)의 형태를 만들어 유통시킴으로써 이윤을 취득하려는 행위이다(출판업). 그리하여 출판사의 출판업, 신문업자의 신문발행 · 판매업이 여기에 해당한다. 인쇄에 관한 행위는 출판업과 비슷하지만, 타인의 저작물을 목판 · 석판 · 동판 · 등사판 · 레이저프린터 등 기계적 · 화학적 방법에 의하여 문서나 도화의 형태로 복제하는 작업만으로 이윤을 얻으려는 것이다(인쇄업). 출판에 관한 행위는 인쇄에 관한 행위를 넘어서 문서 · 도화를 판매하는 행위(매매행위)까지 포함한다는 점에서 인쇄에 관한 행위(인쇄업)보다 더 적극적인 상행위이다. 즉, 출판에 관한 행위는 인쇄업과는 달리 문서나 도화를 발행한 후 판매까지 하여야 그 목적이 궁극적으로 달성된다는 점에서 출판에 관한 계약에는 구체적인 출판행위뿐만 아니라 발행된 문서나 도화를 대중에게 판매하는 내용까지 포함한다.[13] 출판에 관한 행위를 하려면 저작권자 등과 출판계약을 체결하여야 하고, 인쇄에 관한 행위를 하려면 인쇄계약을 체결해야만 한다. 촬영에 관한 행위란 인물이나 사물의 사진, 동영상을 촬영하여 영리를 얻으려는 행위로서 사진관업이 대표적이다.

③ 그런데, 과학기술의 빠른 발전에 힘입은 녹음테이프(음악 등), 비디오테이프, CD 등의 제작과 판매가 본 호에 해당할 수 있는가가 문제이다. 생각건대, 이는 출판에 관한 행위의 객체가 한정적(문서나 도화)이고, 촬영에 관한 행위의 객체 · 행위 태양도 제한적이어서 발생하는 문제인데, 녹음테이프 · 비디오테이프 · CD 등도 넓은 의미의 출판형태로 보아 본호에서 포섭하는 것이 옳다고 본다.

7) 광고 · 통신 또는 정보에 관한 행위(제46조 제7호)

① 본 호는 영리를 목적으로 타인을 위하여 광고 · 통신 · 정보에 관한 대행행위,

---

13) 최기원, 59면.

공급행위 등을 해주기로 하는(인수하는) 것이다. 이 행위 유형들은 일정한 사실을 그대로 또는 유리한 측면을 중심으로 전달함으로써 부가가치를 창출하는 행위라는 공통점을 지니고 있다. 정보통신업(IT산업)의 비약적 발전에 힘입어 중요도가 커지고 있는 3차산업 분야이기도 하다.

② 광고에 관한 행위는 일정한 상품이나 서비스에 관한 대중의 수요를 촉진 · 자극하기 위하여 선전이나 홍보를 하는 것을 약속하는(인수하는) 행위이다(광고대행업: 옥내광고, 옥외광고, 언론을 통한 광고 등). 통신에 관한 행위는 일정한 사실(뉴스)이나 서신을 전달하는 것을 약속(인수)하는 행위이다(통신사업). 장소의 차이를 극복하려는 행위라는 점에서는 운송업과 같지만 그 대상이 물건이 아니라 뉴스나 서신에 한정한다는 점이 다를 뿐이다. 우편사업, 이동통신사업 등이 이에 해당하고 특히 최근에 이 분야는 국내 · 국외의 시장규모가 괄목할 만한 성장을 거듭하고 있어서 크게 주목되고 있다. 정보에 관한 행위는 어떤 사람의 신용 · 자력 · 신원에 관한 사항을 수집하여 보고하는 것을 약속(인수)하는 것이다(흥신업). 흥신업 중에서 신용정보업을 영위하려면 금융위원회의 허가를 받아야 한다. 그 규모는 일정한 출자자 요건을 갖춘 법인이나 신용보증기금 · 신용보증재단이나 수출보험공사여야 하고 자본금 · 기본재산을 갖추고 인적 · 물적 시설을 구비하여야 한다(신용정보의 이용 및 보호에 관한 법률 제4조, 제5조, 제6조).

8) 수신(受信) · 여신(與信) · 환(換) 기타의 금융거래(제46조 제8호)

본 호는 금융기관의 본래적 기능에 따른 행위를 기본적 상행위로 규정하고 있는 것이다.

수신이란 고객으로부터 예금을 받아 예치하여 이윤을 추구하는 것이고, 여신이란 고객에게 금전이나 유가증권을 빌려주고 그 이자를 취득하려는 행위이다. 환이란 원, 엔, 달러 등 화폐를 서로 교환해 주거나 격지자들의 환어음(송금 환어음)을 매매해 주어 현금의 현실적 이동을 대신하게 하려는 행위이다. 기타의 금융거래에는 위의 기본적 3가지 업무 외에 금융기관이 수행하는 적금업무, 어음할인업무, 채무인수업무 등을 말한다. 다만 금융기관이 행하는 보험모집행위(방카슈랑스)는 제17호 보험의 행위로 규율되고 상호부금 기타 이와 유사한 행위는 제16호에서, 리스 사업은 제19호의 적용을 받는다. 본 호의 행위는 상법 이외에 은행법, 외국환거래법 등 특별법의 적용을 받는다.

9) 고객이 이용하는 시설에 의한 거래(제46조 제9호)

본 호는 일정한 시설을 공중이 이용하게 하여 영리를 추구하는 행위에 관한 것이다(공중접객업). 2010년 개정상법은 '객(客)의 집래(集來)를 위한 시설'이라는 표현을 '공중이 이용하는 시설'로 수정하였다. 이는 다수의 고객이 왕래하는 시설이라는 의미를 명료하게 하기 위한 것이다. 이 행위는 상법 제10장(공중접객업: 제151조부터 제154조까지)에서 구체적으로 규율한다. 이는 서비스를 제공하는 기타의 3차 산업과 달리 시설을 이용하게 하여 사업을 한다는 점이 특징이다. 그리하여 종래에는 그 시설 이용상 발생하는 고객의 손해에 대한 배상책임을 엄중히 규정(불가항력이 아니면 책임부담)하였으나 2010년 5월 개정시 통상적인 과실책임(過失責任)만 부담하는 것으로 완화하였다. 그 예로서는 식당, 여관, 호텔, 목욕탕, 극장, 축구 · 야구 등 운동경기장, 동식물원, 테마공원 등 위락시설을 설치하여 영업하는 것이 있다. 이에 관련된 행위의 법적 성질은 매매, 임대차, 위임, 도급 등이 될 수 있다.

10) 상행위의 대리의 인수(제46조 제10호)

① 이는 본인에게 상행위가 되는 행위를 대리해주기로 하는 행위(대리행위)를 기본적 상행위로 하려는 것이다(대리상 영업행위). 대리상에는 체약대리상과 중개대리상이 모두 포함된다. 여기에는 본인에게 상행위가 되는 행위에 한정된다는 점에 특징이 있는데, 이는 본인에게 상행위가 되지 않는 행위(예, 보험계약자의 보험가입행위, 부동산 구입행위 등)를 대리하는 영리행위가 실제 거래상 별로 행해지지 않기 때문이다. 이 점은 당사자에게 상행위가 되지 않아도 기본적 상행위로 인정될 수 있는 중개업(제11호), 위탁매매업 · 운송주선업(제12호) 등과 크게 구별된다.

② 중개대리상의 행위를 본 호의 행위로 볼 것인가, 제11호의 중개에 관한 행위로 볼 것인가에 대해서 (i) 중개대리상의 행위가 제11호의 중개에 관한 행위에 해당한다는 견해가 있으나,[14] (ii) 중개대리상의 행위가 「중개」에 관련되어 있다고 하여도 결국 영업주 본인을 위하여 계속적 · 반복적으로 대리상 계약을 이행해야 한다는 점, 제5장 「대리상」의 행위에 체약대리상과 함께 중개대리상도 포함하여 통일적으로 규율할 필요가 있다는 점을 고려할 때, 본 호에서의 「대리」의 인수에 해당한다고 할 것이다.

11) 중개에 관한 행위(제46조 제11호)

중개에 관한 행위라 함은 이윤을 얻기 위하여 타인의 부탁을 받고 중개를 해주

---

14) 손주찬, 72면; 최기원, 60면.

기로 하는(중개인수) 계약을 말한다. 중개란 다른 사람 사이의 계약체결 등 법률행위를 성립시키게 매개하는 행위인데, 이러한 중개를 해주기로 당사자와 약정하는 것을 중개계약이라고 부른다. 위에서 언급한 바와 같이 본 호의 중개계약은 중개를 부탁한 위탁자의 행위가 상행위가 아니더라도 된다는 점이 제10호 대리상 행위와 구별된다. 이는 실제 우리사회에서 중개를 부탁하는 위탁자에게 상행위가 되지 않더라도(부동산 매매, 임대차, 결혼의 중개) 이를 매개 · 중개하는 것을 영업으로 하는 상행위가 광범하게 이루어지고 있는 현상을 반영하는 것이지 반드시 논리필연적인 법리구조의 차이는 아니다. 직업알선 · 소개업, 결혼중개업, 부동산 중개업, 자동차중개업 등이 여기에 해당하는데 당사자에게 상행위가 되면 상사중개업(商事仲介業)이라고 하고(쌍방적 상행위 또는 일방적 상행위의 중개), 당사자에게 상행위가 되지 않으면 민사중개업(民事仲介業)이라고 한다. 상사중개업(商事仲介業)에는 중개인에게 더 엄격한 의무와 책임을 부과하기 위하여 상법총칙 · 상행위에 관한 일반규정에 더하여 제6장 중개업 규정(제93조부터 제100조까지)이 추가적으로 적용된다.

12) 위탁매매 기타의 주선에 관한 행위(제46조 제12호)

주선이라 함은 영리를 추구하여 타인을 위하여(타인의 계산에서) 법률행위를 촉진 내지 중개하지만 자기명의로 하는 것을 말한다. 위탁매매는 주선의 한 내용이다. 이는 대리행위의 인수 · 중개행위의 인수처럼 다른 사람을 위하여 일정한 노무를 제공하는 보조상의 행위이지만, 자신의 명의로 법률행위를 하여 그 권리의무의 귀속주체가 된다는 점에서 독특한 법적 구조이다.

제11호 중개에 관한 행위에서와 같이 위탁매매 등을 부탁한 타인에게 상행위가 되지 않더라도 본 호의 주선행위로 될 수 있다. 위탁매매업(제7장 제101조부터 제112조까지), 준위탁매매업(제113조), 운송주선업(제8장 제114조부터 제124조까지)이 본 호에 해당한다.

13) 운송의 인수(제46조 제13호)

운송의 인수라 함은 장소의 차이를 극복하기 위하여 영리의 목적으로 사람 · 물건의 운송을 해주기로 하는 약정(운송계약)을 말한다. 운송행위라는 구체적 행위는 이러한 법률행위로서의 운송인수계약을 이행하는 사실행위로 해석되고 이러한 운송인의 법률행위(기본적 상행위)와 사실행위는 포괄하여 전체적인 상사거래가 된다. 이론적으로는 서신(書信)이나 정보(情報)의 운송도 여기에 포함될 수 있지만, 제7호 「통신(通信)」에 관한 행위에 더 가까우므로 운송업과는 달리 설명하는 것이 보통이다.

운송업은 그 장소에 따라 육상운송, 해상운송, 항공운송으로 구분되고 그 대상의 차이에 의하여 다시 여객운송과 물건운송으로 나뉜다. 육상운송은 상법총칙 제9장(운송업)에서 운송인의 주의의무 · 책임을 중심으로 구체적으로 규율되고, 해상운송은 제5편 제2장(운송과 용선)에서 상세한 규정을 두고 있다. 항공운송은 현재 상법에서 규정하지 않고 국제조약과 약관 등에 의하여 규율되고 있을 뿐이다.

14) 임치의 인수(제46조 제14호)

임치의 인수라 함은 영리를 목적으로 타인을 위하여 물건(동산, 부동산)이나 유가증권을 받아 보관하는 일을 해주기로 하는 것이다(임치계약). 창고업(제11장 제155조부터 제168조까지), 자동차 주차장업 등이 여기에 해당한다.

15) 신탁(信託)의 인수(제46조 제15호)

이는 영리를 목적으로 타인의 재산권을 신탁받아 처리하여 주는 것을 내용으로 하는 행위이다. 신탁은 위탁자의 재산을 수탁자에게 이전하거나 관리처분권을 부여하는 것인데, 본 호에서는 이러한 행위를 영리목적으로 하면 기본적 상행위로 규정하려는 것이다. 신탁행위에 대해서는 상법뿐만 아니라 신탁법이 특별법으로서 적용된다. 신탁은 선량한 풍속 등에 위반하거나 탈법을 목적으로 하거나 소송을 주된 목적으로 하거나 사채신탁을 하는 것이 금지된다(신탁법 제5조부터 제8조까지). 또, 미성년자, 금치산자, 한정치산자, 파산선고를 받은 자는 수탁자가 될 수 없다(신탁법 제10조).

16) 상호부금 기타 이와 유사한 행위(제46조 제16호)

상호부금이라 함은 일정한 기간을 정하고 부금을 납입하게 하여 기간의 중도나 만료시에 부금자에게 일정한 금원을 지급하는 것을 약정하는 영리행위를 말한다. 기타 유사한 행위란 신용계 업무 등이 포함된다. 신용계 업무라 함은 일정한 계좌수와 기간 및 금액을 정하고 정기적으로 계금(契金)을 납입하게 하여 계좌마다 추첨 · 입찰 등에 의하여 계원(契員)에게 일정한 급부를 하기로 약정하는 계약이다. 이는 과거에 「조선무진령」(1931. 6. 9. 제령 제7호)에 의해 행해지던 「무진업(無盡業)」인데 1995년 상법개정시에 「상호부금 기타 이와 유사한 행위」로 시대에 맞게 이름을 바꾼 것이다. 이러한 유형의 상행위는 금융기관의 업무이기는 하나, 수신 · 여신 · 환업무와 달리 부금납입 · 신용계 업무 등 특수한 행위 형식을 취하고 있으므로 독립한 상행위 유형으로 규정한 것이다. 이는 본래 상호신용금고에서 행하던 영업행위인데 상호저축은행법상 일정한 자본금을 가진 상호저축은행만이 이를 영위할 수 있다.

17) 보험(제46조 제17호)

보험이란 당사자 일방이 약정한 보험료를 지급하는 대신 상대방은 재산 또는 생명이나 신체에 관하여 불확정한 사고(보험사고)가 생길 경우에 일정한 보험금액 기타의 급여를 지급하는 제도(商 제638조)이다. 본 호는 이를 영리적으로 약정하는(인수하는) 계약을 기본적 상행위의 하나로 하는 것이다. 보험 중에서 영리적인 계약인수만 해당하므로 영리보험이 아닌 상호보험과 사회보험(국민건강보험, 고용보험, 산업재해보상보험, 수출보험 등)은 여기에 해당하지 않는다. 보험업 영위는 금융위원회의 허가를 받아야 하고 이는 주식회사 · 상호회사 · 외국보험회사만이 할 수 있다. 보험계약을 체결하는 데 대한 계약법적 법률관계는 상법 제4편(보험편)에서 규율하고, 행정감독 측면은 보험업법에서 규율한다.

18) 광물(鑛物) 또는 토석(土石)의 채취(採取)에 관한 행위(제46조 제18호)

이는 천연적인 광물이나 토석을 채취하여 판매하는 행위를 말한다. 광업 등은 원시생산업의 하나로서 농업 · 임업 · 수산업과 유사하여 성질상은 상행위로 될 수 없는 것이지만(다만, 일정한 설비에 의하여 준상행위로 되는 것은 별도), 광업과 토석업의 영리기업성을 특별히 인정하여 이 규정을 상법제정 당시부터 두게 되었다. 광업과 토석업은 상법 이외에 광업법, 골재채취법 등의 적용을 받는다. 광물이나 토석채취 행위 자체는 사실행위에 불과하고 채취한 광물이나 토석을 판매하는 행위만이 여기서의 기본적 상행위가 된다.

19) 기계 · 시설 그 밖의 재산의 금융리스에 관한 행위(제46조 제19호)

이는 리스(lease)에 관한 행위를 말하고 제20호 · 제21호와 함께 1995년에 신설되었다. 금융리스란 리스이용자(leasee)가 선정한 특정물건을 리스회사(leasor)가 새로 취득하거나 대여받아 그 물건에 대한 유지 · 관리책임을 지지 않고 리스이용자에게 사용하게 하며 그 사용기간 동안 일정한 대가를 받고 그 이용 후의 물건의 처분은 당사자의 약정에 의하는 계약이다. 리스이용자가 목적물인 기계 · 설비 등을 자신의 자금으로 취득하기 어려워 리스회사가 금융을 하여 주지만, 취득자금을 직접 빌려주는 형태가 아니라 기계 · 설비 등을 리스회사가 취득하여 빌려주는 간접적 금융형식을 취하는 것이 보통이어서 이를 은행 등 금융업과 구별하여 물적 금융(物的 金融)(물융(物融))이라고도 부르는데 2010. 5. 상법개정시 이를 「재산의 금융리스」로 규정하였다. 금융리스행위(금융리스계약)의 법적 성질에 대해서는 임대차계약설, 소비대차계약설(특수소비대차계약설), 무명계약설 등의 견해가 있다. 금융리스업은 상법 이외에

여신전문금융업법의 적용을 받고 일정자본금 이상을 가진 주식회사만이 영위할 수 있으며 금융위원회에 등록하여야 한다. 본호의 금융리스업에 관해서는 2010년 5월 상법개정시 제12장을 신설하여 계약의 의의, 당사자의 권리의무, 계약의 해지 등에 관한 규정을 두었다.

20) 상호 · 상표 등의 사용허락에 의한 영업에 관한 행위(제46조 제20호)

본 호는 가맹영업(프랜차이즈(francise))에 관한 행위를 말한다. 가맹업(프랜차이즈)이란 어떤 자(francisor: 가맹업자)가 자기의 상호 · 상표 기타 영업상의 표지를 사용하여 영업할 것을 상대방(francisee: 가맹상)에게 허락하고 그 영업행위는 자기의 지도 · 통제를 받게 하며 이에 대해 상대방(가맹상)은 일정한 대가를 지급하게 하는 계약이다. 이 가맹업(프랜차이즈) 계약은 임대차계약 등 기존의 계약과는 다른 비전형계약이어서 여기에서 독자적인 상행위 유형으로 규정하고자 한 것이다. 2010년 5월 개정상법은 제13장을 신설하여 가맹업의 의의, 가맹업자와 가맹상의 의무, 가맹상의 영업양도, 가맹계약의 해지에 관한 규정을 두었다.

21) 영업상 채권(債權)의 매입(買入) · 회수(回收) 등에 관한 행위(제46조 제21호)

이는 1995년에 신설된 팩터링(factoring)업에 관한 행위를 말한다. 팩터링이란 어떤 자(factor: 채권매입업자)가 거래기업(client)으로부터 그 거래기업이 회수하지 못한 영업상 외상매출채권을 양수하고 그 대금의 회수, 관리, 장부작성 등의 행위를 영리적으로 해주는 행위를 말한다. 이 행위는 기존의 전형계약 어디에도 속하지 않으므로 본 호에서 규정하여 기본적 상행위의 하나로 상법의 적용을 받게 하려는 것이다. 팩터링 계약의 법적 성질에 관해서는 소비대차설, 채권매매설 등이 대립한다. 2010년 5월 개정상법은 제14장을 신설하여 채권매입업(팩터링 영업)의 의의, 채권매입업의 상환청구에 관한 규정을 두었다.

22) 신용카드, 전자화폐 등을 이용한 지급결제업무의 인수(제46조 제22호)

이는 2010년 상법 개정시 처음으로 인정한 상행위이다. 신용사회가 도래하고 인터넷 등 전자화가 광범하고 신속하게 추진된 사회적 환경을 반영하여 신용카드와 전자화폐에 의한 업무 중 지급결제업무만을 우선 상행위로 규정하고자 한 것이다. 이는 위의 금융리스업, 가맹사업(프랜차이즈), 채권매입업(팩터링) 등과 달리 아직 상법이 그 법률관계에 관한 규정을 따로 두고 있지 아니하므로, 상법총칙 · 상행위 규정과 함께 약관에 의해 당분간 규율될 수밖에 없을 것이다.

판례

대판 1998. 7. 10, 98다10793

(상법 제46조 소정의 기본적 상행위의 의미: 본시 새마을 금고의 목적 자체가 비영리사업에 있고 새마을금고가 회원에게 자금을 대출하는 행위도 영리를 추구하려는 것이 아니므로 상행위가 될 수 없다. 다만, 새마을금고법에서 정한 목적 자체가 비영리사업이라는 점만 고려한 것이 아니라 구체적인 대출행위의 모습에서 상행위 여부를 판단한 것으로 이해해야 할 것임)

"어느 행위가 상법 제46조 소정의 기본적 상행위에 해당하기 위하여는 영업으로 동조 각 호 소정의 행위를 하는 경우이어야 하고, 여기서 영업으로 한다고 함은 영리를 목적으로 동종의 행위를 계속 반복적으로 하는 것을 의미한다 … 새마을금고법의 제반 규정에 의하면 새마을금고는 우리 나라 고유의 상부상조 정신에 입각하여 자금의 조성 및 이용과 회원의 경제적 · 사회적 · 문화적 지위의 향상 및 지역사회개발을 통한 건전한 국민정신의 함양과 국가경제발전에 기여함을 목적으로 하는 비영리법인이므로, 새마을금고가 금고의 회원에게 자금을 대출하는 행위는 일반적으로는 영리를 목적으로 하는 행위라고 보기 어렵다."

(ㄴ) 특별법상의 상행위(담보부사채신탁법상의 사채총액인수)

담보부사채신탁법에 의하여 신탁회사가 다른 회사가 발행하고 담보가 있는 사채총액의 인수행위를 하면 기본적 상행위가 된다(동법 제23조 제2항). 사채(社債)를 발행한 주식회사(위탁회사)가 그 사채를 직접 사채매입자와 거래하기는 사무처리가 번잡한데, 이 때 그 발행사채 총액의 인수업무를 신탁회사(수탁회사)에 맡기면 편리하다. 그 사채에 관한 위탁회사의 채무이행을 확실히 담보하게 하기 위해 담보가 설정된다. 신탁회사가 이러한 인수행위를 하면 기본적 상행위가 되고 자기명의로 그 행위를 하는 자는 당연상인으로 되게 하려는 취지이다. 다만, 사채총액인수를 하는 자는 주로 회사에 해당하므로 이를 기본적 상행위로 규정하는 실익은 별로 없는 것이 사실이다.

나) 준상행위(準商行爲)

의제상인이 영업으로 하는 행위를 준상행위(準商行爲)라고 한다. 상법 제5조의 의제상인은 상법 제46조의 기본적 상행위(영업적 상행위)를 하여 상인으로 인정된 자가 아니라 점포 기타 설비에 의한 외관 때문에 상인으로 의제된 자이므로 이러한 자의 행위는 상법 제46조의 상행위에 속할 수가 없다. 그러나 의제상인의 행위를 상행위로 보지 않으면 그 행위에 상법을 적용할 수 없게 되는 맹점이 생긴다. 그리하여 상법은 의제상인의 경우에도 기본적 상행위에 관한 규정을 준용하게 하였다(商 제66조: 준상행위).

다) 보조적 상행위

① 의의와 유형

상인의 영업을 위하여 하는 행위는 상행위(商行爲)로 본다(商 제47조 제1항). 즉, 상인의 본래 영업적 행위나 준상행위가 아니더라도 그러한 본래의 목적활동을 위하여 하는 관련행위를 보조적 상행위(Hilfshandelsgeshäft) 또는 부속적 상행위(akzessorisches Handelsgeschäft)라고 한다. 이는 기본적 상행위(영업적 상행위)나 준상행위가 아니어서 상인의 영업적 색채가 그렇게 뚜렷하게 나타나는 것이 아니다. 그러나, 그를 위해 이루어지는 수단적 행위여서 민법 등 다른 법률이 아니라 상법이 적용되는 것이 합당하다는 뜻에서 이를 상행위의 일종이라고 보는 것이다. 기본적 상행위(예, 매매업)가 이루어지고 있는 중 그 점포 확장을 위해 이루어지는 건물 임차계약과 같이 본래의 상행위와 동시에 보조적 상행위가 이루어지는 경우뿐만 아니라 본래의 영업행위(예, 매매업)의 개업 이전에 이루어지는 개업보조 행위로서의 건물 임차행위[15]나 본래의 영업행위가 종료된 후에 이루어지는 잔무처리행위(예, 회사의 청산행위)도 보조적 상행위가 된다. 비록 시간적으로 선후(先後)의 관계에 있더라도 이러한 보조행위가 본래의 영업행위를 보조하는 것은 틀림없기 때문이다. 본래의 영업을 위한 행위인가 그와 무관한 비상행위(非商行爲)인가의 구별은 이를 주관적 의사에 따르게 되면 법적 안정성이 보장될 수 없으므로 외관(外觀)에 의한 객관적 기준에 의해야 한다.

판례(1)

대판 1999. 1. 29, 98다1584

(개업준비행위와 보조적 상행위, 상인자격의 취득 시기: 개업준비행위가 보조적 상행위가 되려면 영업의사를 상대방이 객관적으로 인식할 수 있게 해야 하고(보조적 상행위의 요건), 이러한 개업준비행위에 착수한 때에는 본격적인 영업행위에 착수하기 전이라도 이미 상인자격을 취득한다는 취지)

15) 대판 1999.1.29, 98다1584 참조.

"영업의 목적인 기본적 상행위를 개시하기 전에 영업을 위한 준비행위를 하는 자는 영업으로 상행위를 할 의사를 실현하는 것이므로 그 준비행위를 한 때 상인자격을 취득함과 아울러 이 개업준비행위는 영업을 위한 행위로서 그의 최초의 보조적 상행위가 되는 것이고, 이와 같은 개업준비행위는 반드시 상호등기 · 개업광고 · 간판부착 등에 의하여 영업의사를 일반적 · 대외적으로 표시할 필요는 없으나 점포구입 · 영업양수 · 상업사용인의 고용 등 그 준비행위의 성질로 보아 영업의사를 상대방이 객관적으로 인식할 수 있으면 당해 준비행위는 보조적 상행위로서 여기에 상행위에 관한 상법의 규정이 적용된다 … 부동산임대업을 개시할 목적으로 그 준비행위의 일환으로 당시 같은 영업을 하고 있던 자로부터 건물을 매수한 경우, 위 매수행위는 보조적 상행위로서의 개업준비행위에 해당하므로 위 개업준비행위에 착수하였을 때 상인 자격을 취득한다."

판례(2)

대판 2006. 4. 27, 2006다1381
(근로계약의 보조적 상행위성)

"근로계약이나 단체협약이 보조적 상행위에 해당함을 이유로, 단체협약에 기한 근로자의 유족들의 회사에 대한 위로금채권에 5년의 상사소멸시효기간이 적용된다."

판례(3)

대판 1976. 6. 22, 76다28
(보조적 상행위와 상사채무: 公社라고 할지라도 근로계약체결은 그 영업을 위한 것이어서 근로계약상 퇴직금채무는 상사채무가 된다는 것)

"대한석탄공사는 상사회사는 아니라 하여도 광물채취에 관한 행위를 영업으로 하는 상인의 성질을 띤 법인이라 할 것이며 위 공사가 피용자들과 체결한 근로계약은 그의 영업을 위한 보조적 상행위이므로 그 보조적 상행위에 따른 퇴직금채무는 상사채무이다."

판례(4)

대판 2002. 9. 24, 2002다6760, 6777

(수익의 의사표시와 보조적 상행위: 상인이 제3자를 위한 계약의 수익자로서 수익의 의사표시를 하는 것도 본래의 영업행위를 위한 행위라면 보조적 상행위가 될 수 있어서 그 채권은 상사소멸시효의 대상이라는 취지)

"당사자 쌍방에 대하여 모두 상행위가 되는 행위로 인한 채권뿐만 아니라 당사자 일방에 대하여만 상행위에 해당하는 행위로 인한 채권도 상법 제64조 소정의 5년의 소멸시효기간이 적용되는 상사채권에 해당하는 것이고, 그 상행위에는 상법 제46조 각 호에 해당하는 기본적 상행위뿐만 아니라 상인이 영업을 위하여 하는 보조적 상행위도 포함되며, 상인이 영업을 위하여 하는 행위는 상행위로 보되 상인의 행위는 영업을 위하여 하는 것으로 추정되는 것이다 … 상인이 제3자를 위한 계약의 수익자로서 수익의 의사표시를 하여 발생한 특허권의 전용실시권 설정등록절차 이행청구권은 상법 제64조 소정의 상사채권으로 5년의 소멸시효기간이 적용된다."

판례(5)

대판 1993. 3. 9, 92다44329

(축협사료 구매의 보조적 상행위성: 일방적 상행위이면서 보조적 상행위인 행위에 대하여 그에 따른 채권을 상사채권이라고 한 예)

"축산업협동조합이 양계업을 영위하는 조합원에게 사료를 판매한 행위가 조합원의 구매사업의 하나에 해당한다고 하더라도 상인인 조합원이 영업을 위하여 하는 사료의 구매에 해당하므로 그 상거래행위는 상행위라고 보아야 할 것이고 따라서 그 외상대금채권은 상사채권이다."

② 보조적 상행위로 추정되는 경우

보조적 상행위의 예와 그 기준에 대해서 위에서 설명하였지만 구체적인 경우 보조적 상행위가 되는가 아닌가에 대해 판단하기란 쉬운 일이 아니다. 특히 개인상인의 경우가 더욱 문제이다. 개인기업이 아닌 회사의 경우에는 회사라는 법인 자체가 그 목적 사업인 영리행위만을 위해 성립되고 존재하는 것이므로 영업목적 자체를 위한 행위(본래의 회사목적의 행위)가 아니면 그 회사의 기관에 의한 모든 행위는 보조적(부속적) 상행위로 될 수밖에 없다. 그러나, 회사가 아닌 개인기업의 경우에는 영업적 영역의 생활과 비영업적(非營業的) 영역의 생활로 구분되므로 구체적으로 본래의 영업행위가 아닌 행위를 보조적 상행위로 볼 것인가에 의문이 있을 수 있다. 이에 대하여 상법은 거래의 안전을 우선하는 쪽으로 입법하였다. 즉, 상법은 "상인의 행위는 영업을 위하여 하는 것으로(즉, 보조적 상행위로) 추정한다(商 제47조 제2항)"고 하였다. 그리하여 어떤 자가 개인상인의 어떤 행위에 대해 상행위(즉, 보조적 상행위)가 아니라고 주장하려면 비상행위(非商行爲)라는 반증(反證)을 들어야 한다.

판례(1)

대판 2008. 12. 11, 2006다54378
(보조적 상행위성의 추정: 어떤 상인이 본래의 영업행위(A행위)를 하면서도 다른 有償의 행위(B행위)를 하는 경우 B행위가 궁극적으로 A행위에게 有益 · 有用하다면 B행위를 A행위의 보조적 상행위로 인정할 수 있다는 것)

"영업을 위하여 하는 것인지 여부가 분명치 아니한 상인의 행위는 상법 제47조의 규정에 의하여 영업을 위하여 하는 것으로 추정되고 그와 같은 추정을 번복하기 위해서는 그와 다른 반대사실을 주장하는 자가 이를 증명할 책임이 있다. 그런데 금전의 대여를 영업으로 하지 아니하는 상인이라 하더라도 그 영업상의 이익 또는 편익(편익)을 위하여 금전을 대여하거나 영업자금의 여유가 있어 이자 취득을 목적으로 이를 대여하는 경우가 있을 수 있으므로, 이러한 상인의 금전대여행위는 반증이 없는 한 영업을 위하여 하는 것으로 추정된다 … 음식점업을 영위하는 상인이 부동산중개업을 영위하는 상인에게 금원을 대여한 행위는 상법 제47조 제2항에 의하여 영업을 위하여 하는 것으로 추정되고, 그 금전대여행위가 상호 고율의 이자소득을 얻기 위한 목적으로 행하여졌다는 사정만으로는 위 추정이 번복된다고 볼 수 없다."

판례(2)

대판 1993. 10. 26, 92다55008
(상인의 금원차용과 보조적 상행위 추정: 상인이 금원을 차용한 행위가 영업을 위하여 한 것으로 추정된다는 것과 상인이 차용한 금원이 그 후 타인의 예금구좌에 입금되어 타인이 사용하였다는 사정이 있더라도 보조적 상행위라는 점은 변하지 않는다는 것)

"甲이 ××산업사라는 상호로 사업자등록을 하고 단추, 버클 등의 제조 및 판매를 주로 하는 사업을 개시한 이래 乙로부터 금원을 차용할 당시에도 이를 계속하고 있던 상인으로서 乙로부터 금원을 차용하면서 乙에게 위 상호 및 그 업종과 사무실 및 공장의 소재지가 인쇄된 명함을 교부해 주었고, 또한 약속어음의 甲의 배서부분에 기명날인을 함에 있어 甲의 표시를 "××산업사 대표 ○○○"라고 기재하여 주었다면 甲의 위 금원차용행위는 특별한 사정이 없는 한 상인인 甲이 그의 영업을 위하여 한 것으로 추정된다고 보아야 한다 … 위 금원이 丙의 은행예금구좌에 입금되어 丙이 위 금원을 사용하였다는 사실만으로는 甲이 그의 영업을 위하여 위 금원을 차용하였다는 추정을 번복하기에 부족하다."

판례 (3)

대판 1995. 4. 21, 94다36643
(금원대여행위와 보조적 상행위 추정)

"부동산중개업자의 금원대여 행위를 상법 제47조에 의하여 영업을 위하여 한 상행위로 추정함이 상당하다 하여, 이로 인하여 발생한 채권은 상사채권으로서 5년의 상사시효의 적용을 받게 된다."

(2) 일방적 상행위와 쌍방적 상행위

이는 행위 당사자 어느 쪽에게 상행위로 되는가에 따라 상행위를 구분하는 것이다.

당사자 일방에게만 상행위가 되는 거래를 일방적 상행위라고 하고(예, 소매상이 일반인에게 물건을 판매하는 경우), 행위 당사자 쌍방에게 상행위가 되는 거래를 쌍방적 상행위(예, 도매상과 소매상 간의 매매행위)라고 한다.

상법은 쌍방적 상행위에서뿐만 아니라 당사자 중 그 1인의 행위가 상행위(즉, 일방적 상행위)여도 전원에 대하여 적용되므로(商 제3조), 그 구별의 실익이 크지는 않다. 다만, 어떤 상법규정은 일방적 상행위에는 적용되지 않고 쌍방적 상행위에만 적용된다(제58조(상사유치권(商事留置權)), 제67조부터 제71조까지(상사매매: 商事賣買)).

상행위법 통칙

제2장

상행위법 통칙에는 민법의 규정을 수정·보충한 특별규정을 많이 두고 있다. 이는 영리추구를 본질로 하는 상행위의 성격에 기초하여 거래의 신속성·안전성·유상성을 반영해야 하기 때문이다. 이하에서 이러한 규정을 민법의 편제와 대비하여 고찰한다. 상법 편제상으로는 통칙(제2편 제1장)규정과는 별도로 상사매매의 특칙(제2장)이 규정되어 있으나 이는 성격상 민법 채권편 매매규정의 특별규정이므로 강학상 상행위법 통칙에서 함께 다루도록 한다. 상호계산계약과 익명조합계약 등 보조적 상행위는 대리상, 중개인, 위탁매매인 등의 상행위와 함께 상행위 각칙에서 설명하기로 한다.

제1절 민법 총칙편에 대한 특칙

Ⅰ. 상행위의 대리와 위임

1. 대리권의 범위

상행위의 위임을 받은 자는 위임의 본지에 반하지 않는 범위 내에서 위임을 받지 아니한 행위를 할 수 있다(商 제49조). 여기에서 '상행위의 위임을 받은 자'라는 것은 위임인으로부터 수임인이 상행위를 처리하도록 부탁받은 것을 뜻한다. 그리하여 반드시 위임행위 자체가 상행위가 되지 않고 비상행위(非商行爲)라도 부탁받은 행위 자체가 상행위이기만 하면 된다. 민법에서는 「위임사무 처리에 관하여 수임인은 위임의 본지에 따라 선량한 관리자의 주의로써 위임사무를 처리하여야 한다」라는 규정을 두고 있다(民 제681조). 상법의 규정과 민법의 규정을 비교할 때 민법보다 상법에서 그 대리권을 확장하였다고 하는 견해도 있다(대리권 확장설).[1] 그러나 민법의 규정에서도 수임인이 위임받은 문언(文言) 자체대로 위임사무를 처리하라는 것이 아니라 '위임의 본 뜻(본지(本旨))'에 따라야 하고 '선량한 관리자의 주의의무'를 기울여야 하므로 상법이 규정하는 탄력적인 위임사무 처리와 별반 다르지 않다고 본다. 그리하여 상법 규정은 민법의 내용을 확장하였다기보다는 구체화한 것으로 이해한다(민법 구체화설).[2] 다만, 어떤 견해에 의하더라도 상행위의 수임자는 예컨대 전매(轉賣) 목적의 물품구입을 부탁받은 경우 그 물건을 구입한 후에 가격의 급락 위험이 있다면 자기의 재량으로 그 구입물품을 바로 매각할 수 있게 된다.

2. 대리의 방식

민법에 있어서는 대리인이 본인을 위한 것임을 표시하여야만 그 대리행위의 효과가 본인에게 귀속되고 그것을 표시하지 않은 경우에는 그 의사표시는 대리인 자신을 위하여 한 것으로 본다(民 제114조, 제115조: 현명주의(顯名主義) 원칙). 그러나, 상법에서는 상행위의 대리인이 대리행위를 함에 있어서 본인을 위한 것임을 표시하지 않아도 그 행위는 본인에 대하여 효력이 있다(商 제48조 본문: 비현명주의(非顯名主義)). 이는 상대방이 그 대리행위가 본인을 위한 것임을 알지 못한 경우에도 적용이 있다. 상법이 본인과의 대리관계 표시 없이도 본인에 대한 대리효과를 발생시키려는 것은 상거래에서는 간이 · 신속성이 요구되고 실제로 거래자는 영업주 본인이 누구인지를 이미 알고 있는 경우가 많고, 또 거래상대방이 누구인가를 중시하기보다는 거래내용에만 관심이 있는 경우가 흔하기 때문이다(대판 1956. 12. 15, 4289民上527). 즉, 상법에서 현명되지 않은 본인에게 대리행위의 효과를 인정하는 것은 영업주 본인과 거래상대방 모두를 위한 편리한 제도이다.

판례(1)

대판 2009. 1. 30, 2008다79340
(상행위(보조적 상행위도 포함)의 대리방식에서 현명주의 배제)

---

1) 서 · 정, 148면; 이기수 외, 280면; 채이식, 157-158면.

2) 같은 취지: 강 · 임, 184면; 김성태, 434면; 손주찬, 224면; 양 · 박, 110면; 이 · 최, 257면; 이병태, 215면; 정무동, 158면; 정희철, 150면; 최기원, 221면(최기원, 221면은 이를 임의규정으로 보고 입법론으로서는 불필요한 조항이라고 한다.)

"민법 제114조 제1항은 "대리인이 그 권한 내에서 본인을 위한 것임을 표시한 의사표시는 직접 본인에게 대하여 효력이 생긴다."라고 규정하고 있으므로, 원칙적으로 대리행위는 본인을 위한 것임을 표시하여야 직접 본인에 대하여 효력이 생기는 것이고, 한편 민법상 조합의 경우 법인격이 없어 조합 자체가 본인이 될 수 없으므로, 이른바 조합대리에 있어서는 본인에 해당하는 모든 조합원을 위한 것임을 표시하여야 하나, 반드시 조합원 전원의 성명을 제시할 필요는 없고, 상대방이 알 수 있을 정도로 조합을 표시하는 것으로 충분하다. 그리고 상법 제48조는 "상행위의 대리인이 본인을 위한 것임을 표시하지 아니하여도 그 행위는 본인에 대하여 효력이 있다. 그러나 상대방이 본인을 위한 것임을 알지 못한 때에는 대리인에 대하여도 이행의 청구를 할 수 있다."고 규정하고 있으므로, 조합대리에 있어서도 그 법률행위가 조합에게 상행위가 되는 경우에는 조합을 위한 것임을 표시하지 않았다고 하더라도 그 법률행위의 효력은 본인인 조합원 전원에게 미친다 … 甲이 금전을 출자하면 乙이 골재 현장에서 골재를 생산하여 그 이익금을 50:50으로 나누어 분배하기로 하는 내용의 동업계약에서, 乙은 민법상 조합의 업무집행조합원에 해당한다고 볼 수 있고, 乙이 위 골재 현장의 터파기 및 부지 평탄작업에 투입될 중장비 등에 사용할 목적으로 유류를 공급받는 행위는 골재생산업을 영위하는 상인인 甲과 乙을 조합원으로 한 조합이 그 영업을 위하여 하는 행위로서 상법 제47조 제1항에 정한 보조적 상행위에 해당한다고 볼 여지가 충분하므로, 乙이 위 골재현장에 필요한 유류를 공급받으면서 그 상대방에게 조합을 위한 것임을 표시하지 아니하였다 하더라도 상법 제48조에 따라 그 유류공급계약의 효력은 본인인 조합원 전원에게 미친다."

판례 (2)

대판 2003. 7. 11, 2001다6619

(상행위의 대리방식에서 비현명주의: 탁송업자를 대리하는 보험계약 체결(상행위)에서 탁송업자를 대리한다는 표시가 없더라도 탁송업자를 피보험자로 계약한 것으로 해석할 수 있다는 것)

신조(新造) 자동차의 판매원이 자신을 피보험자로 하여 자동차취급업자종합보험계약을 체결한 것으로 계약서상 기재되어 있으나, 탁송업계의 관행상 신조자동차의 판매원이 탁송업자를 대리하여 보험계약을 체결한 것으로 해석한 사례.

판례(3)

대판 1997. 6. 27, 95다7215

(상행위의 대리(선하증권의 대리발행)방식에서 비현명주의)

상법 제813조의 규정에 의하여 운송인이 송하인에게 선하증권을 발행, 교부함에 있어 운송인 본인만이 이를 발행할 수 있는 것이라고 볼 수 없고, 그 대리인을 통해서도 발행할 수 있다고 하여, 선하증권에 직접 서명하여 이를 송하인에게 교부한 행위자인 대리인을 운송계약상의 운송인으로 인정하지 아니하고 본인을 운송인으로 인정한 원심판결을 수긍한 사례(해상물건운송계약 체결은 해상운송인 입장에서 상행위에 해당하므로 그 계약체결의 대리에는 반드시 본인을 나타내지 않아도(비현명의 방법으로 발행인을 표시) 본인인 운송인에게 효력이 발생한다는 것).

판례(4)

대판 1996. 10. 25, 94다41935, 41942

(상행위의 대리방식에서 비현명주의: 건물분양업은 상행위에 해당하므로 건물소유자의 대리인인 분양업체가 분양계약 체결시 반드시 본인인 건물소유자를 표시하지 않더라도 유효한 대리행위가 된다는 취지)

"상가건물 소유자가 전문 분양업체와 건물 매매계약을 체결하면서 특약사항으로 분양 대리권 위임 약정을 한 사안에서, 형식적으로는 상가건물 소유자가 분양업체에게 상가건물을 매도하는 것으로 되어 있으나, 그 매매계약의 체결 동기와 경위, 목적과 의도, 내용 등에 비추어 볼 때 실질적으로는 상가건물 소유자가 전문 분양업체에게 건물 내 점포의 분양을 위임하면서 다만 내부관계에 있어 그 점포를 원매자들에게 분양하여 수령할 분양대금 중에서 분양업체가 책임을 지고 건물 소유자에게 지급하여야 할 분양대금액과 그 지급시기, 분양대금 관리방법 등을 정하고 기타의 법률관계를 명백히 하는 등의 필요에서 편의상 분양업체와 그 건물에 관하여 매매계약을 체결하는 형식을 취한 것으로 해석함이 상당하다는 이유로, 그 분양업체는 그 건물에 관하여 매수인의 지위와 동시에 건물 소유자로부터 분양권을 위임받은 대리인으로서의 지위도 아울러 가지고 있다 … 상가건물 분양업체에게 그 소유자를 대리할 권한이 있고, 그 점포의 분양행위가 그 규모, 횟수, 분양기간 등에 비추어 볼 때 상법 제46조 제1호 소정의 부동산의 매매로서 본인인 상가건물 소유자의 상행위가 되는 경우, 분양업체가 수분양자와 분양계약을 체결하면서 건물 소유자의 대리인임을 표시하지 않았다 하더라도 상법 제48조에 의하여 유효한 대리행위로서 그 효과는 본인인 건물 소유자에게 귀속된다."

판례(5)

대판 1996. 2. 9, 94다27144

(상행위에서의 대리권 수권행위 인정사례: 수출입의 경우 수입상(매수인)이 수출상(매도인)에게 운송인과의 운송계약 체결의 대리권을 수여한 것으로 해석한 것)

"운임포함조건(C&F)으로 체결된 수출입매매계약에 있어서는, 매도인이 선복을 확보하여 운송인과 운송계약을 체결하고 그 운임을 부담할 의무가 있는 것이고 매수인에게는 선복을 확보할 의무가 없으므로, 운송계약의 당사자는 매도인이다 … (그런데) 본선인도조건(F.O.B.)과 같은 신용장상의 운송조건은 기본적으로는 수출입계약 당사자 사이의 비용 및 위험부담에 관한 약정이지만, 본선인도조건으로 체결된 수출입매매계약에 있어서는 당사자 사이에 특별한 약정이 없는 한 매수인이 용선계약을 체결하거나 기타 선복을 확보하여 화물을 선적할 선박을 매도인에게 통지하여 줄 의무가 있는 것이고 매도인에게는 스스로 선복을 확보하여 화물을 선적할 의무가 없는 것이므로, 매도인과 매수인이 본선인도조건으로 수출입매매계약을 체결하면서도 매수인이 선복을 확보하지 않고 매도인이 수출지에서 선복을 확보하여 운송계약을 체결하되 운임은 후불로 하여 운임후불로 된 선하증권을 발행받아 매수인이 수하인 또는 선하증권의 소지인으로서 화물을 수령할 때 운송인에게 그 운임을 지급하기로 약정하였다면, 이는 매수인이 매도인과의 내부관계에서는 운임을 부담하되 운송인과의 관계에서는 매도인이 매수인의 대리인이 아닌 본인으로서 운송계약을 체결하는 것으로 볼 것이 아니라, 매수인이 매도인에게 자신을 대리하여 운송계약을 체결하는 권한까지 부여하였다고 봄이 상당하다."

판례(6)

대판 1989. 7. 25, 88다카17273

(상행위의 대리방식에서 비현명주의: 지입차의 경우 대외적으로 회사의 소유가 된다는 것과 그 지입차 운행을 위한 거래는 회사를 위한 대리관계가 되어 비현명주의가 적용된다는 취지)

"중기대여회사에 지입된 중기는 대외적으로는 그 회사의 소유이고 지입차주들은 회사와의 수탁관리운영계약에 의하여 그 중기의 운행관리를 위임받은 것이므로 지입차주들이 그 중기를 운행하기 위한 필요에 의하여 제3자로부터 타이어, 튜브 등의 공급을 받는 거래를 하였다면 그것은 회사의 위임에 의하여 회사를 대리하여 한 것이고 그 거래에서 물품대금을 회사에 대하여 청구하지 않고 지입차주 본인이 책임지기로 특약한 사실이 없다면 회사는 그 거래의 본인으로서 대금지급의 책임을 면할 수 없다."

판례(7)

위(6번)와 같은 취지: 대판 1987. 9. 8, 87다카1026

"회사에 지입된 차량은 대외적으로 그 소유권이나 운행관리권이 그 회사에 귀속되는 것이어서 지입차량을 지입차주가 직접 운행관리하는 경우에도 지입차주는 운송사업자인 지입회사로부터 지입차량에 관한 운행관리권을 위임받아 운행관리상 통상업무에 속하는 행위를 대리하는 것이라고 할 것인바, 지입차주가 지입차량의 운행에 필요한 유류를 구입하는 등 지입차량의 운행관리상 통상업무에 속하는 행위를 하였다면 그 유류공급거래를 함에 있어 지입차주에게 운송사업자를 대리하는 의사가 없었고 상대방인 유류공급업자도 위 운송사업자와 거래를 할려는 의사가 아니었다고 볼 수 있는 특별한 사정이 있어서 그 유류대금을 유류를 직접 공급받은 지입차주만이 부담하기로 하는 특약이 있었던 거래로 보아야 하는 경우를 제외하고는 지입차주의 위 거래행위는 위 운송사업자를 대리한 것이라고 보아야 할 것이다."

판례(8)

대판 1989. 9. 26, 88다카15628

(지입차의 운행에서 영업주 본인과의 대리관계를 부정한 예외적인 경우: 지입차의 경우 지입차주가 회사를 대리하지 않고 유류 등을 구입하려는 의사가 있었다고 인정되는 극히 예외적인 사례)

"일반적으로 회사에 지입된 차량은 대외적으로 그 소유권이나 운행관리권이 그 회사에 귀속되는 것이어서 이를 지입차주가 직접 운행, 관리하는 경우에도 지입차주는 회사로부터 지입차량에 관한 운행관리권을 위임받아 운행관리상 통상업무에 속하는 행위를 대리하는 데 불과하나 그 통상업무에 속하는 유류공급거래를 함에 있어서 지입차주에게 회사를 대리하는 의사가 없었고 상대방인 유류공급업자도 회사와 거래하려는 의사가 아니었다고 볼 수 있는 특별한 사정이 있어서 그 유류대금을 유류를 직접 공급받은 지입차주만이 부담하기로 하는 특약이 있었던 것으로 보아야 하는 경우에는 지입차주가 그 유류대금을 부담한다."

판례(9)

위(8번)와 같은 취지(대리관계 부정): 서울고판 1988. 5. 16, 87나5044

"이른바 지입차주가 지입차량의 운행에 필요한 차량부속품 등을 구입함에 있어 세금계산서상 공급받는 자란에 지입운송업자와 별개로 사업자등록한 지입차주의 사업자 등록번호와 지입차주의 성명을 기재하였고 이 사건 거래를 전후하여 위 물품공급자와 지입운송업자 사이에서 서로 상면하거나 거래관계를 논의한 적도 없었으며 그 동안 결제된 대금도 지입차주에게서만 지급 받아 왔다는 특별한 사정이 있다면, 위 물품거래는 지입차주가 지입운송업자를 대리한 것이 아니라 지입차주만이 물품대금을 부담하기로 특약한 지입차주 자신의 거래로 보아야 한다."

3. 대리의 효과

대리의 일반적인 효과는 상법도 일반법인 민법에서와 같다. 그러나 상법은 이에 관해 특칙을 규정하고 있다.

(1) 상대방의 대리인에 대한 이행청구권

위에서 본 현명주의의 예외 사례에서 본인을 표시하지 않은 대리행위의 효과가 본인에게 귀속되는 것은 대리행위 본인과 거래 상대방 모두에게 편리한 제도이다. 그러나, 경우에 따라서 상대방이 대리인 자신을 위한 거래 행위로 인식하고 변제자력 있는 대리인 자신의 이행을 신뢰하였다면 상대방이 영업주 본인에게만 이행청구를 하게 강요하는 것은 그 상대방에게 매우 불리한 결과로 된다. 그리하여 상법은 상대방이 그 대리행위가 本人을 위한 것임을 알지 못한 때에는 대리인에 대해서도 이행의 청구를 할 수 있게 하고 있다(商 제48조 단서), 이는 상대방이 뜻하지 않은 손해를 보지 않도록 하려는 배려이다.

(2) 상대방의 과실있는 경우 그 이행청구권 유무

상대방이 대리인에게 이행청구를 하게 하는 것은 대리인의 행위가 본인을 위한 것임을 알지 못한 경우(不知) 상대방을 보호하려는 것인데, 여기에서 상대방 자신의 잘못(과실)으로 이를 알지 못하고 거래한 때에도 이 청구를 허용하여야 하는가? 이에 대하여는 견해가 대립한다.

(i) 긍정설(과실 보호설)

이는 상대방의 부지(不知)에 과실이 있는 경우에도 그 부지(不知)의 상대방은 대리인에게 이행청구를 할 수 있다는 견해이다.[3] 상거래는 민법과 달리 거래안전과 원활이 더욱 요청됨을 그 논거로 한다.

(ii) 부정설(과실 불보호설)

이 견해는 상대방의 그 부지(不知)에 과실이 있다면 그러한 상대방은 대리인에게 이행청구를 할 수 없다는 것이다. 이는 과실 있는 자를 지나치게 보호할 필요가 없다는 것을 근거로 한다.[4]

(iii) 사견(부정설(과실 불보호설))

생각건대, 상법이 민법보다 거래의 안전과 신속을 더 고려하여야 한다는 요청은 비현명주의(非顯名主義)의 채택으로 충분히 달성하고 있다고 본다.

본인에게 효과가 귀속되는 대리행위에 대하여 상대방이 대리인에게 이행청구하게 허용하는 것은 대리인의 부지(不知)에 대한 보호책인데, 이러한 예외적인 보호책을 과실있는 상대방에게까지 넓힐 필요가 없다는 점, 상대방 보호의 지나친 확장은 상사대리의 대리인에게 지나친 불이익을 가져온다는 점에서 허용할 수 없다고 본다.

(3) 대리인에 대한 청구권 행사시 본인과의 관계

대리행위의 상대방이 대리인에 대하여 이행청구를 하는 경우 정작 대리를 하게 하여 그 대리행위의 효과가 귀속되는 본인에 대한 관계는 어떻게 되는가? 이에 대하여도 견해의 대립이 있다. 이는 상대방이 대리인에게 이행청구를 하는 경우 본인과의 법률관계는 발생하지 않게 되는가에 관한 것이다.

3) 이철송, 291면; 채이식, 155면; 최기원, 220면.
4) 손주찬, 221면; 임홍근, 228면; 정동윤, 150면.

(ⅰ) 제1설(선택적 법률관계설)

상대방은 본인과의 법률관계나 대리인과의 법률관계 중 하나를 선택하여 청구권을 행사할 수 있고, 만약 상대방이 본인을 선택하지 않고 대리인을 선택하여 청구하였다면 본인과의 사이에는 법률관계가 발생할 여지가 없다는 것이다.[5]

(ⅱ) 제2설(부진정연대 채무관계설)

대리에 의한 법률관계는 상대방과 본인 사이에서만 발생하고 상대방의 청구에 의하여 대리인이 이행책임을 지게 되는 경우라도 본인과의 법률관계는 변경될 수 없으며, 본인의 이행채무와 대리인의 이행채무는 부진정연대 채무관계로 된다고 한다. 또 이 때 상대방에 대한 채권은 본인만이 행사할 수 있다고 한다.

(ⅲ) 사견(부진정연대 채무관계설)

생각건대, 상법상 비현명주의(非顯名主義) 원칙 하에서 대리관계에 대한 상대방의 不知 때에 상대방이 대리인에게 이행행위를 요구할 수 있는 것은 상대방의 부지(不知)(신뢰)를 보호하려는 뜻일 뿐이다. 대리인이나 본인, 모두 그 대리행위의 효과가 본인에게 귀속된다고 인식하고 있었던 것은 분명하고, 더구나 대리인에게 권리까지 보유하게 한다면 본인의 아무런 귀책사유 없이 그의 청구권을 박탈하는 결과가 되어 심히 부당하다. 그리고, 상법 제48조의 규정자체도 상대방이 예외적으로 대리인과 법률관계를 맺은 경우에 그 이행청구를 할 수 있다는 정도로 정하고 있을 뿐이므로 제2설(부진정연대 채무관계설)이 타당하다고 본다.

(4) 상대방의 부지(不知)나 과실(過失) 유무에 대한 주장 · 입증책임

상법 제48조 단서에서 규정한 상대방의 부지(不知)는 그를 주장하여 대리인에 대한 청구권을 확보 · 행사하려는 상대방 자신이 주장 · 입증하여야 하고, 그 상대방에게 과실(過失)이 있다는 것은 대리인측에서 입증하여 이행책임을 면하도록 하여야 할 것이다.

(5) 비현명주의(非顯名主義)(商 제48조)의 적용범위

① 상법이 제48조에서 본인의 성명 · 본인과의 관계를 표시하지 않아도 본인에게 대리행위를 귀속하게 하는 것은 본인에게 상행위가 될 때 뿐이고 상대방에게 상행위가 되는 경우에까지 적용되지는 않는다.

---

5) 임홍근, 228면; 정동윤, 150면.

② 상법의 비현명주의(非顯名主義)는 어음 · 수표행위에서와 같이 엄격한 요식성(要式性)이 요구되는 법률행위에서는 적용될 여지가 없다. 어음행위나 수표행위에서는 대리행위가 상행위이더라도 본인의 성명, 본인과의 대리관계를 표시하여야 하고, 반대로 그러한 표시가 없다면 그 지부지(知 · 不知)에 관계없이 언제나 대리인 자신의 법률행위로 될 뿐이다.

4. 본인의 사망과 대리권의 존속

민법에 의하면 대리인의 대리권은 본인의 사망으로 인하여 소멸한다(民 제127조 제1호).

그러나 상법에서는 상인이 그 「영업에 관하여 수여한 대리권」은 본인의 사망으로 인하여 소멸하지 않고 존속한다(商 제50조). 민법에서는 대리권 유무가 본인의 생존과 직결되어 있는 법률문제라고 보는 반면, 상법에서는 대리권이 영업주 본인보다는 영업 자체와 더욱 긴밀하게 연결되어 있다고 보기 때문이다. 그리하여 상사대리권은 본인의 사망 후에라도 그 상속인을 위하여 존재하게 된다. 이러한 취지는 본인이 사망하더라도 영업활동이 중단되지 않게 하고 대리인, 대리인과 거래하는 상대방과의 사이에서 거래의 안전을 도모하려는 것이다. 물론 민법상 대리제도에서도 본인 사망 후에 상속인이 새로 대리인을 선임하여 대리관계를 계속해 나갈 수는 있겠지만, 기존의 대리권 소멸과 새로운 대리권 발생 사이에는 대리관계가 중단될 수밖에 없는 한계가 있게 된다.

다만, 2010년 5월 개정전 상법은 「상행위의 위임에 의한 대리권」이라는 표현을 사용하고 있었기 때문에 이 「상행위의 위임에 의한 대리권」이란 무엇을 의미하는지가 해석상 문제로 되어 왔었다. 이는 상법 제50조의 표현 자체가 분명하지 않아서 (ⅰ) '영업주 본인에게 상행위가 되는 행위'를 대리하도록 하는 대리권으로 해석하거나, (ⅱ) 영업주 본인의 '위임 자체가 상행위'인 경우 그로 발생하는 대리권으로 해석할 수 있는 두 가지 가능성이 있었기 때문이다. 이러한 해석론의 차이는 어떤 위임(A행위: 대리권을 발생시킨 기초적 내부관계)의 결과 발생한 대리권을 행사하는 대리행위(B행위)에서 A행위와 B행위는 별개의 것이고, A행위는 상행위임에 반하여 B행위는 비상행위(非商行爲)일 수도 있다는 점에 기인하였다. (ⅲ) 그에 관해서는 영업주 본인에게 상행위가 되어야만 이 규정이 적용된다면((ⅰ)의 방법에 의한 해석), 영업주 본인에게 상행위가 되거나 상행위가 되지 않는 행위 중 전자(前者)에 대해서만 이 규정이 적용되고 후자(後者)에게는 적용되지 않는 법적 불안정이 발생하여 받아들이기 어려웠다(목적론적 해석). 그리하여 개별적 행위가 영업주 본인에게 상행위로 되지 않더라도 영업주 본인이 대리인에게 대리권을 수여함이 영업주 자신에게 상행위(보조적 상행위 포함)로 되었다면 그로 발생한 대리권에 터잡아 행해지는 대리인의 모든 대리행위는 상행위이든 아니든간에 모두 이 규정의 적용을 받는 것으로 이해되어야 획일성, 법적 안정성이 보장될 수 있었다고 본다. 따라서 (ii)의 방법으로 해석되었어야 한다((ii)의 방법에 의한 해석론). 예컨대, 영업주가 자신을 위하여 지배인을 선임하였다면 그로 인해 대리권(지배권)을 가지게 된 지배인이 그 지배권의 행사로 본점이나 지점에서 하는 행위가 상행위이든 상행위로 되지 않든 영업주 본인이 사망하여도 대리권이 소멸하지 않아 유권대리(有權代理)가 되는 것이다. 2010년 5월의 개정상법은 (ii)의 해석론에 따라 입법한 것으로 본다. 이 규정은 회사에는 적용될 수 없고(회사의 경우에는 사망이 있을 수 없음), 상인자격을 상실한 경우에도 적용될 수 없다.

Ⅱ. 소멸시효기간

상행위로 인한 채권은 상법에 다른 규정이 있는 경우 또는 다른 법령에 의하여 이보다 단기의 시효기간의 규정이 있는 경우(예: 民 제163조, 제164조)를 제외하고는 5년의 소멸시효에 걸린다(商 제64조). 상거래의 신속성에 비추어 민사시효 10년에 대한 특칙으로 규정한 것이다(民 제162조 제1항 참조). 여기서 상행위는 일방적 상행위라도 무방하다. 또, 상행위인 법률행위(계약 등)가 무효이거나 취소된 경우 발생하는 원상회복의무 등 반환채무도 상행위와 밀접한 관련이 있으므로 이 상사시효규정에 의해야 한다. 그리고, 주채무가 10년의 소멸시효 기간이더라도 보증채무가 상사채무라면 보증채무에 이 규정이 적용된다. 다만, 상법이나 다른 법령에 5년보다 더 짧은 소멸시효기간이 규정되어 있다면 그 단기의 시효기간에 의한다(商 제64조). 왜냐하면 소멸시효제도는 가급적 빨리 권리를 소멸시켜 법적 안정성을 기하려는 데 그 취지가 있으므로 상법이나 다른 법령에 5년보다 더 짧은 소멸시효(단기 소멸시효)가 규정되어 있다면 그 취지가 우선적으로 존중되어야 하기 때문이다.

판례(1)

대판 2010. 3. 11, 2009다100098

(상사소멸시효규정의 적용범위: 상법 제64조의 상사시효규정은 상행위성이 일부나마 배어 있는 행위라면 모두 적용되므로 쌍방적 상행위와 기본적 상행위는 물론이고, 일방적 상행위와 준상행위, 보조적 상행위에도 모두 적용된다는 취지)

"당사자 쌍방에 대하여 모두 상행위가 되는 행위로 인한 채권뿐만 아니라 당사자 일방에 대하여만 상행위에 해당하는 행위로 인한 채권도 상법 제64조 소정의 5년의 소멸시효기간이 적용되는 상사채권에 해당하는 것이고, 그 상행위에는 상법 제46조 각 호에 해당하는 기본적 상행위뿐만 아니라, 상인이 영업을 위하여 하는 보조적 상행위도 포함되는 것이다."

판례(2)

대판 1994. 3. 22, 93다31740

(상사소멸시효: 부도 약속어음을 상인인 어음소지인에게 변제하기로 한 약정에 따른 채권은 상사채권이므로 5년의 상사소멸시효에 걸린다는 것)

"甲이 상인인 乙과 사이에 乙이 회수한 甲이 대표이사로 있는 회사 발행의 부도난 어음과 수표 액면금을 甲 개인이 乙에게 변제하기로 약정하였다면 특별한 사정이 없는 한 乙의 행위는 영업을 위하여 하는 것으로 추정되고, 상인인 乙이 영업을 위하여 하는 행위는 상행위로 보아야 하며 이와 같이 당사자 중 그 1인의 행위가 상행위인 때에는 전원에 대하여 상법이 적용되므로 乙이 위 약정에 따라 甲에 대하여 취득한 채권은 5년의 단기소멸시효에 걸리는 상사채권이다."

판례(3)

대판 2008. 4. 10, 2007다91251

(보조적 상행위성이 인정되어 상사소멸시효가 적용된 예)

"상인이 사업자금을 조달하기 위하여 계에 가입한 경우, 계주가 위 상인에 대하여 가지는 계불입금채권은 상사채권에 해당하여 5년의 소멸시효기간이 적용된다."

판례(4)

대판 1989. 6. 27, 89**다카**2957
(상사소멸시효: 동업계약에서 탈퇴한 자에게 정산금을 지급함에 관련된 계약(준소비대차 계약 또는 경개계약)은 본래의 영업을 위하여 한 보조적 상행위로 인정되어 그 채권은 상사채권이 되고 상사소멸시효가 적용된다는 취지)

"甲과 乙이 골재채취업을 동업하다가 乙이 탈퇴하고 甲이 乙에게 지급할 정산금을 소비대차의 목적으로 하기로 약정한 경우 甲은 골재채취를 영업으로 하는 자이어서 상인이고 이 준소비대차계약은 상인인 甲이 그 영업을 위하여 한 상행위로 추정함이 상당하므로(이 점은 위 약정을 경개라고 하더라도 마찬가지이다), 이에 의하여 새로이 발생한 채권은 상사채권으로서 5년의 상사시효의 적용을 받는다."

판례(5)

인천지판 2004. 11. 12, 2004**가합**3341
(회사 부속장비매도와 보조적 상행위, 상사소멸시효)

"토사의 채취 · 판매를 목적으로 설립된 회사가 자금난에 기해 일시적으로 토사채취에 필요한 회사 소유의 부속장비를 매도한 경우, 위 부속장비의 매매잔대금 채권은 민법 제163조 제6호에 정한 3년의 단기소멸시효가 적용되는 채권으로 볼 수 없고, 다만 위 부속장비는 토사채취 및 판매라는 영업을 위하여 필수적인 영업용 시설 또는 장비라고 할 것이고, 이를 처분하는 것은 최소한 상법상 보조적 상행위에는 해당될 수 있을 것이므로, 위 채권은 상행위로 인하여 발생한 채권으로서 상법 제64조에 정한 5년의 상사시효가 적용된다(민법 제163조 제6호(상인이 판매한 상품의 대가)의 3년의 단기소멸시효가 적용되는 것은 상인이 영리를 목적으로 계속 · 반복적으로 상품을 판매한 경우 그 상품자체의 대가인 채무로 제한된다. 이 사안에서와 같이 회사소유의 부속장비를 매도한 경우에는 3년의 단기소멸시효가 적용되지 않고 일반적인 상사채무 소멸시효인 5년이 적용된다)."

판례(6)

대판 1981. 12. 22, 80**다**1363
(상사소멸시효: 영업상 행한 준소비대차계약에는 보조적 상행위성이 인정되어 그 채권은

상사소멸시효에 걸린다는 것)

"민법 제164조 제3호 소정의 단기소멸시효의 적용을 받는 노임채권이라도 채권자인 원고와 채무자인 피고 회사 사이에 위 노임채권에 관하여 준소비대차의 약정이 있었다면 동 준소비대차계약은 상인인 피고 회사가 영업을 위하여 한 상행위로 추정함이 상당하고, 이에 의하여 새로이 발생한 채권은 상사채권으로서 5년의 상사시효의 적용을 받게 된다."

판례(7)

서울고판 1987. 5. 28, 87나61(본소), 87나62(반소)
(상사소멸시효: 은행대출금에 대한 지연이자의 소멸시효기간은 5년)

"변제기일 이후의 지연이자는 채권불이행으로 인한 지연손해금으로서 민법 제163조 제1호 소정의 단기소멸시효대상인 이자채권이 아니며, 위 지연손해금은 은행이 상행위로서 한 대출금에 대한 차용자의 채무불이행으로 인하여 발생한 것으로 이에 관하여서는 상행위로 인한 채권에 관하여 적용될 상법 제64조 소정의 5년의 소멸시효가 적용된다"(지연이자는 민법 제163조 제1호에서 정한 3년의 단기소멸시효에 걸리는 순수한 의미의 '이자'가 아니고 채무불이행에 따른 '지연손해금'이어서 상사채무의 소멸시효규정이 적용된다는 것).

판례(8)

서울고판 1979. 7. 13, 78나1622
(상사소멸시효: 지연이자 및 지연손해금 채권의 소멸시효기간은 5년)

"지연이자 및 지연손해금 채권에 있어서 변제기에 관하여 1년이내 정기적으로 지급하기로 한 특별한 약정이 없는 한 민법의 단기소멸시효 규정의 적용을 받지 아니한다. 위 채권이 상행위인 소비대차에서 생긴 채권이므로 상법 제64조의 소멸시효의 적용을 받는다"(지연이자 및 지연손해금 채권에 있어서 1년 이내 정기적으로 지급하기로 변제기를 정한 경우에만 3년의 단기소멸시효에 걸릴 뿐(민법 제163조 제1호) 기타의 경우에는 그 채권이 상행위에서 발생하였는가(5년), 그렇지 않은가(10년)에 따라 시효기간이 결정된다는 취지).

판례 (9)

대판 2008. 3. 14, 2006다2940
(대출금채권에 대한 지연손해금의 상사소멸시효는 5년: 금전채권의 원금 일부가 변제된 후 나머지 부분에 대하여 소멸시효가 완성된 경우, 시효완성의 효력이 미치는 이자 또는 지연손해금의 범위는 원금 일부가 변제된 나머지 부분만에 미친다는 것과 은행의 대출금채권에 대한 지연손해금의 소멸시효기간은 5년의 상사시효기간으로 된다는 취지)

"이자 또는 지연손해금은 주된 채권인 원본의 존재를 전제로 그에 대응하여 일정한 비율로 발생하는 종된 권리인데, 하나의 금전채권의 원금 중 일부가 변제된 후 나머지 원금에 대하여 소멸시효가 완성된 경우, 가분채권인 금전채권의 성질상 변제로 소멸한 원금 부분과 소멸시효 완성으로 소멸한 원금 부분을 구분하는 것이 가능하고, 이 경우 원금에 종속된 권리인 이자 또는 지연손해금 역시 변제로 소멸한 원금 부분에서 발생한 것과 시효완성으로 소멸된 원금 부분에서 발생한 것으로 구분하는 것이 가능하므로, 소멸시효 완성의 효력은 소멸시효가 완성된 원금 부분으로부터 그 완성 전에 발생한 이자 또는 지연손해금에는 미치나, 변제로 소멸한 원금 부분으로부터 그 변제 전에 발생한 이자 또는 지연손해금에는 미치지 않는다 … 은행이 영업행위로서 한 대출금에 대한 변제기 이후의 지연손해금은 그 원본채권과 마찬가지로 상행위로 인한 채권으로서 5년의 소멸시효를 규정한 상법 제64조가 적용된다."

판례 (10)

대판 2009. 6. 25, 2007다12944
(통신단말기 가개통회선 요금채권의 상사소멸시효)

"통신단말기 판매대리점이 가개통한 회선을 3개월 내에 판매하지 못한 경우 전기통신회사가 갖게 되는 가개통 회선에 관한 요금채권은, 실사용자와 체결한 통신서비스 이용계약에 따른 통신요금이 아니라 판매대리점과 가개통 장려금 지급과 관련하여 체결한 별도의 약정에 따른 것이므로, 민법에 정한 3년의 단기소멸시효가 아니라 5년의 상사소멸시효가 적용된다."

판례 (11)

대판 2009. 3. 12, 2008다76020
(하자보수금채권과 상사소멸시효)

"구 주택건설촉진법의 개정으로 같은 법 제47조의 12 제2항이 삭제되기 전인 1999. 2. 28.까지 발생한 하자보수보증금채권에 대하여는 개정 전 규정에 따라 보증기간 만료일부터 5년간의 소멸시효 기간이 적용된다."

판례 (12)

대판 2008. 12. 11, 2008다47886
(보험회사의 부당이득반환청구권의 상사소멸시효: 보험금을 지급한 것은 상사채무로 인한 것인데, 법률상 원인 없음이 판명된 이후의 부당이득반환 청구권도 상사채권이라는 것)

보험회사가 보험금청구권의 질권자에게 화재보험금을 지급하였으나 그 화재가 피보험자의 고의로 인한 것이라는 이유로 위 보험금 상당의 부당이득반환청구권을 행사하는 경우, 5년의 상사소멸시효기간이 적용된다고 본 원심의 판단을 수긍한 사례.

판례 (13)

대판 2007. 5. 31, 2006다63150
(보증보험금 지급에 따른 부당이득반환 청구권의 상사소멸시효: 보증보험사업의 상행위성과 법률상 원인없는 보증보험금 지급에 따른 부당이득반환 청구권의 상사채권성)

"상행위에 해당하는 보증보험계약에 기초한 급부가 이루어짐에 따라 발생한 부당이득반환청구권에 대하여 5년의 상사소멸시효가 적용된다."

판례 (14)

대판 1993. 9. 14, 93다21569
(계약의 해제로 인한 원상회복청구권과 상사소멸시효)

"상행위인 계약의 해제로 인한 원상회복청구권도 상법 제64조의 상사시효의 대상이 된다"(상행위인 계약의 해제효과는 계약이행 전의 상태로 그 동일성을 유지한 채 복귀시켜야 하는 것이므로 원상회복청구권은 상사채권에 해당한다는 것).

판례 (15)

대판 2006. 11. 23, 2006다10989
(다른 보험자에 대한 구상금청구권의 상사소멸시효: 복수의 무보험자동차에 의한 상해보험 특약의 보험자들 중 일부의 중복보험에 따른 다른 보험자에 대한 구상금청구권은 상사채권이라는 취지)

"복수의 무보험자동차에 의한 상해담보특약이 모두 하나의 사고로 피해자가 입은 손해를 담보하는 것으로서 동일한 보험계약의 목적과 동일한 사고에 관하여 수개의 보험계약이 체결된 상법 제672조 제1항의 중복보험에 해당한다 … 복수의 무보험자동차에 의한 상해보험특약의 보험자들 중 일방 보험자가 다른 보험자에 대하여 가지는 중복보험에 따른 구상금채권의 소멸시효기간은 5년이고 그 기산점은 현실로 피해자에게 보험금을 지급한 날이다."

판례 (16)

대판 1998. 7. 10, 97다17544
(보험회사의 구상금채권의 상사소멸시효: 보험회사인 상인의 보조적 상행위가 되는 채무변제(손해배상금 지급)로 발생하는 구상금 채권은 상사채권이라는 취지)

"공동불법행위자의 보험자들 상호간에 있어서는 공동불법행위자 중의 1인과 사이에 보험계약을 체결한 보험자가 피해자에게 손해배상금을 보험금으로 모두 지급함으로써 공동불법행위자들의 보험자들이 공동면책 되었다면 그 손해배상금을 지급한 보험자는 다른 공동불법행위자들의 보험자들이 부담하여야 할 부분에 대하여 직접 구상권을 행사할 수 있다 … 공동불법행위자들과 각각 상행위인 보험계약을 체결한 보험자들 상호간에 있어서 공동불법행위자 중의 1인과 사이에 보험계약을 체결한 보험자가 피해자에게 손해배상금을 보험금액의 범위 내에서 지급하고 다른 공동불법행위자의 보험자가 부담하여야 할 부분에 대하여 직접 구상권을 행사하는 경우 그 손해배상금 지급행위는 상인이 영업을 위하여 하는 행위라고 할 것이므로, 그 구상금채권은 보조적 상행위로 인한 채권으로서 그 권리를 행사할 수 있는 때로부터 5년간 행사하지 아니하면 소멸시효가 완성한다."

판례 (17)

(위의 경우와 비교: 다른 보험자에 대한 구상권행사와 차이) 대판 1996. 3. 26, 96다3791
(상사소멸시효: 공동불법행위자에 대한 구상권을 보험자가 보험자대위(상법 제682조)에 의하여 취득하는 경우 그 구상은 여전히 민법상의 일반채권의 성질을 가지고 있어서 10년의 소멸시효에 걸릴 뿐이라는 취지)

"공동불법행위자의 다른 공동불법행위자에 대한 구상권의 소멸시효는 그 구상권이 발생한 시점, 즉 구상권자가 공동면책행위를 한 때로부터 기산하여야 할 것이고, 그 기간도 일반 채권과 같이 10년으로 보아야 한다 … 공제조합이 공동불법행위자 중의 1인과 체결한 공제계약에 따라 그 공동불법행위자를 위하여 직접 피해자에게 배상함으로써 그 공동불법행위자의 다른 공동불법행위자에 대한 구상권을 보험자대위의 법리에 따라 취득한 경우, 공제계약이 상행위에 해당한다고 하여 그로 인하여 취득한 구상권 자체가 상사채권으로 변한다고 할 수 없다."

판례 (18)

대판 2008. 4. 10, 2007다91251
(契 拂入金 채권의 상사소멸시효)

상인이 사업자금을 조달하기 위하여 계에 가입한 경우, 계주가 위 상인에 대하여 가지는 계불입금채권은 상사채권에 해당하여 5년의 소멸시효기간이 적용된다고 본 사례 (사업자금조달을 위한 契 拂入金의 보조적 상행위성, 契 拂入金 채권의 상사채권성)

판례 (19)

대판 1999. 7. 9, 99다12376
(상사소멸시효와 그 중단사유: 면책적 채무인수의 법률효과 및 개인이 상사시효의 적용을 받는 채무를 면책적으로 인수한 경우에도 그 인수채무의 소멸시효기간은 상사시효의 적용을 받는다는 것과 면책적 채무인수가 소멸시효의 중단사유인 채무승인에 해당한다는 취지)

"면책적 채무인수라 함은 채무의 동일성을 유지하면서 이를 종래의 채무자로부터 제3자인 인수인에게 이전하는 것을 목적으로 하는 계약으로서, 채무인수로 인하여 인수인은 종래의 채무자와 지위를 교체하여 새로이 당사자로서 채무관계에 들어서서 종래의 채무자와 동일한 채무를 부담하고 동시에 종래의 채무자는 채무관계에서 탈퇴하여 면책되는 것일 뿐이므로, 인수채무가 원래 5년의 상사시효의 적용을 받던 채무라면 그 후 면책적 채무인수에 따라 그 채무자의 지위가 인수인으로 교체되었다고 하더라도 그 소멸시효의 기간은 여전히 5년의 상사시효의 적용을 받는다 할 것이고, 이는 채무인수행위가 상행위나 보조적 상행위에 해당하지 아니한다고 하여 달리 볼 것이 아니다 … 면책적 채무인수가 있은 경우, 인수채무의 소멸시효기간은 채무인수와 동시에 이루어진 소멸시효 중단사유, 즉 채무승인에 따라 채무인수일로부터 새로이 진행된다."

판례 (20)

대판 1998. 7. 10, 98다10793

(일방적 상행위와 상사소멸시효: 새마을금고가 회원에게 자금을 대출하는 행위는 일반적으로 상행위가 아니지만, 그 회원이 상인이라면 그 자금대출행위는 일방적 상행위로 되어 그 대출금채권의 소멸시효는 상사소멸시효(5년)가 된다는 취지)

"새마을금고법의 제반 규정에 의하면 새마을금고는 우리 나라 고유의 상부상조 정신에 입각하여 자금의 조성 및 이용과 회원의 경제적 · 사회적 · 문화적 지위의 향상 및 지역사회개발을 통한 건전한 국민정신의 함양과 국가경제발전에 기여함을 목적으로 하는 비영리법인이므로, 새마을금고가 금고의 회원에게 자금을 대출하는 행위는 일반적으로는 영리를 목적으로 하는 행위라고 보기 어렵다 … 새마을금고가 상인인 회원에게 자금을 대출한 경우, 상인의 행위는 특별한 사정이 없는 한 영업을 위하여 하는 것으로 추정되므로 그 대출금채권은 상사채권으로서 5년의 소멸시효기간이 적용된다."

판례 (21)

대판 1993. 3. 9, 92다44329

(일방적 상행위와 상사소멸시효)

"축산업협동조합이 양계업을 영위하는 조합원에게 사료를 판매한 행위가 조합원의 구매사업의 하나에 해당한다고 하더라도 상인인 조합원이 영업을 위하여 하는 사료의 구매에 해당하므로 그 상거래행위는 상행위라고 보아야 할 것이고 따라서 그 외상대금채권은 상사채권이다"(축산업협동조합의 조합원에 대한 판매행위는 상행위가 아니지만, 그 조합원이 상인이어서 구입행위가 상행위가 된다면 그 사료매매는 일방적 상행위가 되므로 매매대금 채권은 상사채권으로 해석한다는 것).

판례 (22)

대판 1996. 1. 23, 95다39854
(위탁자의 위탁매매인에 대한 이득상환청구권이나 이행담보책임 이행청구권의 상사소멸시효)

"위탁자의 위탁상품 공급으로 인한 위탁매매인에 대한 이득상환청구권이나 이행담보책임 이행청구권은 위탁자의 위탁매매인에 대한 상품 공급과 서로 대가관계에 있지 아니하여 등가성이 없으므로 민법 제163조 제6호 소정의 '상인이 판매한 상품의 대가'에 해당하지 아니하여 3년의 단기소멸시효의 대상이 아니고, 한편 위탁매매는 상법상 전형적 상행위이며 위탁매매인은 당연한 상인이고 위탁자도 통상 상인일 것이므로, 위탁자의 위탁매매인에 대한 매매 위탁으로 인한 위의 채권은 다른 특별한 사정이 없는 한 통상 상행위로 인하여 발생한 채권이어서 상법 제64조 소정의 5년의 상사소멸시효의 대상이 된다."

판례 (23)

대판 1993. 9. 10, 93다21705
(상사소멸시효를 부정한 예: 상사소멸시효가 적용되는 상사채권이 되려면 쌍방적 상행위 또는 적어도 일방적 상행위에 의하여 거래가 이루어져야 한다는 것)

"계주가 여러 개의 낙찰계를 운영하여 얻은 수입으로 가계를 꾸려 왔다 할지라도 계주가 상인적 방법에 의한 영업으로 계를 운영한 것이 아니라면 계주를 상법 제5조 제1항 소정의 의제상인이나 같은 법 제46조 제8호 소정의 대금, 환금 기타 금융거래를 영업으로 운영한 것에 해당한다고 볼 수 없으므로 위 계불입금채권을 5년의 소멸시효가 적용되는 상사채권으로 볼 수 없다."

판례 (24)

대판 1992. 11. 10, 92다7948
(상사소멸시효를 부정한 예: 회사 자체에 대한 건축자금 대여와 대표이사 개인에 대한 대여금 채권을 구별하는 취지)

"원고가 회사의 대표이사이던 甲의 상속인 중 일부를 피고로 삼아 甲에게 건축자금을 대여하였다고 주장하는 경우 회사는 상법상 상인으로 의제된다 하더라도 甲 개인은 상인으로 볼 수 없으므로 甲 개인에 대한 대여금채권은 상사채권이 아니다"

판례 (25)

대판 2005. 11. 10, 2004다22742
(상사소멸시효를 부정한 예: 근로자의 근로계약상 주의의무 위반으로 인한 손해배상청구권의 소멸시효기간은 10년이라는 취지)

"상법 제64조의 상사시효제도는 대량, 정형, 신속이라는 상거래 관계 특유의 성질에 기인한 제도임을 고려하면, 상인이 그의 영업을 위하여 근로자와 체결하는 근로계약은 보조적 상행위에 해당한다고 하더라도, 근로자의 근로계약상의 주의의무 위반으로 인한 손해배상청구권은 상거래 관계에 있어서와 같이 정형적으로나 신속하게 해결할 필요가 있다고 볼 것은 아니므로 특별한 사정이 없는 한 5년의 상사 소멸시효기간이 아니라 10년의 민사 소멸시효기간이 적용된다"(상인이 근로자와 체결하는 근로계약이 보조적 상행위라고 하더라도 근로자의 주의의무 위반으로 발생하는 손해배상청구권은 근로계약 내용으로서의 채권채무와는 달리 상사채권으로 될 수 없고 10년의 민사 소멸시효기간이 적용된다는 것).

판례 (26)

대판 1966. 6. 28, 66다790
(상사소멸시효의 적용범위 부정: 소멸시효는 상대적으로 단기의 규정이 우선한다는 것)

"상행위로 인한 채권의 소멸시효에 관하여도 다른 법령에 상사시효보다 단기의 시효의 규정이 있는 때에는 그 규정에 의하는 것이므로 본건 채권이 1년 단기시효에 의하여 소멸되는 것이라면 상사시효에 관한 규정을 적용할 것이 아니라 민법상 1년의 단기시효의 규정을 적용하여야 한다."

제 2 절 민법 물권편에 대한 특칙

상법에 규정된 민법 물권편에 대한 특칙은 유치권과 질권에 관한 것 뿐이다.

I. 상사유치권(商事留置權)

1. 상사유치권(商事留置權)의 허용취지

상법상에도 유치권이 발생한다(상사유치권). 이 상사유치권도 유치권인 이상 일반적인 민법상 유치권(民 제320조 내지 제328조)과 다를 이유가 없다. 다만, 상사거래의 특수성을 반영하고 상사거래의 채권자를 더욱 강하게 보호하기 위하여 그 요건을 완화하거나 변경하는 수가 있게 되었다. 상사유치권은 상행위편 통칙에 규정되어 모든 상행위에 적용되는 일반 상사유치권과 개별적인 상행위의 특수성을 반영하여 규정된 특별상사유치권으로 구분된다.

2. 일반 상사유치권(一般 商事留置權)의 성립요건

상인간의 상행위로 인한 채권이 변제기에 있는 때에는 당사자 사이에 다른 약정이 없으면 채권자는 변제를 받을 때까지 그 채무자에 대한 상행위로 인하여 자기가 점유하고 있는 채무자 소유의 물건 또는 유가증권을 유치할 수 있다(商 제58조). 이를 나누어 보면 다음과 같다.

(1) 당 사 자

당사자 쌍방이 모두 상인이어야만 한다. 당사자 일방만이 상인인 경우에는 상사유치권이 성립할 수 없다. 이 경우 상인으로서의 지위는 유치권이 성립할 때에 있었으면 되고 유치권 성립 후 그 상인지위를 상실하여도 무방하다.

(2) 피담보채권

피담보채권은 당사자 모두의 상행위로 발생한 것이어야 하고 또 변제기에 있어야 한다.

(3) 유치권의 목적물

유치권의 목적물은 채무자 소유인 물건 또는 유가증권이어야 한다. 이것은 채무자 소유의 목적물에 한정하지 않는 민사유치권(民事留置權)과 구별되는 점이다.

(4) 점유의 취득, 견련관계

채권자와 채무자 사이의 상행위로 인하여 점유를 취득해야 한다. 목적물은 피담보채권과 견련관계를 요하지 않는다.

(5) 배제특약의 부존재

채권자와 채무자 사이에 유치권을 배제하는 특약이 없어야 한다.

■ 일반상사유치권의 성립요건: 상인간의 상행위로 인한 채권이 변제기에 있는 때에는 당사자 사이에 다른 약정이 없으면 채권자는 변제를 받을 때까지 그 채무자에 대한 상행위로 인하여 자기가 점유하고 있는 채무자 소유의 물건 또는 유가증권을 유치할 수 있다(상법 제58조).

3. 특별 상사유치권(特別 商事留置權)의 성립요건

위에서 언급한 일반상사유치권에 더하여 특별한 목적물에 관하여는 요건을 달리하여 유치권을 성립시켜 그 채권자를 보호할 필요가 있다. 이를 특별상사유치권이라 한다.

(1) 대리상 · 위탁매매인 · 준위탁매매인의 유치권

대리상과 위탁매매인 · 준위탁매매인의 경우 대리상 영업, 위탁매매업, 준위탁매매업의 특성상 점유하는 물건 등이 자신의 채권과 밀접한 연관을 맺고 있는 경우가 많다. 일반적인 상사유치권 이외에 이러한 물건 등에 대해서는 채무자 소유인지 여부를 불문하고 유치권을 인정하여 채권자를 보호할 필요가 있으므로 특별한 상사유치권을 인정하게 하였다. 즉, 대리상 · 위탁매매인 · 준위탁매매인의 영업으로 인한 채권이 변제기에 있을 때에는 그 변제를 받을 때까지 본인 또는 위탁자를 위하여 점유하는 물건 또는 유가증권을 유치할 수 있다(商 제91조, 제111조, 제113조). 이 유치권의 특징은 목적물을 본인 또는 위탁자를 위하여 적법하게 점유하면 성립하고 ① 채무자의 소유가 아니어도 되며 ② 그 점유는 반드시 본인이나 위탁자의 상행위에 기인하지 않아도 되므로 일반상사유치권보다도 대리상 등 채권자를 특별히 보호하게 된다는 점이다.

■ **특별상사유치권** ①(대리상, 위탁매매인, 준 위탁매매인의 유치권): **영업으로 인한 채권이 변제기에 있을 때에는 그 변제를 받을 때까지 본인 또는 위탁자를 위하여 점유하는 물건 또는 유가증권을 유치할 수 있다**(商 제91조, 111조, 113조).

(2) 운송주선인 · 운송인의 유치권

운송주선인 · 육상운송인 · 해상운송인은 운송의 과정에서 손쉽게 운송물을 점유하게 될 것이므로 그 운송물에 대해 특별법상의 유치권을 성립시켜 이들을 보호하려는 것이다. 즉, 운송주선인 · 육상운송인 · 해상운송인은 운송물에 관하여 받을 보수, 운임 그 밖의 채권에 관하여 운송물을 유치할 수 있다(商 제120조, 제147조, 제807조 제2항). 다만, 피담보채권은 운송주선인이나 육상 · 해상운송인이 운송물에 관하여 받을 보수(報酬) · 운임(運賃) 기타 위탁자를 위한 체당금(替當金)이나 선대금(先代

金)·정박료(碇泊料)·공동해손(共同海損) 또는 해난구조(海難救助)로 인한 부담금의 채권으로 극히 한정되어 있다. 이 운송주선인·운송인의 특별상사유치권은 운송주선계약·운송계약과 같은 일시적(한시적) 거래에서 오는 제한된 범위의 유치권이지만 일반상사유치권보다 채권자를 특별히 보호하기 위한 것임은 대리상 등의 특별상사유치권과 같다.

■ **특별상사유치권 ②**(운송주선인, 운송인의 유치권): **운송주선인, 육상운송인, 해상운송인은 운송물에 관하여 받을 보수, 운임 그 밖의 채권에 관하여 운송물을 유치할 수 있다**(商 제120조, 147조, 800조 제2항).

4. 상사유치권(商事留置權)의 효력

상사유치권은 상거래의 채권자를 위하여 민법과는 별도로 규정되어 있지만 유치권의 법적 성질을 그대로 지니므로 그 효력은 민법상 유치권과 같다(民 제320조부터 제328조까지).

5. 상사유치권(商事留置權)의 소멸

일반 민사유치권에서와 같이 피담보채권이 소멸하거나 유치권자의 의무위반으로 인한 소멸청구(民 제324조 제3항), 채무자가 다른 담보물을 제공하고 그 이전의 유치권 소멸을 청구한 때(民 제327조), 유치권자가 유치물의 점유를 상실한 때(民 제328조) 등의 경우에 유치권은 소멸한다.

Ⅱ. 상사질권(商事質權)(유질계약(流質契約)의 허용)

민법상은 질권설정자는 채무변제기 전의 계약으로 질권자에게 변제에 갈음하여 질물의 소유권을 취득하게 하거나 법률에 정한 방법에 의하지 아니하고 질물을 처분할 것을 약정하지 못한다(유질계약(流質契約)의 금지: 民 제339조). 그러나 이러한 유질계약의 금지는 상행위로 인하여 생긴 채권을 담보하기 위한 상사질권에는 적용되지 않는다(商 제59조). 이는 채권자의 채권실행을 간편하게 하여 금융의 편의를 쉽게 얻을 수 있게 하고, 상거래상 당사자는 대등한 경제적 능력이나 자위능력을 지닌 것으로 보아도 무방하기 때문이다.

그런데 상사질권의 요건으로서의「상행위로 인하여 생긴 채권」중「상행위」의 해석에 관하여는 (ⅰ) 쌍방적 상행위뿐만 아니라 일방적 상행위도 모두 포함된다는 견해[6]와 (ⅱ) 채무자에게 상행위로 되는 일방적 상행위만 의미한다는 견해[7]로 나뉜다. (ⅲ) 생각건대, (ⅱ)의 견해는 채무자를 특히 보호하려는 취지이지만 상사 법률관계에서 유질계약을 허용하는 것은 채무자가 자신을 방어할 능력이 있음을 고려한 것뿐만 아니라 채권실행의 용이성, 금융의 편의 도모라는 상사관계의 특질도 반영하고 있다는 점에서 (ⅰ)의 견해가 타당하다고 생각한다. 이 견해에 의하면 채무자에게 상행위가 되는지 여부에 따라 달라지는 법률관계의 혼란·번잡을 막을 수 있다는 장점이 있다. 그리하여 채무자에게 반드시 상행위가 되지 않더라도 상행위로 인한 질권에는 유질계약이 허용되어야 한다고 본다.

제 3 절 민법 채권편에 대한 특칙

민법 채권편에 대한 특칙은 물권편에 대한 특칙보다 많이 규정되어 있다. 이를 크게 (ⅰ) 유상성 보장의 특칙, (ⅱ) 상사계약 성립상의 특칙, (ⅲ) 채무내용 가중의 특칙, (ⅳ) 채무이행상의 특칙, (ⅴ) 상사매매의 특칙으로 나누어 살핀다.

---

6) 서·정, 151면; 임홍근, 248면; 강·임, 199면; 정동윤, 156면.

7) 김성태, 455면; 김용태, 117면; 서정갑, 219면; 이기수 외, 289면; 정찬형, 207면; 채이식, 176면.

Ⅰ. 유상성 보장의 특칙

상인의 영업에 관한 행위에 대하여 당사자 사이에 특별한 약정이 없더라도 그 행위의 대가를 보장한다면(유상성(有償性)의 보장) 대량적이고 신속한 상거래가 촉진될 것이다. 이를 위해 상인의 보수청구권, 금전대차 · 체당의 경우 법정 이자청구권이 인정되고 상사채권에 관한 고율의 이율이 규정되어 있다. 그리하여 상인이 그 영업범위 내에서 타인을 위하여 행위를 한 때에는 이에 대하여 상당한 보수를 청구할 수 있다(商 제61조). 또, 민법상의 금전소비대차에 있어서는 특약이 없는 한 무이자가 원칙이나(民 제598조), 상인이 그 영업에 관하여 금전을 대여한 경우에는 특약이 없어도 이자를 청구할 수 있다(商 제55조 제1항).[8] 이러한 원리는 체당금(替當金)에 대하여도 적용되어 민사체당금에 있어서는 무이자지만, 상인이 그 영업범위 내에서 타인을 위하여 금전을 체당한 경우에는 체당일 후의 법정이자를 청구할 수 있다(商 제55조 제2항). 법정이율 자체도 민사채권에 관하여는 연 5푼이나(民 제379조), 상사채권에 관하여는 연 6푼으로 인상되어 있다(商 제54조). 이것은 상거래가 영리를 추구하여 민사거래에서보다도 금전의 수요가 많고 또 원금(元金)의 이용으로 인한 수익이 많은 것이 보통이기 때문이다. 채무발생의 원인이 상행위라면 그 어느 당사자를 위한 상행위이든 묻지 않고 이 법리가 적용된다.

판례(1)

대판 1968. 7. 24, 68다955
(복덕방 소개업자의 소개행위가 상법 제61조의 '영업범위 내 타인을 위하여 한 행위'에 포함된다고 한 사례)

"복덕방에 상호를 내걸고 부동산 매매 등의 소개업을 하는 자는 본조 제11호, 본법 제4조에 의하여 상인임이 명백하고 상인인 위 소개업자가 그 영업범위 내에서 타인을 위하여 행위를 한 이상 특별한 약정이 없다 하여도 본 법(상법) 제61조에 의하여 소개

8) 2010년 5월 개정 전 상법 제55조 제1항은 상인간의 금전소비대차의 경우에만 상법상 법정이자를 청구할 수 있도록 규정하고 있어서, 상인이 非商人에게 금전을 대여하는 경우에는 그 행위가 상행위에 해당함에도 불구하고 상법상의 법정이자를 청구할 수 없는 문제가 있어 왔다. 이는 상법 제61조에서 상인이 非商人을 위하여 체당한 금액에 대하여도 이자청구권을 인정하고 있는 것과 비교할 때 균형을 잃고 있으므로, 상인간은 물론이고 상인이 그 영업에 관하여 非商人에게 금전을 대여한 경우에도 상법상 법정이자를 청구할 수 있도록 2010년 5월 개정하였다.

를 부탁한 상대방에 대하여 상당한 보수를 청구할 수 있다."

판례(2)

(2) **대판** 2007. 9. 20, 2006**다**15816
(상법 제61조상 보수청구권 부정사례: 성공보수 약정을 하는 경우에는 별도의 보수청구를 배제하는 것이고, 성공보수금의 요건을 충족하지 못하여 성공보수금 채권이 성립하지 않으면 상법 제61조상 상인의 보수청구권도 발생할 수 없다는 취지)

"상법 제61조는 상인이 그 영업범위 내에서 타인을 위하여 행위를 한 때에는 이에 대하여 상당한 보수를 청구할 수 있다고 규정하고 있는바, 이는 타인을 위하여 어떠한 행위를 하여도 특약이 없으면 보수를 청구할 수 없다는 민법 제686조, 제701조의 규정과 달리, 상인의 행위는 영리를 목적으로 하고, 영업범위 내에서 타인을 위하여 노력을 제공한 때에는 그 보수를 기대하고, 이로 인하여 이익을 얻은 자는 응분의 보수를 지급하는 것이 상거래의 통념에 부합한다고 보아서 인정되는 규정이므로, 당사자 사이에 이를 배제하는 특약이 있는 경우에는 그 적용이 없다고 할 것이다.

그런데 앞서 본 바와 같이 이 사건 용역계약의 보수지급약정을 일정한 조건 성취를 전제로 한 성공보수금으로 약정하였다면 그 조건이 성취되지 아니하여 원고가 성공보수금의 청구를 할 수 없는 이상 별도의 보수도 청구할 수 없다고 해석함이 위 보수지급약정의 반대해석에 비추어 당연하고, 따라서 당사자 사이의 이와 같은 성공보수약정은 상법 제61조에 의한 상인의 보수청구권을 배제하는 특약으로 봄이 상당하다."

판례(3)

대판 1986. 9. 9, 84**다**464, 1951
(상사법정이율 적용긍정 사례: 상행위로 인한 채권의 사례)

"원고회사가 상행위를 목적으로 하는 주식회사이고 피고 또한 미역을 수집, 가공하여 수출하는 상인으로서 다만 그 물품에 대한 수출대행만을 원고회사에 의뢰하고 원고회사가 그 전도자금 등으로 금원을 선급한 경우 원 · 피고간의 위 거래관계는 상행위라 할 것이고 따라서 원고회사의 피고에 대한 채권은 상행위로 인하여 생긴 채권이므로 위 채권에 대하여는 민사법정이율에 의할 것이 아니라 상법 소정의 연 6푼의 비율에 의한 이자의 지급을 명하여야 한다."

판례(4)

대판 2000. 10. 27, 99다10189

(상사법정이율 적용긍정 사례: 주택건설업자의 아파트입주 지연에 따른 지체상금(遲滯償金)과 같은 손해배상채권은 상행위인 분양계약상 채권과 관련성이 있는 채권이어서 상사법정이율(연 6푼)이 적용된다는 취지)

"주택건설사업 등을 목적으로 하는 영리법인인 주택건설업자의 아파트분양계약은 그의 영업을 위하여 하는 상행위라 할 것이고, 당사자 쌍방에 대하여 모두 상행위가 되는 행위로 인한 채권뿐만 아니라 당사자 일방에 대하여만 상행위가 되는 행위로 인한 채권도 상사법정이율이 적용되는 상사채권에 해당한다고 할 것인바, 그 주택건설업자의 아파트 입주 지연에 따른 지체상금은 상행위인 분양계약의 불이행으로 인한 손해배상채권으로서 그 지연손해금에 대하여도 상법 제54조 소정의 연 6푼의 상사법정이율을 적용하여야 한다."

판례(5)

대판 2009. 9. 10, 2009다41786

(상사법정이율 적용부정 사례: 상법 제54조의 상사법정이율이 적용되는 '상행위로 인한 채무'의 범위)

"상법 제54조의 상사법정이율이 적용되는 '상행위로 인한 채무'에는 상행위로 인하여 직접 생긴 채무뿐만 아니라 그와 동일성이 있는 채무 또는 그 변형으로 인정되는 채무도 포함된다.

그런데 기록에 의하면, 원고는 고속국도의 관리청으로서 피고에 대한 고속도로 부지 및 그 접도구역에서의 송유관매설허가라는 수익적 행정처분을 할 것을 전제로 피고와 그 행정처분에 부가할 부관으로서의 부담의 내용, 즉 도로의 확장 등의 사유로 그 곳에 매설된 송유관을 이전할 필요가 생기게 되면 피고가 그 비용으로 송유관을 이설할 의무를 부담하기로 하는 내용을 이 사건 협약의 형식으로 미리 정한 다음 피고에 대한 송유관매설허가를 하면서 그 협약상의 의무를 부관으로 부과하였음을 알 수 있다.

그렇다면, 피고의 송유관 이설비용부담채무는, 원고가 행정청으로서 피고에 대하여 송유관매설허가를 하면서 그 허가에 붙인 부관에 의하여 발생한 의무라고 할 것이고, 원고가 허가에 붙일 부관의 내용을 행정행위의 상대방인 피고와 협약의 형식으로 정하였다고 하여 그 부관상의 의무를 상행위로 인한 채무라고 할 수는 없다.

따라서 이 사건 송유관매설허가에 붙인 부관에 의하여 피고가 그 이설비용을 부담할 법률상 의무가 있음에도 원고가 그 비용을 지출함으로써 발생한 이 사건 부당이득반환채무는 법률의 규정에 의하여 발생한 법정채무일 뿐, 상행위로 인한 채무와 동일성이 있는 채무라거나 그 변형으로 인정되는 채무라고 할 수 없으므로 그에 대한 지연손해금에 관하여 상법 제54조의 상사법정이율을 적용할 수 없다"(비록 피고가 상인인 경우에도 상행위로서 상사 법정이율이 적용되려면 상사거래 채무나 그와 관련성이 있는 채무(지연손해금 채무 등)여야 하고 부당이득반환채무와 같이 상사거래와 관련성이 없는 채무에는 연 6푼의 상사법정이율이 적용되지 않는다는 것).

판례(6)

위(5번)와 같은 취지: 대판 2004. 2. 27, 2003다52944
(상사법정이율 적용부정 사례: 가집행선고의 실효로 인한 원상회복의무의 지연손해금에 대하여 상사법정이율을 적용할 수는 없다는 취지)

"가집행선고의 실효에 따른 원상회복의무는 상행위로 인한 채무 또는 그에 준하는 채무라고 할 수는 없으므로 그 지연손해금에 대하여는 민법 소정의 법정이율에 의하여야 하는 것이고 상법 소정의 법정이율을 적용할 것은 아니다."

Ⅱ. 상사계약 성립상의 특칙

1. 계약의 성립시기

상사계약은 일반 민사계약에 비해 신속성이 강화되므로 상법은 민법상 규정이나 해석상 원칙을 수정하여 규정하고 있다.

(1) 대화자간 계약의 경우

민법상 대화자간 계약의 성립은 (i) 승낙기간을 정한 계약의 청약은 그 「승낙기간내」에 승낙의 도달이 있어야 하고(民 제528조 제1항), (ii) 승낙기간을 정하지 않은 계약의 청약은 「상당한 기간내」에 승낙의 도달이 있어야 한다(民 제529조).

그러나 상법은 대화자간 계약의 성립에 대해 「대화자간 계약의 청약은 상대방이 즉시 승낙하지 아니한 때에는 그 효력을 잃는다」(商 제51조)고 하여 승낙기간의 유무에 관계없이 신속주의에 따라 즉시 승낙을 요한다는 점이 다르다. 즉, 상법에 의하면 대화자 사이의 계약에서 청약을 받은 상대방에게 '숙려기간'(민법에서 규정한 '승낙기간' 또는 '상당기간')없이 바로 승낙여부를 결정하게 신속을 요하는 점이 특수하다.

■ 상사계약의 성립상 특칙 — 대화자간 계약의 경우

(2) 격지자간 계약의 경우

격지자간 계약에 있어서는 2010년 5월 상법개정시에 제52조를 삭제하여 민법상 도달주의로 통일하였기에 민법과 상법간 차이가 없게 되었다. 즉, 개정 전 상법 제52조는 격지자간 계약에 있어서 승낙기간이 없는 경우에는 발신주의를 채택하여 승낙의 통지를 발송한 때에 확정적으로 계약이 성립하도록 하였었다. 그러나, 승낙기간이 있는 경우에는 상법에 특별한 규정이 없어서 민법 제528조와 제531조가 적용되어 승낙기간 유무에 따라 계약의 성립시기가 달라지는 문제가 있었다. 그리하여 2010년 5월 개정시 상법 제52조를 삭제하여 격지자간 청약과 승낙에 관해서는 승낙기간 유무와 관계없이 모두 민법규정대로 도달주의가 지배하게 되었다.

2. 계약청약을 받은 상인의 의무(낙부통지의무(諾否通知義務), 물건보관의무(物件保管義務))

민법상 계약의 청약은 청약자 자신을 구속할 뿐(청약의 구속력: 民 제527조), 그 상대방에게는 승낙여부의 통지를 할 의무가 생기지 않고, 청약자가 계약의 청약과 함께 물건을 보냈다고 하여도 청약을 거절하는 상대방은 그 물건을 보관할 의무가 없다. 그에 비해 상법은 상거래 당사자의 편의도모와 거래의 신속을 위하여 낙부통지의무(諾否通知義務)와 물건보관의무(物件保管義務)를 특별히 정하고 있다. 그리하여 상인이 상시 거래관계에 있는 자로부터 그 영업부류에 속한 계약의 청약을 받은 때에는 지체없이 낙부의 통지를 발송하여야 하고 만약 이를 해태하면 승낙이 의제된다(商 제53조). 또, 상인이 그 영업부류에 속한 계약의 청약을 받은 경우에 견품 기타 물건을 받은 때에는 그 청약을 거절한 때에도 청약자의 비용으로 그 물건을 보관하여야 한다. 단, 그 물건의 가액이 보관의 비용을 상환하기에 부족하거나 보관으로 인하여 손실을 받을 염려가 있는 때에는 그 의무가 없다(商 제60조).

■ 계약청약을 받은 상인의 의무(적극적 행위를 할 의무 부담)

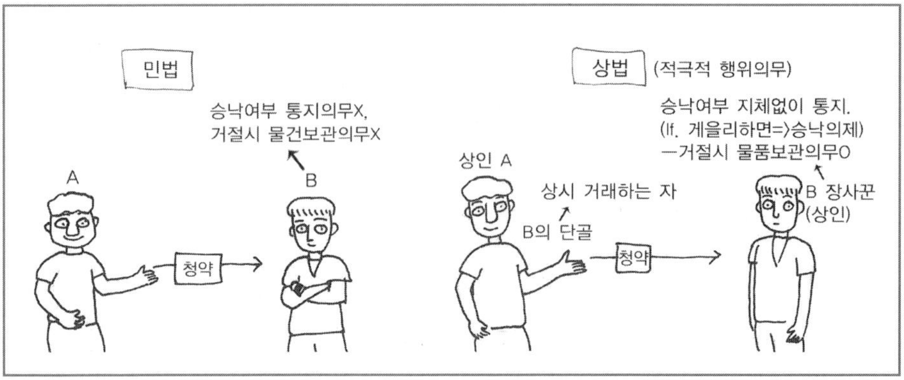

Ⅲ. 채무내용 가중의 특칙

1. 채무의 연대화(연대채무와 연대보증)

(ⅰ) 민법상은 채무자가 수 인인 경우, 특별한 의사표시가 없다면 분할채무가 되는 것이 원칙이다(民 제408조). 그러나 상법상은 상거래상 채무의 확실한 변제와 거래안전을 위하여 수 인이 그 1인 또는 전원에게 상행위가 되는 행위로 인하여 채무를 부담한 때에는 연대채무로 된다(商 제57조 제1항).

■ 상사채무의 연대화〈수 인의 채무자〉

판례(1)

대판 2009. 11. 12, 2009**다**54034, 54041
(상사 연대채무의 사례)

"상가건물의 일부에서 숙박업을 하는 공유자들이 건물의 관리를 담당한 단체와 체결한 위 숙박사업장의 관리에 관한 계약은 상법 제57조 제1항에서 규정하는 상행위에 해당하므로, 위 공유자들은 연대하여 관리비 전액의 지급의무를 부담한다."

판례(2)

대판 2001. 11. 13, 2001**다**55574
(조합(쌀 소매업자들간의 공동사업)채무의 연대채무성)

"원심이 인정한 사실 및 기록에 의하면, A나 피고들은 저렴한 가격으로 쌀을 공급받기 위하여 동업체를 형성하여 쌀 도매상으로부터 직접 쌀을 공동구매하기로 하고 A 및 피고들 전원이 원고를 찾아가서 쌀을 공급하여 줄 것을 요청하여 승낙을 받았고, 공동구매한 쌀을 각자의 점포에서 각자의 계산으로 판매하고 그 대금을 송명재의 통장으로 입금하여 A로 하여금 원고에게 지급하도록 하는 한편, 공동구매하는 쌀의 보관 및 포장장소가 필요하므로, 조합원 전원이 출자하여 쌀의 보관 및 포장업체를 설립하기로 약정하고 '한반도농산'을 설립하였으며 일부 조합원은 그 설립비용을 실제로 내지 못한 경우도 있으나 그러한 조합원에 대하여는 그들이 A에게 송금한 쌀 대금에서 공제하기로 한 사실을 알 수 있으므로 조합원인 A와 피고들은 쌀 구입대금 및 한반도농산의 설립비용에 관하여 전원 출자를 한 것이라고 할 것이다 … 한편 조합의 사업은 그 종류나 성질에 아무런 제한이 없으나 조합원 전원의 사업이 되어야 하는바, 위와 같은 방식으로 쌀을 공동구매하여 함께 설립한 공장에서 소량으로 나누어 포장한 경우라도 그 쌀을 구매자들이 각자의 계산으로 각자 운영하는 점포에서 판매하였다면 비록 그들이 '황금쌀 직판장'이라는 동일한 상호하에 각 그 영업장소가 소재한 곳의 지역 동명을 나타내는 '… 점'을 부기하여 사용하였다고 하더라도 쌀 판매업을 동업으로 경영하였다고는 할 수 없을 것이다. 그런 점에서, 원심이 '피고들과 A가 쌀을 공동구입하여 각자 판매하는 방식으로 쌀 판매업을 동업하였다'는 판단은 잘못이라고 할 것이므로 이 점을 지적하는 취지의 상고이유의 주장은 일응 이유 있다. 그러나 앞서 본 사실관계에 의하면, 피고들과 A가 '쌀 도매업자인 원고로부터 저렴한 가격으로 공동으로 쌀을 구매하여 한반도농산에서 20kg 이하의 단위로 포장하여 각 조합원의 쌀 판매업체에 배송하는 사업'은 상인들인 피고들 및 송명재의 공동사업으로서 민법상 조합에 해당한다고 할 것이므로, A 또는 피고 B가 동업체인 조합의 업무집행자로서 원고로부터 쌀을 구입함으로 인한 쌀 구입대금채무는 조합원 전원을 위한 상행위로 인하여 부담하게 된 조합채무로서, 다른 조합원들인 피고들도 상법 제57조 제1항에 의하여 쌀 구입대금채무에 대하여 연대책임을 진다 할 것이다"(사례에서 쌀 판매업을 동업으로 한 것이 아니라고 하더라도 쌀 도매업자로부터 쌀을 공동구매하여 각 조합원에게 배송하는 사업부분 자체는 조합원 전원에게 상행위가 되는 행위이고 이로 인해 쌀 도매상에게 부담하는 채무는 상법 제57조의 연대채무라는 취지).

판례(3)

대판 1987. 6. 23, 86**다카**633

(상사연대채무 부정 사례: 그룹내에 설치된 조달본부의 물품구매행위에 대하여는 상법 제57조 제1항에서 규정하고 있는 연대채무관계가 발생하지 않음: 상법 제57조 제1항의 상사연대채무가 성립하려면 수인이 그 1인 또는 전원에게 상행위가 되는 행위를 하여야 하는데, 사안에서와 같이 그룹 내의 조달본부가 각 계열사의 물품구입을 공동으로 수행하는 것과 같은 형태는 각 계열사의 분할채무의 병렬에 불과할 뿐 상사연대채무가 될 수 없다는 취지)

"상법 제57조 제1항의 취의는 상사거래에 있어서의 인적 담보를 강화하여 채무이행을 확실히 하고 거래의 안전을 도모함으로써 상거래의 원활을 기하려는 것으로 민법상 다수당사자간의 채무이행에 있어서의 분할채무 원칙에 대한 특별규정이라 할 것이므로 여기에서 연대채무를 지우게 되는 행위는 수인이 그 1인 또는 전원에게 상행위가 되는 행위로 인하여 채무를 부담하는 경우이어야 한다… 계열회사들의 효율적인 물품구매 및 경비절감을 위하여 그룹내에 조달본부를 설치하여 각 계열회사들은 각자 필요한 물품을 물품구매요구서를 첨부하여 위 조달본부에 구매요구하면 조달본부는 그룹회장의 결제를 받아 납품업체와 계약을 체결하고 납품업체는 조달본부장의 요구에 따라 실수요 회사인 각 계열회사에 물품을 인도하고 세금계산서를 발행하여 왔다면 위 조달본부는 법인격 없는 그룹내의 편의상 기구에 불과한 것으로서 조달본부의 물품구매행위는 동 그룹내의 각 독립한 법인체인 계열회사들이 조달본부에 그 대행을 위임하거나 이에 관한 대리권수여에 따른 행위로 봄이 타당하고 따라서 각 거래는 계열회사와 물품공급회사 사이에 이루어진 것으로서 그 법률효과는 그 당사자에게만 직접 미치고 유관관계가 없는 다른 계열회사는 아무런 권리의무가 발생하지 아니하는 제3자의 지위에 있음에 불과하다 할 것인즉 조달본부에서 물품을 발주 구입하였다는 사실을 들어 상법 제57조 제1항 소정의 수인이 그 1인 또는 전원에게 상행위로 인하여 부담하는 공동구매라고 할 수 없으므로 위 각 계열회사들 사이에 동 법조에 따른 연대채무관계는 발생할 수 없다 할 것이다."

(ii) 민법상 보증인은 특약이 없는 한 원칙적으로 단순보증이 되는 것이 원칙이고 또 최고 · 검색의 항변권을 가지며(民 제437조), 수 인의 보증인은 분별의 이익을 가진다(民 제439조). 그러나 상법에서는 만약 그 보증이 상행위이거나 주채무가 상행위로 인한 것인 때에는 연대보증이 된다(商 제57조 제2항).

■ 상사보증의 성격

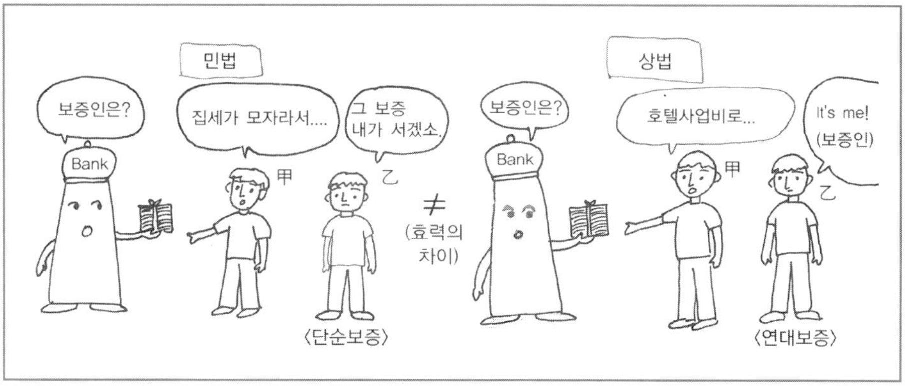

판례

대판 2008. 12. 11, 2007다66590

(보증이 상행위인 경우의 연대보증채무: 부동산 중개업자가 중개를 성사시키기 위하여 또는 중개에 대한 책임으로 매수인의 잔금채무를 보증한 것은 부동산중개업이라는 기본적 상행위를 위한 보조적 상행위이므로 이는 '보증이 상행위인 경우'에 해당한다는 사례)

"부동산 중개업무는 상법 제46조 제11호에서 정하고 있는 '중개에 관한 행위'로서 기본적 상행위에 해당하고, 상인이 영업을 위하여 하는 행위는 상행위이며, 상인의 행위는 영업을 위하여 하는 것으로 추정되는바, 부동산 중개업무를 실제로 영위하여 상인인 자가 그 중개를 성사시키기 위하여 또는 그 중개에 대한 책임으로 보증각서를 작성하여 매수인의 잔금채무를 보증한 경우, 그 보증행위는 영업을 위하여 한 것으로 추정되고, 그 추정을 번복할 만한 증거가 없는 한 상행위로 간주된다."

2. 수치인(受置人)의 의무가중

민법상은 무상수치인의 경우 수치인의 주의의무는 임치물을 자기재산과 동일한 주의로 보관하는 것으로 충분하여(民 제695조), 유상수치인의 '선량한 관리자의 주의의무'(民 제374조 참조)보다 주의의무가 경감된다. 그러나 상법에서는 상인이 그 영업범위내에서 물건의 임치를 받은 경우 보수를 받지 않는 무상임치의 때라도 '선량한 관리자의 주의의무'를 다할 것을 요구하여(商 제62조) 민법에서보다 주의의무를 가중하고 있다.

판례(1)

대판 2004. 1. 27, 2000다63639

(임치를 받은 상인의 책임: 임치를 받은 상인은 상당한 주의의무를 이행하여 임치물의 보관, 출고(반출)를 해야 한다는 취지)

"항공화물이 통관을 위하여 보세창고에 입고된 경우에는 운송인과 보세창고업자 사이에 항공화물에 관하여 묵시적 임치계약이 성립한다고 볼 것이고, 따라서 보세창고업자는 운송인과의 임치계약에 따라 운송인 또는 그가 지정하는 자에게 화물을 인도할 의무가 있고, 한편 운송인은 항공화물운송장상의 수하인이나 그가 지정하는 자에게 화물을 인도할 의무가 있으므로, 보세창고업자로서는 운송인의 이행보조자로서 항공운송의 정당한 수령인인 수하인 또는 수하인이 지정하는 자에게 화물을 인도할 의무를 부담하게 되는바, 보세창고업자가 화물을 인도함에 있어서 운송인의 지시 없이 수하인이 아닌 사람에게 인도함으로써 수하인의 화물인도청구권을 침해한 경우에는 그로 인한 손해를 배상할 책임이 있다 … 보세창고업자가 운송인의 이행보조자로서 수하인 또는 수하인이 지정하는 자에게 화물을 인도할 의무를 부담하는 이상, 관세행정법규에 의한 화물의 반출에 대한 절차 및 통제는 관세징수 또는 수입화물관리의 효율성 등 관세행정을 위한 것일 뿐이므로, 그에 따라 화물을 반출하였다는 사정은 운송인과 보세창고업자 사이에 성립된 임치계약에 의한 보세창고업자의 주의의무에는 영향이 없다."

판례(2)

대판 1994. 4. 26, 93다62539, 62546

(임치계약의 직접 당사자가 아닌 창고업자에 대하여 적어도 무상수치인으로서의 주의의무가 있다고 본 사례: 사례에서 창고업자가 甲과 임치계약을 체결한 것은 아니어서 그에 대하여 유상수치인의 지위에 서지는 않으나 무상수치인의 의무는 져야 하므로 여전히 선관주의의무를 부담한다는 것)

"甲이 乙과의 임치계약에 의하여 건(乾)고추를 창고업자인 丙 소유의 냉동창고중 乙이 임차한 부분에 운반, 적치하고 그 입고시에 丙이 甲이 제시한 서류만을 근거로 하여 그 서류에 기재된 입고량에 따른 인수증을 甲에게 발행하였다면 甲과 乙 간의 위 임치계약은 위 창고부분의 소유자이자 임대인인 丙이 가동하는 냉동시설의 가동에 의하여 그 계약목적을 달성하려는 것이 당연 전제되어 있다고 보이는데다 창고업자인 丙이 그 영업범위 내에서 위 건(乾)고추의 입고와 보관에 관여한 점 등에 비추어, 丙은 위 물품인수증을 甲에게 발행함으로써 甲에 대한 관계에서는 적어도 위 건(乾)고추에 대한 무상수치인의 지위에서 선량한 관리자로서의 주의의무를 진다."

판례(3)

대판 1983. 11. 8, 83다카1476

(수치인의 임치책임을 부정한 예: 수치인이 건(乾)고추 회수를 최고(민법 제699조에 의한 임치의 해지에 해당)한 후 임치인이 그 회수를 거절하여 수령지체에 빠진 후에는 수치인인 상인도 고의나 중과실이 없는 한(민법 제401조) 임치물의 멸실이나 훼손에 대하여 손해배상책임이 없다눈 취지)

> "수치인이 적법하게 임치계약을 해지하고 임치인에게 임치물의 회수를 최고하였음에도 불구하고 임치인의 수령지체로 반환하지 못하고 있는 사이에 임치물이 멸실 또는 훼손된 경우에는 수치인에게 고의 또는 중대한 과실이 없는 한 채무불이행으로 인한 손해배상책임이 없다 … 수치인이 임치인에게 보관중인 건(乾)고추를 속히 처분하지 않으면 벌레가 먹어 못 쓰게 되니 빨리 처분하든지 인도받아 가라고 요구하였다면 이는 임치계약을 해지하고 임치물의 회수를 최고한 의사표시라고 볼 여지가 있고 이에 대하여 임치인이 시세가 싸다는 등 이유로 그 회수를 거절하였다면 이 때로부터 수령지체에 빠진 것이라고 하겠다."

Ⅳ. 채무이행상의 특칙

1. 이행장소

채무의 이행장소에 관하여는 일반적으로 민법의 규정에 의하나(民 제467조, 제516조), 다만 채권자의 지점에서의 거래로 인한 채무이행의 장소가 그 행위의 성질 또는 당사자의 의사표시에 의하여 확정되지 아니한 경우 특정물인도 외의 채무이행은 그 지점을 이행장소로 본다(商 제56조).[9]

2. 이행시기

채무의 이행시간에 관하여 법령이나 관습에 의한 영업시간내로 규정되어 있으나(商 제63조), 명시적 규정이 없는 민법에서도 동일하게 해석되어야 하고 이는 주의적 규정에 불과하다고 본다.

---

9) 종래 상법 제56조는 지점거래의 채무이행장소를 정함에 있어서 단순히 '지점'으로 규정하고 있었다. 그런데, 2010년 5월 상법개정시 '채권자의 지점'으로 한정함으로써 채권자의 지점거래의 경우에만 지점이 채무이행장소로 되고, 채무자의 지점거래의 경우에는 민법의 규정(民 제467조 제2항 단서)에 따르도록 하였다. 이는 개정 전 상법 제56조에 의할 경우 채무자의 지점에서 거래가 이루어진 때에는 채무자의 지점이 채무이행의 장소가 되는데, 이는 민법 제467조 제2항 단서(「… 그러나, 영업에 관한 채무의 변제는 채권자의 현 영업소에서 하여야 한다」)에 배치되는 것이었다. 그리하여 개정상법은 채무자의 지점에서의 거래에 따른 채무이행장소는 민법의 원칙에 맡기고(즉, 채권자의 영업소) 다만 「채권자의 지점에서의 거래」에 관해서만 그 지점을 채무이행 장소로 하는 편의를 도모하면 족하다고 본 것이다.

V. 상사매매의 특칙

상사매매는 상행위 중 대표적인 것으로 연혁적으로 가장 오래된 상행위이다. 그럼에도 상법은 상사매매에 대하여 5개의 특칙만을 규정하고 있다. 이는 매매거래에서 당사자의 자치적 의사에 따르는 것이 우선이고, 보통거래 약관이 발달되어 있을 뿐만 아니라 일반법인 민법이 매매에 관하여 잘 규정하고 있기 때문이다.

원래 상사매매라는 용어는 당사자 쌍방이나 일방에게 상행위가 되는 매매 전부를 가리키지만, 상법상의 매매에 관한 특칙은 상인 사이의 매매 즉, 쌍방적 상행위에만 적용된다. 이 특칙의 입법취지는 상사매매에서의 신속 · 원활과 기업유지 도모에 있다. 그리하여 이 특칙 규정들은 매도인을 민법에서보다 더 보호하는 내용으로 되어 있다.

1. 매도인의 권리(공탁 · 경매권)

민법상 매도인이 목적물을 인도하는 의무를 이행하고자 하는 경우에 매수인이 수령을 거부하거나 이를 수령할 수 없는 때에는 채권자지체가 되어서, 매도인은 공탁과 경매의 권리를 가지는데(民 제487조-제490조), 상법은 상행위인 매매에 대하여 특칙을 두고 있다. 매도인의 매매목적물 공탁권이나 경매권 행사는 민법에서도 허용되어 있는 제도이므로 상법상 특히 부가된 특칙이 무엇을 의미하는 것인가는 민법의 내용과 함께 고찰될 때 분명히 파악될 수 있을 것이다.

(1) 매도인의 공탁권

상사매매에서의 매도인의 공탁권을 민법상 매도인의 공탁권과 비교하면 다음과 같다.

가) 민법상 매도인의 공탁권

민법상 변제자가 과실 없이 채권자(매수인)를 알 수 없는 때 또는 채권자(매수인)가 변제받지 아니하거나 받을 수 없는 경우 변제자(매도인)는 목적물을 공탁하여 채무를 면할 수 있다. 공탁한 후에는 지체없이 채권자(매수인)에게 통지를 하여야 한다(民 제488조 제3항).

나) 상법상 매도인의 공탁권

상인간의 매매에 있어서 매수인이 목적물의 수령을 거부하거나 수령할 수 없을 때 매도인은 그 목적물을 공탁하여 채무를 면할 수 있다. 이 경우 매도인은 지체 없이 매수인에게 그 통지를 발송하여야 한다(商 제67조 제1항).

상법상 매도인의 공탁권을 민법상의 공탁권과 비교하면 그 요건에 있어서 별 차이가 없고, 상법상 매매에서는 공탁 후 통지에서 공탁을 한 매도인이 공탁 통지의「발송」만 하면 된다는 점(민법에서는 도달주의에 의한다)이 다를 뿐이다. 여기에서 공탁에 들어가는 비용과 공탁통지의 비용은 매수인이 부담해야 한다.

공탁 후 매도인이 통지를 발송하게 하는 것은 공탁의 요건이라고 할 수는 없고 매수인에게 공탁사실을 알려서 그 손해를 최소화하기 위한 배려일 뿐이다. 다만 이 통지를 해태하면 그로 인해 매수인이 입은 손해를 매도인이 배상해야 한다.

(2) 매도인의 경매권

상사매매에서의 매도인의 경매권 행사를 민법상 매도인의 경매권과 비교하면 다음과 같다.

가) 민법상 매도인의 경매권

민법상 매도인이 공탁권을 행사할 수 있는 경우에도 (ⅰ) 변제의 목적물이 공탁에 적합하지 않거나, 멸실이나 훼손될 염려가 있는 때 또는 공탁에 과다한 비용을 요하는 때에는 (ⅱ) 법원의 허가를 얻어서 물건을 경매할 수 있다. 이러한 경매 이외에도 시가(市價)로 방매하여 그 대금을 공탁할 수도 있다. 다만, 민법상으로는 경매대금을 반드시 공탁하여야 하고 이를 매매대금에 충당할 수는 없게 되어 있다(民 제490조).

나) 상법상 매도인의 경매권(자조매각권(自助賣却權))

상법에서는 상인간의 매매에서 매도인이 경매권을 행사하려면 (ⅰ) 매수인이 목적물의 수령을 거부하거나 수령할 수 없고, (ⅱ) 상당한 기간을 최고하면 된다(商 제67조 제1항). 이 경매권 행사요건 중 (ⅰ)은 공탁권 행사 요건과 전혀 같아서 공탁권 행사와 선택적으로 할 수 있다. 이 때의 최고는 매수인에게 도달하여야 한다. 다만, 매수인에 대하여 최고를 할 수 없거나 목적물이 멸실 또는 훼손될 염려가 있는 때에는 최고 없이도 경매할 수 있다(同 제2항).

상법상 '매수인이 목적물 수령을 거부하거나 수령할 수 없을 것'이라는 경매권 행사의 요건은 민법상 '채권자가 변제를 받지 아니하거나 받을 수 없을 때 또는 과실 없이 채권자를 알 수 없을 때', '법원의 허가를 얻어서' 라는 2가지 요건보다 훨씬 단순하고 완화되어 있다. 이는 상법상 경매권을 용이하게 행사할 수 있게 허용하려는 취지이다.

상법상은 민법에 없는 '최고'의 요건이 부가되어 있기는 하지만, 이 '최고'도 매수인에 대하여 이를 할 수 없거나, 목적물이 멸실 또는 훼손될 염려가 있는 때에는 생략할 수 있다는 점에서 그 요건을 까다롭게 강화한 것이라고 보기는 어렵다. 여기에서 '목적물의 훼손염려'라는 것은 과일의 부패와 같은 물질적 훼손뿐만 아니라 가격의 예상외 하락과 같은 경제적 가치훼손도 포함한다고 본다.[10)]

매도인이 목적물을 경매한 후에는 공탁권 행사 때와 같이 매수인에게 지체 없이 통지를 발송하여야 한다(商 제67조 제1항 후단). 이 통지가 경매권행사 요건이 아니지만, 매수인의 손해를 최소화하기 위한 배려라는 점에서 이러한 통지를 하지 않아 매수인이 손해를 입은 때에는 매도인이 배상하여야 한다는 점은 공탁권 행사에서와 같다. 통지나 경매는 매수인측에 의해 빚어진 것이므로 그 통지비용, 경매비용은 매수인이 부담하여야 한다.

나아가 상법은 민법과 달리 경매대금을 매도인의 매매대금에 충당할 수 있는 제도를 마련하고 있다(대금충당권(代金充當權)의 인정). 즉, 민법과 같이 매도인이 경매권을 행사하는 것은 상법에서도 공탁권 행사에 갈음하는 것이어서 경매하여 받은 대금을 공탁해야 하는 것이 원칙이지만, 그 대금의 전부나 일부를 매매대금에 충당할 수도 있게 허용하고 있다(商 제67조 제3항). 상법이 민법과 달리 경매대금을 자기 자신의 대금청구권 만족을 위해 충당할 수 있게 하였다고 하여 이러한 경매권을 자조매각권(自助賣却權)이라고도 부른다.

10) 같은 취지: 손주찬, 248-249면.

■ 상사매매의 특칙: 상인간의 매매에 있어서 매수인이 목적물의 수령을 거부하거나 이를 수령할 수 없는 때에는 매도인은 그 물건을 공탁하거나 상당한 기간을 정하여 최고한 후 경매할 수 있다(商 제67조 제1항).

2. 매수인의 의무

(1) 목적물의 검사 · 하자 통지의무

가) 민법상 매도인의 하자담보책임

민법에서 매매의 목적물에 하자가 있거나 수량이 부족한 때에는 매도인은 그 과실 유무에 불구하고 하자담보의 책임을 져야 한다. 그리하여 매수인은 계약해제, 손해배상청구, 대금감액청구 등을 할 수 있다. 매수인의 이 권리는 매수인이 악의인 때에는 계약시로부터 1년 이내에, 선의인 때에는 그 사실을 안 때로부터 1년 이내에(물건의 하자의 경우에는 매수인이 하자를 안 날로부터 6개월 이내에) 행사하여야 한다(民 제572조, 제573조, 제574조, 제580조, 제581조).

나) 상법상 매도인의 하자담보책임(요건: 매수인측의 하자 검사와 통지의무 이행)

상인간의 매매에서 매도인의 하자담보책임을 묻기 위해서는 매수인이 목적물을 수령한 후 지체 없이 목적물을 검사하여야 하고, 그 하자나 수량부족을 발견한 때에는 즉시 매도인에게 통지를 발송하여야 한다(商 제69조 제1항).

상법이 이러한 특칙을 규정한 이유는 민법상의 규정만에 의하면 매도인이 오랫동안 불안정한 지위에 놓이게 되고 매수인으로서는 하자담보 기간내에 자신에게 유리한 시기에 담보청구를 할 수 있게 되어 목적물 가격 등락에 따른 투기행위를 할 수도 있기 때문이다. 또, 오랜 시간 경과 후 매수인이 하자담보책임을 물을 때에는 매도인은 하자 여부에 대한 조사상 혼란, 다른 구입처 물색이나 전매 모색의 곤란 등의 어려움이 있을 수 있기 때문이다.

매수인의 하자 검사 · 통지 의무가 발생하는 요건으로서는 (ⅰ) 상인간의 매매여야 하고, (ⅱ) 매수인이 목적물을 수령하여야 하며, (ⅲ) 매매목적물에 하자가 있거나 수량이 부족하여야 하고, (ⅳ) 이러한 하자 검사 · 통지의무를 배제하는 특약이 없어야 한다.

매수인은 목적물 수령 후 「지체없이」 검사하여야 하는데 이 때 「지체없이」라는 의미는 '즉시'(sofort)라는 것과 달리 '지체(책임있는 사유로 늦은 것)라는 사유가 없이' 하라는 것이어서 독일민법(제121조)의 '귀책사유 있는 지연이 없이'(ohne schuldhaftes Zögern)와 같은 뜻으로 이해되어야 한다.[11]

매수인이 즉시 발견할 수 없는 하자가 있는 경우에는 매수인이 목적물을 수령한 후 6월 내에 발견하여 즉시 통지하여야 한다. 「즉시 발견할 수 없는 하자」라 함은 예컨대, 사과의 果心이 썩은 때 그 하자는 육안으로 쉽게 확인할 수 없고 사과를 쪼개보지 않으면 발견되기 어려운 것과 같은 경우이다.[12] 통지를 발송함에 대한 다툼이 있는 경우에는 매수인이 그 입증책임을 진다. 또, 매수인의 매도인에 대한 이러한 의무는 궁극적으로 하자나 수량부족을 통지하는 데(알려주는 데) 있으므로 하자의 검사만 한 것으로는 이 의무를 이행한 것으로 될 수 없다. 만약 6개월이 지나도 매수인이 목적물의 하자나 수량부족의 사실을 발견하지 못하여 통지를 하지 못한 경우에는 매수인의 과실 유무에 불구하고 하자담보책임을 물을 수 없게 된다.[13] 목적물 검사 · 하자 통지의무의 불이행시 하자담보책임을 추궁할 수 있는 권리가 배제될 뿐 그로 인해 매도인이 매수인에게 손해배상청구를 할 수는 없다는 점에서 이는 불완전의무(간접의무)에 불과하다.

11) 최기원, 256면.

12) 대판 1993. 6. 11, 93다7174.

13) 손주찬, 254면; 반대 견해: 이철송, 346면; 채이식, 192면; 대판 90다카28498, 28504.

판례(1)

대판 2008. 5. 15, 2008다3671

(매수인의 목적물의 검사 · 통지의무 규정의 임의 규정성: 상사매매의 특칙(상법 제1편 제2장: 제67조부터 제71조까지)은 상인간 매매에서 매도인을 보호하기 위한 것이기는 하지만, 매도인과 매수인 사이에서 약정에 의하여 달리 정할 수도 있는 임의규정임이 분명하다는 사례)

"상인간의 매매에 있어서 매수인이 목적물을 수령한 때에는 지체없이 이를 검사하여야 하며 하자 또는 수량의 부족을 발견한 경우에는 즉시, 즉시 발견할 수 없는 하자가 있는 경우에는 6월 내에 매수인이 매도인에게 그 통지를 발송하지 아니하면 이로 인한 계약해제, 대금감액 또는 손해배상을 청구하지 못하도록 규정하고 있는 상법 제69조 제1항은 민법상의 매도인의 담보책임에 대한 특칙으로 전문적 지식을 가진 매수인에게 신속한 검사와 통지의 의무를 부과함으로써 상거래를 신속하게 결말짓도록 하기 위한 규정으로서 그 성질상 임의규정으로 보아야 할 것이고 따라서 당사자간의 약정에 의하여 이와 달리 정할 수 있다고 할 것이다."

판례(2)

대판 1999. 1. 29, 98다1584

(상법 제69조의 인적 적용범위(상인으로서의 자격을 취득한 사람)에 개업준비행위를 하는 사람도 포함된다는 취지)

"부동산임대업을 개시할 목적으로 그 준비행위의 일환으로 당시 같은 영업을 하고 있던 자로부터 건물을 매수한 경우, 위 매수행위는 보조적 상행위로서의 개업준비행위에 해당하므로 위 개업준비행위에 착수하였을 때 상인 자격을 취득한다고 보고 … 상법 제69조는 상거래의 신속한 처리와 매도인의 보호를 위한 규정인 점에 비추어 볼 때, 상인간의 매매에 있어서 매수인은 목적물을 수령한 때부터 지체 없이 이를 검사하여 하자 또는 수량의 부족을 발견한 경우에는 즉시 매도인에게 그 통지를 발송하여야만 그 하자로 인한 계약해제, 대금감액 또는 손해배상을 청구할 수 있고, 설령 매매의 목적물에 상인에게 통상 요구되는 객관적인 주의의무를 다하여도 즉시 발견할 수 없는 하자가 있는 경우에도 매수인은 6월 내에 그 하자를 발견하여 지체 없이 이를 통지하지 아니하면 매수인은 과실의 유무를 불문하고 매도인에게 하자담보책임을 물을 수 없다고 해석함이 상당하다."

판례(3)

대법원 1991. 8. 13, 선고 91다14970 판결
(상법 제69조 제1항의 적용범위: 매수인이 목적물 검사 · 하자통지 의무를 부담하는 것은 통상적인 매매뿐만 아니라 경매에도 해당된다는 취지)

"중매인이 군(郡) 수산업협동조합으로부터 경락받은 수산물에 숨은 하자가 있어도 농수산물유통및가격안정에관한법률에 기한 위 조합의 공판사업규정이 정한 바에 따라 즉시 이의하고 그 인수를 거부하지 아니한 이상 상법 제69조 제1항 소정의 손해배상 청구를 할 수 없다."

판례(4)

대판 1995. 7. 14, 94다38342
(상법 제69조 제1항의 적용범위: 상법 제69조는 '매매'에만 적용될 뿐 '임대차' 등 다른 계약에는 적용 내지 유추적용될 수 없다는 취지)

"건물 일부의 임대차계약을 체결함에 있어 임차인이 건물면적의 일정한 수량이 있는 것으로 믿고 계약을 체결하였고, 임대인도 그 일정 수량이 있는 것으로 명시적 또는 묵시적으로 표시하였으며, 또한 임대차보증금과 월임료 등도 그 수량을 기초로 하여 정하여진 경우에는, 그 임대차는 수량을 지정한 임대차라고 봄이 타당하다 … 임대차계약에서 임대차면적에 따른 임대차보증금(전세금)을 일단 계산한 후 그 금액의 15% 내외의 금액을 임대차보증금으로 지급하고 그 나머지 금액에 월 2%를 곱한 금액을 월임료로 지급하기로 약정한 경우, 임차인은 임대인에게 귀책사유가 있는 목적물의 면적 부족분에 해당하는 임대차보증금 과다지급분에 대하여는, 그 금액에 월 2%를 곱한 금액만큼의 임료를 지급하지 않아도 될 것임에도 불구하고 그에 상당한 금액을 임료로 과다지급함으로써 손해를 입었다고 할 것이므로, 그 과다지급 임대차보증금에 2%를 곱하여 임대차보증금의 과다지급으로 인한 손해를 산정하는 것이 정당하다 … 상사매매에 관한 상법 제69조는, 민법의 매매에 관한 규정이 민법 제567조에 의하여 매매 이외의 유상계약에 준용되는 것과 달리, 상법에 아무런 규정이 없는 이상 상인간의 수량을 지정한 건물의 임대차계약에 준용(유추적용)될 수 없다."

판례(5)

대구고판 1989. 6. 1, 88나4073
(상법 제69조상 매수인의 하자 통지의무 불이행책임 긍정사례: 농약제조회사가 노말부타놀과 상이한 아이소부타놀을 배달받은 후 이를 지체없이 검사하고 하자를 통지하여야 할 의무를 부담한다는 사례)

"상인간의 매매에 있어서 매수인은 매도인으로부터 목적물을 수령한 후 지체없이 이를 검사하여 하자를 발견하면 즉시 매도인에게 그 내용을 통지하여야 하고 이 경우의 검사는 당해 목적물을 거래하는 상인으로서 매수인이 갖고 있는 전문지식 등을 고려하여 그러한 종류의 거래에서 통상 요구되는 주의의무를 가지고 하자발견을 위하여 상당하다고 인정되는 방법으로 하여야 하며 위 검사 및 하자통지를 게을리한 경우에는 그 하자로 인한 손해배상청구권을 잃게 된다 할 것이므로, 농약을 제조 판매하는 회사가 제초제 제조를 위하여 필요한 원료인 노말부타놀을 주문 · 구입함에 있어 이를 구체적으로 특정하지 아니한 채 단순히 부타놀이라고만 표시한 결과 화공약품업자로부터 아이소부타놀을 배달받아 이를 노말부타놀로 믿고 아무런 검사도 하지 아니한 채 막바로 그에 다른 물질을 혼합하여 부타원제를 제조하였다면 농약제조회사로서는 위 아이소부타놀을 수령한 후 지체없이 이를 검사하여 그 하자를 통지하여야 할 의무를 게을리 한 잘못이 있어 그로 인한 손해배상을 청구할 수 없다."

판례(6)

대판 1990. 12. 21, 90다카28498, 28504(반소)
(상법 제69조의 입증책임: 상법 제69조 소정의 매매목적물에 관한 하자담보책임을 묻기 위한 전제요건인 매수인의 목적물의 검사와 하자통지사실에 관한 입증책임은 하자담보책임을 묻기 위한 요건을 충족하였음을 주장하는 매수인에게 있다는 취지)

"상법 제69조는 상인 간의 매매에 있어서는 매수인의 매매목적물에 대한 검사와 하자통지의무를 매수인이 매도인에 대하여 매매목적물에 관한 하자담보책임을 묻기 위한 전제요건으로 삼고 있음이 분명하므로 그와 같은 하자담보책임의 전제요건, 즉 매수인이 목적물을 수령한 때에 지체 없이 그 목적물을 검사하여 즉시 매도인에게 그 하자를 통지한 사실, 만약 매매의 목적물에 즉시 발견할 수 없는 하자가 있는 경우에는 6월 내에 이를 발견하여 즉시 통지한 사실 등에 관한 입증책임은 매수인에게 있다."

판례(7)

대판 1993. 6. 11, 93다7174, 7181(반소)

(상법 제69조 적용부정 사례: 적용 요건으로서 '상인간' 매매를 충족하기 위해서는 매도인과 매수인 모두 상인이어야 하는데, 매도인인 사과나무 경영자가 사과판매상에 위탁판매하게 하는 정도로는 당연상인이나 의제상인이 될 수 없어서 그 적용이 부정된다는 사례)

"사과의 과심이 썩은 하자는 상법 제69조 제1항 소정의 "즉시 발견할 수 없는 하자"에 해당한다 … 약 5,000평의 사과나무 과수원을 경영하면서 그 중 약 2,000평 부분의 사과나무에서 사과를 수확하여 이를 대부분 대도시의 사과판매상에 위탁판매한다면 이는 영업으로 사과를 판매하는 것으로 볼 수 없으니 상인이 아니다 … 매수인에게 즉시 목적물의 검사와 하자통지를 할 의무를 지우고 있는 상법 제69조의 규정은 상인간의 매매에 적용되는 것이며 매수인이 상인인 한 매도인이 상인인지 여부를 불문하고 위 규정이 적용되어야 하는 것은 아니다."

(2) 매수인의 보관 · 공탁 · 경매의무(긴급매각의무)

민법은 계약의 목적을 달성할 수 없는 경우 계약해제권 행사를 할 수 있게 하고 있다. 그런데 상법은 이러한 민법의 내용을 넘어서 매도인을 보호하기 위하여 계약해제시 매수인의 목적물 보관 · 공탁이나 경매의 의무(긴급매각의무)를 추가적인 특칙으로 규정하고 있다.

가) 민법상 계약해제의 효과

민법에 의하면 당사자 일방이 계약을 해제한 때에는 각 당사자는 그 상대방에 대하여 원상회복의무를 진다. 또, 주문한 물건과 다른 물건을 보내오거나 수량이 초과될 때 매수인은 보관의무 등을 부담하지 않는다. 즉, 민법에 의하면 계약해제의 효과로서 매수인은 자신이 받은 매매목적물을 매도인에게 반환하면 충분하고 그 반환에 필요한 비용도 매도인에게 부담시킬 수 있으며, 목적물을 보관 · 공탁하거나 경매하여야 할 의무까지 부담하지는 않는다.

나) 상법상 매수인의 보관 · 공탁 · 경매의무의 특칙

상법에 의하면 매매목적물의 하자 또는 수량 부족을 이유로 매수인이 계약을 해제한 때에도 매수인은 매도인의 비용으로 매매목적물을 보관 또는 공탁하여야 한다. 그리고 만약 그 목적물이 멸실 또는 훼손될 염려가 있는 때에는 법원의 허가를 얻어

경매하여 그 대가를 보관 또는 공탁하여야 한다(긴급매각의무)(商 제70조 제1항). 이 경매(긴급매각)는 매수인의 경매권(자조매각권) 행사와 달리 법원의 허가를 얻어야 한다.

상법이 민법과 달리 특별한 의무를 매수인에게 부담시키는 이유는 민법의 규정만에 의하면 매매계약이 해제되었을 때 반드시 매도인이 비용을 들여 매매목적물을 반환받아야 하므로 반송의 위험, 적당한 전매의 상실이라는 부담을 안게 되기 때문이다.

또 민법에 의하면 주문한 물건과 다른 목적물을 매도인으로부터 받거나 주문수량을 초과하여 수령한 때 매수인은 이를 수령할 의무가 없고, 나아가 보관의무, 공탁의무, 경매의무를 전혀 부담할 필요가 없다. 상법은 상인간 매매의 경우 이러한 민법상 규정으로는 매매의 신속 · 원활을 기할 수 없다고 보아 특칙을 두어 매수인에게 추가적인 의무를 부담시키고 매도인을 보호하려고 하였다.

상법상 매수인의 보관 · 공탁 · 경매의무가 발생하기 위한 요건으로는 (ⅰ) 상인 사이의 매매여야 하고, (ⅱ) 이지매매(異地賣買)(매도인의 영업소나 주소지가 매수인의 그것과는 다른 특별시 등에 있다는 의미)여야 하며, (ⅲ) 매매계약의 해제 · 목적물의 상위(相違) · 수량초과의 경우이고, (ⅳ) 매도인은 선의(善意)여야 하며, (ⅴ) 매수인의 의무를 배제하는 특약이 없어야 한다.

그리하여 목적물의 인도장소가 매도인의 영업소 또는 주소와 동일한 특별시 · 광역시 · 시 · 군에 있는 때(동지매매: 同地賣買)에는 이러한 매수인의 의무가 인정되지 않는다(商 제70조 제3항). 동지매매(同地賣買)에는 매도인에게 반환하더라도 매도인 자신이 즉시 적절한 조치를 취할 수 있으므로 매수인에게 이 무거운 의무를 부담시킬 필요가 없기 때문이다. 여기에서 매수인이 목적물을 보관할 것인가 공탁할 것인가는 매수인의 자유재량으로 선택할 수 있고, 어떤 경우에나 그 비용은 매도인에게 부담시킬 수 있다.

다만, 매수인에게 무제한의 보관 의무를 지울 수는 없으므로 그 보관기간, 공탁기간은 '상당한 기간'에 한정되고 이 상당한 기간이 지나면 매도인에게 반환할 수 있다고 볼 것이다.[14]

그런데, 이 경우 보관에 대한 보수(商 제61조)를 매수인이 매도인에게 청구할 수 있는가? 이에 대해서는 (ⅰ) 매수인은 법률상의 의무로써 보관의무를 부담하는 것이어서 보수청구권을 매도인에게 행사할 수 없다는 견해(보수청구권 부정설)[15]가 있으

14) 같은 취지: 최기원, 263면.

나, (ⅱ) 이러한 의무는 매도인을 보호하기 위하여 불가피하게 매수인에게 부담시키는 것인데, 보관 · 공탁 · 경매를 해주는 것 자체만으로도 매도인 보호는 충분히 달성되고 상인적 지위에 있는 매수인의 보수청구를 상법규정(商 제61조)에 의하여 행사하는 것을 억제하면서까지 매도인을 보호할 필요는 없다고 본다(보수청구권 긍정설). 매수인의 보수청구권을 긍정하는 것이 그 의무 부담과의 형평적 요청에도 부합할 것이라고 본다. 매수인이 긴급매각의무를 이행하여 경매하였을 때는 매도인에 대한 통지를 지체 없이 하여야 한다.

만약 매수인이 이 보관 · 공탁 · 경매의무를 이행하지 않아서 매도인에게 손해가 발생하면 매수인이 배상하여야 한다(매수인의 진정한 의무). 이러한 점은 불완전 의무(간접의무)인 목적물 하자 검사 · 통지의무와 구별된다.

3. 확정기매매의 해제의제

매매의 성질 또는 당사자간의 의사표시에 의하여 일정한 시일 또는 기간 내에 이행하여야만 계약의 목적을 달성할 수 있는 것을 확정기매매라고 한다. 이는 똑같은 취지에서 존재하는 민법상 정기행위(定期行爲)(예, 민법상 추석 제수용품의 주문)의 하나에 속한다.

(1) 민법상 정기행위의 취급

민법의 규정에 의하면 계약의 성질 또는 당사자의 의사표시에 의하여 일정한 일시 또는 기간 내에 이행하지 않으면 계약의 목적을 달성할 수 없는 경우 당사자의 일방이 이행시기를 경과한 때에는 상대방은 최고 없이도 계약을 해제할 수 있다(民 제545조).

그리하여 민법에서는 정기행위(定期行爲)라고 하여도 계약해제의 효과가 발생하려면 계약해제의 의사표시를 해야 한다. 민법에서 계약해제의 의사표시를 반드시 요구하는 것은 이행기 경과 후일지라도 혹시 채권자가 본래의 급부를 필요로 하는 경우도 있을 수 있다는 점을 고려해서이다.

(2) 상법상 확정기 매매에 관한 특칙(特則)

상법에서는 확정기 매매의 경우 당사자의 일방이 이행시기를 경과한 때에는 상

15) 이철송, 350-353면; 정찬형, 232면.

대방이 즉시 그 이행을 청구하지 아니하면 계약을 해제한 것으로 본다(商 제68조).

상법은 민법에서와 달리 이행의 청구(최고)없이도 계약해제를 간주(의제)하려는 점에 특징이 있다. 이는 민법상 정기행위의 규정에 의하면 비록 정기행위의 불이행이 있어도 언제 계약이 해제되는지는 상대방의 의사에만 의존하게 되므로 매도인(채무자)측은 매우 불안정한 지위에 놓이게 되고, 매수인(채권자)의 투기 위험까지 있다고 보기 때문이다.

상법상 규정의 적용요건으로는 (i) 상인간 매매여야 하고, (ii) 확정기 매매여야 하며, (iii) 당사자 일방이 이행기를 도과하여야 하고, (iv) 매매의 상대방이 즉시 이행청구하지 않은 경우여야 한다.

이 규정이 상인간의 매매에 적용된다는 것은 매매의 쌍방이 모두 상인이어야 한다는 것 뿐만 아니라 쌍방적 상행위여야 한다는 의미로 해석되어야 한다. 이에 관해서는 양 당사자가 상인이기만 하면 일방적 상행위에도 적용된다고 하는 견해도 있으나,[16] 일방이 비상행위(非商行爲)인 경우에까지 이 규정이 적용된다면 상행위의 신속 · 원활 · 거래안전 요청이 결여되는 비상행위(非商行爲)가 그 주체가 商人이라는 점 때문에 상대방의 상행위성(商行爲性)에 매몰되어 버리는 문제가 있다고 본다. 그리하여 상법 제68조 「상인간의 매매」의 의미는 이를 목적론적으로 해석하여 '상인간'의 '상행위'가 되는 매매로 이해하는 것이 타당하다고 생각한다.[17] 계약해제 간주(의제)의 효과는 민법에서 정한 계약해제의 효과(원상회복의무, 등기의 말소 · 회복 등)에 의한다.

그런데 확정기 매매의 해제를 간주(의제)하려면 당사자의 일방이 이행시기를 도과하여야 하는데 여기서 '귀책사유 없는 이행기 도과'도 해당하는지가 문제이다.

(i) 귀책사유 필요설(必要說)

이 견해는 이행기 도과에 대하여 채무자측의 귀책사유가 있어야 한다고 하는 입장이다.[18]

(ii) 귀책사유 불요설(不要說)

이는 이행기를 도과하게 된 원인이 채무자측에 있는지, 즉 귀책사유가 있는지 여부를 묻지 않는다는 견해이다.[19]

---

16) 정희철, 161면.

17) 같은 취지: 최기원, 265면.

18) 이철송, 340면; 이 · 최, 290-291면.

(iii) 사견(귀책사유 불요설(不要說))

생각건대, 상법상 확정기매매에서 이행기가 도과하면 계약의 해제를 간주하는 것은 당사자간 매매계약의 신속한 해소를 통하여 법적 안정성을 기하고자 한 것이다. 그리하여 계약해제 간주시 원상회복 이외에 당사자간에 발생한 손해의 배상문제를 어떻게 다룰 것인가는 이행기 도과에 대한 당사자의 귀책사유 유무를 별도의 차원에서 검토하여 충분히 해결할 수 있는 고려 영역이라고 본다. 따라서 확정기 매매계약에서 이행기가 도과한 때의 계약해제간주(의제)는 당사자의 귀책사유를 요구하지 않는 법정해제(法定解除)의 제도를 마련한 것으로 이해되어야 한다.

■ 확정기 매매의 해제의제

판례(1)

대판 2003. 4. 8, 2001다38593(확정기매매 긍정사례)

"상인 사이에 이루어진 선물환계약은 그 약정 결제일에 즈음하여 생길 수 있는 환율 변동의 위험(이른바, 환리스크)을 회피하기 위하여 체결되는 것으로서 그 성질상 그 약정 결제일에 이행되지 않으면 계약의 목적을 달성할 수 없는 상법 제68조 소정의 확정기매매라 할 것이다."

19) 손주찬, 250면; 정동윤, 202면.

판례(2)

대판 2009. 7. 9, 2009다15565

(확정기매매 부정사례: 상법 제68조의 '확정기매매'가 되려면 당사자의 명시나 묵시의 의사표시에 의하여 일정기한 내에 채무를 이행하지 않으면 채권내용을 달성할 수 없다는 취지의 합의가 있어야 한다는 사례: 가격변동이 심한 원자재를 계약 목적물로 한 국제 중개무역이라는 사유만으로는 상법 제68조에 정한 상인간의 확정기매매에 해당한다고 볼 수 없다는 취지)

"상법 제68조에 정한 상인간의 확정기매매의 경우 당사자의 일방이 이행시기를 경과하면 상대방은 이행의 최고나 해제의 의사표시 없이 바로 해제의 효력을 주장할 수 있는바, 상인간의 확정기매매인지 여부는 매매목적물의 가격 변동성, 매매계약을 체결한 목적 및 그러한 사정을 상대방이 알고 있었는지 여부, 매매대금의 결제 방법 등과 더불어 이른바 시.아이.에프(C.I.F.) 약관과 같이 선적기간의 표기가 불가결하고 중요한 약관이 있는지 여부, 계약 당사자 사이에 종전에 계약이 체결되어 이행된 방식, 당해 매매계약에서의 구체적인 이행 상황 등을 종합하여 판단하여야 한다 … 계약 당사자 사이에 종전에 계약이 체결되어 이행된 방식, 당해 매매계약에서의 구체적인 이행 상황 등에 비추어 볼 때, 가격변동이 심한 원자재를 계약 목적물로 한 국제 중개무역이라는 사유만으로는 상법 제68조에 정한 상인간의 확정기매매에 해당한다고 볼 수 없다."

제 4 절 유가증권(有價證券)에 관한 규정

상법은 유가증권에 관하여 1개의 조문만을 두어 금전, 물건 또는 유가증권의 지급을 목적으로 하는 유가증권에 대하여 민법 제508조 내지 제525조의 규정을 적용하고 나아가 배서에 관한 어음법 제12조 제1항, 제2항의 규정을 준용하도록 하였다(商 제65조).

그런데 우리나라는 대표적인 유가증권 규정으로 어음법 · 수표법을 단행법으로 두고 있고, 민법에서도 지시채권과 무기명증권에 관한 규정이 있다. 나아가 상법은 화물상환증, 창고증권, 선하증권, 주권, 신주인수권증권 등에 대해서도 상행위편, 회사편, 해상편에서 각각 몇 개의 규정들을 두고 있다.

상법 제65조에서 규정하는 「금전 · 물건 또는 유가증권의 지급을 목적으로 하는 유가증권」에는 상행위편의 화물상환증 · 창고증권, 회사편의 주권 · 신주인수권증권 · 사채권, 해상편의 선하증권이 포함되므로 이들 모두에 대하여 상법 제65조가 적용될 것이다. 화물상환증(商 제128조부터 제133조까지), 창고증권(商 제156조부터 제159조까지), 선하증권(商 제852조부터 제861조까지), 주권(商 제355조부터 제360조까지), 사채권(商 제478조), 신주인수권증권(商 제516조의 5부터 제516조의 10까지) 등이 유가증권의 속성과 효력에 관한 규정을 두고 있기는 하지만, 그 곳에서 아직 규정되지 못하고 있는 것이 있다면 상법 제65조가 통칙 규정으로서 적용되어 미비점을 보완할 수 있게 된다.

상행위법 각칙

제 3 장

상행위법 각칙에서는 구체적인 상행위의 형태를 규정한다. 기본적 상행위로 분류된 상법 제46조상의 행위 중 중요한 행위를 그 특성에 맞게 특별하게 규율하는 것이 주된 것이다. 그러나, 상법 제46조의 제1호(매매: 제2장 매매(제67조부터 제71조까지))는 채무이행상의 특칙으로 규정되었다고 보아서 상행위통칙(제3절 민법 채권편에 대한 특칙)에서 이미 설명하였다. 그리하여 이 곳에서는 (i) 상인 자신의 상행위(기본적 상행위, 준상행위)를 위한 보조적 상행위로서의 상호계산, 익명조합 유형, (ii) 타인의 상행위를 위한 내용으로서의 보조기업이지만, 독립적인 형태로 이루어지는 상행위 유형(대리상, 중개인, 위탁매매업, 준위탁매매업, 운송주선업), (iii) 주로 독립적인 상행위로 이해되어야 하는 상행위 유형(운송업, 공중접객업, 창고업), (iv) 새로운 형태로 이루어지는 상행위 유형(금융리스업, 가맹업(프랜차이즈 영업), 채권매입업(팩터링 영업), (v) 새로운 방식으로 행해지는 유형(전자상거래)의 범주로 구분하여 그 법률관계를 검토한다.

제 1 절 자신의 상행위를 위한 보조적 상행위

상행위 각칙 중 상인 자신의 상행위(기본적 상행위, 준상행위)를 보조하는 상행위 유형으로 특히 상법에서 규율하고 있는 것은 상호계산과 익명조합제도이다.

Ⅰ. 상호계산(相互計算)

1. 상호계산의 의의

상호계산이라 함은 상인간 또는 상인과 비상인간에 상시(常時) 거래관계가 있는 경우에 일정한 기간의 거래로 인한 채권·채무의 총액에 관하여 상계(相計)하고 그 잔액을 지급할 것을 약정하는 계약이다(商 제72조). 상호계산은 상인의 거래를 간이하고 신속하게 하려는 제도이므로 양 당사자 모두 상인일 필요는 없지만 적어도 일방은 상인이어야 한다.

계속적인 기업활동에 있어서 각 채권채무마다 개별적으로만 결제를 해야 한다면 매우 번잡하다. 또 각 채권채무의 당사자간에는 상호간 다수의 채권·채무가 서로 담보적 기능을 할 것을 기대하고 있는 점을 고려하고 개별적인 채무의 변제마다 이행을 강제하지 않는 신용의 기능을 갖춘 상호계산의 제도가 필요하게 되었다(상호계산제도의 보조적 상행위성).

상호계산은 상거래의 당사자간 영업상의 거래로 발생하는 채권채무만을 대상으로 하는 것이어서 이러한 취지에 부합하지 않는 영업거래 이외의 채권, 제3자로부터 양수·인수한 채권·채무, 불법행위로 인한 채권, 어음·수표 등 유가증권 자체를 가지고 지급청구를 할 것이 적당한 채권 등은 특약이 없는 한 상호계산의 대상이 되지 않는다.

2. 상호계산의 효력

(1) 소극적 효력(상호계산기간 중의 효력)

가) 당사자간의 효력

(ㄱ) 원칙(상호계산불가분(相互計算不可分)의 원칙)

상호계산의 대상으로 된 계산기간내의 각 채권·채무는 독립성을 상실하여 결산기까지는 이행하지 않아도 되는 결제정지상태에 들어간다. 각 채권에 대한 이행청구, 상계는 있을 수 없고 소멸시효도 진행하지 않는다. 다만, 각 채권과 채무에 대한 취소, 해제, 해지와 같이 채권·채무의 발생과 존재 자체에 관계있는 행위는 물론 가능하다. 상호계산은 일방당사자가 언제든지 해지할 수도 있고 해지한 경우에는 즉시 계산을 폐쇄하고 잔액의 지급을 청구할 수 있다(商 제77조).

(ㄴ) 예 외

어음 · 수표 · 선하증권 등 유가증권(상업증권)은 상호계산의 대상이 아니지만[1] 그 실질관계에서 발생하는 채권 · 채무는 얼마든지 상호계산에 포함될 수 있는 것이다. 만약 이를 상호계산에 포함(계입)하였으나 어음 · 수표 등 유가증권상의 채무자가 변제하지 않을 때에는 그 실질관계상의 채권 · 채무를 상호계산항목에서 제외하여 별도로 청구할 수 있게 하였다(商 제73조).

■ 상호계산 불가분 원칙의 예외: 어음 기타의 상업증권으로 인한 채권채무(실질관계상의 채권채무)를 상호계산에 계입한 경우에 그 증권채무자가 변제하지 않을 때에는 그 실질관계상의 채권 · 채무를 상호계산 항목에서 제외하여 별도로 청구할 수 있다(상법 제73조).

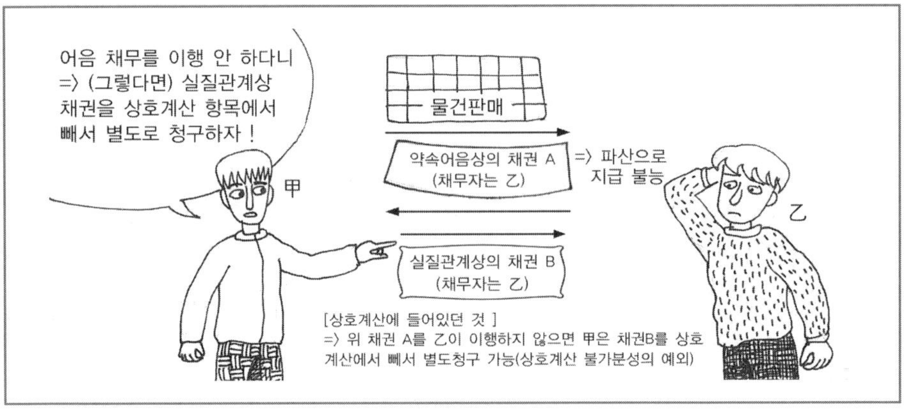

나) 제3자에 대한 효력

상호계산은 채권자와 채무자간에 상호구속력이 있도록 한 것이지만 채권(債權)은 물권(物權)과 달리 성질상 상대적 효력밖에 없으므로 당사자 아닌 제3자가 그 채권을 양수하거나 질권설정, 또는 압류하게 되면 상호계산의 목적을 달성하기 어려워지는 문제가 있다. 그리하여 (ⅰ) 상호계산의 상법규정은 당사자뿐만 아니라 제3자에 대해서도 효력을 미치는 강행규정으로 보아 제3자는 비록 선의라도 그에게 상호계산의 효력을 대항할 수 있다는 견해(절대적 효력설)[2]와, (ⅱ) 상호계산불가분의 효력은 상호계산 계약을 체결한 상호계산 당사자간에만 효력을 미칠 뿐 거래안전을 보호하

---

1) 이러한 유가증권상의 채권은 제시증권성, 상환증권성(환수증권성) 등의 특성으로 인하여 특수한 방법으로만 권리를 행사해야 하기 때문이다(정찬형, 242면).

2) 손주찬, 275면; 정희철, 168면; 채이식, 204면; 최기원, 271-272면.

려면 선의의 제3자에게는 대항할 수 없다는 견해(상대적 효력설)[3]가 대립한다. (iii) 생각건대, 상호계산의 대상인 채권 · 채무의 간이결제 등 취지가 아무리 강조되어도 당사자간 자치적인 제도일 뿐 거래안전을 위협하면서까지 이를 도모할 것은 아니므로 선의의 제3자에게는 대항할 수 없다고 할 것이다(상대적 효력설에 찬동).

■ 상호계산의 제3자에 대한 효력(문제의 제기): 상호계산상 채권, 채무는 물권과 달리 상대적 효력밖에 없으므로 당사자가 아닌 제3자가 그 채권을 양수하거나 질권 설정, 압류하게 되면 상호계산의 목적을 달성하기 어려워진다.

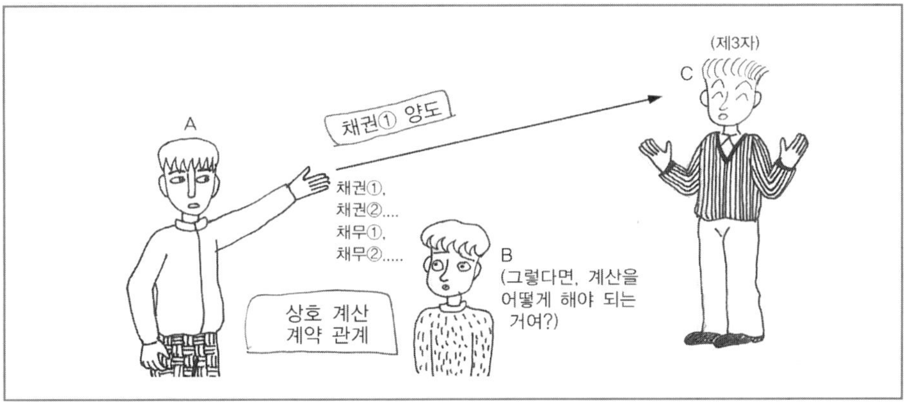

■ 상호계산의 제3자에 대한 효력(학설의 대립): ① 선의의 제3자에게도 상호계산 효력이 미친다는 견해와, ② 거래안전을 위해 선의의 제3자에게는 효력이 미치지 않는다는 견해가 있음.

3) 이 · 최, 298면; 정찬형, 245-246면.

(2) 적극적 효력(상호계산기간 후의 효력)

가) 승인 후의 채권 · 채무 확정

상호계산기간이 만료하면 채권 · 채무의 총액을 일괄상계하여 잔액채권만을 변제할 수 있게 하는 것이 필요하다. 여기서 당사자 일방이 각 항목의 채권 · 채무를 기재하고 잔액을 확정한 계산서를 제출하게 한 후 상대방이 이를 승인하는 절차를 거치게 된다.

나) 승인의 효력(경개(更改))과 예외

각 항목의 채권 · 채무를 일괄상계한 후 잔액채무를 확정하는 승인을 하면 다른 채권은 모두 소멸하고 잔액채무(신채무)만이 새로 성립하게 되므로 일종의 경개계약(更改契約)(民 제500조)의 효력이 생긴다.

■ 상호계산 승인의 효력: 각 항목의 채권, 채무를 일괄상계한 후 잔액채무를 확정하는 승인을 하면 다른 채무는 모두 소멸하고 잔액채무(新 채무)만이 성립하게 되므로 일종의 更改계약의 효력이 생긴다(民 제500조).

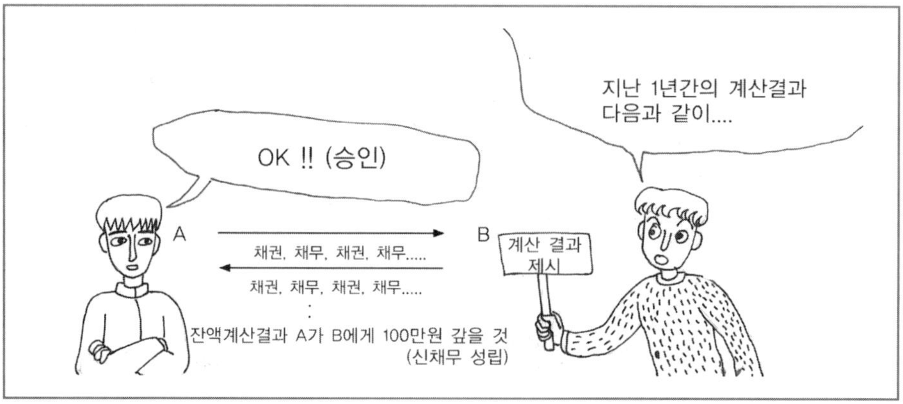

다만, 계산상의 착오나 탈루(脫漏)가 있을 때에는 당사자가 예외적으로 이의를 제기할 수 있게 한다(商 제75조). 이 예외의 해석에 관해서는 (i) 승인행위 자체를 무효로 하게 하는 효력이 있다는 견해(승인행위 무효설: 소수설)[4]와, (ii) 착오나 탈루로 인한 채권액은 부당이득반환의 문제로 해결하게 하면 된다는 견해(부당이득반환청구설: 다수설)[5]가 있다. (iii) 생각건대, 승인행위 자체에는 아무런 하자가 없었으므로

4) 김용태, 142면; 정찬형, 247면; 정희철, 169면.

5) 서 · 정, 174면; 손주찬, 277면; 이 · 최, 300면; 이기수 외, 374면; 이병태, 242면; 정동윤, 181면;

부당이득반환문제로 간단히 처리함이 경제적일 것이라고 본다(부당이득반환청구설).

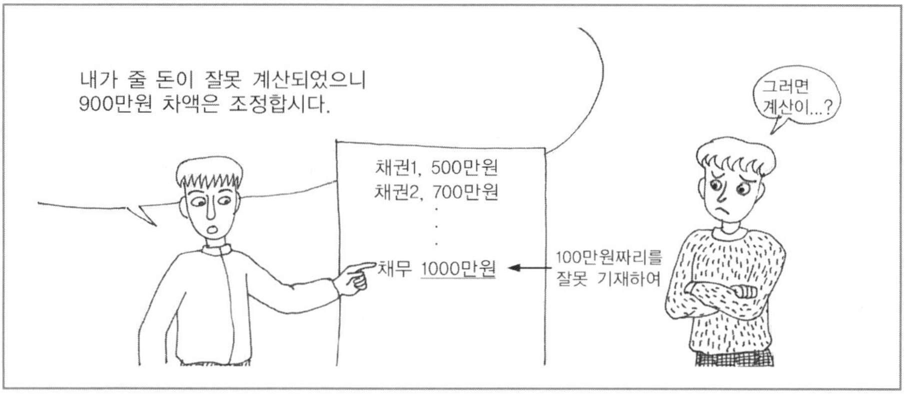

만약 승인행위 자체에 무효나 취소의 원인이 되는 하자가 있다면 물론 승인행위의 하자를 법률행위 하자주장 원칙에 의해 얼마든지 주장할 수 있게 해야 한다. 승인행위 이전에 각 채권에 붙어 있던 저당권, 보증채무 등은 승인행위 후 확정하는 잔액채권을 담보하는가? 이에 대해서는 (ⅰ) 승인행위의 경개적 효력(更改的 效力)에 충실하여 이를 부정하는 견해와 (ⅱ) 잔액채권의 담보로 될 수 있다는 견해가 각각 있으나, (ⅲ) 형식논리에 치중하지 말고 그 담보를 잔액채권의 담보로 이행시키는 것이 상거래의 안전과 당사자간 신뢰를 존중하는 것이라고 본다(잔액채권 담보설).

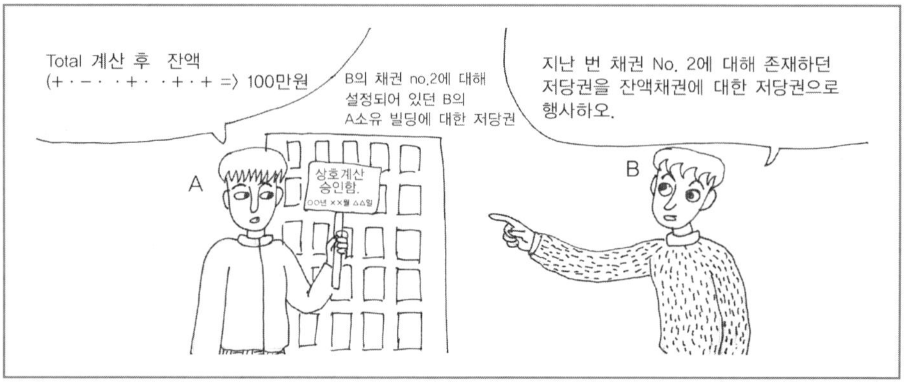

채이식, 202면; 최기원, 274면.

다) 잔액채권의 법률관계(이자발생과 소멸시효 진행)

승인행위의 결과 기존의 채권이 소멸하고 잔액채권이 확정되면 이 잔액채권에 대해 이자가 발생한다(계산폐쇄일 이후의 법정이자(法定利子): 商 제76조 제1항). 당사자가 승인행위 이전의 각 항목채권 · 채무에 대하여 이미 이자를 붙여 받기로 한 경우라도 마찬가지이다(商 제76조 제2항). 이 때는 이자가 중복하여 발생하는 예가 될 것이다(복리(複利) 또는 중리(重利)의 보장). 잔액채권에 대해서는 새로이 소멸시효가 진행한다.

■ 잔액채권의 법률관계(이자 청구): 승인행위의 결과 기존의 채권이 소멸하고 잔액채권이 발생하면 이 잔액채권에 대해 이자가 발생한다. 당사자가 승인행위 이전의 각 항목 채권채무에 대하여 이미 이자를 붙여 받기로 한 경우에는 複利(重利)가 발생하는 예가 된다.

3. 상호계산의 종료

상호계산계약은 존속기간의 만료 등 계약의 일반적 종료원인으로 종료한다. 또, 상호계산계약의 각 당사자는 언제든지 상호계산을 해지할 수 있다. 이 해지를 한 때에는 즉시 계산을 폐쇄하고 잔액의 지급을 청구할 수 있다(商 제77조).

Ⅱ. 익명조합(匿名組合)

1. 익명조합계약의 의의

(1) 익명조합계약의 개념

익명조합계약이란 당사자의 일방이 상대방의 영업을 위하여 출자하고 상대방은 그 영업으로 인한 이익을 분배할 것을 내용으로 하는 계약이다(商 제78조). 이 익명조합계약은 익명조합원의 출자와 영업주의 이익분배를 계약의 요소로 한다. 익명조합은 본래의 영업행위를 전제하고 이 영업행위를 어떤 방식의 출자와 협력방식으로 이행해야 하는가에 관한 것이어서 보조적 상행위에 해당한다(보조적 상행위성).

판례(1)

대판 1983. 5. 10, 81다650
(익명조합관계 부정 사례: 시설투자자에게 정기적으로 일정액을 지급하고 타방이 단독으로 사업을 경영하기로 하는 계약은 민법상 조합이나 상법상 익명조합으로 될 수 없다는 취지)

"음식점시설 제공자의 이익여부에 관계없이 정기적으로 일정액을 지급할 것을 약정하되 대외적 거래관계는 경영자가 그 명의로 단독으로 하여 그 권리의무가 그에게만 귀속되는 동업관계는 상법상 익명조합도 아니고 민법상 조합도 아니어서 대외적으로는 오로지 경영자만이 권리를 취득하고 채무를 부담하는 것이고 그가 변제자력이 없거나 부족하다는 등의 특별한 사정이 있더라도 민법 제713조(무자력조합원의 채무와 타조합원(他組合員)의 변제책임)가 유추적용될 여지는 없다."

판례(2)

위(1번)와 같은 취지: 대판 1962. 12. 27, 62다660
(익명조합관계 부정 사례)

"당사자의 일방이 상대방의 영업을 위하여 출자를 하는 경우라 할지라도 그 영업에서 이익이 난 여부를 따지지 않고 상대방이 정기적으로 일정한 금액을 지급하기로 약정한 경우는 가령 이익이라는 명칭을 사용하였다 하더라도 익명조합약정이라 할 수 없다."

(2) 익명조합계약의 경제적 기능

익명조합의 기능은 경제적으로 공동사업을 하면서도 그 법적 구조에서는 공동사업의 실질이 외부에 드러나지 않게 하는 데 있다. 즉, 익명조합원과 영업자가 역할분담을 하여 공동으로 사업을 하면서도 법률상은 영업자의 단독기업으로 하여 익명조합원은 전혀 외부에 존재가 나타나지 않는 것이다. 이는 주로 자본가가 영업 자체를 외부에 알리고 싶지 않거나 영업자가 그 자본의 출처를 비밀로 하고 싶은 경우에 유용하다. 뿐만 아니라 익명조합원측으로서는 영업상 이익분배청구권은 보장받으면서 손실분담은 반드시 하지 않아도 되어 경영상 위험을 회피할 수 있는 장점이 있고, 영업자측으로서는 익명조합원으로부터 출자를 받아 전적으로 자신의 영업재산으로 하면서 경영간섭을 받지 않고 독자적 경영을 할 수 있다는 장점을 누린다.

(3) 익명조합계약의 유래

익명조합계약은 중세의 코멘다(commenda) 계약에 그 기원을 두고 있다. 이는 10세기경부터 지중해 연안에서 공동사업상 행해지던 계약인데, 금전이나 상품을 소유한 자본가(commendator)가 항해무역의 능력과 경험이 있는 기업가(tractor)에게 그 재산을 맡겨 출자하고 항해가 끝난 후 이익을 분배(일항해주의(一航海主義))하는 계약이었다. 이 코멘다 계약은 그 후 기업가(tractor)도 자산의 일부를 출자하는 형태(collegantia)로 발전하고 15세기 무렵에는 이 콜레간티아(collegantia)가 합자회사와 익명조합으로 분화(分化)되었다. 익명조합과 합자회사의 이러한 관련성 때문에 우리 상법상 익명조합계약이 회사법상 합자회사에 관한 규정의 일부를 준용하고, 입법례(독일의 상법 제335조부터 제342조까지, 프랑스 상사회사법 제419조부터 제422조까지)에 따라서는 익명조합을 우리처럼 상행위편에 규정하지 않고 회사편에 규정하기도 한다.

(4) 구별개념

익명조합계약의 내용은 그와 유사한 합자회사, 조합계약, 금전소비대차계약과의 구별을 통하여 더욱 분명히 이해될 수 있다.

가) 익명조합계약과 합자회사

익명조합은 당사자 일방이 출자하여 이익분배에 참여하는 한편, 다른 일방은 경영에 전념하는 이원적(二元的) 사업형태라는 점에서 무한책임사원 · 유한책임사원으로 출자 · 경영책임을 분담하는 합자회사와 가장 비슷하고 또 역사적 기원을 같이 한다.

그러나, 본질적으로 익명조합은 비조직법적 계약에 해당하고, 합자회사는 조직법적 법인(회사)의 형태라는 점에서 형식적 측면의 차이가 있다. 그리하여 익명조합에서의 익명조합원은 대외적으로 아무런 책임을 부담하지 않지만, 합자회사의 유한책임사원은 유한책임에 해당하는 한도에서는 대외적으로도 책임을 져야 한다. 또, 익명조합의 영업자는 출자책임이 없는 반면, 합자회사의 무한책임사원은(비록 출자방법에 더 융통성이 있기는 하지만: 재산뿐만 아니라 노무, 신용출자도 가능) 출자의무를 부담한다. 나아가 익명조합에서는 영업자가 반드시 유지해야 하는 자본액의 회계상 기준액이 없으나, 합자회사는 이러한 자본액의 개념이 존재하여 손익분배의 기준으로 된다. 나아가 익명조합은 계약일 뿐이므로 탈퇴(脫退)제도가 없지만, 합자회사에는 퇴사와 그에 따르는 지분환급청구제도가 있다는 점도 다르다. 익명조합과 합자회사의 이러한 세세한 차이는 익명조합이 중세의 코멘다 계약처럼 아직 계약단계에 머물러 있음에 반하여, 합자회사는 근세에 나타난 회사라는 법인격 형식을 취했다는 근본적 차이에서 나온다.

나) 익명조합계약과 조합계약

익명조합계약은 조합계약처럼 복수의 당사자가 공동사업을 하기 위하여 계약을 체결한 것이지만, 그 법률적 형식에서 익명조합은 공동사업이 아니라 영업자의 단독기업인 점이 다르다. 그리하여 익명조합원이 출자한 재산의 소유관계는 익명조합원과 영업자의 합유(合有)로 되는 것이 아니라 영업자 개인의 재산으로만 되고, 대외적으로는 영업자만 권리의무의 귀속을 받는다. 익명조합원은 아무런 권리 · 권한 · 의무 · 책임도 없다는 점에서 조합계약과는 구별된다.

다) 익명조합계약과 소비대차계약

익명조합계약은 출자자인 익명조합원이 영업자에게 현금 등 재산을 출자한 다음 영업연도 결산 후 일정금액의 지급 청구권이 있다는 점에서 마치 금전을 대여한 후 원리금 청구권을 행사하는 소비대차 계약과 비슷한 점이 있다.

그러나, 익명조합은 소비대차에서처럼 금전 등 대체물(代替物)을 영업자에게 빌려준다는 의사가 있는 것이 아니고 영업연도 결산 후 영업자로부터 지급받는 것은 이익일 뿐이다. 이는 일정한 이율에 의하여 계산되는 이자(利子)와는 다르다. 또, 소비대차계약과 달리 익명조합원은 영업자의 영업행위에 대한 감시권이 있어서 간접적으로나마 영업자의 경영에 대한 간섭을 할 수 있다는 차이가 있다.

(5) 익명조합계약의 법적 성질과 적용법규

익명조합계약은 익명조합원과 영업자 사이의 낙성 · 불요식 · 쌍무 · 유상계약이다. 다만, 조합계약 등 민법상 전형계약과 일치하지 않는 특수한 계약이다. 이는 익명조합계약이 여러 사람의 공동사업을 하기 위한 것이지만, 법률적으로는 영업자만의 단독기업을 창설하는 것이기 때문이다. 그러나, 익명조합원과 영업자는 공동사업을 하려는 합의를 한 것이어서 조합관계가 내부적으로 존재한다는 것은 분명하다. 따라서 상법상 익명조합 규정의 성질에 반하지 않는 범위에서는 익명조합의 법률관계상 불명확한 점에 대해 민법상 조합계약 규정(예, 이익분배의 비율을 정하지 않은 경우 출자가액을 고려하여 이익분배의 비율을 결정한다든가, 이익 · 손실에 관한 분배비율을 공동으로 추정한다는 민법 제711조 등)이 적용되어야 한다.[6]

2. 익명조합계약의 효력

익명조합계약의 효력은 익명조합원과 영업자 사이 내부의 권리 · 의무관계와 익명조합원 · 영업자의 제3자에 대한 외부의 권리 · 의무관계로 나누어 살핀다.

(1) 익명조합계약의 내부관계(대내관계)

익명조합원 · 영업자 내부의 법률관계는 한 쪽 당사자인 익명조합원의 권리 · 의무를 설명하는 것으로 족하다.

가) 익명조합원의 의무

익명조합원은 영업자에 대하여 출자를 해야 하고 약정에 따라서는 손실분담의무를 지며, 그 지위를 영업자의 동의 없이 함부로 양도하지 말아야 할 의무를 부담한다.

(ㄱ) 출자의무

익명조합원은 익명조합계약에 따라 영업자에게 출자를 할 의무가 있다(商 제78조). 익명조합원의 출자는 금전이나 금전 이외의 재산에 한정되어 있어서 노무나 신용을 출자할 수 없다(商 제86조, 제272조). 금전 이외의 재산 출자가 가능하므로 건물 · 토지의 사용권 등 재산의 사용권 출자도 가능하게 된다.

익명조합원의 출자는 영업자의 재산에 완전히 귀속된다. 익명조합원이 출자한 재산이 법률적으로 영업자의 완전한 단독재산이 된다는 점이 익명조합이 조합계약, 합자회사 등의 재산관리와 크게 구별되는 점이다. 그리하여 영업자는 형법상 「타인

6) 같은 취지: 최기원, 280면.

의 재물(財物)」을 보관하는 지위에 있는 것이 아니어서 그 영업자가 그 출자재산을 함부로 처분하거나 소비해버리더라도 횡령죄(橫領罪)가 성립하지 않는다.[7] 또, 영업자는 이러한 출자재산을 기초로 하여 「자신의 사무」로써 영업상 업무집행을 하는 것이어서 형법상 「타인의 사무」를 취급하는 경우에 성립하는 배임죄(背任罪)의 주체로도 되지 않는다.

출자재산은 영업자의 영업기초가 되어야 하므로 익명조합원은 출자 목적물을 영업자에게 이전하는 행위(인도, 등기, 등록, 명의개서 등)를 하여야 한다. 익명조합원의 출자행위는 영업자와의 이익분배 목적, 영업자의 영업행위를 전제로 하는 유상행위(有償行爲)이므로 그 출자 목적물인 동산, 부동산, 채권 등에 하자가 있다면 익명조합원이 담보책임을 진다(民 제567조, 제580조). 또 익명조합원의 출자목적물이 익명조합원 · 영업자 쌍방의 책임 없는 사유로 이행불능이 된 때에는 쌍무계약상 위험부담의 일반원칙에 따라 그 손실위험을 출자의무자인 익명조합원이 부담한다(民 제537조 참조).

(ㄴ) 손실분담의무 유무

익명조합원은 이익분배 목적으로 익명조합계약을 한 것이다. 만약 영업자의 영업의 결과 이익이 나지 않고 손실이 났다고 하더라도 익명조합원은 이를 분담하지 않아도 된다. 그리하여 익명조합원의 손실분담의무는 이 계약의 본질(요소)이 아니다. 다만, 보통의 경우에는 경제적인 공동사업의 내용상 당사자 사이에서 손실분담 약정을 하는 것이 상례일 것이다. 그리하여 익명조합계약상 특약이 없으면 손실분담 약정이 있는 것으로 추정한다. 이 때 손실이 발생한 것인지 여부는 각 영업연도에서 영업재산이 감소된 것인지의 기준에 의하고 회사처럼 자본액 · 준비금 등을 고려하지는 않는다. 익명조합원의 손실분담비율은 당사자 사이에 약정이 있으면 그에 의하고, 약정이 없으면 이익분배의 비율과 공통된 것으로 추정한다(民 제711조 제2항). 그런데 익명조합원이 손실분담을 하는 경우에도 그 분담하는 액수와 방법에는 다른 경제적 공동사업과 다른 독특한 점이 있다. 즉, 익명조합원이 손실분담을 한다 하여도 이는 (ⅰ) 자신이 출자한 가액이 감소되는 것을 의미할 뿐이고, (ⅱ) 손실을 메우기 위하여 영업자에게 추가로 출자를 하거나 미리 받은 이익을 반환할 의무가 없다. 이런 의미에서 익명조합원의 손실분담은 다른 약정이 없는 한 출자액을 한도로 하는 유한적(有限的) · 제한적(制限的) 의무일 뿐이다.

---

7) 같은 취지: 대판 1973. 1. 30, 72도2704.

즉, 익명조합원의 손실분담내용은 영업자의 영업 결과 익명조합원이 출자한 가액이 감소되었다면 그 감액된 만큼 감소된 출자액의 권리만을 가질 뿐 추가로 출자하여 감액된 부분을 메울 필요가 없다는 것이다. 물론 영업자의 이후 영업의 결과 이익이 발생한 경우에는 그 이전의 손실 부분을 우선적으로 메운 후에 이익을 분배받을 수 있다(商 제82조 제1항). 또, 영업자의 영업의 결과 손실액이 출자액을 초과한 경우에도 익명조합원은 이미 받은 이익의 반환 또는 증자할 의무가 없다(同 제2항). 만약 이 때 익명조합원이 손실을 메우기 위한 증자를 해야 한다거나 이미 받은 이익을 반환해야 한다면 영업을 영업자의 독자적 재량에 전적으로 맡겨두는 익명조합원에게 큰 타격이 될 수 있다. 그와 같은 형태로 손실보전을 해야 한다면 익명조합원은 경영에 직접 참여하는 다른 형태의 계약을 강구하고자 할 것이다.

(ㄷ) 지위불양도 의무

익명조합원은 그 지위를 영업자의 동의 없이 타인에게 양도하지 못한다.[8] 이는 익명조합이 익명조합원과 영업자 사이의 인적 신뢰관계를 기초로 하고 있을 뿐만 아니라 합자회사의 유한책임사원과 비슷하기 때문이다.

(ㄹ) 경업피지의무의 부존재(不存在)

익명조합원은 합자회사의 유한책임사원과 비슷하여 업무집행권을 전혀 갖지 않으므로 특약이 없으면 경업피지의무를 부담하지 않는다. 만약 영업상 비밀을 악용하여 자기거래를 하거나 경업거래를 한다고 하여도 이는 영업주와의 내부적 계약을 위반한 것으로 손해배상청구 · 계약해지 등으로 충분히 제재할 수 있을 것이다.

나) 익명조합원의 권리

익명조합원은 영업자의 영업결과로 발생하는 이익을 분배받는 것에 주된 관심이 있어서 그에 따른 이익분배 청구권이 인정되지만, 익명조합계약을 실효성 있게 하기 위해 영업자에 대한 업무집행 청구권 · 영업감시권도 인정된다.

(ㄱ) 업무집행 청구권

익명조합계약상 영업자는 익명조합원의 출자를 자신의 재산으로 귀속시켜 그 재량대로 영업을 한다. 이에 대해 익명조합원으로서는 경제적으로 매우 불안하기도 하다. 그리하여 영업자는 선량한 관리자의 주의의무를 기울여 성심껏 업무를 집행해야 할 의무를 부담한다. 따라서 익명조합원은 계약에 따른 영업행위를 영업자가 개시 · 운영 · 보고하게 청구할 권리가 있다. 다만, 영업자가 익명조합원의 업무집행청

---

8) 서정갑, 248면; 손주찬, 284면; 이철송, 378면; 정찬형, 257면; 최기원, 283면.

구를 무시하여 영업을 개시하지 않거나, 양도 · 변경하는 경우라고 하더라도 익명조합원이 그 강제이행을 구하거나 자신이 대신 집행할 수는 없고, 그 불이행에 따른 손해배상 청구를 하거나 계약해지를 할 수 있을 뿐이다(간접강제). 그런데, 여기서 영업상 업무를 집행하는 영업자가 경업피지의무를 부담하는지에 대해서는 상업사용인, 무한책임사원, 이사 등과 달리 상법상 규정이 없어서 학설상 다툼이 있다(영업자의 경업피지의무 유무 문제).

(i) 영업자의 경업피지의무 긍정설(다수설)

영업자는 선량한 관리자의 주의로써 업무를 집행하여야 하고, 될 수 있는대로 많은 이익을 생기게 하여야 하므로 이에 배치되는 경업적 행위는 할 수 없다는 견해이다.[9)]

(ii) 영업자의 경업피지의무 부정설(소수설)

상법상 영업자의 경영피지의무에 관한 규정이 없으므로 계약의 취지에 따라 판단할 수밖에 없다거나,[10)] 정당한 영업수행의무의 위반 여부를 따져 그 구체적인 경업피지의무의 유무를 결정해야만 하고 일률적으로 경업피지의무를 인정할 수는 없다는 견해이다.[11)]

(iii) 사견(영업자의 경업피지의무 긍정설)

비록 상법이 익명조합의 영업자에 대하여 상업사용인이나 무한책임사원, 이사에 대한 것처럼 경업거래금지 · 겸직 취임을 금지하는 규정을 둔 것은 아니지만 익명조합의 영업을 독자적 · 재량적으로 수행하는 영업자가 경업거래를 하거나 동종영업의 회사에 이사나 무한책임사원으로 취임한다면 익명조합계약의 사업상 이익을 크게 침해할 수 있으므로 영업자의 경업피지의무를 긍정함이 옳다고 본다.

그리하여 상업사용인 등 다른 경우에 인정되는 상법상 경업피지의무의 범위 · 위반효과와는 일부 차이가 있더라도 '영업자는 익명조합원이나 다른 영업자(영업자가 수 인인 경우)의 허락 없이 자기나 제3자의 계산으로 익명조합의 영업부류에 속한 거래를 하거나 회사의 무한책임사원, 이사 또는 다른 상인의 사용인이 될 수 없다'고 해석해야만 할 것이다. 다만, 이러한 경업피지의무는 법률에 규정된 것이 아니므로 그 위반시 익명조합원은 계약해지권, 손해배상 청구권만 행사할 수 있을 뿐이고 개

9) 강 · 임, 231-232면; 서정갑, 250면; 이기수 외, 110면; 이원석, 180면; 이철송, 375면; 정무동, 189면; 정찬형, 254면; 채이식, 211면; 최기원, 286면.
10) 서 · 정, 179면.
11) 정희철, 175면.

입권(介入權)은 행사할 수 없다.

(ㄴ) 이익분배 청구권

익명조합원은 익명조합계약의 효력으로써 영업자가 영업을 하여 결산을 한 결과 발생한 이익을 약정대로 분배받을 권리가 있다(商 제78조). 이는 익명조합원의 가장 본질적인 권리여서 익명조합계약의 요소가 된다.[12] 여기에서 이익발생 여부는 영업자의 영업재산 증가 여부만으로 판단한다. 그리하여 재산의 평가액이 증가한 것은 이익이 난 것으로 볼 수 없고, 회사에서처럼 '資本' 개념이 없으므로 회사법에서 이익을 산출할 때 자산항목에서 자본금과 준비금(법정준비금, 임의준비금)을 공제하는 방법을 사용할 수도 없다. 이익의 유무는 매 영업연도(특약이 없으면 1년)마다 계산한다. 이익분배의 비율은 계약에서 정한 것이 있으면 그에 의하고, 그것이 없을 때는 출자액의 비율에 의하며 만약 출자액의 비율로 정할 수 없고 손실분담비율만 정해져 있다면 그 비율대로 이익분배를 한다(民 제711조 제1항, 제2항). 이익분배를 함에 있어서 영업자의 투하 재산과 노력은 어떻게 평가할 것인가? 생각건대, 이는 당사자간 합의나 제3의 평가기관에 의하여 상식에 부합되게 평가되어야 할 것이다.

영업자에 대한 이익분배는 현실적으로 영업자에게 별도로 지급할 필요가 없다. 익명조합원에게 이익분배하고 남은 재산 자체가 영업자의 재산이므로 그 영업재산으로 남겨두면 된다.

판례

대구고판 1975. 4. 3, 74나764

(이익배분약정 부정사례: 채무자가 채권자와의 사이에 사업자금을 투자하면 사업경영의 손익과는 관계없이 이익배당금 · 투자금에 대한 이자 · 적금 등 명목으로 매월 일정액의 금원을 지급하겠다는 약정은 익명조합에서의 이익의 배분약정이라고 할 수 없다는 취지)

"채무자가 채권자와 사이에 돈 100만 원을 채무자 경영 색지제조업의 염색기구 구입자금 및 그 운영자금으로 투자하면 그 영업의 운영결과 손익과는 관계없이 채권자에게 이익배당금 · 투자금에 대한 월 5푼의 이자 · 투자금의 변제를 위한 적금 합계

12) 이와 관련하여 판례는 대외관계에서 어느 주식회사의 지방 출장소장으로 되어 있으나, 대내적으로는 그 회사의 영업을 위하여 출자를 하고 그 영업에서 생기는 이익의 분배를 하는 경우에는 특별한 사유가 없는 한 출자를 한 자와 회사의 관계는 상법상의 익명조합관계에 있다고 판단하고 있다(대판 1957. 11. 18, 4290 民上 616).

188,000원을 매월 2년간 지급하기로 약정하였다면 채권자가 채무자에게 지급한 금원은 영업으로 발생하는 이익의 배당을 본질로 하는 동업계약(조합 또는 익명조합)에 의한 출자금이라고는 볼 수 없다."

(ㄷ) 감 시 권

합자회사의 유한책임사원처럼 익명조합원은 경영에 직접 참가할 수 없는 대신 영업자의 업무집행을 감시할 수 있는 권한이 있다. 그리하여 익명조합원은 영업연도 말에 있어서 영업시간내에 한하여 회사의 회계장부 · 대차대조표 기타의 서류를 열람할 수 있고 회사의 업무와 재산상태를 검사할 수 있다(商 제277조 제1항). 또 중요한 사유가 있는 때에는 익명조합원은 언제든지 법원의 허가를 얻어 그 열람과 검사를 할 수 있다(同 제2항).

(2) 익명조합계약의 외부관계(대외관계)

이는 익명조합의 사업에서 영업자 · 익명조합원이 외부의 자에 대하여 어떤 지위에 있게 되는지의 문제이다.

가) 영업자의 지위

익명조합의 재산과 사업은 법률적으로 영업자의 단독적인 재산과 기업으로 취급된다. 경제적으로 익명조합원이 영업자에게 출자를 하였다는 사실은 대외적 법률관계에서 전혀 고려할 필요가 없다. 그리하여 대외적으로 영업자만이 영업의 주체가 되고 외부의 제3자와 거래한 결과 발생하는 권리 · 의무는 영업자에게만 귀속된다.

나) 익명조합원의 지위

익명조합원은 대외적으로 제3자와 어떤 권리 · 의무관계도 없고, 특약이 없다면 영업자를 대리할 권한도 없다. 다만, 익명조합원이 자기의 성명을 영업자의 영업 중에 사용하게 하거나 자기의 상호(商號)를 영업자의 상호로 사용할 것을 허락한 때에는 그 사용 이후의 채무에 대하여 영업자와 연대하여 변제할 책임이 있다(商 제81조). 이는 금반언 법리, 외관주의 법리에 따라 책임을 부담시키는 것이고, 명의대여자책임(商 제24조)의 특별규정이다.

판례(1)

서울고판 1967. 2. 15, 66나400
(익명조합의 대외관계(민사관계): 익명조합원은 대외관계에 대한 권리, 의무가 전혀 없고 영업자만 오로지 대외관계에 대한 법률관계를 가진다. 이는 처분행위 상대방의 선의나 악의에 관계없다는 취지)

"원 · 피고 간에 공장운영 동업계약을 체결하면서 원고는 자금만 출자하고, 대외관계는 피고가 나서서 하기로 하였다면 원고는 익명 조합원으로서 피고의 제3자에 대한 행위에 관하여 그의 선의 악의를 불문하고 아무런 권리나 의무가 없다 할 것이므로 피고의 조합재산 처분의 효력을 다툴 수 없다."

판례(2)

대판 1971. 12. 28, 71도2032
(익명조합의 대외관계(형사관계): 익명조합원이 출자한 재산을 영업자가 처분하는 경우 민사법상으로 유효한 처분이 될 뿐만 아니라 형사법적으로도 영업자의 처분은 '타인의 재물'을 보관하는 자가 그 재물을 횡령한 경우가 아니어서 횡령죄가 성립하지 않는다는 것, 이는 배임죄에 있어서도 비슷하다(배임죄의 성립 부정))

"익명조합관계에 있는 영업에 대한 익명조합원이 상대방의 영업을 위하여 출자한 금전 기타의 재산은 상대방인 영업자의 재산으로 되는 것이므로 영업자가 그 영업의 이익금을 함부로 자기 용도에 소비하였다 하여도 횡령죄가 될 수 없다."

3. 익명조합계약의 종료

(1) 종료의 원인

익명조합도 계약의 일종이므로 계약의 일반적 종료사유에 의하여 종료한다. 익명조합계약에 특유한 종료사유로서는 존속기간의 만료, 각 당사자의 해지권 행사, 영업의 폐지나 양도, 당사자의 파산 등이 있다.

가) 존속기간의 만료

당사자간의 익명조합계약 자체에서 존속기간을 약정하였다면 그 약정된 존속기간의 만료로써 익명조합은 종료한다.

나) 당사자의 해지권 행사

조합계약으로 조합의 존속기간을 정하지 아니하거나 어느 당사자의 종신까지 존속하기로 약정한 때에는 각 당사자는 영업연도말에 계약을 해지할 수 있다. 그러나, 이 해지는 6월 전에 상대방에게 예고(豫告)하여야 한다(商 제83조 제1항). 그러나 조합의 존속기간의 약정에도 불구하고 부득이한 사정이 있는 때에는 각 당사자는 언제든지 계약을 해지할 수 있다(同 제2항).

그런데 상법 제224조에 의하면 유한회사 사원의 지분을 압류한 채권자는 영업연도말에 그 사원을 퇴사시킬 수 있는데, 익명조합원의 채권자도 이와 같은 요건하에 익명조합계약을 해지할 수 있는가? 생각건대, 우리 상법은 익명조합에 상법 제224조를 준용하지 않고 있고, 합자회사에서의 사원 퇴사는 합자회사 자체의 해산을 의미하지는 않지만, 익명조합에서의 익명조합 해지는 조합계약 자체의 종료가 되기 쉽다는 점에서 이러한 채권실행은 허용될 수 없다고 본다(소극설).

다) 기타 법정(法定) 종료사유

위의 사유 이외에 익명조합계약은 (i) 영업의 폐지 또는 양도, (ii) 영업자의 사망 또는 금치산, (iii) 영업자 또는 익명조합원의 파산으로 인하여 당연히 종료한다(商 제84조).

(2) 종료의 효과

익명조합계약이 종료되면 영업자가 익명조합원에게 출자가액을 반환해야 하는 등의 법률관계가 발생한다.

가) 채권자로서의 익명조합원의 지위

익명조합원이 그 출자가액을 반환받아야 하는 지위는 채권자로서의 권리행사자가 되는 것뿐이어서 다른 채권자와 그 순위에서 같다(채권자 평등의 원칙).

(ㄱ) 출자가액의 반환

익명조합이 종료하면 당사자 사이에 채권·채무를 결제해야 하므로 영업자는 영업상 손실을 메운 후 남는 익명조합원의 출자가액을 반환하여야 한다. 만약 익명조합원이 손실분담의무를 부담하지 않는 경우에는 출자 전액을 반환하여야 한다.

(ㄴ) 현물출자의 경우

익명조합원이 현물로써 영업자에게 출자한 경우 이는 금전으로 평가되어 출자가액으로 계산되었기 때문에 익명조합 종료시 영업자는 현물 자체를 반환할 필요 없이 평가한 출자가액을 기준으로 반환하면 된다.

(ㄷ) 출자가 소극으로 된 경우

익명조합원이 손실분담의무를 부담하는 경우에도 영업자의 영업 결과 출자가 소극으로 변한 때 익명조합원은 추가적인 전보출자를 할 필요가 없다. 이러한 경우 영업자 단독으로 그 손실을 부담하게 하는 이유는 그 손실 발생이 영업자의 단독적·재량적 영업행위로 야기되었기 때문이다.

나) 사용대차의 경우 물권적 청구권

익명조합원이 영업자에게 재산의 소유권 자체를 이전시키는 출자를 하지 않고, 일정한 물건의 사용권만을 출자한 경우에는 조합 종료 후 익명조합원이 소유권에 의한 반환청구권을 갖는데 이는 물권적 청구권이므로 다른 채권자들보다 우선한다. 만약 사용권의 출자를 받은 영업자가 파산하였다면 익명조합원은 환취권(還取權)을 행사하여 파산재단으로부터 반환받을 수 있다.

다) 이익의 분배

익명조합계약종료시 계산한 결과 이익이 있다면 이를 익명조합원에게 분배하여야 한다. 다만, 특약이 없는 한 기업의 성가(聲價)가 높아진 것에 대해서는 익명조합원이 분배청구권을 행사할 수 없다.[13)]

라) 손해배상청구

익명조합계약이 어느 한 당사자측의 귀책사유로 인하여 종료되었다면 다른 당사자는 그로 인해 자신이 입은 손해에 대하여 배상청구를 할 수 있다.

마) 영업자의 영업유지 여부

익명조합이 종료된 후 영업자가 영업을 유지하는가의 여부는 익명조합계약의 효력과는 무관하여 익명조합원이 관여할 수 없는 문제이다. 따라서 그 영업을 유지할지의 문제는 전적으로 영업자가 결정할 수 있다.

13) 최기원, 290면.

제 2 절 타인의 상행위를 보조하는 독립적 상행위

매매, 임대차와 같은 타인의 상행위를 위한 보조기업이지만, 독립적인 상행위 형태로 이루어지는 유형으로는 대리상, 중개업, 위탁매매업, 준위탁매매업, 운송주선업 등이 있다.

Ⅰ. 대리상(代理商)

1. 대리상의 의의

(1) 대리상의 개념

대리상(Handelsvertreter)이라 함은 상인을 위하여 상업사용인이 아니면서 상시 그 영업부류에 속하는 거래의 대리 또는 중개를 영업으로 하는 자를 말한다(商 제87조). 대리상의 요건으로는 (ⅰ) 일정하게 정해진 상인을 위하여, (ⅱ) 계속적으로 영업을 보조하고, (ⅲ) 거래의 대리 또는 중개를 하여야 하며, (ⅳ) 그 자신이 독립적인 상인이어야 한다. 이하에서 이를 나누어 설명한다.

가) 영업주 본인의 특정(特定)

대리상은 불특정한 다수의 상인을 위한 영업보조가 아니라 특정된 상인(영업주)을 위한 영업보조를 하여야 한다. 특정된 상인(영업주)은 복수일 수도 있지만(비전속(非專屬) 대리상 또는 독립대리상), 그 경우에도 대리상은 그 영업주 본인의 영업을 시간적 계속성을 가지고(常時) 주의의무를 기울여 노력해야 한다. 그리고 그 영업주 본인은 반드시 상인이어야 한다(소상인(小商人) 포함). 만약 비상인(非商人)을 보조하는 대리상이라면 민사대리상에 해당한다. 대리인의 보조를 받는 영업주 본인은 '특정'된 '상인'이어야 한다는 점에서 불특정 다수인에게 영업보조를 하는 중개인이나 비상인에게도 영업을 보조할 수 있는 위탁매매인과 구별된다.

나) 계 속 성

대리상은 일정한 상인의 영업을 계속적으로(常時) 보조하는 자이다. 만약 시간적 계속성을 지니고 영업을 보조하지 않고 일시적으로 또는 1회성으로만 대리한다면 상행위 총칙편의 상사대리 규정만에 의하여 규율하여도 충분하다. 독일에서 처음 규정한 대리상제도는 영업주와의 관계에서 시간적 계속성을 가지고 영업보조를 하는 전문적 · 직업적 상인을 특별히 규율하려는 것이다.

다) 거래의 대리 또는 중개

대리상은 영업주 본인을 위하여 일정한 거래의 대리나 중개를 하는 자이다. 이러한 대리행위(체약대리상의 경우)나 중개행위(중개대리상의 경우)를 실행하여 영업주 본인에게 권리 · 의무관계를 귀속시키거나 영업주 본인이 계약을 체결할 수 있게 주선하면 영업주 본인의 거래가 훨씬 늘어날 수 있다. 그리하여 상인에게서 일정한 상품을 구입한 후 자기의 명의와 계산으로 판매하는 특약점(特約店)은 소비자에 대한 자신의 매매업을 유리하게 하기 위하여 유명한 상인(회사 포함)의 명성을 이용하려는 것일 뿐이어서 대리상이 아니다. 다만, 그 성질이 허용되는 범위에서는 대리상계약 종료 후의 보상청구권, 영업비밀준수의무 규정 등이 유추적용된다고 해석한다.[14)]

라) 독립적 상인

'상업사용인이 아니면서' 영업을 보조해야 하므로 대리상은 그 자신이 영업주 본인으로부터 독립적인 상인 자격을 취득하고 있어야 한다. 상업사용인과의 구별은 (i) 자기의 영업소를 가지고 있는지 여부, (ii) 영업비용을 자신이 부담하는지 여부, (iii) 대가의 형식(봉급 또는 수수료의 형식 여부) 등을 종합적으로 검토하여[15)] 그 독립적 상인인지를 판단하여 결정해야 할 것이다. 이러한 대리상의 독립성은 대리상 자신의 불법행위시 영업주 본인의 배상책임 판단에 영향을 미친다.[16)]

마) 대리상의 명칭

대리상은 보통 '○○회사 ○○대리점'이라는 명칭을 많이 쓰지만, 반드시 이러한 명칭을 사용하지 않는 경우도 있고, 또 그런 명칭을 사용한다고 하여 언제나 대리상이 될 수 있는 것도 아니다. 즉, 어떤 명칭을 사용하는가보다 위에서 설명한 요건 구비 여부에 따라 대리상 여부가 결정된다. 다만, 잘못된 명칭을 사용하도록 영업주가 허용하였다면 표현대리(民 제125조)가 성립될 수 있을 것이다.

---

14) 같은 취지: 최기원, 299면.

15) 손주찬, 289면

16) 그리하여 판례에 의하면 대리점의 경우 독립된 상인이므로 특별한 사정이 존재하지 않는 한 본인은 대리점의 불법행위에 대하여 사용자로서의 배상책임(民 제756조)을 지지 않는다고 한다(서울民地 1989. 6. 1, 88가합59756).

판례

대판 1999. 2. 5, 97다26593

(대리상의 요건구비 부정: 상법 제87조의 대리상이 되려면 일정한 상인을 위하여 '常時' 그 영업부류에 속하는 거래의 대리 또는 중개를 영업으로 하여야 하는데, 단순히 '대리점 총판계약'을 하였다거나 자사제품의 전문취급점 및 A/S 센터 전국총판으로 기재한 광고를 실었다고 하여 이 요건을 충족하는 것이 아니라는 취지)

"어떤 자가 제조회사와 대리점 총판 계약이라고 하는 명칭의 계약을 체결하였다고 하여 곧바로 상법 제87조의 대리상으로 되는 것은 아니고, 그 계약 내용을 실질적으로 살펴 대리상인지의 여부를 판단하여야 하는바, 제조회사와 대리점 총판 계약을 체결한 대리점이 위 제조회사로부터 스토어(노래방기기 중 본체)를 매입하여 위 대리점 스스로 10여 종의 주변기기를 부착하여 노래방기기 세트의 판매가격을 결정하여 위 노래방기기 세트를 소비자에게 판매한 경우에는 위 대리점을 제조회사의 상법상의 대리상으로 볼 수 없고, 또한 제조회사가 신문에 자사 제품의 전문취급점 및 A/S센터 전국총판으로 위 대리점을 기재한 광고를 한 번 실었다고 하더라도, 전문취급점이나 전국총판의 실질적인 법률관계는 대리상인 경우도 있고 특약점인 경우도 있으며 위탁매매업인 경우도 있기 때문에, 위 광고를 곧 제조회사가 제3자에 대하여 위 대리점에게 자사제품의 판매에 관한 대리권을 수여함을 표시한 것이라고 보기 어렵다."

(2) 대리상의 연혁

대리상은 19세기 후반부터 공업, 국제무역이 급격히 발전하면서 보험, 해상운송을 비롯하여 특히 물건판매를 목적으로 하는 기업이 대량의 공업생산품을 판매하기 위하여 판매대리상을 많이 이용한 것이 그 효시이다. 상업상의 제도로서는 매우 가까운 근대에 성립한 신제도 유형인 셈이다. 원래 그 이전에는 상업사용인이 지방 각지로 행상(行商)하던 것이 특정장소에 定住하면서 대리상으로 변모된 것이다. 대리상(Handelsvertreter)이란 개념은 1892년 독일제국재판소의 판결에서 처음 인정하게 되었다. 그 후 독일 신상법이 1897년에 이를 처음 명문으로 규정한 후 대리상과 상업사용인의 관계가 불분명하게 되자 1953년 8월에 그 법을 개정하여 대리상에 대하여 독립된 지위를 부여하였다.[17] 프랑스 상법에서도 상사대리인이라는 제도가 있으나 상업사용인의 일종일 뿐이다. 또, 영미법의 경우에도 대리인 제도(agency, agent)가 있

17) 최기원, 298면.

지만 우리법상 대리제도처럼 명확한 것이 아니다. 영미법상의 대리제도(예, 보험대리점: insurance agent)는 영업대리와 중개행위까지 포함하는 넓은 의미로 사용되기 때문이다. 우리 상법상 대리상제도는 독일법을 계수한 것인데, 상거래 대리에서의 법률관계를 명료하게 한다는 점이 장점이다.

(3) 대리상의 경제적 기능

기업이 발전하여 생산량, 판매량, 이윤이 늘어나면 영업망을 확대해야 한다. 영업망을 확대하는 방법으로 지점이나 출장소 설치, 상업사용인이나 모집인(외무사원)의 증원과 파견도 있으나, 이 경우에는 영업실적에 관계없이 일정한 봉급 · 수당 등을 지급해야 하고 그 지시나 감독도 용이한 것이 아니다. 그 대신 현지에서 오래 거주하고 경험 · 명망이 있는 자를 대리상으로 하면 그러한 부담이 없고 그 지방에서의 인적 유대관계, 명망을 활용할 수 있는 이중의 효과가 생길 것이다. 나아가 영업실적의 증감 여부에 따라 쉽게 대리점 조직을 증감시켜 탄력적으로 대처하는 것이 가능해지게 된다.

(4) 대리상 계약의 성립과 그 법적 성질

어떤 자가 대리상이 되려면 영업주 본인과 대리상 계약을 체결하여야 한다. 대리상 계약은 어떤 영업주 본인이 대리상에게 상시(常時)(시간적 계속성을 가지고) 그 거래의 대리나 중개를 할 것을 부탁(위탁)하는 계약으로서 낙성 · 불요식 · 쌍무 · 유상계약이며 위임계약이다. 그리하여 영업주 본인과 대리상 사이에는 민법상 위임계약 규정이 적용된다.

2. 대리상의 종류

대리상의 종류는 다음과 같다.

(1) 체약대리상과 중개대리상

대리상의 유형은 계약체결 대리권을 가진 체약대리상과 계약체결의 중개(주선)만을 하는 중개대리상으로 나눌 수 있는데, 이는 상법규정이 예정하고 있는 구분이다.

가) 체약대리상의 권한(대리권)

체약대리상의 대리권 범위는 영업주 본인이 대리상과 체결한 대리상 계약에서 정해진다. 본인의 영업에 필요한 물품판매 등에 관해 주로 대리권이 수여될 것이다.

이 대리권 범위를 넘어서 행위를 하면 무권대리(無權代理)가 되지만 경우에 따라서는 표현대리(表見代理)가 성립할 수도 있다.

나) 중개대리상의 권한(수동대리권(受動代理權)의 의제)

중개대리상은 그 명칭이 '대리'상일 뿐 영업주 본인을 위하여 고객을 소개하는 '중개'의 기능만을 수행하므로 사법상 대리권(私法上 代理權)이 없다. 다만, 체약대리상에서와 마찬가지로 상대방의 신뢰에 정당한 이유가 있는 경우에는 체약대리상에서처럼 표현대리(表見代理)가 성립할 수도 있다.

이러한 중개대리상에게는 대리권이 없으므로 그 거래의 상대방이 어떤 통지를 해야 할 경우 영업주 본인에게 직접 통지해야 하는 불편이 생긴다. 더구나 상법은 상인간 매매의 경우 매수인에게 목적물 검사 · 하자 통지의무를 부과하고 있어서(商 제69조) 더욱 그러하다. 그리고 거래계에서는 체약대리상과 중개대리상의 구별, 대리권의 유무에 따른 법률관계의 차이에 대하여 잘 알지 못하는 경우가 많다. 그리하여 상법은「물건의 판매나 중개 행위의 위탁을 받은 대리상은 매매 목적물의 하자 또는 수량부족 기타 매매의 이행에 관한 통지를 받을 권한이 있다」고 규정하여 이러한 불편을 해소하고자 하였다(商 제90조).

(2) 총대리상(總代理商)과 하수대리상(下受代理商)

이는 상관행에 따라 수행되는 대리상의 역할과 규모에 주목하여 대리상을 구분하는 것이다. 대리상 조직을 대규모로 활용하는 경우 다단계의 대리상 조직이 발생할 수 있다. 이 경우 총대리상(總代理商)은 영업주 본인으로부터 대리상 영업을 총체적으로 위탁받은 자를 말한다. 하수대리상(下受代理商)은 총대리상과 계약을 맺고 대리상 업무를 수행하는 하급대리상을 이른다.[18)]

3. 대리상의 법률관계

대리상의 법률관계는 대리의 3면관계 원리에 따라 대리상과 영업주 본인의 법률관계, 대리상과 상대방의 관계, 영업주 본인과 상대방의 관계로 구분할 수 있다. 그러나 영업주 본인과 상대방 사이의 법률관계로서는 대리행위의 효과로 발생하는 법률관계(체약대리의 경우)를 지적하는 것밖에 없으므로 이 곳에서는 前2者만을 설명하는 것으로 한다. 다만, 민법상 대리관계에서와 달리 상법상 대리상은 영업상 권

---

18) 최기원, 302면.

리 · 의무에 대한 해명이 그 주된 내용을 이룬다.

(1) 대리상과 영업주 본인의 법률관계

이 법률관계 내용 중 대리권의 유무, 범위, 통지수령권 등에 관해서는 앞의 대리상의 종류에서 살펴보았으므로 권리 · 의무만을 설명한다.

가) 대리상의 의무

대리상은 영업주 본인에 대하여 선관주의의무, 통지의무, 경업피지의무, 영업비밀준수의무를 부담한다.

(ㄱ) 선관주의의무

대리상은 영업주 본인과의 대리상계약에 의하여 거래의 대리나 중개의 위임을 받았으므로 수임인으로서의 선량한 관리자의 주의의무를 기울여야 한다(民 제681조 참조). 그리하여 (ⅰ) 첫째, 영업의 대리나 중개를 할 때 선량한 관리자의 주의의무를 구체적으로 기울여야 할 뿐만 아니라, (ⅱ) 둘째, 상시(常時)(평소에도 계속적으로) 영업주를 위하여 그 거래의 대리나 중개를 할 수 있는 기회를 잡을 수 있도록 주의의무를 다하여야 한다.[19] (ⅱ)의 부분이 대리상이 중개인과 특히 구별되는 점이다.

(ㄴ) 통지의무

대리상이 거래의 대리 또는 중개를 한 때에는 지체 없이 본인에게 그 통지를 발송하여야 한다(商 제88조). 민법상 수임인도 위임인의 청구가 있은 때에는 위임사무의 처리상황을 보고하고 위임이 종료한 때에는 지체 없이 그 전말을 보고하여야 하지만(民 제683조), 상법상 대리상의 통지의무는 영업주 본인의 청구가 없어도 거래의 대리나 중개행위가 이루어진 때에는 언제든지 통지하여야 하는 의무라는 점에서 다르다. 다만, 상법상 대리상의 통지는 발신주의(發信主義)에 의하므로 부도달의 위험은 영업주 본인이 진다. 만약 대리상이 이 통지의무를 이행하지 않아서 영업주에게 손해가 발생하였다면(예컨대, 보험회사인 영업주 본인이 재보험계약(再保險契約)을 체결할 기회를 놓친 경우) 대리상은 그로 인한 손해배상책임을 져야 한다.[20]

(ㄷ) 경업피지의무

대리상은 본인의 허락 없이 자기나 제3자의 계산으로 본인의 영업부류에 속한 거래를 하거나(협의의 경업피지의무), 동종영업을 목적으로 하는 회사의 무한책임사원

19) 손주찬, 292면.
20) 최기원, 303면.

또는 이사가 되지 못한다(겸직금지의무)(商 제89조 제1항).

상업사용인, 무한책임사원, 이사에서처럼 대리상에게도 영업주 본인의 이익을 보호하기 위하여 그와 경쟁되는 거래, 겸직취임을 금지한 것이다. 상업사용인의 경업피지의무의 내용은 (ⅰ) 겸직금지의무에서 '동종영업(同種營業)'인지를 불문하고, (ⅱ) 다른 상인의 사용인도 될 수 없다고 규정하고 있는데 대리상의 겸직금지의무는 상업사용인의 겸직금지의무보다 금지범위가 좁다는 차이가 있다.

대리상의 경업피지의무를 위반하여 거래행위를 하는 경우 그 위반행위 자체는 무효가 아니며, 그 제재로서 영업주 본인은 대리상계약의 해지, 손해배상청구를 할 수 있을 뿐이다. 또 상업사용인에 대한 것처럼 개입권 행사도 가능하므로 대리상이 자기의 계산에서 거래한 경우에는 본인은 이를 자기의 계산에서 한 것으로 볼 수 있고, 제3자의 계산으로 거래한 때에는 본인은 대리상에 대하여 이로 인한 이득의 양도를 청구할 수 있게 된다(商 제89조 제2항, 제17조 제2항).

영업주의 대리상에 대한 이 개입권은 본인이 그 거래를 안 날로부터 2주간 내에, 그리고 그 거래가 있은 날로부터 1년이 지나면 소멸한다(商 제89조 제2항, 제17조 제4항: 제척기간).

(ㄹ) 영업비밀 준수의무

대리상은 계약의 종료 후에도 계약과 관련하여 알게 된 본인의 영업상의 비밀을 준수하여야 한다(商 제92조의 3). 이는 1995년 상법 개정시 신설된 제도인데 독일 상법전(HGB) 제90조의 내용을 계수한 것이다. 상법이 대리상계약이 종료된 후에도 영업상 비밀준수의무를 부과한 것은 대리상계약의 종료 후 영업상 비밀을 누설하면 영업주 본인에게 막대한 손해가 발생할 수 있다는 점 때문이다.

다만, 무엇이 '영업비밀'인가에 대해서는 상법에 규정이 없으므로 이 개념에 대해 부정경쟁방지법(부정경쟁방지 및 영업비밀보호에 관한 법률 제2조 제2호)을 원용한다면 (ⅰ) 공연(公然)히 알려져 있지 않고, (ⅱ) 독립된 경제적 가치를 가지는 것으로서, (ⅲ) 상당한 노력에 의하여 비밀로 유지된 생산방법, 판매방법, 기타 영업활동에 유용한 기술상 또는 경영상의 정보를 뜻한다고 볼 것이다. 영업비밀 준수의무에 관해서는 부정경쟁방지법에서도 규정하고 있으므로 이 의무 위반의 경우 영업주 본인은 상법상의 청구권(손해배상청구권 등)뿐만 아니라 부정경쟁방지법상의 손해배상청구권(동법 제5조)도 행사할 수 있다고 본다(청구권의 경합설).

나) 대리상의 권리

대리상은 영업주 본인에 대하여 보수청구권, 유치권, 대리상계약 종료 후의 보상청구권을 가진다.

(ㄱ) 보수청구권

대리상이 영업주 본인을 위하여 대리행위나 중개행위를 한 때에는 영업주 본인에게 상당한 보수를 청구할 수 있다(商 제61조). 이 대리상의 보수(대리수수료)청구권은 (ⅰ) 대리상의 대리행위나 중개행위가 대리상이 이전에 본인과 체결한 대리상계약 내용과 일치하여야 하고, (ⅱ) 그 대리행위나 중개행위가 대리상의 영업활동에 의하여 성립하여야(인과관계) 발생한다.

(ㄴ) 유치권(특별상사유치권)

대리상은 거래의 대리 또는 중개로 인한 채권이 변제기에 있는 때에는 그 변제를 받을 때까지 본인을 위하여 점유하는 물건 또는 유가증권을 유치할 수 있다(商 제91조).

민법 제320조에 의한 민사유치권과 상법 제58조에 의한 일반상사유치권 이외에 이 특별상사유치권이 대리상에게 추가로 허용되는 것은 민법상 유치권과 일반상사유치권만으로는 채권 실행에 부족함이 있다고 보기 때문이다. 이 특별상사유치권은 일반상사유치권과 같이 유치권 목적물과 피담보채권(被擔保債權)과의 관련관계(견련관계)를 요구하지 않는다. 또, 채무자인 영업주 본인의 소유물이 아니더라도 대리상의 업무 중 점유하게 된 물건, 유가증권에 대하여 유치할 수 있다고 허용한 점이 특징이다. 이 특별유치권 행사를 위한 피담보채권(被擔保債權)은 '대리상으로서의 대리 또는 중개로 인한 채권'이다. 그러한 채권의 예로서는 대리나 중개행위 후 수수료를 받지 못한 경우, 영업주를 위하여 체당한 후 그 체당금을 아직 지급받지 못한 경우 등이 있다.

(ㄷ) 대리상계약 종료 후의 보상청구권

상법은 1995년 개정시 대리상계약이 종료된 후에라도 일정한 요건하에 대리상의 영업주 본인에 대한 보상청구권을 신설하였다. 그리하여 대리상의 활동으로 본인이 새로운 고객을 획득하거나 영업상의 거래가 현저하게 증가하고 이로 인하여 계약의 종료 후에도 본인이 이익을 얻고 있는 경우에는 대리상은 본인에 대하여 상당한 보상을 청구할 수 있다. 다만, 계약의 종료가 대리상의 책임있는 사유로 인한 경우에는 그러하지 아니하다(商 제92조의 2).

이는 1953년 독일상법 개정시 신설된 제도를 우리가 도입한 것인데, 대리상의 이익을 보호하기 위한 것이다. 이 제도는 대리상이 경제적 약자라는 이유만으로 특별히 보호해야 한다는 것이 아니라, 대리상 자신이 노력한 결과가 그 계약 종료 이후에도 여전히 남아 있다면 그 대가를 받도록 하는 것이 계약의 원리상 당연하기 때문이다. 그리하여 이 보상청구권의 법적 성질은 대리상계약의 효과로 대리상이 대리 · 중개행위라는 노력을 기울인 것에 대한 대가청구권이다.

대리상의 보상청구권 요건으로는 (i) 대리상의 활동으로 본인이 새로운 고객을 획득하거나 영업상의 거래가 현저하게 증가하고 이로 인하여 본인이 계약종료 후에도 이익을 얻어야 하고, (ii) 제반 사정을 고려할 때 보상금을 지급하는 것이 형평에 부합하여야 하며, (iii) 대리상계약의 종료가 대리상의 책임있는 사유로 인한 경우가 아니어야 하고, (iv) 대리상 관계가 종료한 후 대리상과 본인의 합의에 따라서 그 대리상 대신에 제3자가 당해 대리상 관계에 들어선 경우가 아니어야 한다.[21]

대리상의 활동으로 본인이 새로운 고객을 얻었다는 것은 일시적인 고객을 얻은 정도가 아니라 대리상 활동의 영향이 시간적으로 지속될 만큼 어느 정도 지속적으로 고객이 늘어난 정도여야 한다. 그에 대한 입증책임은 대리상이 진다.

대리상계약 해지가 대리상 자신의 해지로 인한 경우라면 대리상 자신의 자유로운 종료의사가 표현된 것이므로 보상할 필요가 없게 된다. 그러나, 이 경우에도 영업주 본인의 부당한 보수삭감, 보수획득 기회의 축소, 보수지급의 지연 등 계약해제 원인이 본인의 태도에 있는 경우에는 보상청구권이 인정되어야 한다.

대리상에 대한 보상금액은 '상당한 보상'(einen angemessen Ausgleich)에 해당하는 금액인데 이는 구체적 기여 정도를 비례적으로 계산하여 결정하여야 할 것이다. 다만, 상법은 지나치게 많은 보상금을 요구하지 않도록 그 최고한도를 두고 있다. 즉, 대리상의 보상금액은 대리상계약의 종료 전 5년간의 평균 연보수액을 초과할 수 없고, 계약의 존속기간이 5년 미만인 경우 그 기간의 평균 연보수액을 초과할 수 없다(商 제92조의 2 제2항). 또, 대리상의 보상청구권은 대리상계약이 종료한 날로부터 6월의 제척기간 내에 행사하여야 한다(商 제2조의 2 제3항).

독일법상으로는 이러한 보상청구권은 대리상관계가 종료하기 전에 미리 포기할 수 없다고 규정하고 있지만(獨商 제896조 4항 전단), 우리 상법 해석으로는 이러한 포기를 무효라고 볼 근거가 없다. 다만, 포기의사 유무에 대한 다툼이 없도록 명시적으

21) 이러한 합의가 있다면 그 합의 안에 보상청구 내용이 보통 포함될 것이기 때문이다.

로 포기 의사를 표명하도록 함이 바람직할 것이다.

(2) 대리상과 상대방의 법률관계

대리상이 상대방에 대하여 어떤 대리권을 가지고 행위할 수 있는가는 본인과 대리상 사이의 대리상계약에서 대리권 범위를 어떻게 정하는가에 달려 있다. 체약대리상의 경우 대리상은 계약체결대리권과 그에 부수하는 권한을 가지고 상대방과 거래할 수 있을 것이다. 그 반면 중개대리상의 경우 대리상은 상대방을 영업주 본인에게 중개하는 권한만으로 행위해야 한다.

그러나, 거래 상대방인 제3자는 체약대리상, 중개대리상의 법적 차이를 잘 모를 수 있고 상인간 매매거래에서 매수인은 목적물의 지체 없는 검사 · 하자 통지의무를 부담하는데, 중개대리의 경우 매수인인 상대방(제3자)이 영업주 본인을 찾아서 통지하는 것은 여간 번잡한 것이 아니다. 그리하여 중개대리상에게도 일정한 수동대리(受動代理)를 인정할 필요가 있게 된다.

이에 상법은 제90조에서 「물건의 판매와 그 중개의 위임을 받은 대리상은 매매의 목적물의 하자 또는 수량의 부족, 기타 매매의 이행에 관한 통지를 받을」 권한이 있게 규정하였다.

다만, 이 통지수령권은 매매목적물의 하자, 수량의 부족, 매매의 이행에 관한 통지에 관한 것일 뿐이다. 따라서 그와 관련없는 매매계약 취소의 의사표시, 매매 대금의 청구 등은 해당이 없어서 중개대리상에게 통지할 것이 아니라 영업주 본인에게 직접 통지해야 한다.

대리상이 상대방에 대해 불법행위를 한 경우에는 영업주는 책임지지 않고 대리상 자신이 책임져야 한다.

판례

서울지판 1996. 5. 30, 94**가합**113866
(대리상은 영업주로부터 독립된 상인이므로 그의 불법행위에 대해 영업주는 책임지지 않음: 대리상(여기에서는 선박대리점)은 영업주의 영업으로부터 독립적인 영업을 수행하는 것이고 독립적인 상인자격을 취득하고 있어야 하므로 그 대리상의 불법행위에 대하여 영업주 본인은 지휘감독권을 전제로 하는 사용자책임(민법 제756조)을 부담하지 않는다는 취지)

"일반적으로 선박대리점(해상운송인으로부터 화물의 양하 및 인도업무를 위임받아 대행)이 운송인으로부터 화물의 양하 및 인도절차를 위임받아 이를 대행한다고 하여도 이는 운송인이 선하증권 소지인에 대하여 부담하고 있는 운송계약상의 의무이행을 위하여 이행보조자 내지 이행대행자로서의 업무를 수행하고 있음에 그치는 것이고, 이러한 운송인의 이행보조자 내지 이행대행자에 불과한 선박대리점은 그가 직접 선하증권을 발행하거나 운송인과 송하인 사이의 운송계약상의 당사자 지위를 인수한 것이 아닌 이상, 선박대리점이 직접 선하증권의 소지인에 대하여 운송계약상의 운송물 인도의무를 부담하는 것은 아니다 … 일반적으로 선박대리점은 본인인 선박소유자 내지 운송인을 위하여 상시 그 본인의 영업 부류에 속하는 거래의 대리 또는 중개를 영업으로 하지만 본인의 상업사용인은 아니며, 본인에게 종속함이 없이 독립·대등의 관계에서 업무를 수행하는 일종의 대리상이므로, 특별한 지휘감독 관계가 인정되지 않는 한 본인은 선박대리점의 불법행위에 대하여 사용자로서의 책임을 부담하지 않는다."

4. 대리상 계약의 종료

(1) 종료 원인

영업주 본인과 대리상 사이의 계약은 위임계약이므로 민법상의 위임종료 원인 중 당사자 일방의 사망, 파산, 대리상의 금치산선고로 인하여(民 제690조) 종료한다. 그러나, 민법 제689조에서 규정한 위임계약 종료 사유인 당사자 일방의 임의해지에 의하여 대리상 계약이 종료하게 한다면 상대방에게 불의타(不意打)가 될 수 있다는 점에서 상법이 특칙을 두고 있다.

즉, 당사자간에 계약의 존속기간을 정하지 아니한 때에는 각 당사자는 2개월 전에 예고를 하고 계약을 해지할 수 있다(商 제92조 제1항). 이 예고기간은 당사자의 특약에 의하여 단축할 수도 있다. 그러나 부득이한 사유가 있는 때에는 각 당사자는 언제든지 계약을 해지할 수 있다(同 제2항).

(2) 종료 후의 법률관계

대리상 계약의 종료 후에도 대리상은 영업비밀을 준수할 의무가 있고(商 제92조의 3), 본인에 대한 보상청구권(商 제92조의 2)이 있다는 것은 앞에서 설명한 바와 같다.

Ⅱ. 중개업(仲介業)

1. 중개인의 의의

(1) 중개인의 개념

중개인(仲介人)(broker, Handelsmakler, courtier)이라 함은 타인 사이에서 상행위의 중개를 함을 영업으로 하는 상인이다(商 제93조). 중개인이 되려면 (ⅰ) 불특정 타인 사이의 중개를 하여야 하고, (ⅱ) 상행위의 중개를 하여야만 한다.

가) 중개행위

중개행위라 함은 타인 사이에서 계약이 체결되도록 매개하는 역할을 하는 사실행위를 말한다. 중개인이 '타인간의 상행위의 중개를 영업으로' 한다는 것은 그러한 중개행위를 하는 것을 위탁자로부터 인수하는(부탁받는)행위(채권행위)를 기본적 상행위로 하는 것이다. 그 후 계약체결을 위해 노력하는 일련의 행위는 보조적 상행위가 된다. 그러므로 첫 단계인 채권행위(중개를 인수하는(부탁받는)행위)를 함으로써 이미 중개인은 상인의 지위에 들어가게 된다.

나) 상행위의 중개(仲介)(민사중개인과의 구별)

상법의 중개업에 규정된 중개인을 상사중개인(商事中介人)이라고 부른다. 이 상사중개인은 그 행위가 특히 한정되어 '상행위(商行爲)'의 중개를 하여야 한다. 상법 중개업 규정은 상행위 중개의 특성을 고려하여 특별한 규율(견품보관의무, 결약서 작성의무, 장부작성 · 등본 교부의무, 성명 · 상호 묵비의무 등)을 하고 있어서 非상행위를 중개하는 경우에 적용하는 것은 부적당하기 때문이다. 여기서의 '상행위'에는 쌍방적 상행위뿐만 아니라 일방적 상행위도 포함한다. 일방적 상행위에도 상법 중개업의 특별한 규율을 받을 필요성은 상행위의 특성상 충분하기 때문이다.

중개의 대상이 상행위가 되지 않는 경우(예컨대, 결혼의 중개, 부동산 거래의 중개, 직업의 알선)에는 민사중개인이라고 하여 상사중개인과 구별한다. 민사중개인은 상법 중개업에 관한 규정의 적용을 받지 않지만, 상인임에는 분명하므로(상법 제4조의 당연상인, 상법 제48조 제11호의 기본적 상행위에 해당) 상법의 다른 규정들이 적용된다. 다만, 민사중개인의 보수청구에 관해 정함이 없다면 중개업 규정에서의 보수청구권 규정(商 제100조)은 민사중개인에게도 유추적용될 수 있을 것이다.[22)]

---

22) 같은 취지 : 손주찬, 302면.

다만, 보조적 상행위를 중개하는 경우에도 상사중개업에 해당할 수 있는가에 대해서는 견해의 대립이 있다.

(i) 적 극 설

중개의 대상이 되는 행위가 상행위이면 충분하고 보조적 상행위를 중개하는 경우라도 중개업에 관한 상법규정을 배제할 수 없다는 견해이다.[23]

(ii) 소 극 설

상법의 중개업에 관한 규정은 반복되는 상행위의 중개를 전제로 하는 규정이어서 보조적 상행위를 중개하는 경우는 포함하지 않는다는 입장이다.[24]

(iii) 사견(적극설)

상법 중개업규정이 상사중개에 관해 몇 가지 특칙을 두고 있는 것은 상행위의 중개에서는 비상행위(非商行爲)에서와 달리 신속, 민활을 기하고 분쟁을 대비하는 증거서류를 분명히 하려는 목적을 지니고 있기 때문인데, 이 점은 보조적 상행위라고 하여 영업적 상행위와 다를 이유가 없다. 나아가 같은 상행위임에도 영업적 상행위와 보조적 상행위간에 법적 규율의 차이를 둔다면 그 구별이 불분명한 경우 법적 안정성을 확보하기에도 곤란할 것이다. 그리하여 보조적 상행위를 중개하는 경우에도 상사중개에 관한 규정이 적용된다고 본다.

다) 불특정 타인간의 중개

중개인은 불특정한 타인 사이의 행위를 매개하는 자이다. 여기서 '불특정'이라고 하는 것은 중개행위를 받는 자가 아직 정해지지 않았다는 뜻이 아니라 그 자에게 상시(常時)(계속적으로) 얽매어 있지 않다는 의미이다. 이러한 점에서 같은 중개행위를 하면서도 특정된 타인을 위해 계속적으로 노력하여야 하는 중개대리상과는 구별된다. 그리하여 중개인은 '순간적 중개인'이라고도 부른다.[25] 불특정한 타인을 중개하는 지위에 있기 때문에 중개인은 어떤 자에게도 얽매이지 않고 '독립적으로' 중개행위를 할 수 있게 되고, 여기에서 독립적 지위에 있는 중개인의 특성이 두드러지게 나타난다.

라) 대리권(代理權)의 부존재(不存在)(사실행위만을 할 수 있는 권한)

중개인은 타인간의 거래를 중간에서 소개하는 사실행위만을 할 뿐이어서 특약이

23) 이 · 최, 319면; 이기수 외, 395면; 이철송, 405면; 채이식, 248면.
24) 강위두, 323면; 서 · 정, 189면; 임홍근, 666면; 정동윤, 218면; 정찬형, 269면; 최기원, 319면.
25) 최기원, 319면.

나 상관습이 없는 한 체약대리상에서와 달리 대리권이 없다. 중개인은 중립적 지위에서 업무를 수행하고 어떤 당사자와도 긴밀한 내적 연관관계가 있지 않기 때문이다.

(2) 중개인의 연혁

중개인은 로마시대에 기원을 두고 있다. 그 후 중세유럽에서는 공직(公職)처럼 여겨져 독립적 지위가 부여되고 중개인은 시장이나 농업조합에 의하여 임명되는 임명직으로 되었다. 당시의 중개인은 내 · 외국인 사이의 거래에 관하여 중개, 통역, 감정 등의 직무와 영업감찰업무를 수행하였는데, 그 공무적 성격 때문에 자기 자신이나 타인을 위한 영업은 금지되었다. 그러나, 1897년 독일상법이 중개인 업무를 사적인 자유영업으로 규정하게 되자 다른 나라에도 영향을 미치게 되었다.[26)]

(3) 중개인의 기능

중개인은 주로 계약체결을 촉진하기 위해 적당한 물품과 당사자의 물색을 하고, 상대방의 변제자력 · 신용상태, 전문자료 조사 · 확인 등을 하기 위해 필요한 제도이다. 특히 오늘날 상품 · 유가증권의 매매, 금전대차, 선박임대차, 용선계약, 보험계약체결, 어음할인 등에서 당사자를 물색하기 위해서는 전문적 지식이나 경험이 있는 중개인에게 의뢰할 필요가 크다.

중개인의 매매(중개)행위는 다른 상인을 보조하는 기능을 하는 것이므로 보조상(補助商)의 일종으로 된다. 다만, 일부 거래분야에서는 전문지식이나 경험을 악용하는 중개인이 있기 때문에 부동산중개업법, 보험업법, 자본시장과 금융투자업에 관한 법률, 해운법, 관광사업법 등 행정법규에서 일정한 행정규제를 하는 경우도 있다.

2. 구별개념

중개인은 대리상, 위탁매매인과 구별된다.

(1) 대리상과의 구별

중개인은 불특정 타인간의 거래를 매개(중개)할 뿐이라는 점에서 어떤 타인을 위해서라도 상시(常時)(계속적으로) 진력해야 하는 관계에 있지 않다. 대리상은 중개대리상에서조차 영업주 본인을 위하여 시간적 계속성을 가지고 꾸준히 진력해주어

---

26) 이 · 최, 318면.

야 한다는 점에서 중개인과는 구별된다. 특히 체약대리상은 대리권을 가진다는 점에서 중개인과 다르다.

(2) 위탁매매인과의 구별

위탁매매인도 타인의 영업을 보조하는 보조상의 지위에 있다는 점에서 중개상과 비슷한 기능을 수행하지만, 행위의 법적 형식 자체가 다르다. 위탁매매인은 물건이나 유가증권의 매매 영업을 타인의 계산으로 하지만, 자신의 명의로써(즉, 자신이 매매의 효과를 받는 지위에서) 계약을 체결한다는 점에서 타인간의 행위 매개(중개)만을 하는 데 그치는 중개인과 다르다.

3. 중개계약의 의의와 유형 · 법적 성질

(1) 중개계약의 의의

중개인이 중개행위를 하려면 그 이전에 어떤 사람(위탁자)으로부터 중개행위를 위탁받는 것이 필요하다. 그 위탁행위를 '중개계약'이라고 부른다. 즉, 중개계약이란 당사자의 일방(위탁자)이 중개인에게 상행위의 중개를 위탁하고 중개인이 이를 승낙함으로써 성립하는 계약을 말한다.

(2) 중개계약의 유형

어떤 일방이 중개인에게 중개를 위탁하는 내용에 따라 쌍방적 중개계약과 일방적 중개계약으로 구분된다.

(i) 쌍방적 중개계약은 중개인이 계약의 성립을 위하여 중개계약 체결시부터 중개행위까지 적극적으로 노력하여야 하는 경우를 말한다.

(ii) 일방적 중개계약은 중개인이 중개행위를 하지만, 중개계약 체결시부터 위탁자를 위하여 적극적으로 노력할 의무는 존재하지 않는 경우를 말한다.

(iii) 당사자의 의사해석으로 어느 쪽인지 분명하지 않은 경우에 이를 쌍방적 중개계약으로 보아야 한다는 견해가 있지만(다수설),[27] 이 경우에는 일방적 중개계약으로 이해해야 할 것으로 본다.[28] 왜냐하면 중개인은 원래 일방만을 위하여 常時(계속적으로) 노력을 제공하는 자가 아니고, 거래 실정상 중개인이 위탁자를 위하여 중개

27) 서 · 정, 190면; 김용태, 156면; 정무동, 203면; 정동윤, 218면; 정찬형, 270면; 이병태, 263면; 강 · 임, 248면; 손주찬, 303면.
28) 같은 취지 : 이 · 최, 319면; 최기원, 318면.

계약 체결 직후부터 어느 일방을 위하여 진력하는 예가 많지 않으며, 또 중개인이 적극적으로 중개하지 않은 것을 의무위반이라고 증명하여 책임을 묻기도 어렵기 때문이다.

(iv) 일방적 중개계약에서도 일단 중개행위를 시작하게 되면 중개인이 선량한 관리자의 주의의무를 기울여야 하므로 일방적 중개계약이라고 하여 중개인의 태만을 허용하는 것은 아니다.

(3) 중개계약의 법적 성질

중개계약의 법적 성질에 대해 일반적으로 쌍방적 중개계약은 위임계약이고, 일방적 중개계약은 도급계약에 가까운 특수계약이라고 한다. 그러나 일방적 중개계약도 중개행위에 있어서는 위탁자의 중개위임의 본지에 따라 업무(중개행위)를 수행해야 한다는 점에서 위임계약으로 이해할 것이다.

4. 중개계약의 효과

중개인이 어느 일방 당사자(위탁자)와 중개계약을 체결하면 다음과 같은 권리 · 의무를 가진다.

(1) 중개인의 의무

중개인은 그 의무로서 선관주의의무, 견품보관의무, 결약서교부의무, 장부작성 및 등본교부의무, 성명 · 상호 묵비의무, 개입의무(이행담보책임)를 부담한다.

가) 선관주의의무

특약이나 다른 상관습이 없는 한 중개계약의 법적 성질은 위임계약으로 이해되어야 하므로 중개인은 수임자로서 선량한 관리자의 주의의무를 기울여야 한다(民 제681조 참조).

판례(1)

대판 2002. 8. 27, 2000다44904

(중개인의 선관주의의무 내용(확인의무): 중개인은 위임계약의 수임인이므로 선량한 관리자의 주의의무를 기울여야 한다는 것)

"부동산 중개인이 중개 의뢰인의 요구에 따라 잔금 지급일에 거래계약서를 재작성함에 있어 중개 의뢰인의 확인 요청에 따라 그 시점에서의 제한물권 상황을 다시 기재하게 되었으면 중개 대상물의 권리관계를 다시 확인하여 보거나 적어도 중개 의뢰인에게 이를 확인하여 본 후 잔금을 지급하라고 주의를 환기시킬 의무가 있다."

판례(2)

대구지판 1987. 10. 30, 86**가합**1663
(중개인의 선관주의의무 내용(중개물건의 확인과 설명의무): 부동산중개업자가 중개물건의 확인, 설명의무를 게을리하여 매매계약이 해제된 경우의 책임)

"매매계약이 중개업자의 중개물건의 확인, 설명의무를 게을리한 과실로 인하여 성립되었다가 그 후 해제된 경우, 중개업자는 매수인으로부터 매매중개행위에 대한 수수료를 받을 수 없으므로 매수인으로부터 이미 수령한 수수료를 반환하여야 하고, 또 매수인에게 재산상의 손해를 발생하게 한 때에는 그 손해를 배상할 책임이 있다."

나) 견품(見品)보관의무

중개인이 그 중개하는 행위에 관하여 견품(見品)을 맡은 때에는 그 행위가 완료될 때까지 이를 보관하여야 한다(商 제95조). 여기서 「견품(見品)」이라 함은 견품매매(見品賣買), 즉 목적물의 견본품과 같은 품질을 가진다는 것을 담보하는 매매형태에서의 그 견본품(見本品)을 말한다.

이 의무를 중개인에게 인정하는 것은 위탁자의 소유물을 보관하는 것이 수탁자로서의 중개인의 의무가 되어야 하는 점, 중개로 인한 계약체결에서의 증거를 확보해야 하는 점 때문이다. 「행위가 완료될 때까지」라는 것은 중개행위 완료시나 계약체결 완료시가 아니라 급부에 대한 상대방의 승인, 이의기간(異議期間)의 경과, 계약의 해제, 검사 · 하자통지의무의 해태, 시효기간의 만료 등 분쟁의 여지가 없어질 때까지라고 해석되어야 한다.

이 견품보관의무는 수임인으로서의 중개인에게 당연히 인정하는 것이므로 이 보관에 대한 비용이나 보수를 별개로 청구할 수 없다.

다) 결약서 교부의무

당사자간에 계약이 성립된 때에는 중개인은 지체 없이 각 당사자의 성명 또는 상호, 계약연월일과 그 요령을 기재한 서면을 작성하여 기명날인 또는 서명한 후 각 당사자에게 교부하여야 한다(商 제96조).

결약서에 기재하여야 할 계약의 요령은 목적물의 종류, 수량, 무게, 명칭, 품질, 계약이행의 시기와 장소 등이 될 것이다. 이 결약서는 계약서와는 전혀 다른 것이고 계약의 성립과 그 내용을 증명하는 증거서면에 불과하다. 중개인에게 이 결약서의 작성 · 교부의무를 부과하는 이유는 계약의 성립을 분명히 해두고 후일의 분쟁을 대비하여 증거를 확보하려는 것이다. 만약 당사자의 일방이 결약서의 수령을 거부하거나 기명날인이나 서명을 하지 않을 때에는 중개인은 지체 없이 상대방에게 그 통지를 발송하여야 한다(商 제96조 제3항).

라) 장부작성 및 등본교부의무

중개인은 결약서에 기재할 사항을 장부에 기재하여야 한다. 당사자는 언제든지 자기를 위하여 중개한 행위에 관한 장부 등본의 교부를 청구할 수 있다(商 제97조). 이 장부를 중개인의 일기장(日記帳)이라고 하는데 타인간의 거래 내용을 증거보전 목적으로 기재하는 것이어서 자신의 상업장부는 아니다. 다만, 그 내용 이외에 중개인 자신의 수수료 수령 등의 내용까지 기재되어 있다면 상업장부가 될 수 있다. 그 보존에 관하여 상법상 아무런 규정이 없지만, 상업장부와 유사하고 또 상업장부적 기능을 일부 하는 경우가 있으므로 상업장부의 보존에 관한 상법규정(商 제33조)을 유추적용해야 할 것이다.

마) 성명 · 상호 묵비의무

중개인에게 어떤 당사자가 그 성명 또는 상호를 상대방에게 표시하지 아니할 것을 요구한 때에는 중개인은 그 상대방에게 교부할 결약서와 장부에 이를 기재하지 못한다(商 제98조). 이는 어떤 거래에 있어서 자신의 이름을 상대방에게 알리고 싶지 않은 경우가 있고 이처럼 알리지 않음으로써 거래를 유리하게 할 수도 있으며, 상대방 입장에서는 굳이 거래자를 알지 않아도 지장이 없는 경우가 많기 때문이다.

바) 개입의무(이행담보책임)

중개인이 임의로 또는 당사자 요청에 의한 성명 · 상호묵비의무 때문에 그 성명 또는 상호를 상대방에게 표시하지 않은 때 그 상대방은 중개인 자신에 대하여 이행을 청구할 수 있다(商 제99조). 이를 중개인의 개입의무라고 하는데 法定의 이행담보책임이다.

중개인이 한 쪽 당사자를 익명으로 하여 계약을 체결할 수 있도록 허용하는 한편(商 제98조), 상대방으로서는 이행을 책임지는 자가 누군가 있어야 하기 때문이다. 중개인은 이 개입의무(이행담보책임)를 이행한 후에도 자신이 계약당사자가 되는 것은 아니고 그 이행한 금액과 법정이자 등에 대해 구상권행사를 할 수 있을 뿐이다. 그런데 그 이후 계약체결 당시에 묵비한 당사자의 성명 · 상호를 중개인이 그 계약이 성립된 후에 이르러 상대방에게 공개하였다면 중개인의 개입의무(이행담보책임)가 면제(면책)되는가? 생각건대, 계약체결시에 묵비된 성명 · 상호의 상대방에게는 이미 중개인에게 개입의무(이행담보책임)를 요구할 수 있는 권리가 발생한 상태이므로 묵비된 성명이나 상호를 그 후에 공개하였다고 하여 소급적으로 개입의무(이행담보책임)가 면해질 수는 없다고 본다(책임면제 부정).

(2) 중개인의 권리

중개인은 자신의 중개로 인하여 위탁자의 요청대로 계약이 체결된 후에는 보수청구권을 쌍방에 대하여 가진다. 그러나 비용상환청구권이나 급여청구권은 행사할 수 없다.

가) 보수청구권

중개인의 중개행위의 결과 위탁자의 계약이 체결되면 그 대가로서 당연히 보수를 청구할 수 있다. 이러한 보수청구권은 그 약정이 없더라도 당연히 상인으로서의 중개인은 가지게 된다(商 제61조).

이 보수청구권이 성립하려면 (ⅰ) 당사자간의 계약이 중개인의 중개에 의하여 성립하여야 하고(인과관계), (ⅱ) 결약서가 작성 · 교부되어야 한다.

(ⅰ)의 요건에서 계약이 성립하여야 한다는 것은 정지조건부 계약에서처럼 어떤 허가를 받아야 하는 계약이라면 그 정지조건이 성취되어야 한다. 다만, 해제조건부 계약의 경우에는 계약체결로 그 계약의 효력이 이미 발생한 상태이므로 바로 보수청구권이 발생한다. 후에 해제조건이 성취되지 않는 시기까지 기다려 보수청구권을 인정한다면 너무나 가혹할 뿐만 아니라 해제조건 불성취가 확정되기 전이라도 이미 계약의 효력은 발생하고 있어서 보수청구권 행사를 失期하게 할 수는 없기 때문이다. 중개인에 대한 보수액(중개수수료 액수)은 당사자의 약정에 의하여 결정하지만, 공법상 일정한 제한이 가해지기도 한다(공인중개사의 업무 및 부동산거래신고에 관한 법률 시행규칙 제20조 등). 중개인에 대한 보수(중개료)는 당사자 쌍방이 균분하여 부담한다(商 제100조 제2항). 그리하여 중개를 위탁하지 않은 당사자에게도 보수(중개료) 지급

의무가 생기는 결과로 된다. 당사자끼리 균분하지 않는 방식으로 특약(예컨대 80:20으로 부담하자는 특약)을 하여도 이로써 중개인에게 대항할 수는 없다. 당사자 한 쪽이 중개인에게 보수를 지급하지 않은 경우에도 중개인이 다른 당사자에게 그 나머지를 청구할 수 없다는 것은 분할채무의 법리상 당연하다.

판례 (1)

부산지판 2007. 1. 25, 2005나10743

(중개업자의 중개수수료 청구권 긍정례: 부동산중개업자가 계약의 성립에 결정적인 역할을 하였음에도 중개행위가 그의 책임 없는 사유로 중단되어 최종적인 계약서 작성 등에 관여하지 못한 경우에도 이미 기여한 행위에 상응하는 정도의 보수청구권(중개수수료)을 주장할 수 있다는 취지(상법 제61조))

"부동산중개행위는 중개업자가 중개대상물에 대하여 거래당사자 간의 매매 · 교환 · 임대차 기타 권리의 득실 · 변경에 관한 행위를 알선하는 것으로서 원칙적으로 중개업자는 중개대상물에 대한 계약서의 작성업무 등 계약 체결까지 완료되어야 비로소 중개의뢰인에게 중개수수료를 청구할 수 있는 것이나, 다만 중개업자가 계약의 성립에 결정적인 역할을 하였음에도 중개행위가 그의 책임 없는 사유로 중단되어 최종적인 계약서 작성 등에 관여하지 못하였다는 등의 특별한 사정이 있는 경우에는 민법 제686조 제3항, 상법 제61조의 규정 취지나 신의성실의 원칙 등에 비추어 볼 때 그 중개업자는 중개의뢰인에 대하여 이미 이루어진 중개행위의 정도에 상응하는 중개수수료를 청구할 권한이 있다."

판례 (2)

대판 1976. 6. 8, 76다766

(중개수수료의 산정방법: 매매대금을 연불조건으로 지급하는 경우 중개수수료의 산정방법)

"부동산매매에 있어서 매수인측 소개인이 소개료는 매수인으로부터 받기로 하여 그 액을 약정하지 아니한 경우에는 법원은 제반사정을 참작하여 그 소개료액을 정할 수 있고 그 액수를 정함에 있어서는 반드시 감정에 의하여서만 정할 수 있는 것은 아니다."

나) 비용상환청구권 · 급여청구권의 부존재

중개인은 중개과정에서 생긴 비용에 대해 청구할 수 없다. 이러한 비용은 독립적 상인인 중개인 자신의 비용으로 지급할 것이 예정되어 있고 또 그 비용은 중개료에 포함되어 청구하는 것이 보통이기 때문이다. 또 중개인은 당사자에게 종속되어 있지 않으므로 급여청구권도 가질 수 없다.

Ⅲ. 위탁매매업(委託賣買業)

1. 위탁매매인의 의의

(1) 위탁매매인의 개념

위탁매매인(mercantile agent, Kommissionär)은 자기 명의로써 타인의 계산으로 물건 또는 유가증권의 매매를 영업으로 하는 자를 말한다(商 제101조). 이는 (ⅰ) 자기의 명의로 (ⅱ) 타인의 계산으로 (ⅲ) 물건 또는 유가증권의 매매의 주선을 하는 (ⅳ) 상인이라는 것을 개념요소로 한다.

가) 자기 명의로 행위

자기 명의로 행위한다는 것은 위탁매매인이 위탁자의 위탁을 받아 실행하는 법률행위의 효과를 위탁매매인 자신이 받도록 한다는 것을 말한다. 위탁자의 대리인으로 행위한다거나 중개행위의 형식을 취하지 않고 자기 자신이 법률관계의 당사자로 기명날인이나 서명을 하는 것이다. 이러한 경우에는 법률적 형식('자기 명의')이 경제적 실질('타인의 경제적 계산')을 초과하는 것이 되는데, 바로 여기에 위탁매매인의 특질이 있다.

나) 타인의 계산으로 행위

위탁매매인은 다른 사람을 위하여 행위한다는 실질을 가지고 있다는 점에서 대리상, 중개인과 비슷하다. 그리하여 위탁매매인은 위탁자의 경제적 이익을 위하여 위탁매매의 실행을 하고 그 실행의 결과 취득하는 금전 기타의 권리를 위탁자에게 이전시켜야 한다.

다) 물건 또는 유가증권 매매의 주선

위탁매매인은 물건 또는 유가증권의 매매를 주선한다. 여기서의 '물건'에 동산 이외에 부동산도 포함된다는 견해도 있으나,[29] 위탁매매인이 부동산 매매를 자기명의로 하는 경우 이전 등기 등 어려움이 많고 실제에 있어서도 부동산의 위탁매매를 허용할 경제적 필요가 별로 없으므로 부동산은 제외된다고 본다.[30] 우리 사회에서 현재 가장 많이 이루어지는 위탁매매업은 증권회사에 의해 행해지는 증권의 매도와 매수행위, 미술품 거래행위 등이다.

라) 상 인 성

위탁매매인은 위탁자를 위하여 물건이나 유가증권의 위탁매매를 할 것을 약속하는 채권행위(인수행위)를 하는 것으로서 기본적 상행위(商 제46조 제12호)를 하는 상인으로 된다. 즉, 이러한 인수행위를 계속 · 반복적으로 하는 상인이 위탁매매인이며 구체적인 실행행위(위탁매매행위)는 이를 실현하는 보조적 상행위가 된다.

판례

대판 2008. 5. 29, 2005다6297
(위탁매매인지의 판정기준)

"위탁매매라 함은 자기의 명의로 타인의 계산에 의하여 물품을 구입 또는 판매하고 보수를 받는 것으로서 명의와 계산이 분리되는 것을 본질로 하는 것이므로, 어떠한 계약이 일반 매매계약인지 위탁매매계약인지는 계약의 명칭 내지 형식적인 문언을 떠나 그 실질을 중시하여 판단하여야 한다."

(2) 위탁매매인의 연혁

위탁매매는 중세 유럽에서 국제무역과 더불어 발전하였다. 격지거래의 경우에 상인이 일정한 지역의 토착상인에게 매매를 위탁하고 이들은 자기의 명의로 매매를 실행하였던 것이다(자기 명의의 영업행위). 또, 외국에 파견된 상업사용인이 그 외국에 정착하여 독립된 위탁매매인이 되는 경우도 많았다. 이들은 외국에서 위탁자인 상인의 명의로 거래하는 것이 무의미하므로 자기명의로 거래를 한 것이다. 그러나, 근세에 이르기까지 그 개념이 대리상과 명확히 구별되지 않아서 1807년의 프랑스 상법에서는 위탁매매인에 대하여 독립된 정의를 내리게 되었고 그 후 독일상법에서 법률상

29) 강 · 임, 255면; 서 · 정, 197면; 임홍근, 368면; 정동윤, 225면; 정찬형, 278면; 채이식, 257면.
30) 같은 취지; 김성태, 575면; 서정갑, 264면; 이원석, 194면; 이철송, 417면; 정무동, 210면; 최기원, 328면.

개념을 뚜렷이 확정하였다.[31]

(3) 위탁매매인의 경제적 기능

위탁매매인 제도도 상인의 거래영역을 확장하는 방법 중의 하나이다. 상인이 영업망을 확장하기 위하여 지점이나 영업소를 설치하거나 상업사용인을 파견하면 비용과 감독부담이 크다는 단점이 있다. 이 경우 위탁매매인의 지식, 경험, 신용을 이용하는 방법을 선호할 수 있다. 또, 때로는 거래당사자가 상대방에게 자기 자신을 알리고 싶지 않은 경우도 있고, 상대방측으로서도 대리상에서처럼 본인의 신용, 자력 등을 일일이 알아볼 필요 없이 신속하게 거래할 수 있다는 장점이 있다.

(4) 위탁매매인과 구별되는 개념

위탁매매인은 자기 자신의 명의로 매매행위를 제3자와 한다는 점에서 대리상, 중개인과 구별된다. 또 같은 주선행위이면서도 '물건운송'만을 주선하는 운송주선인과 다르고, 매매 이외의 행위(출판계약, 광고계약, 보험계약, 여객운송계약 등)를 주선하는 준위탁매매인과도 다르다.

(5) 위탁매매계약의 법적 성질

위탁매매행위 이전에 위탁자와 위탁매매인 사이에 위탁매매계약이 있어야 한다.[32] 위탁매매계약은 위탁자가 위탁매매인에게 물건 또는 유가증권의 매매를 위탁하는 계약인바, 그 법적 성질은 민법상 위임계약에 해당한다.[33] 그리하여 위탁매매

---

31) 이 · 최, 327면; 최기원, 327면.

32) 대판 2003. 1. 10, 2000다34426(위탁매매약정의 필요성: 증권회사가 端株 이외의 상장주식에 대한 장외거래에 대한 위탁매매업무를 취급함에 있어서 고객과 사이에 통상의 매매계좌 설정계약 이외에 별도의 매매위탁약정이 필요하다는 취지): "端株 이외의 상장주식의 장외거래가 증권거래법상 금지된 것이 아니어서 증권거래법에 따라 증권업을 영위하는 증권회사는 상장주식의 장외거래에 대하여 위탁매매, 그 대리 또는 중개를 할 수는 있으나, 증권회사가 단주 이외의 상장주식의 장외거래에 대하여 관여하는 것은 예외적인 경우로서 증권회사는 이를 통상의 업무로 취급하고 있지 않고 있음을 알 수 있으므로 증권회사가 단주 이외의 상장주식에 대한 장외거래에 대한 위탁매매업무를 취급하기 위하여는 고객과 사이에 통상의 방법에 의한 주식의 위탁매매를 위하여 체결된 매매계좌설정계약 이외에 별도로 매매위탁약정이 필요하다."

33) 때로는 특별법(예, 부동산 실권리자명의 등기에 관한 법률 등)에 의하여 위탁매매 형식에 의한 명의신탁약정을 금지하는 경우도 있다. 다만, 판례에 의하면 이 경우에도 예외적으로 위탁매매 형식이 허용되는 때가 있다. 즉, "부동산 실권리자명의 등기에 관한 법률이 '위임 · 위탁매매의 형식에 의한 명의신탁약정'을 무효로 규정한 것은 위임 · 위탁매매를 가장하여 명의신탁의 목적을 달성하려는 것을 그 본질적 내용으로 하는 약정, 즉 약정의 목적이 수임인 또는 수탁자에게 매수사무를 위임 · 위탁하려는 데 있는 것이 아니라, 대내적으로는 위임인 또는 신탁자가 부동산에 관한 물권을 보유하고 그 등기만 수임인 또는 수탁자 명의로 두려는 데 있는 약정을 규제하려는 것이지,

계약에는 상법규정 뿐만 아니라 민법상 위임계약에 관한 규정도 적용된다.

2. 위탁매매의 법률관계

위탁매매의 법률관계는 위탁자와 위탁매매인의 관계, 위탁매매인과 제3자의 관계와 위탁자와 제3자의 관계로 나누어 설명할 수 있다.

(1) 위탁자와 위탁매매인의 법률관계

위탁자는 위탁매매인에게 물건이나 유가증권의 매매를 위탁하고, 위탁매매인은 그 위탁매매의 대가로 보수를 받는다는 내용의 계약을 체결한다. 그 결과 위탁자와 위탁매매인은 다음과 같은 권리의무를 가진다.

가) 위탁매매인의 의무

위탁매매인은 위탁자에 의하여 위임을 받은 자이므로 수임인으로서의 선관주의의무(民 제681조)를 기울여 거래를 해야 하고 위탁매매의 결과 취득하는 대금이나 물건을 위탁자에게 현실적으로 인도할 의무가 있다. 이러한 본질적 의무 이외에도 지정가액준수의무, 통지의무, 계산서제출의무, 하자 등의 통지 · 처분의무, 개입의무(이행담보책임)를 진다.

① 지정가액준수의무

위탁매매인은 위탁매매의 내용에 관해 위탁자의 지정이 있다면 당연히 그 지시에 따라야 하고 특히 가액에 관해서는 더욱 엄격하다(위탁자는 보통 판매위탁의 경우 최저가를, 매수위탁의 경우 최고가를 지정한다). 다만, 지정한 가액을 준수하지 못하였다 하여도 위탁매매인이 그 차액을 부담하였다면 위탁자에 대하여 위탁매매의 효력이 있다. 나아가 지정가액보다 비싸게 팔거나 싸게 산 경우에 그 이익은 위탁매매인에게 귀속되지 않고 위탁자에게 귀속된다(商 제106조).

② 통지의무 · 계산서제출의무

위탁매매인이 위탁받은 매매를 한 때에는 지체없이 위탁자에게 그 계약의 요령과 상대방의 주소 · 성명의 통지를 발송하여야 하며 계산서를 제출하여야 한다(商 제

민법 제680조 내지 제692조 또는 상법 제101조 내지 제113조에 정한 바에 따른 순수한 위임 · 위탁매매, 즉 약정의 목적이 대내적으로는 위임인 또는 신탁자가 부동산에 관한 물권을 보유하고 그 등기만 수임인 또는 수탁자 명의로 두려는 데 있는 것이 아니라 부동산에 관한 물권을 자기 명의로 취득하기 위하여 수임인 또는 수탁자에게 매수사무를 위임 · 위탁하는 경우까지 이를 무효로 하려는 취지는 아니라고 할 것이다."고 한다(춘천지판 1998. 11. 5, 98가단6438(위탁매매계약의 약정)).

104조). 이 사항을 빨리 통지받아야 위탁자도 그 결과를 토대로 다른 진행을 신속히 할 수 있을 것이기 때문이다. 이 경우의 통지의무는 위탁자의 청구가 없더라도 이행해야 한다는 점에서 민법상 수임인의 보고의무(民 제683조)와 다르고 대리상의 의무(商 제88조)와 같다.

③ 하자 등의 통지 · 처분의무

위탁매매인이 위탁매매의 목적물을 인도받은 후에 그 물건의 훼손 또는 흠을 발견하거나 그 물건이 썩을 염려가 있는 때 또는 가격이 떨어질 기미를 안 때에는 지체 없이 위탁자에게 그 통지를 발송하여야 하고, 이 경우에 위탁자의 지시를 받을 수 없거나 그 지시가 지체되는 때에는 위탁매매인은 위탁자의 이익을 위하여 적당한 처분을 할 수 있다(商 제108조). 이는 선관주의의무를 지는 위탁매매인에게 당연한 의무를 주의적으로 규정한 것이다.

④ 개입의무(이행담보책임)

위탁매매인은 다른 약정이나 관습이 없는 한 위탁자를 위한 매매에서 상대방이 채무를 이행하지 아니하는 경우에는 위탁자에 대하여 이를 이행할 책임이 있다(商 제105조). 이러한 담보책임의 내용에는 대금지급의무, 물건급부의무, 매매 목적물의 하자담보책임, 손해배상책임 등이 주로 해당할 것이다. 이는 위탁자를 보호하기 위하여 상법이 특별규정을 두어 상대방의 채무불이행을 위탁매매인으로 하여금 담보하도록 무과실책임을 지운 것이다. 즉, 상대방과의 사이에 아무런 법률관계가 없어서 위탁자가 겪는 불편을 해소하는 방법으로 위탁매매인에게 개입의무(이행담보책임)를 부담시킨 것이다. 개입의무를 이행한 후에는 그 의무불이행을 한 상대방에 대하여 위탁매매인이 그 급부청구권을 행사하거나 손해배상청구를 할 수 있고, 위탁자에 대해서는 위탁계약을 이행한 결과가 되므로 위탁매매인이 보수와 비용을 청구할 수 있게 된다.

나) 위탁매매인의 권리

위탁매매인의 권리로는 보수 · 비용청구권, 개입권, 유치권, 매수물의 공탁 · 경매권이 있다.

① 보수 · 비용청구권

위탁매매인은 상인이므로 위탁매매라는 위탁사무를 실행한 후에는 보수청구권을 당연히 가진다(商 제61조). 또, 위임사무인 매매에 비용을 요하는 때에는 수임인으로서 비용선급청구권을 가지며 필요비를 지출한 때에 그 비용상환청구권을 행사할 수 있다(商 제112조, 民 제687조, 제688조).

② 개 입 권

(a) 개입권의 의의와 존재이유

위탁매매인이 거래소의 시세(時勢)있는 물건 또는 유가증권의 매매를 위탁받은 때에는 직접 그 매도인이나 매수인이 될 수 있다(商 제107조 제1항 전단).[34] 이것을 위탁매매인의 개입권(介入權)이라고 한다. 거래소의 시세가 있는 경우 위탁매매인 자신이 매매 목적물의 매도인이나 매수인이 되면 오히려 거래를 간편하게 하는 장점이 있기 때문이다.

■ 위탁매매인의 개입권의 의의: 위탁매매인이 거래소의 시세있는 물건이나 유가증권(개정법)의 매매를 위탁받은 때에는 직접 그 매도인이나 매수인이 될 수 있다(商 제107조 1항 전단). 이는 거래를 간편하게 하는 장점이 있기 때문이다

(b) 개입권행사의 요건

위탁매매인이 개입권을 행사하려면 ① 위탁매매의 목적인 물건 또는 유가증권에 관하여 거래소의 시세(時勢)가 있어야 하고(商 제107조 제1항 전단), ② 개입금지(介入禁止)의 특약이 없어야 하며, ③ 위탁매매인이 주선행위를 실현하기 이전이어야 한

34) 2010년 5월 개정상법은 위탁매매인이 개입권을 행사할 수 있는 대상에 유가증권도 포함시켰다. 거래소의 시세있는 유가증권의 경우에는 위탁매매인이 가격을 스스로 결정할 수 없어서 위탁자의 이익을 해할 우려가 없기 때문이다. 다만, 증권선물거래소에서 거래되는 유가증권은 자본시장 및 금융투자업에 관한 법률 제67조(자기계약의 금지: 「투자매매업자 또는 투자중개업자는 금융투자상품에 관한 매매에 있어 자신이 본인이 됨과 동시에 상대방의 투자중개업자가 되어서는 아니 된다」)에서 위탁매매인의 개입권이 금지되어 있으므로 유가증권에 대해서 개입권을 확대하여도 상품권 등에서나 의의가 있을 것으로 본다.

다. 다만, 현재로서는 거래소의 시세가 있는 물건은 없으므로 이 규정에 의한 개입권 행사는 거의 어려운 실정이다.

(c) 개입권행사의 방식과 그 효과

위탁매매인의 일방적 의사표시에 의하여 위탁자와 위탁매매인 사이에 매매계약이 체결된다(형성권(形成權)의 행사). 이 때 매매 대가의 결정은 위탁매매인이 매매의 통지를 발송한 때를 기준시점으로 한다(商 제107조 제1항 후단). 개입권을 행사하였더라도 위탁매매의 효과를 달성한 것은 다른 경우와 차이가 없으므로 위탁매매인은 위탁자에 대하여 보수를 청구할 수 있다(商 제107조 제2항).

③ 유치권(특별상사유치권)

위탁매매인은 위탁자를 위하여 매매를 실행함으로써 생긴 채권이 변제기에 있는 때에는 다른 약정이 없는 한 그 변제를 받을 때까지 위탁자를 위하여 점유하는 물건 또는 유가증권을 유치할 수 있다(商 제111조, 제91조). 이러한 특별상사유치권을 인정하는 것은 위탁매매인을 보호하기 위한 것이다. 피담보채권과 유치권의 목적물 사이에 관련관계(견련관계)를 요구하지 않고 목적물이 반드시 채무자인 위탁자의 소유임을 요건으로 하지 않는다는 점에서는 민사유치권과 다르고 대리상의 (특별상사) 유치권(商 제91조)과 같다.

④ 매수물의 공탁 · 경매권

매수위탁자가 매수한 목적물의 수령을 거부하거나 이를 수령할 수 없는 때에는 위탁매매인은 공탁과 경매권을 가진다(商 제109조, 제67조).

다) 매수위탁자(買受委託者)가 상인인 경우

상인인 위탁자가 그 영업에 관하여 물건의 매수를 위탁한 경우에는 위탁매매인은 자기명의로 일단 취득한 물건 등을 위탁자에게 이전하게 되므로 위탁자와 위탁매매인 사이의 관계는 마치 매수인과 매도인의 관계와 같게 된다. 그리하여 위탁자와 위탁매매인 사이의 관계에는 상사매매에 관한 제68조 내지 제71조의 규정이 준용된다(商 제110조).

(2) 위탁매매인과 제3자의 법률관계

위탁매매는 경제적으로 위탁매매인이 위탁자를 위하여 제3자와 매매를 하는 것이지만, 법률적으로 위탁매매인만이 거래의 주체가 된다. 그리하여 대외적으로 제3자에 대하여 직접 매매계약상의 권리 · 의무(商 제67조 내지 제71조)를 가지는 자는 위탁매매인이고 위탁매매인이 상대방에 대하여 직접 권리를 취득하고 의무를 진다(商 제102조). 이는 거래상대방인 제3자가 그 거래에 관한 위탁자가 있음을 알고 있는 때에도 같다. 그리하여 매매계약의 무효·취소의 사유, 항변이나 상계의 주장 등은 모두 위탁매매인과 제3자 사이에서만 이루어진다. 나아가 위탁매매인은 독립적 상인이므로 제3자와의 관계에서 채무불이행이나 불법행위가 발생하면 위탁자는 책임지지 않고 위탁매매인만 책임을 지게 된다.

■ 위탁매매인의 제3자에 대한 지위: 대외적으로 제3자에 대하여 매매계약상 권리, 의무를 직접 가지는 자는 위탁자가 아니라 위탁매매인이다.

판례(1)

대판 2007. 5. 10, 2005다55299
(위탁매매인의 제3자에 대한 거래상 주의의무)

"유가증권의 매매나 위탁매매, 그 중개 또는 대리와 관련한 업무를 주된 사업으로 수행하고 있는 증권회사의 경우 그 주된 업무가 객장을 방문한 고객들과 직원들간의 상담에 의하여 이루어지는 만큼 그 지점장으로서는 직원들과 객장을 관리·감독할 의무가 있고, 거기에는 객장 내에서 그 지점의 영업으로 오인될 수 있는 부정한 증권거래에 의한 불법행위가 발생하지 않도록 방지하여야 할 주의의무도 포함된다."

판례(2)

대판 2004. 2. 13, 2003다46444

(위탁매매인의 제3자에 대한 주의의무 위반(실명확인의무 위반)으로 인한 주식위탁매매거래 계좌개설과 사기거래 피해와의 인과관계를 부정한 사례)

"증권회사가 실명확인의무를 소홀히 하고 주식위탁매매거래계좌를 개설한 과실이 있더라도 그 과실과 비상장주식에 대한 장외거래와 관련하여 위 계좌를 이용한 사기거래로 발생한 손해와의 사이에 상당인과관계가 인정되지 아니한다."

판례(3)

서울중앙지판 2010. 5. 20, 2009가합76169

(공연티켓의 예매(중개행위)취소 수수료의 귀속: 공연 티켓의 예매취소로 인한 취소수수료는 위탁매매인이 위탁매매로 인하여 취득한 물건 또는 위임사무의 처리로 인하여 받은 금전에 해당하지 않고, 판매대행사가 입은 판매대행수수료 상실분에 대한 손해배상이어서 티켓 판매대행사에게 귀속된다고 본 사례)

"공연기획사로부터 티켓판매업무를 위임받아 자신이 운영하는 인터넷서비스 시스템에 가입된 회원들에게 자신의 명의로 티켓을 판매하고, 공연기획사로부터 판매대행수수료를 지급받은 경우 그 판매대행계약은 위탁매매에 해당하지만, 위 판매대행사는 판매대행계약에 의한 위탁매매업무를 수행하면서 구매자들의 티켓판매계약 불이행에 대한 손해배상으로 취소수수료를 취득하는 것이 아니라, 취소업무의 수행에 대한 대가 및 구매자들의 예매취소로 인하여 판매대행사가 입게 되는 판매대행수수료 상실분 등에 대한 손해배상으로서 취소수수료를 취득하는 것인 점 등에 비추어 보면, 공연 티켓의 예매취소로 인한 취소수수료는 위탁매매인이 위탁매매로 인하여 취득한 물건 또는 위임사무의 처리로 인하여 받은 금전에 해당한다고 볼 수 없어 티켓 판매대행사에게 귀속된다."

(3) 위탁자와 제3자의 관계(위탁물의 위탁자에 대한 예외적 귀속)

위탁매매인이 제3자와 매매의 법률관계를 형성함에 있어서는 위탁자가 아니라 위탁매매인만이 직접 권리를 취득하고 의무를 부담하므로 위탁자는 제3자와 아무런 관계가 없다. 그러나, 그 경제적 실질을 반영하여 위탁매매인이 지니고 있는 물건,

유가증권 등은 위탁자의 소유로 하여 위탁자를 보호할 필요가 있다. 그리하여 상법 제103조는 "위탁매매인이 위탁자로부터 받은 물건 또는 유가증권이나 위탁매매로 인하여 취득한 물건, 유가증권 또는 채권은 위탁자와 위탁매매인 또는 위탁매매인의 채권자 사이의 관계에서는 이를 위탁자의 소유 또는 채권으로 본다."라고 규정하고 있다.[35] 즉 위탁매매인이 위탁자의 계산으로 매매한 물건 등은 그 내부관계에서는 위탁자에게 그 권리가 귀속되어 위탁매매인이 파산한 경우에 위탁자는 환취권을 행사할 수 있고, 이는 위탁매매인의 매매 전후를 불문한다. 또, 위탁자는 위탁매매인의 채권자가 위탁물에 대한 강제집행을 하려고 하는 경우에는 그 채권자를 상대로 제3자 이의의 소(民執 제48조)를 제기할 수 있다.

■ 위탁매매에서의 위탁물 귀속(위탁자: 상법 제103조): 위탁매매인이 위탁자로부터 받은 물건 또는 유가증권이나, 위탁매매로 인하여 취득한 물건, 유가증권 또는 채권은 위탁자와 위탁매매인 또는 위탁매매인의 채권자 사이의 관계에서는 위탁자의 소유 또는 채권으로 본다.

3. 준위탁매매인(準委託賣買人)

준위탁매매인이란 자기의 이름으로 타인의 계산으로 매매 아닌 행위를 영업으로 하는 자이다. 이것은 물건 또는 유가증권의 매매 이외의 주선행위를 하는 점을 제외하고는 위탁매매인과 다를 바 없으므로 위탁매매에 관한 규정을 준용한다(商 제113조). 매매 아닌 행위 중에서 주선의 목적이 운송계약인 경우에는 별도로 운송주선

35) 그리하여 매수위탁을 받은 위탁매매인이 물건의 매수를 위하여 위탁자로부터 받은 금전을 자신의 필요에 의하여 사용한 경우나 위탁자에게 이전하지 않고 이를 처분하면 업무상 횡령죄를 구성한다(대판 1982. 2. 23, 81도2619).

업 규정(商 제114조부터 124조까지)의 적용을 받는다. 준위탁매매업에 해당하는 예로서는 여객의 운송주선업, 광고의 주선업, 보험계약의 주선업 등이 있다. 상법 제113조의 준용 규정에 불구하고 준위탁매매의 목적물에는 '거래의 시세 있는 물건'이 없으므로 개입권 규정(商 제107조)은 준용될 여지가 실제상 거의 없다.

Ⅳ. 운송주선업(運送周旋業)

1. 운송주선인의 의의

(1) 운송주선인의 개념

운송주선인(forwarding agent, Spediteur)이라 함은, 자기의 명의로 물건운송의 주선을 영업으로 하는 자이다(商 제114조). 이 개념요소는 다음과 같다.

가) 자기의 명의

운송주선인이 운송인을 물색하여 자신의 명의로 운송계약을 체결해야 한다는 점에서 상업사용인, 대리상, 중개인과 다르다. 이는 위탁매매인이 자기명의로 매매계약을 체결하는 것과 같은 법률적 형식이다.

판례

서울고판 1982. 5. 12, 82나168
(운송주선인이 체결한 계약의 효과)

> "일반적으로 상법상의 운송주선인은 자기의 명의로 운송의뢰인의 계산아래 운송인과 운송계약을 체결하는 것이므로 운송인과의 운송계약상의 권리의무가 당연히 운송의뢰인에게까지 미치는 것은 아니다."

나) 타인의 계산

운송주선인이 운송인과 물건운송계약을 체결하는 것은 위탁자의 경제적 이익을 위해서이다. 그리하여 그 업무수행에 있어서는 선관주의 의무를 기울여야 한다.

다) 물건운송의 주선행위

운송주선인은 타인(물건의 운송을 희망하는 위탁자)을 위하여 '물건운송'의 주선행위를 하는 자이다. 이 점에서 물건이나 유가증권의 매매, 물건운송 이외의 상행위의 주선(여객운송 포함)을 영업으로 하는 준위탁매매인과 다르다. 여기서 운송주선행위라 함은 타인(위탁자)의 계산으로 자기의 이름으로(명의로) 물건운송에 관한 법률행위를 하려는 인수행위이다. 그리하여 운송주선인의 주된 업무는 자기 이름으로 (육상, 해상, 공중)운송인과 운송계약을 체결하는 것이지만, 그 이외에도 부수적으로 운송물의 포장 · 수령 · 보관 · 서류작성 · 운송을 위한 준비행위(법률행위)까지 할 수 있다. 그 법률행위의 과정에서 필요한 사실행위도 위임받을 수 있다고 본다. 부동산은 이론상 운송이 불가능하므로 '물건'운송의 대상에서 제외된다.

■ 운송주선인의 의의: 자기의 명의로 물건운송의 주선을 영업으로 하는 자(商 제114조)

판례(1)

대판 2007. 4. 27, 2007다4943
(운송주선인 행위형식의 다양성)

"운송주선인이 상법 제116조에 따라 위탁자의 청구에 의하여 화물상환증을 작성하거나 같은 법 제119조 제2항에 따라 운송주선계약에서 운임의 액을 정한 경우에는 운송인으로서의 지위도 취득할 수 있지만, 운송주선인이 위 각 조항에 따라 운송인의 지위를 취득하지 않는 한, 운송인의 대리인으로서 운송계약을 체결하였더라도 운송의뢰인에 대한 관계에서는 여전히 운송주선인의 지위에 있다"(운송주선인은 운송위탁자의 대리인이 될 수도 있지만, 운송인의 대리인으로서 운송계약을 체결하는 등 운송에 관한 업무형태를 다양하게 취하고 있다).

판례(2)

대판 2007. 4. 27, 2007다4943

(운송계약상 운송주선인의 확정 기준: 운송주선업자인지 운송업자인지 여부는 운송의뢰인과의 계약해석에 의하여 확정하여야 한다는 취지)

"물품운송계약은 당사자의 일방에게 물품을 한 장소로부터 다른 장소로 이동할 것을 약속하고 상대방이 이에 대하여 일정한 보수를 지급할 것을 약속함으로써 성립하는 계약으로서, 운송계약에 따른 권리 · 의무를 부담하는 운송인은 운송의뢰인에 대한 관계에서 운송을 인수한 자가 누구인지에 따라 확정된다 … 운송주선업자가 운송의뢰인으로부터 운송관련 업무를 의뢰받았다고 하더라도 운송을 의뢰받은 것인지, 운송주선만을 의뢰받은 것인지 여부가 명확하지 않은 경우에는 당사자의 의사를 탐구하여 운송인의 지위를 취득하였는지 여부를 확정하여야 할 것이지만, 당사자의 의사가 명확하지 않은 경우에는 하우스 선하증권의 발행자 명의, 운임의 지급형태 등 제반 사정을 종합적으로 고려하여 논리와 경험칙에 따라 운송주선업자가 운송의뢰인으로부터 운송을 인수하였다고 볼 수 있는지 여부를 확정하여야 한다."

라) 상 인 성

운송주선인은 물건운송 주선을 인수하는 상행위(商 제46조 제4호)를 함으로써 상인이 된다. 그 이후 이를 실행하는 물건운송계약의 체결은 그 기본적 상행위를 위해 수행하는 보조적 상행위에 불과하다. 상인으로서의 운송주선인을 규제하는 법규로는 화물자동차운수사업법, 항공법 등이 있다.

(2) 운송주선인의 연혁

운송주선인의 기원은 위탁매매인에 두고 있다. 그러나, 중세 이후 운송업이 크게 발달함에 따라 독립적 영업으로 발전하여 독일 신상법이 제407조~제415조에서 독립된 영업유형으로 규정하기에 이르렀다. 그러나, 같은 대륙법계 국가이면서도 프랑스에서는 독립된 영업유형으로 보지 않고 운송업의 일종으로 규정(commissionaire de Transporte)하고 있다.

(3) 운송주선인의 기능

운송주선인은 운송인과 함께 물건 매매 등을 확대 · 촉진하기 위하여 성립한 보조기업이다. 운송의 거리가 멀어지고 운송지역에 따라 운송방법이 달라지게 되면서 적당한 운송인을 물색하는 일도 쉽지 않고 운송물의 포장, 수령, 보관, 서류작성, 운송경로와 방법 선택 등까지 송하인을 대신해 줄 전문가가 필요하게 되었다. 이러한 점에서 운송주선인의 기능과 업무는 '매매'에 한정된 업무를 하는 위탁매매인의 기능과 업무보다 한층 더 복잡하다.

(4) 운송주선계약의 성질(위임계약) · 위탁매매업 규정의 준용

운송주선인과 운송주선 위탁자 사이에 체결되는 운송주선계약은 위탁자가 운송주선인에게 운송인과 운송계약을 체결하도록 부탁(위탁)하는 것이므로 민법상 위임계약이다. 그리하여 여기에는 상법 규정 이외에 위임에 관한 민법규정도 적용된다. 운송주선계약은 '주선'을 위탁하였다는 점에서 위탁매매업과 같아서 위탁매매업 규정을 준용한다(商 제123조).[36] 다만, 운송주선인은 운송인의 선임에 대한 과실이 없으면 책임이 없으므로 운송인의 운송불이행에 대한 개입의무는 부담하지 않고, 개입권, 유치권에 관해서도 별도의 규정이 마련되어 있으며 매수위탁자가 상인인 때에 매매규정이 적용된다는 규정(商 제110조)도 준용될 필요가 없다.

2. 운송주선인의 법률관계

(1) 운송주선인의 의무와 책임

가) 선관주의의무 등

운송주선인은 위임계약의 취지에 따라 위탁사무인 운송의 주선을 선량한 관리자의 주의로써 처리하여야 한다(民 제681조). 그 선관주의의무의 범위는 운송인의 선택에 그치지 않고, 운송물의 수령, 포장, 보관, 서류작성, 인도, 운송경로나 방법 선택 등에서까지 이를 수 있다. 운송주선인이 이 의무를 위반하여 위탁자에게 손해를 입힌 때에는 그 배상책임을 진다. 그리고, 위탁자에게 통지의무 · 계산서제출의무(商 제

---

36) 대판 1987. 10. 13, 85다카1080: "운송주선인은 위탁자를 위하여 물건운송의 주선을 하는 것이기 때문에 운송인과의 사이에 물건운송계약을 체결했을 때에는 상법 제123조(준용규정), 제104조에 의하여 그 구체적 내용에 관한 통지를 해야 하고 이 경우에는 위탁자와의 내부관계에 있어서는 운송주선인이 체결한 운송계약상의 권리의무는 주선인에 의한 양도 등 특별한 이전절차 없이도 위탁자에 귀속되는 것이지만 위탁자가 그 권리를 운송인에게 주장할 수 있기 위하여는 민법 제450조 내지 제452조에 따른 채권양도의 통지가 필요하고 다만 지시식이나 무기명식의 선하증권이 발행되어 있을 때에는 민법 제508조, 제523조에 의하여 운송주선인이 이를 위탁자에게 배서 또는 교부함으로써 그러한 절차를 이행하는 것이 된다."

104조), 지정가액 준수의무(商 제106조), 위탁물 훼손 · 하자나 부패염려의 통지의무(商 제108조) 등을 부담한다.

판례(1)

대판 1988. 12. 13, 85다카1358
(화물수취증을 발행한 운송주선인의 주의의무)

"수출자가 선하증권 대신 신용장발행은행을 화물수취인으로 한 운송주선업자 화물수취증을 첨부하여 환어음을 발행한 경우 신용장발행은행이 운송목적지에서 수출품의 반환청구권을 가지게 되고, 위 반환청구권이 수출대금을 담보로 하는 기능을 하게 되는 것이므로, 화물수취증을 발행한 운송주선인으로서는 선하증권 등 선적서류상의 화물의 처분에 관한 조건이 화물수취증에 의하여 부과된 의무와 상치되지 않도록 주의하여야 하며 위 화물수취증상의 운송물인도에 관한 조건에 위배하여 운송물을 처분하였을 경우에는 그에 대한 책임을 면할 수 없다."

판례(2)

서울고판 1996. 10. 22, 96나15864
(해상운송주선인의 선하증권 발행상 주의의무 위반)

"운송주선인이 화물이 선적되기도 전에 미리 '선적' 표시가 된 이른바 선선하증권을 발행해 주는 것이 해운업계의 관행이 있다 하더라도, 이를 가리켜 정상적인 행위라거나 그 목적과 수단의 관계에서 보아 사회적 상당성이 있다고 할 수는 없어, 그러한 선하증권의 발행행위는 위법성이 인정된다."

나) 손해배상책임

운송주선인은 운송주선업무를 수행함에 있어서 고의나 과실로 위탁자에게 손해를 발생시켰으면 배상할 책임이 있다. 이를 구체적으로 살피면 다음과 같다.

① 책임의 원인

운송주선인은 자기나 그 사용인이 운송물의 수령, 인도, 보관, 운송인이나 다른 운송주선인의 선택 기타 운송에 관하여 주의를 게을리하지 않았음을 증명하지 않으면 운송물의 멸실, 훼손 또는 연착으로 인한 손해를 위탁자에게 배상하여야 한다(商 제115조). 운송주선인의 책임에 관한 상법 제115조의 규정은 민법상 이행보조자의 과실에 대한 채무자의 책임내용을 주의적으로 규정한 것으로 보아(통설), 채무불이행의 유형과 손해의 발생 태양은 상법상 규정 내용에 한정하지 않는다고 해석한다. 운송주선인의 손해배상책임은 과실책임주의지만, 무과실의 입증책임을 운송주선인에게 부담시키고 있다. 이는 육상물건운송인의 책임(商 제135조), 육상여객운송인의 책임(商 제148조), 창고업자의 책임(商 제160조), 해상물건운송인의 책임(商 제795조), 해상여객운송인의 책임(商 제826조)과 같다.

판례(1)

서울서부지판 2007. 12. 21, 2006**가합**8979
(운송주선인과 운송인의 손해배상책임: 갑판적(甲板積)의 경우)

"별도의 갑판적(甲板積) 운송약정 없이 임의로 화물의 일부를 갑판적(甲板積)으로 운송하여 손상을 야기한 경우, 운송주선인과 운송인은 의뢰인에 대해 손해배상책임을 부담한다."

판례(2)

대구고판 1992. 11. 12, 91**나**6338
(운송주선인 또는 운송인의 손해배상책임: 해상운송인 또는 운송주선인이 선하증권과 상환함이 없이 운송물을 선하증권 소지인이 아닌 자에게 인도한 경우 운송인 또는 운송주선인의 책임)

"해상운송인 또는 운송주선인이 선하증권과 상환함이 없이 운송물을 선하증권의 소지인이 아닌 자에게 인도함으로 인하여 그 소지인에게 인도하여 주지 못하게 된 경우에 그 운송인 또는 운송주선인의 행위는 선하증권 소지인의 운송물에 대한 권리의 침해로서 인식하지 못한 점에 대하여 운송인 또는 운송주선인으로서의 주의의무를 현저히 결여한 중대한 과실이 있다 할 것이다."

판례(3)

대판 1996. 9. 6, 94다46404
(항공운송주선인의 주의의무위반을 이유로 한 손해배상책임: 항공운송주선인의 국내대리점인 운송취급인의 운송서류 임의교부(과실)에 따른 운송주선인의 불법행위책임 사례)

"운송주선인의 국내 대리점인 운송취급인이 수하인용 항공화물운송장 등 운송서류를 수하인이나 통지처가 아닌 제3자(실수입업자)에게 임의 교부한 경우, 수하인에게 그 운송장 등을 교부하고 수입 물품을 인도할 의무가 있는 운송취급인으로서는 제3자에게 통관에 필요한 운송장 등을 교부하면 제3자가 이를 이용하여 수입 물품에 대한 통관절차를 마치고 수하인의 승낙 없이 이를 보세창고에서 반출하여 감으로써 수하인이 갖고 있는 수입 물품의 인도청구권을 침해하는 결과가 발생할 수 있음을 인식할 수 있었고 만약 그 결과의 발생을 인식하지 못하였다면 그와 같이 인식하지 못하게 된 점에 대하여 운송취급인으로서의 주의의무를 결여한 과실이 있으며, 제3자가 운송취급인으로부터 교부받은 운송장 등을 이용하여 통관절차를 마치고 수입 물품을 반출하여 간 이상, 그 운송장 등의 교부로써 운송취급인이 제3자에게 수입 물품을 인도한 법적 효력이 발생하였는지 여부와는 상관없이 그와 같은 운송취급인의 과실행위는 수하인의 수입 물품에 대한 인도청구권을 침해한 불법행위가 된다."

판례(4)

대판 2004. 7. 9, 2002다16729
(항공운송주선인의 주의의무위반을 이유로 한 손해배상책임: 운송주선인이 운송인의 대리인으로 화물을 인도하는 경우, 주의의무위반을 이유로 손해배상책임을 부담하는 사례)

"우리의 국제항공화물 인도관행에 비추어 항공운송인 또는 항공운송주선인이 공항에 도착한 수입항공화물을 통관을 위하여 영업용 보세창고업자에게 인도하는 것만으로 항공화물이 항공운송인이나 항공운송주선인의 지배를 떠나 수하인에게 인도된 것으로 볼 수는 없다."

② 책임의 범위

운송주선인의 손해배상 범위에 관해서는 육상물건운송인의 배상범위에 관한 상법 제137조와 같은 특별규정이 없으므로 민법의 원칙에 의하여 통상의 손해를 한도로 하되(民 제393조 제1항), 특별손해는 운송주선인이 알았거나 알 수 있었을 경우에 한하여 배상책임이 있다(民 제393조 제2항). 배상할 손해발생 원인은 '멸실 · 훼손 · 연착'에 한정되지 않고 다른 원인으로 인한 손해발생도 포함한다고 본다(例示說).

판례(1)

대판 2008. 6. 12, 2008다19720
(운송주선인의 손해배상액: 부가가치세 부분은 운송주선인이 배상해야 할 '통상의 손해' 범위에 포함되지 않는다는 취지)

"운송물이 사고로 인하여 분실, 파손되어 전량 사용불가능 상태가 된 사안에서, 운송주선인이 의뢰인에게 지급할 손해배상금에는 운송물의 가액 외에 이에 대한 부가가치세 상당액은 포함되지 않는다고 본다."

판례(2)

대판 1995. 6. 13, 92다19293
(항공운송주선인의 손해배상액: 허위의 항공화물운송장을 교부한 항공운송주선인의 손해배상책임액을 정함에 있어서, 그 운송장이 신용장과 일치하지 않음을 알면서도 하환어음서류를 매입한 은행의 과실이 있다면 이는 배상책임액에 참작되어야 한다는 취지)

"은행이 각 항공화물운송장이 여러 가지 사항에 있어서 신용장의 문언 및 조건과 일치하지 않고 있는 사실을 알았음에도 불구하고 단지 수출업자로부터 그 불일치 사항에 관한 각서를 제출받는 데 그치거나 일부 불일치 사항에 관하여는 이를 아예 간과하여 문제삼지도 아니한 채 수출업자로부터 하환어음서류를 매입하였다면, 이러한 은행의 과실은 허위의 항공화물운송장을 교부한 항공운송주선인의 손해배상책임의 액을 정함에 있어서 충분히 참작(감액 또는 경우에 따라 책임면제)되어야 할 사유이다."

③ 고가물에 대한 특칙

화폐, 유가증권 기타의 고가물에 대하여는 송하인이 물건을 위탁할 때에 그 종류와 가액을 명시한 경우에 한하여 운송주선인이 배상할 책임이 있다(商 제124조, 제136조). 이 때 위탁자가 고가물임을 명시하지 않은 경우와 명시하지 않았어도 어떤 사정으로 운송주선인이 고가물임을 안 경우의 효과에 대한 견해대립과 그 결론은 뒷부분에서 설명하는 물건운송계약의 경우와 같다(물건운송인의 손해배상책임 중 고가물에 대한 특칙 부분 참조). 그리하여 고가물임을 명시하지 않았다면 일반적으로 보통물로서의 주의의무도 없다고 보지만, 만약 운송주선인이 고가물임을 어떻게든 알았다면 보통물로서의 주의의무 정도를 부담할 것으로 본다.

④ 책임의 소멸(단기 소멸시효)

운송주선인의 책임에 관하여는 운송주선상 신속성의 요청에 의하여 5년간의 상사채무 소멸시효 원칙(商 제64조 참조)에 대비되는 특별한 단기 소멸시효를 인정하고 있다. 즉, 운송주선인의 책임은 수하인이 운송물을 수령한 날로부터 1년을 경과하면 소멸시효가 완성하고(商 제121조 제1항), 운송물이 전부멸실한 때에는 예외적으로 그 운송물을 인도할 날로부터 기산한다(商 제121조 제2항). 단, 이러한 단기소멸시효는 운송주선인이나 그 사용인이 악의인 때에는 적용하지 아니한다(商 제121조 제3항). 그런데 이 '惡意'가 무엇을 뜻하는가에 대해서는 견해가 대립한다.

(ⅰ) 첫째, 적극적으로 운송물의 멸실·훼손·연착을 야기하여 손해를 발생시키거나 그 사실을 은폐한 것 뿐만 아니라 운송물의 훼손 또는 일부 멸실이 있다는 것을 알면서 이를 수하인에게 알리지 않고 인도한 경우라고 보는 견해이다(악의설(惡意說)).[37]

(ⅱ) 둘째, 이를 좁게 해석하여 고의로 운송물의 멸실·훼손·연착을 야기하여 손해를 발생시키거나 그러한 사실을 은폐한 경우처럼 멸실 등의 상황에 대한 통상적인 인식(악의: 惡意)보다 더 비난받을 만한 해의(害意)의 표출과 같은 상태여야 한다는 견해이다(해의설(害意說)).[38]

(ⅲ) 생각건대, 1년이라는 단기소멸시효제도를 무시하여 일반적인 상사소멸시효기간 5년을 적용한다는 것은 운송주선인에게 매우 가혹한데 이를 정당화하려면 그에 대한 강한 비난의 근거가 충분해야 할 것으로 보아 (ⅱ)의 견해에 찬성한다(해의설(害意說)).

⑤ 면책특약

운송주선인의 책임은 고의가 있는 경우를 제외하고는 特約에 의하여 경감 또는 면제할 수 있다.

---

37) 정동윤, 277면; 정희철, 287면(넓은 의미의 악의).
38) 손주찬, 325면; 이철송, 452면; 최기원, 350면(좁은 의미의 악의: 害意).

⑥ 불법행위책임과의 관계

상법 제115조상의 손해배상책임은 채무불이행으로 인한 책임이지만, 운송주선인 자신이나 사용인의 고의나 과실에 의한 위법행위로 불법행위를 동시에 성립시킬 수도 있다. 상법 제115조상의 채무불이행책임과 불법행위책임의 관계를 어떻게 이해할 것인가에 관하여는 견해가 대립한다.

(ⅰ) 법조 경합설(法條 競合說)(소수설)

하나의 행위가 두 가지 법규에 모두 저촉되지만, 채무불이행에 관한 규정은 불법행위에 관한 규정에 대하여 특별법적 지위에 있으므로 채무불이행에 관한 규정만 적용된다는 견해이다.[39]

(ⅱ) 청구권 경합설(請求權 競合說)(통설)

채무불이행에 관한 규정과 불법행위에 관한 규정은 그 요건, 효과를 달리하여 각각에 기한 청구권은 별개의 것이고, 피해자를 두텁게 보호하기 위하여 배상권리자가 청구권을 선택적으로 행사하게 하여야 한다는 견해이다.[40]

(ⅲ) 판례(청구권 경합설(請求權 競合說))

우리 법원은 물건운송계약상 의무위반 사건에서 "… 구 상법 제577조에 의한 손해배상청구권과 불법행위를 원인으로 하는 손해배상청구권은 소위 청구권이 경합하는 경우로 위의 두 청구권은 동시에 성립할 수 있는 것이고 서로 표리관계에 있어 하나가 성립하면 다른 것은 성립할 수 없는 것은 아니다."라고 하고 있다(대판 1962.6.21, 62다102).

(ⅳ) 사견(청구권 경합설(請求權 競合說))

채무불이행과 불법행위는 그 취지 자체가 다르고 그로 인한 피해자를 두텁게 보호할 필요성이 있다는 점에서 청구권이 채무불이행으로 인한 배상청구권과 불법행위로 인한 배상청구권은 각각 별개로 행사할 수 있다고 본다.

⑦ 수하인의 지위

운송물이 도착지에 도착한 때에는 수하인(운송주선계약에서 수령인으로 지정된 자)이 송하인과 같은 권리를 취득하게 되므로(商 제140조 제1항),[41] 운송주선인의 위

39) 이원석, 204면; 정희철, 207면.

40) 김용태, 170면; 서 · 정, 209면; 손주찬, 324-325면; 이 · 최, 345면; 이기수 외, 434면; 이병태, 289면; 임홍근, 438면; 정동윤, 278면; 정찬형, 299면; 채이식, 278면; 최기원, 383면.

41) 이는 수하인이 운송주선계약의 당사자는 아니지만 운송의 목적에서 볼 때 위탁자와 수하인을 같이 보는 것이 매우 편리하다는 점 때문이다.

탁자에 대한 손해배상책임은 이러한 수하인에 대하여도 같이 적용된다. 또, 수하인은 운송물을 수령할 때 운송주선인에 대하여 보수 기타의 비용을 지급할 의무를 부담한다(商 제124조, 제140조, 제141조). 이 때 수하인의 채무와 위탁자의 채무는 부진정연대채무관계로 된다.

(2) 운송주선인의 권리

가) 보수청구권

운송주선인은 상인이므로 보수의 약정이 없어도 운송물을 운송인에게 인도한 때에 보수청구권이 발생한다(商 제119조 제1항). 보수를 청구할 수 있는 시기는 (ⅰ) 운송계약이 성립하고, (ⅱ) 운송물을 운송인에게 인도한 때이다(商 제119조 제1항:운송주선의 종결시기). 다만, 운송주선 계약으로 운임의 액을 정한 때에는 다른 약정이 없다면 보수청구권이 없다(商 제119조 제2항). 이를 확정운임 운송주선계약(Spedition mit fixen Spesen)이라고 하는데, 운임중에 이미 운송주선인의 보수도 포함되어 있다고 보기 때문이다. 다만, 이 해석에 있어서 (ⅰ) 이 경우에 운송주선인이 개입권 행사를 한 것으로 본다는 견해가 있으나,[42] (ⅱ) 개입권은 운송주선인의 단독의 의사표시(형성권 행사)에 의하여 이루어지는데 여기서 '운임의 확정'은 위탁자와 운송주선인 사이에서 합의한 것이므로 이를 개입권행사로 볼 수는 없다고 할 것이다. 오히려 위탁자와 운송주선인 사이에서 운송계약의 합의를 한 것으로 이해해야 할 것이고 이로써 운송주선인은 운송인으로 되어 운송주선인으로서의 보수청구를 하지 못하고 운송종료 후 운송인의 지위에서 운임청구만을 할 수 있다고 해석한다.

나) 비용상환청구권

운송주선인은 운송계약에 의하여 운송인에게 지급한 운임 기타의 지출비용을 위탁자에 대하여 청구할 권리가 있다(商 제123조, 제112조, 民 제688조). 운송주선인은 다수의 위탁자로부터 동일한 운송경로를 거치는 동종의 운송물을 일괄하여 자기의 계산으로 하는 혼재운송(混載運送)계약으로 체결할 수도 있는데, 이 경우 운임의 확정이 없더라도 운송주선인은 운송인의 법적 지위를 가지게 되므로 운송주선인은 운임 이외에 비용상환청구를 할 수 있다고 본다.

다) 유치권(특별상사유치권)

운송주선인은 운송물에 관하여 받을 보수, 운임 기타 위탁자를 위한 체당금이나

42) 김용태, 171-172면; 서 · 정, 211면.

선대금에 관하여서만 그 운송물에 대한 특별상사유치권을 가진다(商 제120조). 일반상사유치권에 비하여 피담보채권이 제한적으로 된 것은 운송주선인과 위탁자 사이에는 통상 이와 같은 피담보채권 이외에는 피담보채권이 별로 존재하지 않고 또 수하인 보호와의 균형을 고려하였기 때문이다. 이 특별상사유치권은 목적물(운송물)의 소유권자나 그 점유취득 원인의 상행위성을 묻지 않으나, 유치 목적물은 운송물만으로 제한되어 있다(일반상사유치권과의 차이).

그런데 이 유치권 행사의 요건으로 피담보채권이 변제기에 있어야 하는가에 대하여 견해가 대립한다.

(i) 긍 정 설

이 견해는 유치권의 성질상 당연히 피담보채권은 변제기에 있어야 한다는 것이다.[43)]

(ii) 부 정 설

이는 여기서의 유치권 행사에 관해서는 상법상 명문의 규정이 없으므로 피담보채권이 반드시 변제기에 있지 않아도 된다는 견해이다.[44)]

(iii) 사견(긍정설)

상법 제120조가 피담보채권이 변제기에 있어야 한다고 명문화하지 않더라도 이는 유치권의 성질상 당연히 전제되는 것이다(民 제320조 참조). 또, 운송주선인의 보수청구권은 운송주선인이 운송인과 운송계약을 체결한 후에만 성립하고 이 때 바로 변제기가 되므로 운송주선인의 특별유치권 행사에도 피담보채권은 변제기에 이르러야 한다. 여기서 운송주선인의 유치권 행사방법이 문제되나, 비록 운송물이 운송인에게 인도되었다고 하여도 운송인의 직접점유를 통하여 운송주선인이 간접점유(운송물처분청구권(商 제139조)에 의한 간접점유)하는 것이므로 유치권 행사로서의 「점유(占有)」가 가능하게 되므로 그 유치권 행사에 특별한 어려움은 없다고 본다.

라) 개 입 권

운송주선인은 다른 약정이 없으면 직접 운송할 수 있다(운송주선인의 개입권(Selbsteintrittsrecht): 商 제116조 제1항 제1문). 개입권의 법적 성질은 위탁매매인의 개입권과 같이 형성권이다. 그 개입권 행사시기는 제한이 없어서 운송인과의 운송계약 체결 전후를 막론하고 행사할 수 있고 운임에 관한 시세있음을 요건으로 하지도

43) 김용태, 172면; 손주찬, 327면; 이병태, 291면; 임홍근, 407-408면; 정동윤, 278면; 정무동, 228면; 최기원, 353면.

44) 서 · 정, 212면.

않는다(위탁매매인의 개입권과의 차이). 또, 운송주선인이 위탁자의 청구에 의하여 화물상환증이나 선하증권을 작성한 때에는 개입권 행사를 의제한다(商 제116조 제2항).

운송주선인이 개입권 행사를 한 때에는 운송주선인과 운송인의 지위를 겸하게 된다. 그리하여 운송주선인은 (ⅰ) 운송주선인의 지위에서는 보수 · 비용 청구권을 가지고, (ⅱ) 운송인의 지위에서는 운임청구권을 가지게 된다. 운송주선인이 개입권을 행사하지 않은 때에는 운송계약 후 운송인에게 운송물을 인도하면 보수청구권을 행사할 수 있었으나, 개입권을 행사한 때에는 실제로 자신이 운송을 개시하거나 이행보조자인 운송인(운송주선인이 개입권을 행사하여 운송인을 운송주선인 자신의 이행보조자로 삼는 것이 가능하다)에게 운송물을 인도한 때에 이르러서야 비로소 보수를 청구할 수 있다. 그리고, 운송주선인은 여전히 수임자로서의 지위를 면하지 못하므로 개입권의 행사가 적절하지 못하여 위탁자에게 선관주의의무를 위반한 것으로 되면 그 손해배상책임을 진다. 운송주선인의 개입권행사에 있어서는 위탁매매의 경우에서처럼 '거래소의 시세' 등 요건을 두지 않고 있는데 그 이유는 운송에서는 운임, 운송방법 등이 정형화되어 있어서 이런 요건 없이도 부당한 개입권 행사의 염려가 없기 때문이다.

판례(1)

대판 2007. 4. 26, 2005다5058

(해상운송주선인의 개입권 행사여부: 운송주선인은 자기의 명의로 운송계약 등 법률행위를 하는 것이 원칙이지만, 운송인의 대리인이나 위탁자의 이름(운송주선인은 그 대리인자격)으로 운송계약을 체결하는 경우도 있다. 이는 운송주선인의 행위형태가 다양하기 때문인데 이 점이 같은 주선행위에 종사하면서도 위탁매매인, 준위탁매매인과 다른 점이다)

"상법 제114조에서 정한 '주선'은 자기의 이름으로 타인의 계산 아래 법률행위를 하는 것을 말하므로, 운송주선인은 자기의 이름으로 주선행위를 하는 것이 원칙이지만, 실제로 주선행위를 하였다면 하주나 운송인의 대리인, 위탁자의 이름으로 운송계약을 체결하는 경우에도 운송주선인으로서의 지위를 상실하지 않는다 … 해상운송주선인이 위탁자의 청구에 의하여 선하증권을 작성한 때에는 상법 제116조에서 정한 개입권을 행사하였다고 볼 것이나, 해상운송주선인이 타인을 대리하여 위 타인 명의로 작성한 선하증권은 특별한 사정이 없는 한 같은 조에서 정한 개입권 행사의 적법조건이 되는 '운송주선인이 작성한 증권'으로 볼 수 없다."

판례 (2)

대판 1987. 10. 13, 85다카1080
(확정운임운송주선계약으로 보기 위한 요건)

"운송주선계약으로 운임의 액이 정해진 경우라도 그것을 확정운임 운송주선계약으로 볼 수 있으려면 주선인에게 해상운송인으로서의 기능을 수행하는 것이 가능한 재산적 바탕이 있어야 하고 또 그 정해진 운임의 액이 순수한 운송수단의 대가 즉 운송부분의 대가만이 아니고 운송품이 위탁자로부터 수하인에게 도달되기까지의 액수가 정해진 경우라야만 한다."

마) 채권의 소멸시효

운송주선인의 위탁자 또는 수하인에 대한 채권(보수청구권, 비용상환청구권 등)은 1년간 행사하지 아니하면 소멸시효가 완성한다. 시효의 기산점은 그러한 채권을 행사할 수 있는 때이다(民 제166조 제1항).

(3) 순차 운송주선에 관한 특칙

가) 순차 운송의 의의

동일한 운송물의 운송을 위하여 다수의 운송인이 구간을 나누어 운송을 담당하는 경우에 운송구간에 따라 운송주선업무를 하는 계약형태를 순차 운송주선이라고 한다. 즉 순차 운송이 발달하면서 순차 운송주선계약도 생성 · 발전하게 된 것이다. 순차운송주선에서 제1의 운송주선인과 제2 이하의 운송주선인 관계의 법적성질은 복위임(複委任)계약이다.

나) 순차운송주선의 형태

순차운송주선에는 (i) 부분(部分)운송주선, (ii) 하수(下手)운송주선, (iii) 중계(中繼)운송주선의 형태가 있다.

(ㄱ) 부분(部分) 운송주선

이는 여러 운송구간을 다수의 운송주선인들(예, A, B, C)이 각 부분으로 나누어 독립한 여러 운송주선계약을 체결하는 것이다. 이는 운송주선계약이 병렬적으로 다수 나열된 것일 뿐 각 운송주선인(A, B, C)은 서로 아무런 관련이 없다.

(ㄴ) 하수(下受) 운송주선

최초의 운송주선인(A)이 모든 구간의 운송주선을 인수한 후 그 업무의 전부나 일부를 자기의 명의로 다른 운송주선인(B, C 등)에게 위임하는 형태이다. 이 경우에는 최초의 운송주선인(A)만이 주선계약의 당사자로 되고 위탁자가 볼 때 다른 운송주선인(B, C)은 최초의 운송주선인(A)의 이행보조자로 됨에 불과하다.

(ㄷ) 중계(中繼)(중간) 운송주선(협의의 순차운송주선)

운송 중에 중계가 필요한 경우, 제1의 운송주선인(A)이 자기명의로 '위탁자의 계산으로' 제2의 운송주선인(B, C 등)을 선임하는 경우이다. 도착지의 운송주선인을 이용하는 경우도 여기에 해당한다. 이는 제2구간 이하에서 제1의 운송주선인(A) 등이 위탁자를 대신하여 다른 운송주선인(B, C 등)과 운송주선계약을 맺는다는 데 특징이 있다. 협의의 순차운송주선계약은 이 형태만을 의미한다. 여기에서는 제1(A), 제2(B), 제3(C) 등의 순차운송인과 운송인 사이의 권리행사, 권리취득에 있어서 거래의 편의를 도모하도록 어떻게 법률관계를 규율하는지가 관건이다.

다) (협의의) 순차운송주선인의 법률관계

협의의 순차운송계약에서는 순차운송주선인이 연쇄적으로 연결(A-B-C 등)되어 있으므로 이들 순차운송인 상호간에 협조체제를 구축하고 그 권리 · 의무 관계를 편리하게 규율할 것이 요구된다.

(ㄱ) 후자(後者)가 전자(前者)의 권리를 행사할 의무

수 인이 순차로 운송주선을 하는 경우에는 후자(後者)는 전자(前者)에 갈음하여 그 권리를 행사할 의무를 부담한다(商 제117조 제1항). 여기서의 「전자(前者)」는 직접 전자(前者)를 의미한다. 예를 들면 A-B-C처럼 연계되어 있는 순차운송주선계약에서 B가 유치권 행사를 할 필요가 있다면 C가 유치권 행사를 대신해 줄 의무가 있다는 것이다. 만약 C가 이를 거절하면 B에게 손해배상책임을 진다. 이러한 의무를 후자(後者)에게 부담시키는 이유는 순차적으로 연결되어 있는 운송주선계약에서 이러한 법정대리적(法定代理的) 지위를 후자(後者)에게 인정하지 않으면 전자(前者)의 권리 실행이 어려운 경우가 많기 때문이다.

(ㄴ) 후자(後者)의 전자(前者) 권리 취득

순차운송주선의 경우에 후자(後者)가 전자(前者)에게 변제하였을 때에는 전자(前者)의 권리를 취득한다(商 제117조 제2항). 이는 먼저 위탁자에 대한 전자(前者)의 보수, 운임, 체당금 등 채권에 대한 변제 권한을 후자(後者)에게 부여함을 전제한다. 이

러한 후자(後者)의 전자(前者)에 대한 변제의 효과로서 전자(前者)의 위탁자에 대한 권리를 취득하게 하는 것이 사리에 맞는 것이다. 여기에서의 「전자(前者)」는 위에서와 같이 직접 전자(前者)에 한정하지 않고 '모든 전자(前者)'를 뜻한다. 이는 직접 전자(前者)이든 간접 전자(前者)이든 전자(前者)로서는 이를 후자(後者)에게서 변제받는다면 언제나 이익이기 때문이다.

(ㄷ) 운송주선인의 운송인 권리 취득

수 인이 순차로 운송주선을 하는 경우 운송주선인이 운송인에게 변제한 때에는 운송인의 권리를 취득한다(商 제118조). 여기서의 운송주선인은 도착지의 운송주선인을 포함한 중간운송주선인을 말한다. 그리하여 중간운송주선인(B) 또는 도착지의 운송주선인(C)이 전자(前者)(A)와 운송계약을 체결한 운송인(甲)에 대하여 (운임, 체당금 등 비용을) 변제하고 나면 그 변제를 받은 운송인(甲)이 전자(前者)(A)에 대하여 가졌던 권리(운임, 체당금 등 비용청구권)를 취득하게 되는 것으로 마치 변제자 대위와 비슷한 것이다.

제 3 절 운송업(運送業)

Ⅰ. 운송인(육상운송인)의 의의

운송인이라 함은 육상 또는 호천, 항만에서 물건 또는 여객의 운송을 영업으로 하는 자를 말한다(육상운송인). 상법상 해상운송에 대해서는 제5편 해상편(海商篇)에서 규정하고 있으므로 상행위편에서의 「운송」은 육상운송만을 가리킨다. 「육상」운송에는 지하, 호천, 항만에서의 운송도 포함된다. 호천, 항만에서의 운송은 운송규모가 작고 빈번하므로 육상운송에 포함하여 규율한다. 호천, 항만의 범위는 평수구역(平水區域)에 의하고, 평수구역(平水區域)은 선박안전법 시행령에서 정하고 있다(선박안전법 시행령 제2조 제19호).

운송업은 재화의 거래에 있어서 재화의 지역적 차이를 극복하기 위해 그 공간적 이전을 하여 주고 대가를 받는 영업이고, 이 점에서 재화의 수요공급에 있어서 시간적 차이를 극복하기 위한 창고업과 대조된다. 운송인은 운송의 인수를 영업으로 함으로써(기본적 상행위: 商 제46조 제13호) 당연상인이 된다(商 제4조). 운송계약은 도급계약(民 제664조 이하)이지만 운송에 관해서 상법에서 상세한 규정을 두고 있으므로 민법상 도급규정이 적용될 여지는 거의 없다. 운송계약은 낙성 · 불요식 · 쌍무 · 유상 계약이다.

Ⅱ. 운송의 종류와 운송계약의 법원(法源)

1. 운송의 종류

운송은 그 목적물의 유형에 따라 물건운송, 여객운송, 통신운송으로 구분된다. 상법은 주로 물건운송과 여객운송에 대해 규율한다. 통신운송에는 엄밀한 의미에서 운송과 성질이 다른 전신, 전화 등 통신업이 포함된다. 이는 공익사업으로 보아 한국전기통신공사에서 독점하다가 예외적으로 한정된 범위에서는 사적 영업이 허용되었고 한국전기통신공사도 2002년에는 민영화되었다. 또, 운송은 운송지역에 따라 육상운송, 해상운송, 항공운송으로 나뉘는데 육상운송과 해상운송은 운송구간, 운송용구, 운송에 따른 위험성 등 차이가 있기 때문에 엄격히 구별한다. 즉, 육상운송은 육상 또는 호천 · 항만에서 운송하는 것이고(商 제125조), 해상운송은 호천, 항만 이외의 해상에서 하는 운송을 각각 말하는 것으로 준별하였다.

2. 운송계약의 법원(法源)

상법은 육상운송과 해상운송을 개념부터 엄격히 구분하여(商 제125조 참조) 육상운송에 관하여는 상행위편(商 제125조 내지 제150조)에서 규정하고, 해상운송은 해상편(商 제740조 내지 제874조)에서 각각 별도로 규정하였다. 육상운송에 관하여는 상법 이외에도 철도법 · 철도운송규정과 화물자동차운수사업법 · 여객자동차운수사업법 등의 특별법이 제정되어 있고 거래의 신속과 당사자의 편의를 위하여 보통거래약관이 발달하여(부합계약) 상법이 적용될 경우가 축소되었다. 육상운송과 해상운송에 관한 상법 규정은 운송목적물에 따라 규율을 달리하기 위하여 각각 물건운송과 여객운송으로 구분하였다. 그러나, 항공운송에 대해서는 상법은 아무런 규율을 하고 있지 않아 육상운송에 관한 상행위편 규정을 유추적용할 수밖에 없다. 그런데 항공운송에 관해서는 바르샤바 조약 등 국제조약이 발달하고 있다.[45] 다음의 설명은 육상운송에

45) 대판 2006. 4. 28, 2005다30184: "국제항공운송에 관한 법률관계에 대하여는 1955년 헤이그에서 개정된 '국제항공운송에 있어서의 일부규칙의 통일에 관한 협약'이 일반법인 민법이나 상법에 우선하여 적용된다."

관한 것이다.

Ⅲ. 물건운송(物件運送)의 법률관계

물건운송계약의 당사자는 운송인과 송하인이다. 이 물건운송계약은 당사자 사이에서 낙성 · 불요식 · 쌍무 · 유상계약으로 체결되는 것이 원칙이다.[46)]

통상적으로 물건운송에 관해서는 보통거래약관이 이용된다. 화물명세서를 송하인이 운송인에게 교부하고 송하인의 청구에 의해 운송인이 화물상환증을 교부함이 보통이지만, 화물명세서 교부, 화물상환증 발행 · 교부 등은 계약의 성립과는 무관하고 다만 계약내용에 대한 증거 증권이 될 뿐이다. 물건운송계약의 체결효과로 발생하는 법률관계(물건운송인의 권리, 의무, 책임)는 다음과 같다.

판례(1)

대판 2000. 3. 10, 99다55052
(물건운송계약의 상대방 판단기준)

"선하증권의 송하인란을 기재함에 있어서는 반드시 운송계약의 당사자만을 송하인으로 기재하여야 하는 것은 아니고, 넓은 의미의 荷主를 송하인으로 기재할 수도 있으므로 선하증권상에 송하인으로 기재되어 있다는 것만으로 그 선하증권에 의한 운송계약의 상대방이라고 단정할 수는 없다."

판례(2)

대판 2000. 3. 10, 99다55052
(물건운송계약의 해석: 운송인과의 운송계약 상대방이 누구인가와 운송 중 발생한 사고에 의하여 손해를 입은 자가 누구인가에 관하여 운송계약을 해석하여 판단한 사례)

46) 물건운송계약의 효과로 누구에게 운송계약상의 권리의무가 귀속되는가는 계약해석상의 문제이다; 판례(대판 2009. 6. 25, 2007두15469(운송계약의 당사자: 지입회사와 지입자의 관계)는 지입회사와 지입차주 중 누가 화물운송계약의 당사자가 되느냐에 있어서 지입회사가 지입차주들에 대하여 일반적인 지시 · 감독을 전혀 하지 않고 지입차주들 중 1인이 지입차주들을 관리한 사안에서, "지입차주가 자신의 명의로 거래상대방과 체결한 화물운송계약의 법률효과가 지입회사에 귀속되는 것으로 단정하기는 어렵다."고 한 것이 있다.

"도급인이 수급인과 사이에 변전소 설치에 필요한 각종 기자재의 공급 및 변전소 설치사업을 내용으로 하는 전력계통연계사업계약을 체결하면서, 사업에 필요한 각종 기자재의 운송과 관련하여 도급인은 수급인을 위하여 도급인의 비용으로 사업 현장까지의 내륙운송을 이행하기로 약정하고, 한편 도급인은 운송업자와의 사이에 운송업자가 항구에 도착하기로 예정된 기자재를 하역하여 사업 현장까지 운송하기로 하는 운송계약을 체결한 경우, 도급인과 수급인 사이의 계약 내용만으로는 도급인이 수급인을 대리하여 운송업자와 운송계약을 체결하였다고 인정하기 어렵다 … 수급인이 도급인에게 공급하는 외국 장비의 소유권은 수출항 본선인도조건(F.O.B. vessel port of export)에 따라 인도됨으로써 수급인으로부터 도급인으로 이전되는 것으로 하되 이와 같은 소유권 이전에 불구하고 공사 완료 후 도급인이 공사승인통지서를 발급할 때까지는 수급인이 장비의 멸실이나 손상으로 인한 위험을 부담하기로 약정한 경우, 국내 내륙운송 중 발생한 사고로 인하여 손괴된 기자재의 소유권은 도급인에게 있었다고 보아야 하고, 위험부담에 관한 도급인과 수급인 사이의 내부약정에 불구하고 위 사고로 손해를 입은 것은 기자재의 소유자인 도급인이라고 봄이 상당하다."

1. 물건운송인의 의무 · 책임

물건운송계약이 성립하면 물건운송인은 운송물을 운송계약의 내용에 따라 운송물을 수령하고 운송이 완료되기 전까지는 보관할 의무가 있으며 적합한 방법으로 운송해야 하고 운송종료 후에는 이 목적물을 정당한 권리자에게 引渡하여야 한다. 물건운송인은 이러한 본래적 의무 이외에도 운송의뢰인의 경제적 이익과 편의를 위하여 화물상환증 교부의무와 운송물처분의무 등까지 부담한다. 또, 물건운송계약상 채무불이행으로 끼친 손해에 대해서는 그 배상책임을 져야 한다.

판례(1)

서울고판 2001. 7. 24, 2001나11385

(화물운송인의 주의의무: 국제항공운송에서 운송인의 국내대리점이 화물의 불법적인 반출에 도움을 주는 적극적인 행위에 나아가지 않고 소극적으로 단지 화물의 도착만 통지처에 통지하고 별다른 조치를 취하지 않고 있었던 경우라 하여도 운송인의 주의의무위반을 부정한 취지)

> "국제항공운송에있어서의 일부규칙의 통일에 관한 협약(바르샤바협약)을 적용하여 구체적으로 항공화물운송장에 적용된 계약조건에 화물이 도착한 경우 그 통지는 수하인 또는 그 운송장상의 통지처에 하도록 규정되어 있는 경우, 그 계약조건에 정하여진 바대로 항공화물운송주선인이 통지처로 지정되어 있는 수입상에 통지를 한 이상 항공화물운송장상의 통지의무는 모두 이행하였다고 할 것이고, 이에 더하여 실제 수하인의 주소까지 추적하여 그에게까지 화물의 도착을 통지할 의무가 없다 … 일반적으로 국제항공운송에서 운송인 등이 수하인의 지시 없이 통지처를 포함하는 제3자에게 수하인용 항공화물운송장 혹은 화물인도지시서 등을 교부하고, 이로 인하여 화물이 불법적으로 인도된 경우, 이는 수하인의 화물인도청구권을 침해한 것으로서 수하인에 대하여 불법행위를 구성한다고 할 것이나, 운송인의 국내대리점이 화물의 불법적인 반출에 도움을 주는 적극적인 행위에 나아가지 않고 소극적으로 단지 화물의 도착만 통지처에 통지하고 별다른 조치를 취하지 않고 있었던 경우는 항공화물운송장의 상환증권성, 담보적 기능, 당시 항공화물의 통관절차 등에 비추어 항공화물운송주선인의 국내대리점에게 화물의 보세창고 입고 당시 보세창고업자에게 화물의 반출 · 인도는 운송주선인 또는 수하인이나 그 지시인에게만 하도록 사전 지시나 제한을 하여야 할 주의의무가 있다고 할 수 없다."

(1) 화물상환증 교부의무

육상운송인은 운송물을 수령한 후 송하인의 청구가 있으면 화물상환증을 교부하여야 한다(商 제128조 제1항). 이는 해상운송인의 선하증권 발행의무와 대조되는 것이고 송하인의 경제적 편익을 위한 것이지만 선하증권에 비하여 그 이용빈도는 낮다.

(2) 운송물 보관의무

운송인은 운송물을 수령한 때부터 이를 인도할 때까지 운송물에 대하여 선관주의의무를 지고(특정물인도의무: 民 제374조 참조), 또 운송의 목적을 달성하기 위해 필요한 범위에서 적당한 방법으로 보관할 의무를 진다(商 제135조).

(3) 처분의무(송하인 등의 처분지시에 따를 의무)

화물운송인은 송하인 또는 화물상환증 소지인이 운송의 중지, 운송물의 반환 기타의 처분을 청구한 때에는 그 지시(운송물처분권에 의한 지시)에 따를 의무가 있다(商 제139조 제1항 제1문). 이는 송하인 등 운송물 권리자가 시장의 사정, 매수인측 신용상황의 변화 등 변경된 사정에 적극 대처할 수 있게 하려는 데 그 취지가 있고 상법이 특별히 인정하는 법정(法定)의 권리 · 의무이다. 운송인이 송하인 등의 지시에 따른 운송물 처분을 한 경우 이미 운송한 비율에 따른 운임, 체당금과 처분으로 인한 비용에 대한 청구권이 인정된다(商 제139조 제1항 제2문). 처분의무의 범위는 운송의 중지, 운송물의 반환 기타의 처분이다. 운송물의 반환의무는 송하인이 운송인과 같은 장소에 있을 때 그 현재지에서의 반환의무를 의미할 뿐이다. 그리하여 운송인에게 별도의 부담을 주는 운송물의 반송, 다른 목적지로의 운송, 도착지 연장 등은 운송인에게 지시할 수 없다. 그런데, 도급계약의 성격인 운송계약을 체결한 후에 송하인 등의 편의와 경제적 이익을 위하여 그에게 자유로운 처분지시권을 부여하면서도 운송중지 등 그 처분을 수행한 물건운송인에게는 비율운임만을 청구하게 한 것은 문제이다(商 제134조 제2항 송하인 과실에 의한 운송물멸실 경우와의 비교).

(4) 운송물 인도의무

물건운송인은 도착지에서 수하인이나 화물상환증 소지인에게 운송물을 引渡할 의무를 지고 이를 이행하면 물건운송계약은 목적을 달성하여 종료한다. 도착지에서의 운송물의 引渡를 누구에게 어떤 방법으로 하여야 하는가는 화물상환증 발행 여부에 따라 달라진다.

가) 화물상환증이 발행된 경우

① 원 칙

화물상환증이 발행된 경우에는 운송인이 화물상환증과 상환하지 않으면 운송물의 인도를 청구할 수 없으므로(상환증권성: 商 제129조), 운송인은 화물상환증 소지인에게 운송물을 인도하면 된다. 운송인은 유가증권인 화물상환증의 형식적 자격자에게 운송물을 인도하면 면책되지만, 예외적으로 그 형식적 자격자가 권리자 아님을 알았거나 중과실로 알지 못한 경우에는 면책되지 않는다(商 제65조, 民 제518조). 운송인이 화물상환증을 소지하지 않은 자에게 운송물을 引渡하면 그 정당한 소지인에게 채무불이행이나 불법행위의 책임을 진다.

② 보증도(保證渡) · 가도(假渡)

(i) 보증도(保證渡) · 가도(假渡)의 의의와 근거

운송인은 화물상환증의 정당한 소지인에 대하여서만 운송물을 인도할 의무가 있지만, 실제 거래계에서는 은행 등의 보증서를 받고 운송물을 인도한다거나(보증도(保證渡)), 운송인이 수하인 등을 신뢰하여 화물상환증과 상환하지 아니하고 인도를 하는 경우(가도(假渡))가 있다. 이는 주로 상관습에 따른 것이지만, 상관습에 따른 보증도(保證渡)나 가도(假渡)라 하더라도 이는 운송인, 수하인 등의 편의를 고려하여 인정되는 방편일 뿐 이로 인하여 정당한 권리자의 이익을 해친다면 그 책임으로부터 면제되는 것은 아니다(운송인에 대한 책임 귀속).

■ 보증도(또는 가도)의 의의: 운송인은 화물상환증의 정당한 소지인에 대하여서만 운송물을 인도할 의무가 있지만, 실제 거래계에서는 은행 등의 보증서를 받고 운송물을 인도하거나(보증도(保證渡)), 운송인이 수하인 등을 신뢰하여 화물상환증과 상환하지 않고 인도하는 경우(가도(假渡))가 있다.

(ii) 보증도(保證渡) · 가도(假渡)의 위법성 여부

보증도나 가도가 위법한가에 대해서는 견해의 대립이 있다.

a) 적법설: 보증도나 가도는 비록 화물상환증 소지인에게 화물을 인도하지 못한 잘못은 있으나 위법하지는 않다는 견해이다. 그 논거로는 보증도나 가도는 상관습에 의하여 인정되고 있는 것이고, 유가증권을 상실하여 공시최고의 신청을 한 때에도 상당한 담보를 제공하여 이행을 청구할 수 있는 제도(商 제65조, 民 제522조)가 있으며, 화물상환증 분실 등의 경우에 인도청구권자가 그 권리를 증명하거나 상당한 담보를 제공할 때에는 화물을 인도할 수 있다는 철도법 규정(동법 제35조)도 있다는 것을 든다.[47]

b) 위법설: 보증도나 가도가 아무리 상관습에 따라 이루어지더라도 화물상환증 소지인의 권리를 침해한 것이 분명할 때는 위법을 면치 못한다는 견해이다.[48]

47) 최기원, 369면.
48) 이 · 최, 359면.

c) 판례(적법설): 우리 판례는 적법설을 취하고 있다. 즉, 보증도는 상거래에서 상관습으로 인정되어 왔으며 보증도의 수하인과 운송증권의 소지인이 다른 경우는 운송인이 증권소지인에 대하여 손해배상책임을 지므로 보증도나 가도는 위법행위라고 할 수 없다고 한다(대판 1990. 2. 13, 88다카2735).

d) 사견(위법설): 생각건대, 보증도나 가도가 상관습(또는 상관습법)에 의해 이루어진다고 하여도 이러한 관행은 당사자의 편의를 위한 것일 뿐이고 정당한 증권소지인의 권리를 침해하지 않는다는 전제에서 이루어진 것이다. 또, 상법 제65조, 민법 제522조에서 상당한 담보를 제공한 후 변제를 허락하는 것도 그 변제를 받는 자가 정당한 변제자가 아닐 수 있음을 전제로 한 것이다. 뿐만 아니라 증권없이 예외적으로 변제를 받는 것에 관해 공시최고절차에서 정하는 것과 사적 기관인 은행이 보증을 서고 운송물을 인도받게 허용하는 것은 큰 차이가 있다. 또, 화물상환증이 상실되지도 않은 상태에서 이를 상실한 것을 전제로 하는 철도법 규칭을 근거로 보증도와 가도의 적법성을 주장하는 것도 적당하지 않다. 더구나 이 위법성을 전제해야 채무불이행책임이나 불법행위책임 추궁도 가능해진다. 결론적으로 수하인이 운송증권(화물상환증)을 소지하지 않았는데도 보증도나 가도의 형식으로 운송물을 수하인에게 인도한 것 자체는 위법하다고 본다.

(iii) 운송인의 채무불이행책임

운송물이 보증도나 가도로 수하인에게 인도되어도 화물상환증의 정당한 소지인은 수하인에게 운송물인도청구권을 행사할 수 있으나, 이 때에도 제3자가 운송물의 전부 또는 일부를 선의취득하였다면 그 부분에 대해 반환을 받을 수 없게 되고 그 손해를 운송인은 배상해야 한다. 운송인이 화물상환증의 정당한 소지인에게 손해배상을 한 후에는 수하인이나 보증인에게 인도운송물의 반환청구권을 행사할 수 있다. 보증도의 경우 보증인도 손해배상책임을 지게 된다. 화물상환증과 상환하지 않고 운송물의 인도를 받은 자는 그 운송물에 대하여 소유권은 없고 점유권만 취득할 뿐이다. 그 결과 이를 전매(轉賣)할 경우 제3자가 선의취득하는 것은 가능하게 된다.

(iv) 불법행위책임과의 관계

운송인이 화물상환증의 정당한 권리자에게 운송물을 인도하지 아니하고 보증도나 가도를 하여 결과적으로 화물상환증의 정당한 권리자에게 손해를 주었다면 채무불이행을 원인으로 하는 손해배상책임을 지지만(商 제135조), 이와 별도로 운송인의 고의나 과실에 의한 불법행위책임이 성립할 수 있다(民 제750조)(청구권 경합설). 다만, 보증도나 가도에 대해 적법하다는 견해에 의하면 불법행위책임을 지지 않게 될 것이다.

나) 화물상환증이 발행되지 않은 경우

운송물이 도착지에 도착한 후에는 수하인은 송하인과 같은 권리를 취득하게 되는데(商 제140조 제1항), 이 때 수하인이 운송인에게 운송물인도를 청구한 후에는 수하인의 권리가 송하인의 권리에 우선하므로(同 제2항) 운송인은 수하인에게 운송물을 인도할 의무를 지게 된다. 수하인은 운송인과 아무런 계약상 법률관계가 없지만, 운송의 특성에 비추어 상법이 이를 특별히 규정한 것이다.

다) 수하인의 법적 지위

(ㄱ) 서

① 수하인의 의의

화물운송계약에서 운송물의 수령권한이 있는 것으로 송하인이 지정한 자를 수하인이라고 한다. 일단 지정된 수하인을 후에 송하인이 변경하는 것도 가능하다(송하인의 운송물 처분권: 商 제139조).

② 수하인의 법적 성질

화물을 운송하는 계약은 화물운송인과 송하인 사이에 체결한다. 그리하여 그 운송인과 송하인 이외의 제3자인 수하인이 운송계약상 권리나 의무를 갖는 것은 매우 기이한 것이므로 그 수하인의 법적 성질이 어떤 것인가에 관해 견해의 대립이 있다.

즉, (ⅰ) 수하인은 제3자를 위한 계약(民 제539조)상의 수익자인 지위를 가진다는 견해와, (ⅱ) 수하인은 송하인의 의사에 의하여 대리인으로 된 임의대리인이라는 견해, (ⅲ) 상법의 규정에 의하여 특별한 지위에 있게 되었다는 견해가 있다. (ⅳ) 생각건대, 수하인은 제3자를 위한 계약상의 수익의 의사표시 없이도 가능하고, 송하인의 대리인으로서가 아니라 자신의 권리로 당사자가 되어야 하므로 (ⅰ), (ⅱ) 모두 타당하지 않다. 결국 운송계약은 수령인이 존재하여야 하는 특별한 계약형태이므로 (ⅲ)의 견해와 같이 상법이라는 규정이 수하인에게 특별한 지위를 규정한 것으로 보아야 할 것이다.

③ 수하인 법적 지위의 변화

위에서 설명한 바와 같이 수하인은 운송인과 아무런 계약관계에 있지 않으면서도 운송계약상의 권리를 행사할 수 있는 경우가 있는데 이는 운송의 특성에 따른 것이다. 수하인의 이 권리는 화물상환증이 발행되었는지의 여부와 운송실행의 진행정도에 따라 차이가 있다.

(ㄴ) 수하인 법적 지위의 구체적 내용

① 화물상환증이 발행된 경우

화물상환증이 발행된 경우 화물상환증 소지인만이 운송물에 대한 권리를 행사할 수 있으므로 화물상환증상의 권리는 이를 소지한 자만 행사할 수 있다. 그리하여 이 경우 수하인은 화물상환증을 소지하여야만 운송물인도청구권을 행사할 수 있다.

② 화물상환증이 발행되지 아니한 경우

화물상환증이 발행되지 않은 경우에는 운송물의 상태가 어떤 단계에까지 진전되었는가에 따라 수하인의 권리가 달라진다.

(ⅰ) 운송물 도착 전 수하인의 권리

운송물이 도착지에 도착하기 전에는 송하인만이 운송계약상의 권리 · 의무를 가진다. 따라서 송하인만 운송중지, 운송물 반환 기타 처분을 청구할 권리가 있고 수하인에게는 어떤 권리도 인정되지 않는다.

■ 운송물 도착 전 수하인의 권리

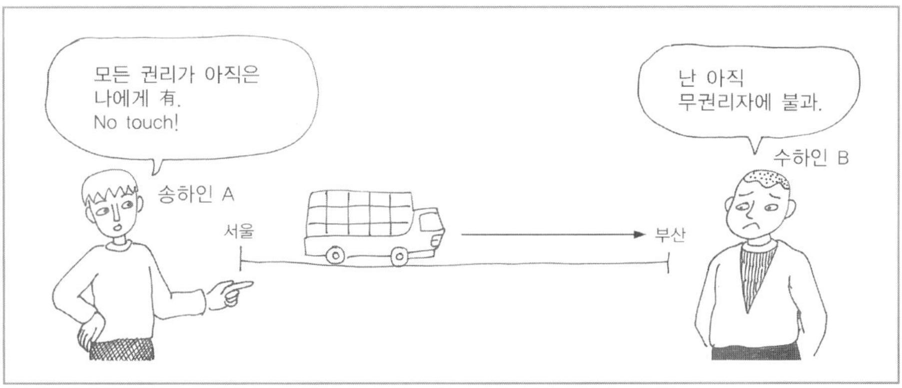

(ⅱ) 운송물 도착 후 수하인의 권리

운송물이 도착지에 도착한 후에는 수하인도 송하인과 동일한 권리를 취득하게 된다(商 제140조 제1항). 수하인은 운송인에게 운송물인도청구권을 행사하거나 운송물에 대한 처분지시권이 있으며(商 제139조), 운송계약상 발생한 손해의 배상청구권을 가진다. 이 단계에서는 송하인과 수하인의 권리는 동시에 존재하게 된다(권리의 병존(竝存)). 이 때 수하인이 취득하는 권리는 송하인의 권리와 동일한 것이어서 운송인은 송하인에게 대항할 수 있는 항변사유로 수하인에게 대항할 수 있다. 이 점이 화물상환증 소지인이 文言性에 따른 권리내용 전부를 운송인에게 주장할 수 있는 것과 다르다.

■ **운송물도착 후 수하인의 권리**(商 제140조 제1항)

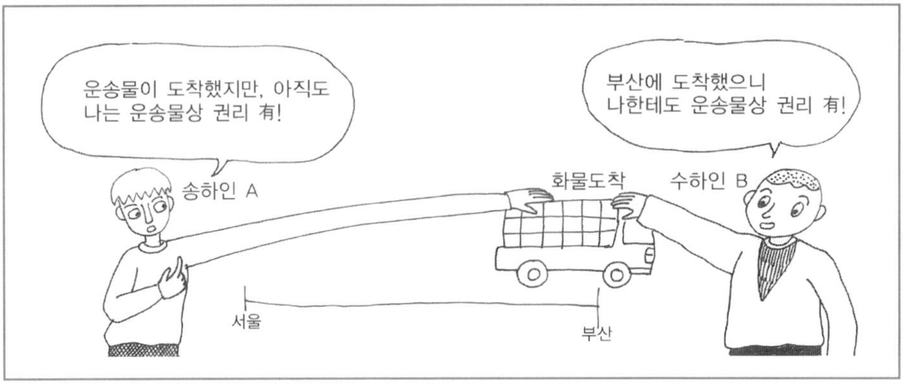

(iii) 운송물 인도청구를 한 수하인의 권리

운송물이 도착지에 도착한 후 수하인이 그 인도를 청구한 때에는 수하인의 권리가 송하인의 권리에 우선한다(商 제140조 제2항).

■ **운송물 인도청구를 한 수하인의 권리**(商 제140조 제2항)

판례

大決 1977. 1. 21, 자 76마37
(운임지급 후 수하인의 권리: 운임을 완불한 운송물에 대한 수하인은 운송물에 대한 경매허가결정에 대하여 항고권이 있다는 것)

"甲이 운송물에 대한 수하인이고 그 운임도 이미 완불되었다면 특단의 사정이 없는 한 운송물에 대한 인도청구권이 있는 반면 선주가 운임의 지급을 못받았다는 이유로 위 화물에 대한 유치권 및 경매권도 없다고 할 것이므로 선주의 경매신청을 받아들이는 경매허가결정은 운송물의 운임을 지불한 수하인의 운송물인도청구권을 침해하는 재판이라고 하지 않을 수 없으므로 원심이 운송물에 대한 수하인으로서 운임이 모두 지불되었는가를 심리도 하지 않고 甲의 항고를 항고권 없는 자의 항고라는 이유로 각하한 것은 위법이다."

(ⅳ) 운송물을 수령한 수하인의 의무

수하인이 운송물을 수령한 때에는 운송인에 대하여 운임 기타 운송에 관한 비용과 체당금을 지급할 의무를 진다(商 제141조). 이 때에도 이로 인하여 송하인의 운임 등 지급의무는 소멸하지 않으므로 양자(兩者)는 부진정 연대채무(不眞正 連帶債務)의 관계에 있게 된다.

■ 운송물을 수령한 수하인의 의무(商 제141조)

(ㄷ) 수하인의 채권채무 소멸

수하인이 유보없이 운송물을 수령하고 운임 기타의 비용을 지급한 때에는 운송인이나 그 사용인에게 악의(惡意)가 없는 한 운송인의 책임은 소멸한다(商 제146조). 수하인의 운송인에 대한 채권이나 채무는 1년의 시효로 소멸한다(商 제147조, 제121조, 제122조).

(5) 운송인의 손해배상책임

가) 서

㈀ 운송인의 책임의 특수성(배상책임액의 정액화)

운송인이 운송계약상 의무를 위반하여 수하인이나 화물상환증 소지인에게 손해배상책임을 지는 것은 민법상 원칙에 따라 당연하다. 그러나 상법은 이에 관하여 특별규정을 두고 있다. 육상물건운송인의 손해배상책임은 정액(定額)배상주의를 취하고 육상여객운송인의 탁송화물에 대한 책임도 이와 같이 하여 그 책임을 사실상 제한한 것은 다수의 송하인과 다양한 운송계약을 맺는 운송인의 분쟁해결을 원만히 하여 결국 운송업을 정책적으로 보호하려는 취지이다.

㈁ 물건운송인과 여객운송인의 책임비교

물건운송인에 비해 여객운송인의 책임은 (배상책임액 등에서) 상대적으로 강화되어 있고 인적손해와 수하물을 나누어 책임내용이 규정되어 있다. 즉, 여객운송인의 손해배상책임은 여객 자신의 인적 손해와 인도를 받은 수하물, 인도를 받지 않은 수하물별로 배상요건과 범위, 입증책임 등을 달리하고 있다. 인도를 받은 수하물에 관해서 여객운송인은 운임 수령여부에 관계없이 물건운송인과 동일한 책임을 지지만

■ 물건운송인과 여객운송인의 손해배상 책임 비교: 물건 운송인에 비해 여객 운송인의 책임은 ① 배상책임론의 일반원칙에 의하게 되어 있고, ② 인적 손해와 수하물을 나누어 책임내용이 규정되어 있다.

운송인에게 여객의 수하물 공탁권 · 경매권을 인정하는 경우가 있다(商 제149조). 인도를 받지 않은 수하물의 경우 손해배상원인인 과실에 대한 입증책임을 여객이 진다.

㈐ 실제적인 문제

운송인의 책임발생원인과 정액배상주의의 내용, 고가물에 대한 특칙의 내용을 우선 살펴보고 또 운송인의 불법행위책임이 채무불이행책임과 경합할 수 있는지, 또 운송계약에 면책약관을 두는 경우 그 효력문제가 검토되어야 한다.

나) 물건운송인의 손해배상책임

㈎ 책임의 원인

① 과실책임주의(過失責任主義)의 채택

우리 상법은 전통적인 레셉툼 책임(Receptumhaftung: 무과실책임주의: 불법계(佛法系))을 따르지 않고 독일법계의 과실책임주의를 채용하고 있다. 즉 운송인은 자기 또는 운송주선인이나 피용인 그 밖에 운송을 위하여 사용된 자가 운송물의 수령 · 인도 · 보관과 운송에 관하여 주의를 게을리하지 아니하였음을 증명하지 않으면 운송물의 멸실 · 훼손 또는 연착으로 인한 손해를 배상할 책임이 있다(商 제135조).

② 책임의 구체적 사유

운송물의 멸실, 훼손, 연착 등으로 인하여 손해가 발생하여야 한다. 운송물을 무권리자에게 인도하여 권리자에게 인도할 수 없게 된 경우도 멸실의 개념에 포함해야 할 것이다(사실상의 멸실). 운송인의 책임은 멸실, 훼손, 연착의 경우에 한정되는 것이

■ 과실책임주의의 채택(물건운송인의 배상책임): 운송인은 자기 또는 운송주선인이나 피용자 기타 운송을 위하여 사용한 자가 운송물의 수령, 인도, 보관과 운송에 관하여 주의를 게을리하지 않았음을 증명하지 않으면 운송물의 멸실, 훼손 또는 연착으로 인한 손해를 배상할 책임을 면하지 못한다(商 제135조)

아니므로(예시설(例示說))[49] 연착이 아니라도 운송물의 인도가 지연되어서 손해가 발생하였다면 손해배상책임을 져야 한다.

판례 (1)

대판 1993. 5. 27, 92**다**32180
(물건운송인의 손해배상책임 사유)

"운송인이 운송계약상의 의무에 위배하여 수하인이 아닌 수입상에게 직접 화물을 인도하여 운송의뢰인의 수출대금에 대한 담보권을 침해한 경우 수입상에 대한 수출대금채권이 형식적으로 존재한다고 할지라도 수입상이 화물에 하자 있음을 트집잡아 대금을 지급하지 않고 있다면 담보권상실로 인하여 손해가 발생하였다고 할 것이다."

판례 (2)

대판 2006. 4. 28, 2005**다**30184
(물건운송인의 손해배상책임 사유)

"국내 운송취급인이 운송인으로부터 아무런 지시도 받지 않고 수하인에게는 화물도착의 통지도 하지 아니한 채 수입회사의 청구에 따라 수출회사에 화물을 반송한 경우, 수하인의 화물인도청구권의 침해로 인한 손해배상책임이 있다."

판례 (3)

서울지법 서부지원 1997. 7. 10, 96**가합**7724
(항공물건운송인의 손해배상책임 부정한 사례: 항공운송의 경우에 항공화물 운송장을 수하인(신용장 개설은행)에게 교부하지 않고 다른 사람(실제의 수입업자)에게 교부한 정도만으로는 항공운송업계의 통관절차, 화물인도 관행 등을 고려할 때 항공운송인의 행위와 실수입업자의 화물반출(즉, 수하인의 손해) 사이에 상당인과관계가 없다고 한 취지)

"항공운송인이 수하인인 신용장 개설은행에게 수하인용 항공화물 운송장을 교부하

49) 대전지법 강경지원 1988. 3. 23, 87가합104: "운송목적물의 멸실이 비록 강도로 인한 것이라고 하더라도 운송인의 피용자가 화물운송계약상의 의무이행을 지체하고 있던 중에 발생한 경우에는 운송인은 손해배상책임을 면하지 못한다."

지 않고 수하인이 발행한 수입화물인도승낙서의 소지 여부를 확인함이 없이 실수입자에게 이를 교부하였다 하더라도 항공화물 운송업계의 화물인도의 관행상 어떠한 주의의무를 위반하였다고 보기 어렵고, 또한 항공운송은 해상운송에 비해 그 운송기간이 짧아서 운송기간 동안 화물의 유통을 위한 배려를 할 필요가 없으므로 항공화물운송장에는 선하증권에서와 같은 유가증권성이 인정되지 아니하고 있으며, 1989. 2. 15. 관세청의 수입통관사무처리규정이 개정된 이후 신용장 개설은행은 세관용 수입승인서에 의하여 실수입자에 의한 화물의 불법반출을 통제할 수 있게 되었음에도 불구하고 수하인은 1차 분할통관시 실수입자에게 세관용 수입승인서 원본을 교부한 후 세관이 발급한 통관잔량증명서를 회수하는 등의 조치를 취하지 아니하여 실수입자가 이를 이용하여 5, 6차에 걸쳐 통관을 할 수 있었고, 화물의 통관은 어떠한 용도이든 항공화물운송장의 사본만 있으면 가능하며, 보세창고업자는 관행적으로 세관이 발급한 통관필증만 있으면 항공화물운송장의 소지 여부와 관계없이 화물을 인도하여 주는 점 등을 고려하여 보면, 항공운송인의 실수입자에 대한 수하인용 항공화물운송장 교부행위와 실수입자의 화물반출행위 사이에 상당인과관계가 있다고 볼 수 없다."

③ 입증책임(立證責任)의 내용과 그 전환여부

운송인은 자신의 책임을 면하기 위해서는 운송에 관한 운송인 자신과 그 이행보조자의 무과실을 입증해야 한다. 따라서 이행보조자의 선임이나 감독에 대한 무과실 입증만으로는 면책될 수 없다. 이러한 점이 운송주선인이 운송인의 선택에 있어서 과실이 없는 한 운송인의 과실에 대하여 책임을 지지 않는 것과 다르다. 운송인의 책임원인과 입증책임에 관한 상법규정(商 제135조)은 민법상의 책임원인(民 제391조)과 입증책임(민법상으로도 채권자는 채무불이행의 사실만을 입증하면 되고 채무자가 이를 면하려면 자신이 무과실이란 사실을 입증해야 한다)의 예외라기보다 이를 구체화한 주의규정으로 보아야 할 것이다.

판례

대판 1975. 10. 7, 75다71
(육상운송인의 면책을 위한 입증책임)

"철도편으로 탁송한 화물이 훼손된 경우에는 철도운송인에게 화물운송에 관하여 과실이 있다고 일응 추정되는 것이며 운송인은 화물운송에 관하여 주의를 해태하지 아니하였음을 증명하지 아니하면 운송화물의 훼손으로 인한 손해배상 책임을 면치 못한다."

(ㄴ) 책임의 범위

① 정액배상주의의 원칙

운송물이 전부멸실되거나 연착된 경우의 손해배상액은 인도할 날의 도착지의 가격에 의하고, 운송물이 일부멸실 또는 훼손된 경우의 손해배상액은 인도한 날의 도착지의 가격에 의한다(商 제137조 제1항, 제2항). 운송인의 손해를 도착지의 가격으로 획일적으로 정한 것은 운송물의 멸실, 훼손, 연착으로 발생하는 손해는 보통 도착지에서의 가격(시장가격)[50]으로 계산하기 때문이다. 이 때 운송물의 멸실 또는 훼손으로 인하여 지급을 요하지 않는 운임 기타의 비용은 배상액에서 공제하여야 한다(商 제137조 제4항).

■ 물건운송인의 배상책임범위(정액배상주의 원칙): 운송물의 전부멸실이나 연착된 경우는 인도할 날의 도착지 가격에 의하고, 운송물의 일부 멸실 또는 훼손된 경우는 인도한 날의 도착지 가격에 의해 배상액을 정한다(商 제137조 제1항, 제2항)

② 정액배상주의의 예외

운송인의 고의, 중과실로 인한 손해발생시에는 정액배상으로 책임제한을 할 이유가 없다. 그리하여 운송물의 멸실 · 훼손 또는 연착이 운송인 자신의 고의 또는 중대한 과실로 인한 경우에는 모든 손해를 배상할 책임을 진다(商 제137조 제3항). 운송

50) 대전지법 강경지원 1988. 3. 23, 87가합104(시장가격의 개념): "운송물이 일부 멸실된 경우의 손해배상액은 인도한 날의 도착지의 도매가격에 의한다."

인측의 고의나 중과실은 배상청구권자가 입증하여야 한다.

(ㄷ) 고가물(高價物)에 대한 특칙(特則)

고가물이란 부피나 무게에 비하여 다른 물건보다 가격이 현저히 비싼 물건을 말한다(예: 금 · 은 · 다이아몬드 등의 보석, 미술품, 골동품 등[51]). 고가물의 운송을 위탁할 때는 이를 운송인에게[52] 명시하여(보통 화물명세서에 기재) 운임을 높이고 운송인이 고도로 주의하게 해야 한다. 그리하여 화폐 · 유가증권 기타의 고가물에 대하여는 송하인이 운송을 위탁할 때 그 종류와 가액을 명시한 경우가 아니면 운송인은 배상책임을 지지 않는다(商 제136조). 송하인이 운송인에게 명시한 가액이 후일 손해가 발생한 때의 배상기준액이 될 것이다. 다만, 명시 가액이 실제가액보다 높다면 운송인은 실제가액을 증명하여 배상하면 된다. 명시한 가액이 실제가액보다 낮다면 이는 송하인측에 귀책사유가 있으므로 명시한 가액만큼만 배상하면 된다.

만약 송하인이 고가물임을 명시하지 않은 경우 운송인은 보통의 물건에 대한 주의의무라도 기울여야 하는가에 대해 (ⅰ) 보통물에 대한 주의조차 면제된다는 견해[53]와 (ⅱ) 운송인이 보통물로서의 주의정도는 기울여야 한다는 견해[54]가 대립한다. (ⅲ) 생각건대, 상법 제136조는 송하인측의 신의칙에 관한 것인데 이를 위반한 자에 대해서까지 운송인측이 언제나 주의의무를 부담해야 한다면 형평에 반하고 송하인측의 고가물 명시를 촉구하기 위해서도 (ⅰ)과 같이 보통물로서의 주의의무도 운송인이 부담하지 않는다고 할 것이다(주의의무 부정설).

송하인측이 고가물임을 명시하지 않았음에도 불구하고 우연히 운송인이 고가물임을 안 경우라면 어떻게 되는가. 이에 대해 학설은 (ⅰ) 송하인은 고가물에 대한 명시의무를 저버렸으므로 운송인도 전혀 주의의무가 없다는 견해,[55] (ⅱ) 송하인이 보통물에 대한 운임만 지급하였으니 보통물로서의 주의의무로 족하다는 견해(다수설),[56]

51) 대판 1963. 4. 18, 63다126: "견직물은 오늘날 사회경제 및 거래상태로 보아 본조 소정의 고가물이라 볼 수 없으므로 그 종류와 가격을 명시하지 아니하였다 하여도 운송인은 손해배상책임을 면할 수 없다."

52) 대판 1991. 1. 11, 90다8947(고가물 명시의무의 상대방: 운송회사): "기계의 소유자가 기계의 운송 및 하역을 운수회사에게 맡기면서 그 운송물의 내용을 알렸는데, 운수회사의 의뢰를 받아 크레인으로 위 기계의 하역작업을 하던 중기회사의 크레인 운전업무상 과실로 기계가 파손된 경우, 소유자는 중기회사에 대하여까지 위 기계가 고가물임을 알릴 의무가 있다 할 수 없으므로 이를 이유로 내세운 과실상계항변은 이유 없다."

53) 이 · 최, 363면; 이기수 외, 467면; 임홍근, 432면; 정동윤, 247면; 정찬형, 324면; 정희철, 226면; 채이식, 298면; 최기원, 380면.

54) 이철송, 450면.

55) 채이식, 299면.

(iii) 운송인이 고가물임을 알았다면 고가물로서의 주의의무를 기울여야 한다는 견해[57]가 각각 있다. (ⅳ) 생각건대, 이 경우는 고가물임을 명시한 경우와 구별해야 하고, 운송인이 고가물임을 알았는데도 완전히 면책됨은 지나치게 가혹하므로 중용을 취하여 보통물로서의 주의의무가 있다고 할 것이다(보통물로서의 주의의무설). 다만, 운송인의 악의없는 중과실은 경과실과 같이 운송인측의 면책사유로 다룬다.

판례

대판 1991. 8. 23, 91다15409
(고가물 불고지로 인한 면책규정이 운송인의 불법행위에는 적용되지 않는다는 취지)

"상법 제136조와 관련되는 고가물불고지로 인한 면책규정은 일반적으로 운송인의 운송계약상의 채무불이행으로 인한 청구에만 적용되고 불법행위로 인한 손해배상청구에는 그 적용이 없으므로, 운송인의 운송이행업무를 보조하는 자가 운송과 관련하여 고의 또는 과실로 송하인에게 손해를 가한 경우 同人은 운송계약의 당사자가 아니어서 운송계약상의 채무불이행으로 인한 책임은 부담하지 아니하나 불법행위로 인한 손해배상책임을 부담하므로 위 면책규정은 적용될 여지가 없다."

㈃ 책임의 소멸

운송인의 책임소멸사유에는 특별소멸사유와 단기소멸사유가 있다. 다만, 운송인측에게 악의가 있다면 상사소멸시효인 5년의 시효가 적용된다.

① 특별소멸사유

운송인의 책임은 수하인 또는 화물상환증 소지인이 유보없이 운송물을 수령하고 운임 등의 비용을 지급한 때에는 소멸한다(商 제146조 제1항 본문). 운송물상의 손해배상청구는 가급적 빨리 종료시키는 것이 대량거래의 안전에 기여한다는 점 때문이다. 다만 운송물에 즉시 발견할 수 없는 훼손이나 일부 멸실이 있는 경우에 운송물 수령 후 2주간 내에 그 통지를 발송하면 운송인의 책임은 소멸하지 아니한다(商 제146조 제1항 단서). 그러나, 운송인이나 그 이행보조자가 惡意인 경우에는 운송인의 책임은 수하인의 유보와 상관없이 존속한다(商 제146조 제2항). 이 때 '악의(惡意)'의

56) 이 · 최, 364면; 이기수 외, 468면; 임홍근, 433면; 정동윤, 247면; 정찬형, 325면; 최기원, 380면.
57) 손주찬, 344면; 이철송, 450-451면.

의미에 관한 견해대립에 대해서는 운송주선인에서 설명한 바와 같다(害意說의 지지).

② 단기소멸시효

운송인의 책임은 운송인 자신이나 그 이행보조자의 악의(惡意)가 없으면 수하인이 운송물을 수령한 날 또는 운송물이 전부 멸실한 경우에는 그 운송물을 인도할 날로부터 1년을 경과하면 시효로 소멸한다(商 제147조, 제121조).

(ㅁ) 불법행위책임(不法行爲責任)과의 관계

운송인의 채무불이행책임은 다른 한편 불법행위책임의 요건으로 되는 경우가 있다. 이는 민법에서 자주 논의되는 바와 같이 채무불이행이나 불법행위는 다같이 행위자의 고의 · 과실 등에 의해 타인에게 손해가 발생해야 한다는 점에서 대단히 유사한 구조를 지니기 때문이다. 그리하여 상법 제135조 이하의 채무불이행책임 규정과 별개로 민법상 불법행위책임 규정이 적용되는가에 대해 견해가 대립한다. 이는 운송주선인의 책임에서 본 바와 같다.

① 법조 경합설(法條 競合說)(소수설)

채무불이행책임과 불법행위책임에 관한 규정은 특별법과 일반법의 관계에 있으므로 채무불이행책임이 발생하는 경우에는 불법행위책임에 관한 규정이 배제된다고 보는 입장이다.[58]

② 청구권 경합설(請求權 競合說)(다수설)

채무불이행책임과 불법행위책임은 요건과 효과를 달리하므로 그 관련법규가 일반법과 특별법의 관계에 있지 않고 양자는 별개로서 각각의 청구권이 별도로 성립한다고 한다.[59]

③ 판례(청구권 경합설(請求權 競合說))

우리 판례는 청구권이 경합한다는 입장이다(대판 1991. 8. 23, 91다15409).[60]

④ 사견(청구권 경합설(請求權 競合說))

채무불이행으로 인한 청구권과 불법행위로 인한 청구권은 그 요건과 효과가 유사하기는 하나 각 청구권의 취지가 전혀 다르고 배상청구권자를 보호하기 위해서도

58) 이원석, 204면; 정희철, 207면.

59) 김성태, 648면; 서 · 정, 209면; 임홍근, 438면; 정동윤, 250면; 정찬형, 321면; 최기원, 384면.

60) "상법 제136조와 관련되는 고가물불고지로 인한 면책규정은 일반적으로 운송인의 운송계약상의 채무불이행으로 인한 청구에만 적용되고 불법행위로 인한 손해배상청구에는 그 적용이 없으므로 운송인의 운송이행업무를 보조하는 자가 운송과 관련하여 고의 또는 과실로 송하인에게 손해를 가한 경우 동인은 운송계약의 당사자가 아니어서 운송계약상의 채무불이행으로 인한 책임은 부담하지 아니하나 불법행위로 인한 손해배상책임을 부담하므로 위 면책규정은 적용될 여지가 없다."

청구권이 경합한다고 보아야 할 것이다. 다만, 청구권 경합을 인정하여 불법행위책임을 별도로 추궁할 수 있다고 하더라도 배상책임제한에 관한 상법 규정(정액배상주의, 고가물에 대한 특칙)의 취지는 존중되어야 할 것이다.

(ㅂ) 면책약관의 인정여부와 불법행위책임에 대한 적용문제

운송인의 책임에 관한 상법규정은 임의법규이므로 운송계약을 체결하면서 당사자가 그 책임을 제한하는 면책약관을 둘 수 있다. 특히 화물상환증의 약관에서 면책약관(exception clause)을 두는 경우가 많다(과실약관, 배상액제한약관, 부지(不知)약관 등).

그런데 면책약관은 첫째, 이를 유효하다고 볼 수 있는 것인가와 둘째, 이를 채무불이행책임에서 인정하는 경우에도 불법행위책임을 추궁함에 있어서도 적용될 수 있는가의 문제가 있다.

① 인정여부(유효성)

운송인의 책임을 면제하거나 제한하는 면책약관은 (i) 고의에 대한 경우까지 면책으로 하지 않는 등 약관규제법과 신의칙을 준수한다면 (ii) 상법상 운송인책임에 관한 규정이 특히 강행규정이라고 할 이유가 없으므로 이를 유효하다고 볼 것이다.[61]

② 불법행위책임에 대한 적용여부(적용긍정설)

운송인의 귀책사유에 의해 운송물에 손해가 발생한 경우에도 불법행위책임 규정이 적용될 수 있다는 입장(청구권 경합설)에서 검토할 때 운송계약체결상 규정한 면책약관이 불법행위책임에도 적용되는가가 문제되지만, 면책약관이 운송계약상의 채무불이행에 관해서만 적용된다면 면책약관을 둘 실효성이 적을 것이다(적용긍정설).[62] 다만, 우리 판례는 국제항공운송에서 운송인이 수하인의 지시없이 제3자에게 항공화물운송장을 교부하고 화물을 인도한 경우 배상청구인이 불법행위를 주장한 사안에 있어서 "… 운송계약상의 면책특약은 일반적으로 이를 불법행위책임에도 적용하기로 하는 명시적 또는 묵시적 합의가 없는 한 당연히 불법행위책임에 적용되지 않는다."고 한다.[63] 그런데, 해상운송의 경우에는 대법원이 종래의 태도를 바꾸어 불

61) 같은 취지로 손주찬, 346-347면; 이기수 외, 471면; 정찬형, 327면; 채이식, 301면.

62) 이에 대한 반대 견해로는 이철송, 201면; 정찬형, 327면.

63) 대판 1999. 7. 13, 99다8711; 같은 취지로 대구고판 1992. 11. 12, 91나6338(채무불이행과 불법행위의 관계): "운송물에 관한 선하증권의 약관에 기재된 제소기간에 관한 조항은 고의 또는 중대한 과실로 인한 불법행위책임을 추궁하는 경우에는 적용되지 아니한다."; 서울고판 1995. 11. 15, 94나

법행위에도 면책약관의 효력이 미친다고 하였을 뿐만 아니라,[64] 1991년 개정상법은 해상운송인의 채무불이행에 관한 책임규정(책임제한 포함)은 불법행위로 인한 손해배상의 청구에도 적용된다고 개정한 바 있다(商 제798조 제1항).

2. 물건운송인의 권리

(1) 운송물 인도청구권

운송계약은 낙성계약이므로 운송물을 수령하지 않아도 계약은 성립하지만 운송인이 운송물을 수령하지 않으면 운송계약의 목적을 달성할 수 없으므로 해석상 당연히 운송인의 운송물 인도청구권을 인정한다. 만약 송하인측이 운송인에게 운송물 인도를 하지 않는다면 채권자 지체책임(民 제400조부터 제403조까지)을 져야 한다.

(2) 화물명세서 교부청구권

운송인은 송하인에게 화물명세서(waybill, Frachtbrief)을 교부할 것을 청구할 수 있다. 화물명세서에 의하여 운송인은 운송의 준비를 할 수 있고, 수하인은 운송물의 동일성을 대조할 수 있으며 자신이 부담한 비용을 알 수 있게 된다. 이는 송하인의 운송지시서와 같은 것이고 ① 운송물의 종류, 중량 또는 용적, 포장의 종별, 개수와 기호, ② 도착지, ③ 수하인과 송하인의 성명 또는 상호, 영업소 또는 주소, ④ 운임과 그 선급(先給) 또는 착급(着給)의 구별, ⑤ 화물명세서의 작성지와 작성연월일을 기재하고 송하인이 기명날인 또는 서명하여야 한다(商 제126조). 화물명세서는 재산권을 표창하는 것이 아니므로 유가증권이 아니고 증거증권에 지나지 않는다. 또, 화물명세서에는 법정사항 이외의 사항도 기재할 수 있다. 송하인이 화물명세서에 허위 또는 부실한 기재를 한 때에는 비록 송하인에게 고의나 과실이 없어도 (운송인이 악의가 아니라면) 그로 인해 발생한 손해에 대하여 운송인에 대하여 배상책임이 있다(商 제127조).

42220(항공운송인의 채무불이행책임과 불법행위책임의 관계: 국내 항공여객운송약관상의 책임제한특약은 불법행위책임에는 적용되지 않는다는 취지): "국내 항공여객운송계약상의 채무불이행책임에 관하여 여객운송약관에 면책 또는 책임제한의 특약을 하였다고 하여도 그 특약은 운송계약상의 채무불이행책임을 묻는 경우에만 적용되고, 이를 불법행위책임에도 적용키로 하는 명시적 또는 묵시적 합의가 없는 한 당연히 불법행위책임에 적용되지는 않는다."; 대판 1999. 7. 13, 99다8711(운송인의 채무불이행책임과 불법행위책임의 관계): "운송계약상의 채무불이행책임이나 불법행위로 인한 손해배상책임은 병존하고, 운송계약상의 면책특약은 일반적으로 이를 불법행위책임에도 적용하기로 하는 명시적 또는 묵시적 합의가 없는 한 당연히 불법행위책임에 적용되지는 않는다."

64) 대판 1983. 3. 22, 82다카1533.

(3) 운임 · 비용청구권

가) 운임청구권

운임에 관하여는 운송계약에서 약정하지 않아도 운송인은 상인으로서 당연히 운임청구권을 가진다(商 제61조 참조). 또, 운임은 운송이라는 도급계약의 완성에 대한 보수로서 운송물을 인도한 때 발생하는 것이 원칙이다(착급(着給)).[65] 운송물의 전부 또는 일부가 멸실된 경우의 운임청구권에 관하여는 상법상 특칙을 두고 있다(商 제134조).[66] 운임청구권은 1년간 행사하지 않으면 시효로 소멸한다(商 제147조, 제122조).

판례 (1)

서울고판 1984. 12. 4, 83나787
(운송계약 체결한 자의 운임지급의무)

"수입대행업자가 실수요자의 수입업무를 대행하여 해상운송계약을 체결하고, 그에 따라 발급되는 선하증권에 수하인으로 기재되어 있는 경우, 실수요자들의 운임지급의무와는 관계없이 해상운송계약에 따른 운임을 지급할 의무가 있다."

판례 (2)

대판 1974. 2. 12, 73다454
(육상화물운송계약상 운임부분의 해석: 육상화물운송계약이 계속적 계약인 경우, 이 계약이 해지된 때라도 다른 계약조항상의 권리의무에 관한 부분까지 모두 무효로 될 수는 없다는 취지)

"계속적 계약인 철도화물운임 후불계약에 있어서 운임납부기일에 운임을 납부하지 않으면 연체상금을 지급하기로 약정이 되었을 경우, 위 계약이 해지되면 특약이 없는 한 그 계약의 존속기간 중에 생긴 사항에 대하여는 그 계약조항대로 이행되어야 할 것이므로 위 연체상금조항까지 일괄하여 실효된다고 볼 수 없다."

---

65) 운임은 특약 또는 관습이 없는 한 상법이 인정하는 예외적인 경우를 제외하고는 운송을 완료함으로써 청구할 수 있는 것이고, 운송의 완료라 함은 운송물을 현실적으로 인도할 필요는 없으나 운송물을 인도할 수 있는 상태를 갖추면 충분하다(대판 1993. 3. 12, 92다32906).

66) 다만, 운송인과 송하인은 운임에 관하여 상법 제134조, 제812조의 규정에 불구하고 다른 특약을 할 수 있다(대판 1972. 2. 22, 71다2500).

나) 비용 등 상환청구권

운송인은 운송과 관련하여 운임에 포함되지 않은 필요 비용(예, 통관절차비용, 개장비, 창고보관료, 보험료 등)과 체당금에 대한 상환청구권을 가진다(商 제141조).[67]

(4) 유치권(특별상사유치권)

운송인은 운임과 기타 송하인을 위하여 한 체당금 또는 선대금에 관한 채권에 관하여 운송물을 유치할 수 있는 권리가 있다(商 제147조, 제120조). 이는 운송주선인의 유치권행사 요건과 같아서 그 규정을 준용하고 있다. 즉, 운송인의 유치권에서는 피담보채권(운임 등 채권)과 목적물(운송물)이 한정되어 있으므로 송하인이 운송물인도의무나 운송장교부의무 등을 위반하여 운송인에게 발생하는 손해배상청구권에 대하여는 이 특별상사유치권이 성립할 수 없다. 운송인은 이 이외에도 민사유치권(民 제320조)과 일반상사유치권(商 제58조)을 별도로 가진다. 다만, 위탁자와 운송물의 수하인이 다른 때에는 일반상사유치권을 배제하는 묵시적인 약정이 있는 것으로 보아야 할 것이다.

---

67) 운임외의 비용을 貨主가 부담할 것인가 운송인이 부담할 것인가에 관하여 개별 약정이나 약관이 있다면 그것이 상법규정에 우선함이 원칙이다. 판례에 나타난 바를 보면, "선적 · 양륙비용 화주부담(Free In and Out, F.I.O.) 조건은 화주가 운송물의 선적과 양륙비용을 부담하는 조건으로서, 운송계약서나 선하증권에 단순히 'F.I.O.'라는 두문자(두문자)만을 기재하고 선적과 양륙작업에 관한 위험과 책임을 누가 부담할 것인지를 명시적으로 정하지 아니한 경우, 우리나라의 해상운송업계에서 단순히 F.I.O. 조건에 따라 체결된 운송계약에서도 화주가 선적 · 양륙작업의 비용만을 부담하는 것이 아니라 하역인부를 수배 · 고용하고 경우에 따라서는 작업에 대한 지시 · 감독까지 하는 것이 관행인 점 등에 비추어, 달리 특별한 사정이 없는 한, 화주가 비용뿐 아니라 자신의 위험과 책임 부담 아래 선적 · 양륙작업을 하기로 약정하였다고 해석함이 상당하다. 한편, 선적 · 양륙비용 및 적부비용 화주 부담(Free In and Out, and Stowed, F.I.O.S.) 조건은 화주가 운송물의 선적 · 양륙비용뿐만 아니라 적부비용까지 부담하는 조건으로서 단순한 선적 · 양륙비용 화주 부담(F.I.O.) 조건과는 그 개념이 구별되며, 선적작업의 범위에 적부가 당연히 포함된다고는 볼 수 없고 선적작업과 적부작업이 항상 연속되는 일련의 행위로 이루어지는 것도 아니다. 따라서 운송계약에 선적 · 양륙비용 화주 부담(F.I.O.) 조건을 두었다고 하여 그 조항으로써 화주가 당연히 선적 · 양륙작업뿐만 아니라 적부작업에 관한 비용과 책임까지 부담할 것을 약정하였다고 볼 것은 아니고, 화주에게 적부작업에 관한 비용과 책임을 부담시키기 위하여는 원칙적으로 '선적 · 양륙비용 및 적부비용 화주 부담(F.I.O.S.)'이라는 문언이 필요하다. 그러나 운송계약에서 단순히 선적 · 양륙비용 화주 부담(F.I.O.) 조건만을 둔 경우라 하더라도 운송물 또는 선박의 종류, 선박의 운항 형태에 따라서는 선적작업과 적부작업이 일련의 행위로서 연속하여 이루어지는 경우가 있을 수 있고, 그 경우에 화주가 하역인부를 수배 · 고용하고 그 보수를 지불하며, 나아가 선적뿐만 아니라 적부작업에 이르기까지 그 전 과정을 통제하였다면, 운송계약 당사자의 의사해석상 선적 · 양륙작업뿐만 아니라 적부작업에 관한 비용, 위험 및 책임까지 화주가 부담하기로 약정하였다고 봄이 상당하다"는 것이 있다(대판 2010. 4. 15, 2007다50649: 운송계약에서 단순히 '선적 · 양륙비용 화주 부담(F.I.O.)' 조건만을 둔 경우, 운송물의 선적 · 양륙작업뿐만 아니라 적부작업에 관한 비용, 위험 및 책임까지 화주가 부담하기로 약정한 것으로 볼 수 있는지의 판단은 운송물 또는 선박의 종류, 선박의 운항형태, 貨主의 積付작업 통제여부 등을 종합적으로 고려해야 한다는 취지).

판례

대판 1993. 3. 12, 92다32906
(물건운송인의 유치권과 피담보채권의 범위)

"상법 제147조, 제120조 소정의 운송인의 유치권에 관한 규정의 취지는, 운송실행에 의하여 생긴 운송인의 채권을 유치권행사를 통해 확보하도록 하는 동시에 송하인과 수하인이 반드시 동일인은 아니므로 수하인이 수령할 운송물과 관계가 없는 운송물에 관하여 생긴 채권 기타 송하인에 대한 그 운송물과는 관계가 없는 채권을 담보하기 위하여 그 운송물이 유치됨으로써 수하인이 뜻밖의 손해를 입지 않도록 하기 위하여 피담보채권의 범위를 제한한 것이다 … 동일한 기회에 동일한 수하인에게 운송하여 줄 것을 의뢰받은 운송인이 운송물의 일부를 유치한 경우 운송물 전체에 대한 운임채권은 동일한 법률관계에서 발생한 채권으로서 유치의 목적물과 견련관계를 인정하여 피담보채권의 범위에 속한다고 할 수 있다."

(5) 운송물의 공탁 · 경매권

운송물이 도착지에 도착한 후 운송인이 수하인을 알 수 없거나 수하인이 운송물 인도를 거부하는 경우에는 운송인의 운송물인도의무를 조속히 종료시키고 그 운임청구권을 발생시킬 필요가 있다. 이를 위하여 상법은 운송인의 운송물 공탁권 · 경매권을 인정하고 있다(商 제142조부터 제144조까지).

3. 순차운송의 특칙

(1) 순차운송의 의의와 유형

순차운송이라 함은 하나의 운송에 복수의 운송기업이 관여하여 동일한 운송물을 순차적으로 운송하는 것을 말한다. 순차운송에는 부분운송, 하수운송, 동일운송, 공동운송이 있다.

i) 부분운송이란 수 인의 운송인(A, B, C)이 각각 독립하여 특정 구간의 운송을 인수하는 것이고, ii) 하수운송은 한 운송인(A)이 전구간의 운송을 인수하고, 그 전부 또는 일부에 관해 제2의 운송인(하수운송인(下受運送人): B, C 등)에게 운송하게 하는 것이며, iii) 동일운송은 수 인의 운송인(A, B, C)이 공동으로 전구간의 운송을 인수하는 것이다. iv) 공동운송(연대운송)은 수 인의 운송인(A, B, C)이 서로 연결관계

를 지니고 있을 때 제1의 운송인(A)이 송하인과 전 운송기간에 걸친 운송계약을 체결하고 다른 운송인(B, C 등)은 제1의 운송인(A)과 송하인의 계산으로 운송계약을 체결하는 형태이다. 협의의 순차운송은 ⅳ) 공동운송(연대운송)만을 말하고 상법 제138조에서 규정한 순차운송인의 연대책임도 엄격하게는 공동운송(연대운송)에 관한 것이다.

(2) 순차운송인의 책임과 대위

수 인이 순차로 물건을 운송할 경우에는 각 운송인은 운송물의 멸실 · 훼손 또는 연착으로 인한 손해를 연대하여 배상할 책임이 있다(商 제138조 제1항). 이 때의 순차운송은 협의의 순차운송인 공동운송을 말한다. 이 때 연대채무를 지는 자는 내부관계에서 부담부분이 있으며 순차운송인 중 1인이 이 손해를 배상한 때에는 그 손해의 원인이 된 운송인에 대하여 구상권을 가진다(商 제138조 제2항). 순차운송인에게 있어서 후자의 운송인은 전자의 운송인에 갈음하여 그 권리를 행사할 의무가 있고 또 후자의 운송인이 전자의 운송인에게 변제한 때에는 전자의 운송인의 권리를 취득한다(순차운송인의 대위권(代位權): 商 제147조, 제117조)는 것은 순차물건운송주선인과 비슷하다.

4. 화물상환증

(1) 화물상환증의 의의와 성질

화물상환증(bill of lading, Ladesschein)이란 육상물건운송계약에 있어서 운송인이 운송물을 수령하였다는 것을 증명하고, 목적지에서 이를 인도할 의무를 나타내는 것으로서 송하인의 청구에 의하여 운송인이 발행하는 유가증권이다(商 제123조 제1항). 송하인은 화물상환증을 이용하여 운송 도중의 물건에 대해 양도나 입질로 금융편의를 얻을 수 있고, 수하인은 운송물이 도착하기 전에 이로써 전매할 수 있는 등의 경제적 기능이 있다. 다만, 육상운송은 우리나라처럼 국토가 좁은 지역에서는 운송거리, 기간이 짧고 운송기관의 규모도 작아서 해상운송에서 선하증권이 발행되는 경우보다 이용도가 매우 낮다.

화물상환증은 증권상에 재산권이 화체(化體)되어 있고 그 증권상 권리의 행사 · 이전에 증권의 점유 또는 이전을 요하므로 유가증권의 성질을 일부 나타낸다. 그 이외에도 화물상환증은 요식증권성(要式證券性)(商 제128조 제2항), 요인증권성(要因證券

性)(商 제128조 제1항), 문언증권성(文言證券性)(商 제131조), 지시증권성(指示證券性)(商 제130조), 처분증권성(處分證券性)(商 제132조), 상환증권성(相換證券性)(商 제129조)의 성질을 가지고 있다.

(2) 화물상환증의 발행과 양도

가) 화물상환증의 발행

화물상환증은 송하인의 청구에 의하여 운송인(또는 그 대리인)이 발행하여야 한다(商 제128조 제1항). 화물상환증은 운송인이 운송물을 수령한 후에 발행하고, 발행은 운송인 자신이 아니라도 대리인에 의해서도 가능하다. 화물상환증에는 ① 운송물의 종류, 중량 또는 용적, 포장의 종별, 개수와 기호, ② 도착지, ③ 수하인과 운송인의 성명 또는 상호, 영업소 또는 주소, ④ 송하인의 성명 또는 상호, 영업소 또는 주소, ⑤ 운임 기타 운송물에 관한 비용과 그 선급(先給) 또는 착급(着給)의 구별, ⑥ 화물상환증의 작성지와 작성연월일을 기재하고 운송인이 기명날인 또는 서명하여야 한다(商 제128조 제2항). 다만, 화물상환증의 요식성은 어음·수표처럼 엄격한 것은 아니다.

나) 화물상환증의 양도

화물상환증은 배서금지의 뜻이 기재되어 있지 않는 한 기명식인 경우에도 배서의 방법으로 양도할 수 있다(법률상 당연한 지시증권성(指示證券性): 商 제130조). 지시식인 경우에는 양도의 합의와 증권의 배서·교부가 필요하고, 지명소지인출급식 또는 무기명식인 경우에는 양도의 합의와 증권의 교부가 필요하다. 화물상환증의 배서의 효력으로는 자격수여적 효력, 권리이전적 효력만 인정되고 어음·수표 등의 완전유가증권과 달리 담보적 효력은 인정되지 않는다(商 제65조, 民 제508조, 제513조). 또, 인적항변(人的抗辯)이 절단되고(商 제65조, 民 제515조), 선의취득(善意取得)도 인정된다(商 제65조, 民 제514조).

(3) 화물상환증의 효력

화물상환증은 본래 운송물반환청구권을 표창하는 채권적(債權的) 유가증권이지만, 법은 운송물의 처분에 관하여 특히 물권적(物權的) 효력까지 인정하고 있다(商 제133조). 즉, 물건운송계약은 운송인이 물건을 운송하여 목적지에서 이것을 受荷人에게 인도하는 것을 그 본래의 목적으로 하는 것이나, 본래 가진 소유권·질권 등 물권을 다른 자에게 양도할 때 이 증서의 배서·교부에 의하면 편리하다. 그리하여 화물상환증에 대하여는 그 채권적 효력과 물권적 효력 내용을 각각 살펴볼 필요가 있다. 또한 이는 화물상환증 소지인이 운송인측에게 어떤 채권(반환청구권)을 가지는지(채권적 효력의 문제)와 소유권 · 질권 등 양도(처분)를 할 때 채권양도 요건(民 제450조)을 별도로 갖추어야 하는가(물권적 효력의 문제)라는 실제적 문제에 관한 논의이기도 하다.

가) 화물상환증의 채권적 효력

① 의 의

화물상환증은 송하인이 운송인에게 맡기는 물건을 훗날 되받아 갈 수 있도록 증명하기 위한 것이 본질적 목적이므로 이 목적에 맞게 그 소지인은 운송인에게 운송계약상의 인도채무를 이행할 것을 청구할 수 있고 이를 채권적 효력이라고 한다. 다만, 채권적 효력의 내용에 대해서는 다음과 같은 다툼이 있다.

② 요인증권성(要因證券性)과 문언증권성(文言證券性)의 관계

(ⅰ) 문제의 소재

상법 제128조에 나타난 바와 같이 화물상환증은 어음이나 수표와 달리 운송계약이라는 원인관계가 있어야 하고 이 원인관계를 전제로 하여 송하인과 운송인간에 작성된 유가증권일 뿐이다. 이는 어음이나 수표처럼 일정금액의 지급을 무조건 위탁하거나 약속하는 무인증권(無因證券)(완전유가증권)과 다른 요인증권성(要因證券性)으로서의 한계이다. 그러나, 2010년 5월 상법은 「화물상환증이 발행된 경우에는 운송인과 송하인 사이에 화물상환증에 적힌대로 운송계약이 체결되고 운송물을 수령한 것으로 추정한다」(商 제131조 제1항)고 하고, 「화물상환증을 선의로 취득한 소지인에 대하여 운송인은 화물상환증에 적힌대로 운송물을 수령한 것으로 보고, 화물상환증에 적힌 바에 따라 운송인으로서 책임을 진다」(동 제2항)고 종래의 규정을 문언성(文言性)을 중시하는 방향으로 개정하였다. 다만, 개정되기 전의 상법 제131조는 「화물상환증을 작성한 경우에는 운송에 관한 사항은 운송인과 소지인 사이에 있어서는 화물상환증에 기재된 바에 의한다」고 규정하고 있었다. 개정 전 규정에 의하면 화물운송인과 화물상환증 소지인(송하인 포함) 사이에 실질관계(원인관계)에 의해야 할지 문언에 적힌 대로 해야 할지가 분명하지 않았다(개정 전 제131는 송하인과 운송인 사이에 대해서 침묵하고 있었기 때문이다). 그리하여 종래 실질관계(원인관계)와 문언의 기재가 다를 때에는 어떻게 해결할 것인지에 대해 학설상 다툼이 있어왔다.

이는 운송인이 송하인으로부터 화물을 전혀 받지도 않았는데 화물상환증을 발

행한 경우(공권(空券): 예, "귤 100상자 운송"이라는 공권(空券))와 운송인이 송하인으로부터 받은 화물(예, 사과 50상자 수령)과 화물상환증에 기재된 화물(예, "사과 500상자 운송"이라는 기재)이 다를 때에 화물상환증 소지인이 어느 범위의 권리를 주장할 수 있느냐는 현실적 분쟁에 관한 문제였다.

이에 관해서는 다음과 같은 학설대립이 있었다.

■ 화물상환증의 채권적 효력~현실적 문제: 운송인이 송하인으로부터 화물을 전혀 받지도 않았는데 화물상환증을 발행한 경우(空券)와, 송하인으로부터 받은 화물과 화물상환증에 기재된 화물이 다를 때 화물상환증 소지인이 어느 범위의 권리를 주장할 수 있는가?

(ii) 요인증권성설(要因證券性說)

이는 화물상환증의 요인증권성(要因證券性) 측면만을 보고 화물상환증이 공권(空券)이거나 실제 수령한 물건과 달리 기재되어 있다면 그 증권은 그 불일치에 관한 한 전혀 효력이 없는 것으로 무시된다는 견해이다(앞의 예에서 귤의 수령 부존재, 사과의 50상자 운송으로 인정). 다만, 증권소지인이 받은 손해는 공권(空券)이나 실제와 다른 증권을 작성한 증권발행인(운송인)의 불법행위책임에 문의할 것을 주장한다. 상법 제131조의 문언증권성 규정은 운임기재 등 경미한 사항에 대한 다툼 방지정도에나 원용할 것이라고 한다.[68] 이 견해에 의하면 화물상환증의 채권적 효력은 상당히 약화될 것이다. 이 학설은 2010년 5월 상법개정 이후에는 상법 제131조에 정면으로 반하

68) 이 · 최, 380-381면; 정희철, "선하증권의 要因性과 文言性", 「법률신문」 제1475호(1983. 1. 3.), 10면; 비슷한 취지로 弥永眞生, 商法總則 · 商行爲法, 有斐閣, 2007, 148頁("화물상환증 위의 권리는 특정 운송계약에 기한 운송물인도청구권이므로 운송계약의 무효 또는 취소의 경우에는 증권상의 권리도 존재하지 않고 또 운송물이 불가항력에 의하여 멸실된 경우에는 증권상의 권리도 소멸한다").

므로 유지될 수 없을 것이다.

(iii) 문언증권성설(文言證券性說)

이 견해는 상법 제131조에 규정된 화물상환증의 문언증권성 측면을 우선하여 고려할 것을 주장한다. 따라서 화물상환증은 어떤 경우에도 그 문언에 기재된 내용대로 당연히 효력을 가지며(앞의 예에서 귤 100상자 운송, 사과 500상자 운송으로 인정) 공권(空券)이나 실질과 다른 증권이라도 그 기재대로의 의무이행을 소지인은 운송인에게 요구할 수 있고 이를 이행하지 못하는 운송인은 채무불이행책임을 진다고 한다.[69] 2010년 5월 개정상법은 문언에 적힌대로의 운송계약을 추정하고 있음에 불과하므로 무조건적 문언성(文言性)을 주장하는 이 학설 또한 그 개정 이후에는 지지될 수 없게 되었다.

(iv) 절충설(折衷說)

원칙적으로 사실과 부합하지 않는 화물상환증의 기재내용은 무효로 보고(앞의 예에서 귤의 수령 부존재, 사과의 50상자 운송 효력만 인정) 다만, 이 무효를 선의의 제3자에 대하여는 거래안전을 위해 대항하지 못한다고 한다(앞의 예에서 귤 100상자 운송, 사과 500상자 운송으로 인정).[70]

(v) 판례(요인증권성설(要因證券性說))

대법원 판례는 요인증권성(要因證權性)을 중시하는 견해를 취하고 있다. 즉 "선하증권에 의한 운송물의 인도청구권은 운송인이 송하인으로부터 실제로 받은 운송물 즉 특정물에 대한 것이고 따라서 운송물을 수령 또는 선적하지 않았음에도 불구하고 선하증권이 발행된 경우에는 그 선하증권은 원인과 요건을 구비하지 못하여 목적물의 흠결이 있는 것으로서 이는 누구에 대하여도 무효라고 봄이 상당하다"고 한다.[71]

(vi) 사견(절충설(折衷說))

생각건대, 이는 화물상환증의 채권적 효력이 어음이나 수표와 같은 완전유가증권으로까지 발전하지 못한 데서 발생하는 문제이다(불완전 유가증권으로서의 효력). 1차적으로 화물상환증의 실질관계(원인관계)를 고려하여 공권(空券)이나 실제와 달리 발행된 화물상환증의 효력은 그 실질관계(원인관계)에 따라 무효이거나 인도된 운송

69) 서 · 정, 235면; 이기수 외, 486면; 이철송, 467면; 최기원, 402-403면.
70) 이 · 최, 360면; 정찬형, 340면.
71) 대판 1982. 9. 14, 80다1325.

물 내용대로만 효력을 지니게 할 것이다(앞의 예에서 귤의 수령 부존재, 사과의 50상자 운송 효력만 인정). 다만, 상법 제131조는 증권의 유통성을 고려하는 것이므로 그 취지를 살려 2차적으로 거래안전을 보호하여 선의의 제3자는 문언에 기재된대로의 채권적 효력을 주장할 수 있다고 본다(문언성(文言性)의 예외적 허용).

(vii) 개정상법 이후의 해석론(절충설의 수정)

위에서 본 바와 같이 2010년 5월 상법개정 이후에는 실질관계(원인관계)만을 우선하는 요인증권성설(要因證券性說)이나 문언성(文言性)에 치우치는 문언증권성설(文言證券性說)은 더 이상 설득력이 없다. 절충설에 의할 수밖에 없을 것 같으나, 절충설도 일정 부분 수정이 불가피하다. 개정상법이 화물상환증이 발행된 때에는 1차적으로 그 화물상환증의 문언(文言) 내용대로 계약이 체결된 것으로 추정하고 있기 때문이다. 그리하여 기존의 절충설의 내용과는 달리 운송인과 송하인 사이에서도(실질관계(원인관계)의 반증이 없는 한) 화물상환증 문언(文言)의 기재에 따라야 한다. 실질관계(원인관계)가 문언(文言)과 다르다는 것을 입증(즉, 반증)하여도 선의의 제3자는 文言에 기재된대로의 채권적 효력을 주장할 수 있다는 것은 절충설의 내용과 같다.

③ 채권적 효력(債權的 效力)의 한계

위에서 본 바와 같이 화물상환증의 채권적 효력은 어음 · 수표 등 완전유가증권(무인증권(無因證券))에 비해 많은 제한이 있고 이는 다음과 같이 정리된다.

(ⅰ) 운송인이 증권상에 처음부터 '내용 불명' 등의 문구를 기재하여 문언적 효력을 미리 봉쇄할 수 있는 길이 있다.

(ⅱ) 운송인이 채권적 효력(문언성(文言性)의 효력)에 대해 대항할 수 있는 여지가 매우 넓다.

(ㄱ) 송하인은 운송물의 내용에 대해 모두 알고 있으므로 그 송하인에 대하여 운송인은 그 내용을 입증하여(추정을 번복하는 반증) 운송물의 실질적 내용대로 대항할 수 있다. 또, 악의의 증권소지인에게는 운송인이 언제나 운송물 실질대로의 효력으로 할 것을 대항할 수 있다.

(ㄴ) 운송계약의 당사자는 운송계약의 성질에 구속될 수밖에 없으므로 불가항력에 의한 운송물 멸실 · 훼손을 대항할 수 있고, 증권소지인 자신에 대한 인적사유로도 대항할 수 있다. 다만, 증권작성행위에 관한 하자(사기, 강박, 착오 등)는 운송인이 선의의 제3자에게 대항할 수 없게 함이 유통보호의 취지에 부합할 것이다.

■ 〈화물상환증의 채권적 효력의 한계〉 i) 운송인이 증권상에 처음부터 '내용불명' 등의 문구를 기재하여 문언적 효력을 미리 봉쇄할 수 있는 방법

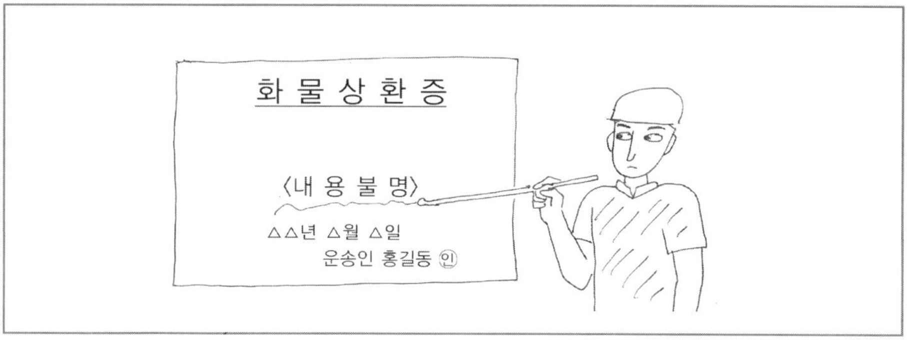

■ ii) 송하인은 운송물의 내용에 대해 모두 알고 있으므로 그 송하인에 대하여 운송인은 운송물 내용대로 대항할 수 있다. 악의의 증권 소지인에게도 같다.

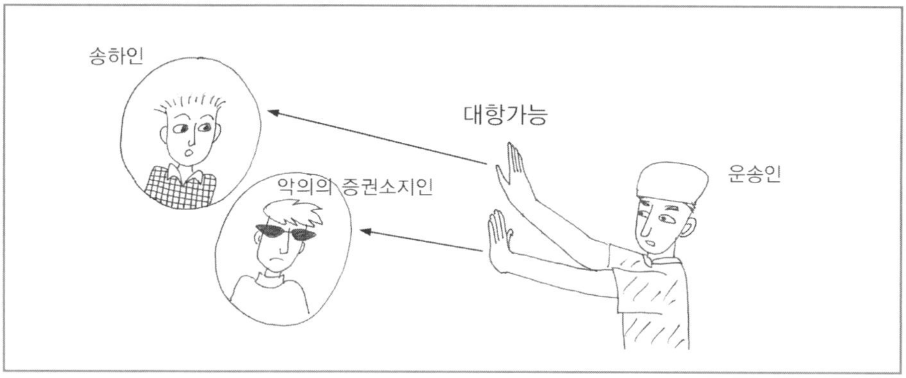

■ iii) 운송인은 운송계약의 성질에 구속될 수밖에 없으므로 불가항력에 의한 운송물 멸실 · 훼손으로 대항할 수 있고, 소지인 자신에 대한 인적 사유로도 대항할 수 있다.

나) 화물상환증의 물권적 효력

① 의　　의

화물상환증에 의하여 운송물을 받을 수 있는 자에게 화물상환증을 교부한 때에는 운송물 위에 행사하는 권리의 취득에 관하여 운송물을 인도한 것과 동일한 효력이 있다(商 제133조). 이는 운송물상의 권리를 양수한 자가 운송인에게 운송계약상의 채권을 주장하는 문제와 다르다. 운송물상의 소유권 · 질권 등 본래 지니고 있던 물권(物權)을 화물상환증의 배서 · 교부에 의하여 양도하고 또 이는 이 물권(物權)을 이중으로 양도할 경우의 이중양수인과 운송인 등 제3자에 대하여 배타적이고 우선적인 물권(物權)을 취득하게 하는 효력을 지니게 한다는 점에 착안하여 이를 물권적 효력(物權的 效力)이라고 부른다.

■ 화물상환증의 물권적 효력: 화물상환증에 의하여 운송물을 받을 수 있는 자에게 화물상환증을 교부한 때에는 운송물 위에 행사하는 권리의 취득에 관하여 운송물을 인도한 것과 같은 효력이 있다(商 제133조)

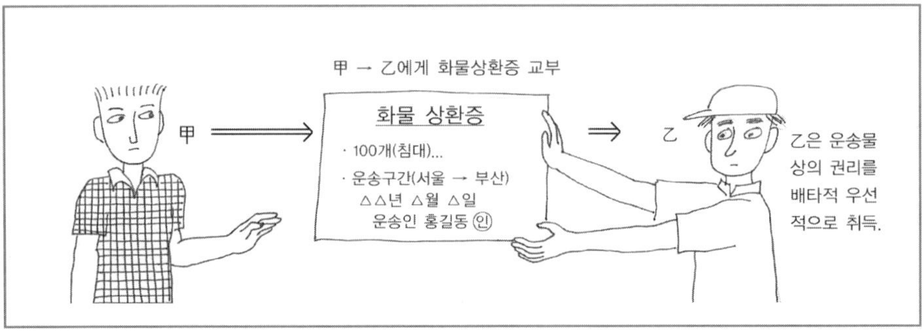

② 요건(要件)

화물상환증이 물권적 효력을 지니기 위해서는 다음과 같은 요건을 갖추어야 한다.

(i) 첫째, 운송인이 운송물의 인도를 받아야 한다. 화물상환증의 물권적 효력은 운송인이 운송물을 직접점유할 것을 전제하고 화물상환증 소지를 통해 운송물을 간접점유하는 자에게 부여하는 효력이기 때문이다.

(ii) 둘째, 화물상환증에 의하여 운송물을 받을 수 있는 자, 즉 증권의 기재에 의하여 증권상의 권리자로 되어 있는 자에게 이 증권을 인도하여야 한다. 다만, 상속 · 합병 등 법률상 당연히 권리이전이 생기는 경우는 예외이다. 또 증권의 선의취득자(善意取得者)는 그 물권의 선의취득의 요건(民 제249조 이하)도 구비하여야 한다.

(iii) 셋째, 운송물 위에 행사하는 권리란 소유권 · 질권(質權) · 위탁매매인의 처분권 등을 포함한다. 따라서 운송물에 대한 소유권이전은 물론 질권설정 등도 증권의 인도에 의하여 그 효력이 발생한다.

③ 이론 구성

화물상환증의 인도가 운송물인도와 동일한 효력이 있다는 화물상환증의 물권적 효력(物權的 效力)(商 제133조)이 목적물반환청구권의 양도를 규정하고 있는 민법 제190조, 지명채권양도의 대항요건에 관한 민법 제450조와 어떠한 법리적 관계에 있는가에 대해 견해가 대립된다. 이는 민법 제190조에서 전제하는 직접점유자(운송인)의 직접점유를 여기에서도 요구하는지와 화물상환증의 배서 · 교부 이외에 민법 제450조상 대항요건을 추가적인 요건으로 갖추어야 하는가에 관한 것이다.

(i) 절대설(민법 제190조상 직접점유 불필요, 민법 제450조상 대항요건 불필요)

절대설에서는 증권의 인도를 민법상의 목적물반환청구권의 양도에 의한 점유이전(民 제190조)과 다른 상법상의 특수한 점유취득원인이라고 한다. 따라서 점유매개자인 운송인의 直接占有 여부를 묻지 않고 증권인도에 의하여 증권소지인은 절대적으로 운송물의 점유를 취득한다고 본다(민법 제190조의 직접점유 요건 무시).[72] 이에 따르면 증권의 유통성(流通性)은 보호되나, 공권(空券)이 발행되거나 운송물이 멸실 또는 제3자에 의하여 선의취득(善意取得)된 경우에는 그 실효성(實效性)이 없게 되는데 이는 화물상환증의 본질상 지닌 유가증권성으로서의 한계를 무시하는 데서 오는 것이다. 절대설에서는 당연히 민법 제450조상의 채권양도 대항요건도 요구하지 않게 된다.

■ 절대설: 증권소지인은 점유매개자인 운송인의 운송물 점유상태(직접점유, 자주점유 여부)를 묻지 않고 절대적으로 운송물의 점유를 취득한다고 봄

72) 이병태, 328면.

(ii) 상대설(민법 제190조상 직접점유 필요)

상대설은 화물상환증의 물권적 효력은 운송인의 운송물 직접점유가 없이는 인정될 수 없다고 하는 점이 절대설과 구별된다(민법 제190조의 직접점유 요건 요구). 즉, 화물상환증의 물권적 효력을 위해서는 운송인이 운송물을 직접 점유하고 또 이는 타주점유(他主占有)일 것을 요건으로 한다고 본다. 민법 제190조의 반환청구권 양도에 의한 동산소유권 양도는 그 반환청구권의 성질이 채권임을 전제하므로 민법 제450조의 채권양도 요건을 갖추도록 요구한다. 그러나, 화물상환증의 교부에도 이 대항요건을 추가로 요구할 것인가에 대하여는 의견이 나뉜다.

(ㄱ) 엄정상대설(민법 제190조상 직접점유 필요, 민법 제450조상 대항요건 필요)

이 견해는 화물상환증의 소지는 운송물의 점유로 볼 만큼 강력하지 못하고 민법 제190조에 의한 목적물반환청구권의 양도에 의한 간접점유를 이전하는 하나의 예시라고 한다. 그리하여 엄정상대설에서는 화물상환증 소지인(A)이 양수인(B)에게 교부한 후에도 운송인(C)에게 대항요건을 갖출 것을 요구한다.

■ 엄정상대설: 화물상환증의 소지만으로는 운송물을 전혀 점유하지 못한다고 함 ⇒ 화물상환증을 교부받은 후에도 민법 제450조의 채권양도 대항요건을 요구

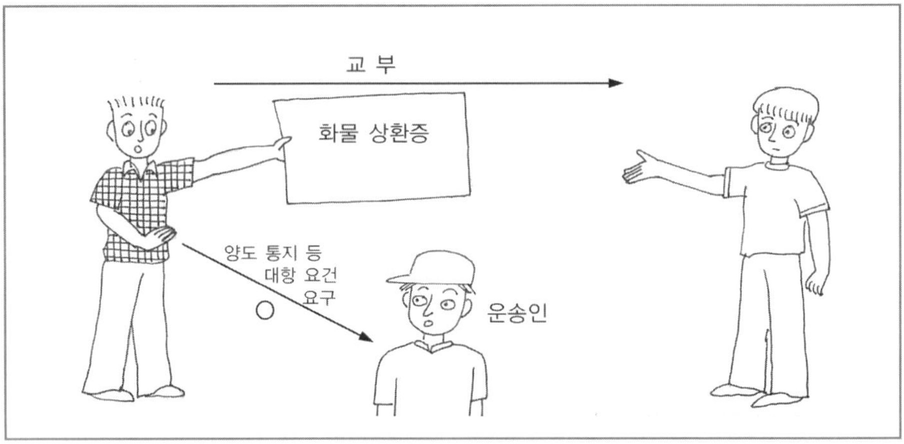

(ㄴ) 대표설(통설: 민법 제190조상 직접점유 필요, 민법 제450조상 대항요건 불필요)

이 학설은 화물상환증은 운송물의 점유와 별개가 아니라 운송물의 (간접)점유를 대표하는 것으로 보고 민법 제190조의 특칙으로 상법 제133조를 인정하자는 것이다. 그리하여 민법 제190조에 의한 목적물반환청구권의 양도는 민법 제450조의 대항요

건을 요구하지만 화물상환증의 교부는 민법 제450조의 채권양도 대항요건을 갖출 필요가 없게 된다는 것이다.73) 이는 절대설과 엄정상대설을 절충한 것이다.

■ 대표설: 화물상환증은 운송물의 점유와 별개가 아니라 운송물의 간접점유를 대표하는 것으로 봄 ⇒ 화물상환증이 교부되면 민법 제450조의 채권양도 대항요건이 필요없다고 함

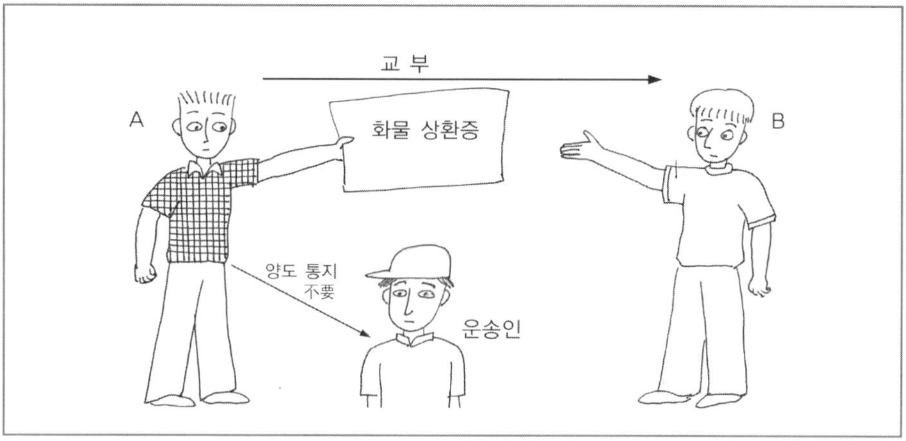

(iii) 유가증권적 효력설(민법 제190조상 직접점유 필요, 민법 제450조상 대항요건 불필요)

유가증권적 효력설은 화물상환증의 양도는 운송물반환청구권을 양도하는 것이라고 전제하고(절대설과의 차이) 다만, 이는 민법 제190조의 목적물반환청구권 양도와 구별되는 유가증권적 양도방식이므로 민법 제450조의 대항요건을 갖추지 않아도 된다고 한다.74) 이는 상대설 중 대표설과 근접하나 이 학설 중에는 운송인이 운송물을 자주점유(自主占有)하는 경우에도 물권적 효력을 인정하는 견해가 있다.

73) 김용태, 195면; 서 · 정, 237면; 손주찬, 367면; 이 · 최, 384면; 최기원, 407면.
74) 이기수 외, 489면.

■ 유가증권적 효력설: 화물상환증의 양도는 민법 제190조의 목적물반환 청구권 양도와는 구별되는 유가증권적 양도방식으로 봄 ⇒ 민법 제450조의 대항요건 불요(不要)

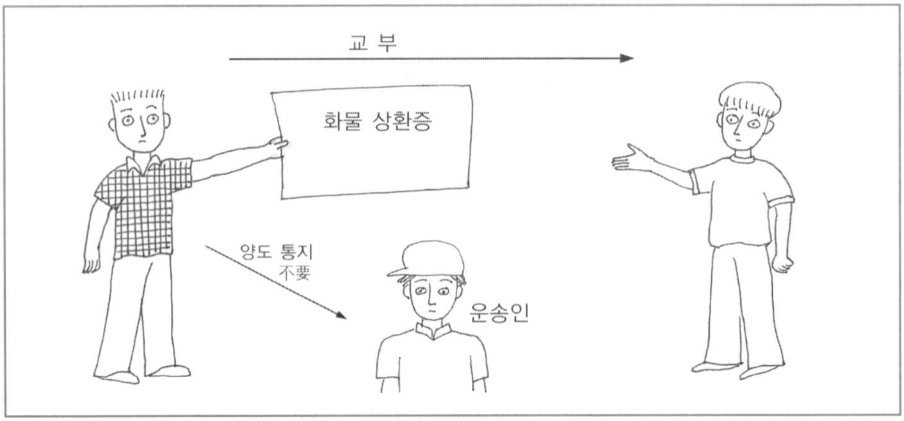

(iv) 물권적 효력 부정설(민법 제190조상 직접점유 필요, 민법 제450조상 대항요건 불필요)

상법 제133조는 화물상환증의 교부에서 나타나는 채권의 양도현상을 표현한 데 불과하다고 하여 결국 채권적 효력만을 인정하고 물권적 효력을 부정하는 입장이다.[75)]

(v) 사견(유가증권적 효력설)

(i) 절대설은 화물상환증을 마치 완전유가증권인 것처럼 이해하는 오류가 있고, (ii) 엄정상대설에 의하면 상법 제133조를 전혀 무의미하게 할 뿐만 아니라 화물상환증 교부 후 민법 제450조의 대항요건을 따로 갖추게 하는 등 거래의 불편을 초래한다. (iii) 대표설은 간명하기는 하나 왜 화물상환증의 교부가 간접점유를 대표하고 반환청구권 양도의 대항요건까지 불필요하게 하는지 불명확하다. (iv) 물권적 효력 부정설은 상법 제133조의 존재의의를 부정하는 것이고 화물상환증이라는 운송증권 양도시 물권(소유권 등)이 이전되는 현상을 정확히 설명할 수 없다는 약점이 있다. (v) 생각건대, 이는 화물상환증이라는 유가증권이 발행된 데서 오는 민법규정과의 차이라고 본다. 비록 요인증권(要因證券)이기는 하지만 화물상환증도 유가증권임에는 분명하고 따라서 그에 화체(化體)된 권리의 양도는 이 유가증권에 의해야만 하는 것(배서나 교부)이다. 다만, 채권양도의 대항요건까지 따로 갖추지 않아도 되는 것이 유가증권의 법리인 점(民 제508조, 제523조, 어 제11조 제1항, 제77조 제1항, 수 제14조 참

75) 채이식, 331-332면.

조)을 고려해야 한다. 비록 유가증권적 효력설 중에는 운송인이 운송물을 횡령하는 등 自主占有로 전환된 경우에도 물권적 효력을 인정하는 견해가 있으나 이는 완전유가증권에나 해당할 수 있는 설명이다. 화물상환증의 요인증권성(要因證券性), 불완전 유가증권성을 무시할 수 없다는 점을 기초로 하여(운송인의 직접점유(直接占有), 자주점유(自主占有)를 요건으로 한다는 전제에서) 그 물권적 효력도 유가증권적 효력으로 설명해야 할 것이다(유가증권적 효력설의 지지).

④ 물권적 효력의 구체적 내용

(i) 물권적 효력의 한계

화물상환증의 물권적 효력은 그 증권이 양수인으로 하여금 소유권 · 질권 등 물권을 취득하게 하여 제3자에게 대항하는 배타적 효력을 구비하도록 한다는 점에서는 채권적 효력과 다른 측면을 지닌다. 다만, 화물상환증의 소지는 어디까지나 유가증권의 점유일 뿐 현실적인 물건의 유통까지는 지배하지 못하는 한계가 있는 것은 불완전 유가증권의 성질상 어쩔 수 없다. 따라서 화물상환증을 교부받아서 운송물의 소유권자로 인정되는 매수인에게 매도인은 여전히 목적물을 현실로 인도해야 할 의무(民 제568조 매매목적물의 인도의무)를 면하지 못하고 매수인도 아직 목적물 인도를 현실로 받지 못한 이상 목적물의 검사 · 하자통지의무(商 제69조)를 부담하지 않는다. 또, 선의의 자가 운송물을 선의취득한 경우 화물상환증의 소지인은 그 선의취득자에게 우선당한다.

■ 화물상환증의 물권적 효력의 한계: 화물상환증의 소지는 어디까지나 유가증권의 점유일 뿐, 현실적인 물건의 유통까지는 지배하지 못하는 한계가 있음 ⇒ 예컨대, 선의의 자가 운송물을 선의취득한 경우 화물상환증 소지인은 그에게 우선당함

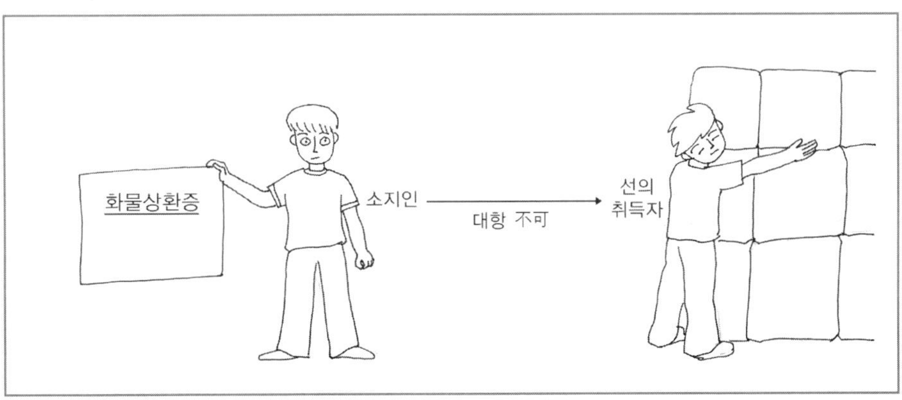

(ii) 운송물 처분의 방법

화물상환증이 발행된 이상 운송물에 관한 압류 등 처분은 반드시 화물상환증에 의해야 한다.

Ⅳ. 여객운송(旅客運送)의 법률관계

1. 여객운송계약

(1) 여객운송계약의 개념

여객운송계약(carriage of passengers; Personenbeförderung)이라 함은 여객, 즉 자연인을 운송의 목적으로 하는 계약을 말한다. 여객운송계약에서는 계약의 성질상 운송목적물을 수령한다거나 보관, 인도하는 행위가 있을 수 없다는 점이 물건운송계약과 다르다. 그 밖의 법적 차이도 이러한 특성에 기인한다.

(2) 여객운송계약의 체결

여객운송계약은 운송의 위탁자와 운송인 사이에서 체결된다. 여객운송계약은 낙성·불요식의 계약이지만 보통 승차권이 발행된다. 그리하여 승차권을 구입할 때 여객운송계약이 체결되지만, 승차 후에 승차권을 구입하는 경우에는 승차시에 계약이 성립한다.

(3) 승차권의 법적 성질

① 승차권이 발매되는 경우, 이 승차권은 운임의 지급을 증명하고 운송청구권을 나타내며 무기명식인 때에는 양도할 수 있다(승차권의 유가증권성). 다만, 개찰후나 승차후에는 승차권에 더 이상의 재산권이 표창될 수 없고 증거증권이 될 뿐이다.

② 회수승차권(回數乘車券: 무기명식)은 운임의 선급을 증명하는 증거증권에 불과하고 구체적인 운송청구권이 표창된 유가증권으로 보기는 어렵다. 그리하여 회수승차권 구입 후 운임이 인상되면 인상된 만큼의 금액을 지급하여야 승차할 수 있다고 본다.

③ 정기승차권(定期乘車券: 기명식)은 승차기간과 승차구간을 지정한 포괄적인 운송계약에 관한 권리를 표창하고 그 운송청구권이라는 권리행사에 증서의 소지를 요한다는 점(다만, 권리이전은 불가능[76])에서 유가증권의 일종으로 이해해야 할 것

이다.

2. 여객운송계약의 효력

여객운송계약의 효력으로서 여객운송인은 여객을 선량한 관리자의 주의의무로써 안전하게 예정시간 내[77]에 목적지까지 운송할 의무를 지고, 이를 위반하여 손해가 발생하면 그 배상책임을 진다. 여객운송인은 운송에 대한 보수로 운임청구권을 가지고 운임채권을 확보하기 위한 유치권을 행사할 수 있다.

A. 여객운송인의 손해배상책임

여객운송인의 손해배상책임은 여객의 인적 손해와 수하물에 대한 손해로 나누어 검토한다.

(1) 인적손해의 경우

가) 화물운송인의 배상책임과의 차이

여객운송인은 운송의 객체가 물건이 아닌 사람인 점에 주목하여 그 배상책임의 범위와 배상채무의 소멸시효 등을 물건운송인과 다르게 규정하고 있다.

---

76) 권리의 이전에 있어서 무기명식 정기승차권은 증서의 교부에 의해 권리이전이 가능하지만, 기명식 정기승차권은 이전이 불가능하다.

77) 여객운송계약의 계약기간은 보통 승차권에 표시된 시발역과 도착역 사이에 한하여 존속하는 것이 원칙이라 할 것이다. 다만, 도착 예정시간 내에 운송을 마치지 못하였다 하여도 그 예정시간에 하차하지 못한 승객의 고의가 없는 사정이라면 그 계약기간내에 있다고 해야 할 것이다. 판례에 의하면, "… 철도에 의한 여객 운송계약은 승차권에 표시된 시발역과 도착역 사이에 한하여 존속하는 것이 원칙이라 할 것이나 승객이 전적으로 자기의 책임으로 돌릴 수 없는 사유로 이른바 승월을 한 경우에는 계약갱신 연장 등 절차를 취하지 않았다 하더라도 예외적으로 그 승월구간에 있어서도 운송계약이 그대로 존속한다고 봄이 상당하다. 원판결이유에 의하면 원심이 이 사건 사고로 사망한 소외 망 A의 문제된 승월에 관하여 판시한 것에 미흡한 점이 없지는 아니하나 대체로 위와 같은 취지로 못 볼 바 아니다. 즉 같은 망인은 승차권에 표시된 도착역인 수원역에서 하차하려다 정차시간이 불과 30초인데 사고 당일은 마침 초여름 일요일 오후라 승객이 붐벼 그러하지 못하고 승강구 하단에 매달렸다가 추락한 것인데 운송인인 나라(국가)는 위의 사고방지를 위하여 주의를 다한 것으로 볼 수 없다고 판단한 취지임은 그 인정한 사실과 받아들인 증거에 의하여 명백한 바이다. 그렇다면 위와 같이 하여 승월 후 일어난 사고는 같은 망인에게만 귀책시킬 수 없는 것으로서 앞서 말한 여객 운송계약이 계속된 동안에 일어난 것이라 함이 상당하고 위 인정에 반하여 원심이 철도여객운송계약의 법리를 오해하였다고 함은 이유없다"고 한 것이 있다(대판 1979. 8. 14, 79다1070: 승객이 전적으로 자기의 책임으로 돌릴 수 없는 사유로 이른바 乘越을 한 경우 계약갱신 연장 등 절차를 취하지 않았다 하더라도 예외적으로 그 乘越區間에 있어서 운송계약이 그대로 존속되므로 乘越 후 일어난 사고는 여객 운송계약이 계속된 동안에 일어난 것이라고 보아야 한다는 것).

나) 구체적 내용

여객운송의 경우 운송인 자신이 면책요건으로서 무과실을 입증하지 않으면 여객이 입은 손해에 대한 배상책임을 면하지 못하는 점은 물건운송의 경우와 같으나 그 책임액은 정액(定額)으로 하지 않고 일반원칙에 의하도록 한다. 즉, 여객운송인은 자기나 사용인이 운송에 관한 주의를 게을리하지 않았음을 입증하지 못하면 여객이 운송으로 인하여 받은 손해의 배상을 해야 한다(商 제148조 제1항). 여기서의 손해란 사망 · 상해와 같은 인적 손해(人的 損害)뿐만 아니라 연착으로 인한 손해와 수하물 아닌 기타 물적 손해(物的 損害), 정신적 손해(精神的 損害)도 포함한다. 나아가 손해배상액을 정함에 법원은 피해자와 그 가족의 정상을 참작하여야 한다(동 제2항).

판례(1)

대판 1980. 1. 15, 79**다**1966, 1967
(여객운송인의 손해배상책임: 철도 여객의 열차추락사고방지를 위한 운송인 주의의무의 정도)

"철도에 의한 여객의 운송에 있어서 운송인은 승객이 열차에 들어간 후 출입문을 닫은 후에 열차를 출발케 하여 승객이 운송도중 추락되는 등의 사고가 발생하지 않도록 조처할 주의의무가 있다."

판례(2)

위(1번)와 같은 취지: 서울지법 동부지원 1986. 12. 9, 86**가합**2310
(여객운송인의 손해배상책임: 철도 여객의 열차추락사고방지를 위한 운송인 주의의무의 정도)

"철도에 의한 여객운송에 있어서 운송인인 국가는 열차승무원들이 차내방송이나 객차순회를 통하여 안전계도만을 하였다 하여 여객운송에 관한 모든 주의를 해태하지 아니하였다고는 볼 수 없고, 더 나아가 열차가 발차하기 전에 승강구문을 전부 닫아서 여객이 운송도중 추락되는 등의 사고가 발생하지 않도록까지 조치하여야만 그 주의의무를 다하였다고 할 것이다."

판례 (3)

위(1번)과 같은 취지: 대판 1977. 9. 28, 77다982
(여객운송인의 손해배상책임: 철도 여객의 열차추락사고방지를 위한 운송인 주의의무의 정도)

"일반열차가 전철전용의 승강장인 고상홈을 통과할 때의 객차측면과 고상홈의 간격은 불과 15센티미터밖에 안 되므로 열차승무차장으로서는 고상홈을 통과하기에 앞서 승강단에 매달려 가는 승객의 유무를 살펴 객차안으로 들여 보내고 승강구의 문비를 폐쇄하는 등 사고발생을 미연에 방지하기 위하여 필요한 조치를 다할 업무상 주의의무가 있다."

판례 (4)

대판 1979. 11. 27, 79다628
(여객운송인의 배상책임 긍정사례: 제3자의 투척행위에 기인한 것이 아니고 열차진행에 수반되어 열차의 창으로 유리조각이 날아 들어와 승객이 상해를 입은 경우라면 운송인의 주의의무 위반으로 될 수 있다는 취지)

"운행하던 열차의 열려진 창문의 틈 사이로 유리조각이 날아 들어와서 승객이 상해를 입은 경우 그 유리조각이 제3자의 투척 등의 행위에 기인된 것이 아니고, 열차 진행에 수반해서 통상적으로 날아들어온 것이라면, 이는 운송업자나 그 사용인이 적절한 조치를 취하여 여객의 안전을 도모하여야 할 주의의무의 범위에 속하는 사항에 연유하는 것이므로, 위 운송에 관한 주의를 해태하지 아니하였음을 증명하지 못하는 한, 운송업자는 이에 대한 손해배상 책임이 있다."

판례 (5)

대판 1975. 11. 11, 75다1879
(여객운송인의 배상책임 긍정사례: 여객운송인의 승객 안전에 대한 배려는 객차, 소화물칸의 안전상태 확보 등에 모두 미친다는 취지)

"술에 취하여 기차를 타고 소화물칸에서 노는 승객들을 기차의 차장이 한 번 객차칸으로 돌려보냈다 하더라도 그들이 소화물칸으로 되돌아오지 못하도록 객차와 소화물칸을 연결하는 문을 폐쇄하지 아니하고 소화물칸의 바깥을 향한 문을 잠가놓지 아니한 경우에는 여객운송에 관한 주의를 다하지 못한 과실책임이 있다."

판례(6)

대판 1982. 7. 13, 82다카278
(여객운송인의 배상책임(위자료지급책임) 부정사례)

"승객이 객차의 승강구에서 추락, 사망한 경우 승객 아닌 그 망인의 처, 자녀들은 그로 인하여 정신적 고통을 받았다 하더라도 상법 제148조 제1항에 의하여 여객운송자에게 손해배상책임이 있음을 이유로 하여 그들의 위자료를 청구할 수는 없다"(민법 제752조의 취지와 달리 상법 제148조는 여객운송계약상 채무불이행에 대하여 여객자신에 대해 손해배상 책임지는 내용을 규정하고 있음).

판례(7)

대전지판 2009. 6. 26, 2007가합3098
(항공여객운송인의 배상책임 부정사례: 항공여객운송에 있어서 항공기의 엔진고장으로 인한 15시간 연착이라고 하여도 국제협약(바르샤바 협약)이 적용되기 때문에 연착으로 인한 손해배상책임을 지지 않는다는 취지)

"확정된 운행 일정에 따라 이륙하였던 항공기가 엔진 고장으로 회항함으로써 운항스케줄이 당초 예정보다 15시간 늦어진 사안에서, 항공사가 운송인으로서 손해를 방지하기 위하여 필요한 모든 조치를 취하였으므로 '국제항공운송에 있어서의 일부규칙의 통일에 관한 협약(개정 바르샤바 협약)' 제20조에 따라 승객들에 대하여 연착으로 인한 손해배상책임을 지지 않는다."

(2) 수하물에 생긴 손해의 경우

수하물에 생긴 손해에 대한 배상은 여객이 운송인에게 인도하여 부탁하였는가(탁송 수하물(託送 手荷物)), 그렇지 않은가(휴대 수하물(携帶 手荷物))에 따라 다르게 취급한다.

가) 탁송한 수하물

여객이 운송인에게 자신의 수하물을 인도(이 경우 운송인은 운송차량의 짐칸에 별도로 수하물을 넣어 운송함이 보통이다)한 탁송 수하물의 경우, 운송인을 믿고 맡겼으므로 운송인의 책임이 무거워진다. 그리하여 운송인은 여객으로부터 인도를 받은 수하물(탁송 수하물)에 관하여는 운임을 받지 아니할 경우에도 물건운송인과 같은 책임이 있다(商 제149조 제1항). 이는 운송관계의 실질이 물건운송과 같고 여객운송의 운임에는 수하물 운송의 운임도 포함하여 정해진다고 보기 때문이다.

나) 휴대한 수하물

여객이 직접 휴대한 수하물을 여객 자신이 직접 지배하는 휴대 수하물에 대하여 관리책임을 져야 한다. 그리하여 운송인은 수하물의 멸실 · 훼손에 대하여 자기나 사용인의 과실이 있을 경우에만 예외적으로 배상책임을 진다(商 제150조).

판례

대판 1981. 11. 24, 81다425

(여객운송인(국가)에 대한 배상금 지급청구절차: 국가의 철도경영상 발생한 여객운송인으로서의 배상책임은 공권력 행사로서 발생한 국가배상청구권 문제가 아니므로(국가배상법 제2조, 제5조의 문제가 아님) 공법상의 배상청구절차가 배제되고 순수한 민사법적 절차가 진행된다는 취지)

"국가가 경영하는 철도의 여객운송 중 여객이 입은 손해에 대하여 국가에게 여객운송인으로서의 채무불이행을 이유로 상법 제148조에 의한 손해배상청구를 하는 경우에는 국가배상법 제9조(배상심의회에 대한 배상신청절차)에 의한 배상금 지급신청절차를 거칠 필요가 없다."

(3) 책임의 소멸

여객의 손해에 대한 여객운송인의 배상책임에는 물건운송에서와 달리 특별규정이 없으므로(商 제147조, 제121조 참조), 일반상사시효에 관한 규정에 의하여 5년의 시효로 소멸한다(商 제64조). 여객운송인의 수하물에 대한 손해배상책임은 물건운송인의 경우와 같다고 본다.

B. 여객운송인의 권리

여객운송인은 여객에 대하여 운임청구권과 유치권의 권리를 행사할 수 있다.

(1) 운임청구권

여객운송인은 상인이므로 운임에 대한 특약이 없어도 운송에 대한 보수로서 여객에 대한 운임을 청구할 수 있다(商 제61조). 운송계약의 도급계약적 성질에 비추어 운임청구의 시기는 운송종료 후가 되는 것이 원칙이나, 약관이나 상관습에 의하여 승차 전 또는 승차 후 목적지 도착 전에 승차권과 상환(相換)으로 운임을 지급하는 수가 많다.

(2) 유 치 권

여객운송인이 운송채권의 확보를 위하여 여객의 수하물 등을 유치할 수 있는가에 대하여는 상법상 명문규정이 없으나, 물건운송인의 상사유치권 규정(商 제147조, 제120조)을 유추적용할 수 있다고 본다.

제 4 절 공중접객업(公衆接客業)

Ⅰ. 공중접객업의 의의

공중접객업이라 함은 극장, 여관, 음식점 그 밖에 공중이 이용하는 시설에 의한 거래를 영업으로 하는 것이다(商 제151조). 이는 상행위의 하나로서(商 제46조 제9호), 공중접객업자는 당연상인(商 제4조)이 된다. 상법 제151조에서 열거한 행위 이외에도 당구장, 미용실, 목욕탕, 골프장 등 공중접객업에는 여러 가지 유형이 있다. 공중접객업상의 계약은 도급계약, 임대차계약, 노무공급계약과 이들의 혼합계약 등이 있어서 상법이 이를 일률적으로 규정하기는 어렵고 또 그렇게 할 필요도 없다.

Ⅱ. 공중접객업자의 책임

1. 공중접객업에 대한 감독법규와 상법상 책임(임치책임)

상법에서의 공중접객업자는 물적 시설의 소유자를 가리키는 것이 아니라, 공중접객업을 경영하는 기업의 주체이다. 이러한 공중접객업자는 공중이 이용하는 시설에 의한 거래를 영업으로 하므로 쉽게 다수의 일반시민을 접촉하게 된다. 그리하여 공안상, 위생상 감독을 할 필요성이 크기 때문에 공중위생법 등 공법적 규제가 많이 존재한다(공중위생관리법 등). 상법은 공중접객 시설을 이용하는 이용자의 물건에 대한 임치책임을 규정하고 있다.

2. 책임내용

공중접객업자의 고객 물건에 대한 책임은 물건을 임치받은 경우와 임치받지 않은 경우에 따라 주의의무의 정도가 달라지므로 이를 구별하여 살펴야 한다.

(1) 수치(受置)한 물건에 대한 책임(2010. 5. 상법개정: 책임완화)

가) 의　　의

공중접객업자는 시설이용자인 고객으로부터 물건임치를 받았으므로 수치한 물건에 대하여 선관주의의무를 지게 된다. 즉, 공중접객업자는 자기 또는 그 사용인이 고객으로부터 임치받은 물건의 보관에 관하여 주의를 게을리하지 아니하였음을 증명하지 아니하면 그 물건의 멸실 또는 훼손으로 인한 손해를 배상하여야 한다(商 제152조 제1항). 2010년 5월 상법 개정 전에는 공중접객업자가 고객으로부터 물건의 임치를 받았다는 사실만으로 엄격한 책임을 지웠다(로마법상의 레셉툼(受領) 책임주의). 즉, 개정 전 상법 제152조 제1항은 「공중접객업자는 客으로부터 임치를 받은 물건의 멸실 또는 훼손에 대하여 불가항력으로 인함을 증명하지 않으면 그 손해를 배상할 책임을 면하지 못한다」고 규정하고 있었다. 이는 물건을 수령한 것 자체로써 법률상 결과책임을 지게 한 것인데, 그 이유로 고객이 그들의 소지품을 스스로 관리할 수 없는 경우가 많다는 것을 들었다. 이러한 공중접객업자의 중한 책임은 운송주선인(商 제115조), 육상운송인(商 제135조), 창고업자(商 제160조)의 책임보다 가일층 무거운 것이었다. 공중접객업자의 책임은 불가항력을 증명하여야만 면책되는 엄격책임이어서, 똑같이 물건보관을 영업내용으로 하는 운송인, 창고업자 등의 책임과 형평에 어긋나고 이러한 엄격책임 자체는 연혁상 이유에 불과한 것이었으므로 이를 현실에 부합하게 2010년 5월 상법개정시 완화하게 되었다.

나) 임치의 요건

① 개　　념

여기서의 임치란 고객이 그 휴대품인 물건에 관하여 공중접객업자에게 맡겨둔다는(임치) 명시 또는 묵시적인 의사표시를 말하며 반드시 이러한 임치계약이 있어야 공중접객업자의 책임이 인정된다.

② 판 례

판례는 여관에 투숙하면서 여관 종업원에게 주차사실을 말하지 않고 여관건물 건너편에 있는 주차장에 주차시켜 두었다가 자동차를 도난당한 사건에서 "여관부설 주차장에 시정장치가 된 출입문이 설치되어 있거나 출입을 통제하는 관리인이 배치되어 있거나 기타 여관측에서 그 주차장에의 출입과 주차사실을 통제하거나 확인할 수 있는 조치가 되어 있다면, 그러한 주차장에 여관 투숙객이 주차한 차량에 관하여는 명시적인 위탁의 의사표시가 없어도 여관업자와 투숙객 사이에 임치의 합의가 있은 것으로 볼 수 있으나, 위와 같은 주차장 출입과 주차사실을 통제하거나 확인하는 시설이나 조치가 되어 있지 않은 채 단지 주차의 장소만을 제공하는 데에 불과하여 그 주차장 출입과 주차사실을 여관측에서 통제하거나 확인하지 않고 있는 상황이라면, 부설주차장 관리자로서의 주의의무 위배 여부는 별론으로 하고 그러한 주차장에 주차한 것만으로 여관업자와 투숙객 사이에 임치의 합의가 있은 것으로 볼 수 없 …" 다고 하였다.[78)]

다) 자기 또는 사용자의 과실(過失)로 인한 임치물의 멸실 · 훼손

공중접객업자는 자기 또는 사용인이 고객으로부터 임치받은 물건의 보관에 관하여 과실로 멸실 · 훼손시킨 경우 그 배상책임을 진다. 2010년 5월 상법개정으로 종래의 레셉툼책임(엄격책임: 불가항력으로 인한 멸실 · 훼손임을 입증해야만 면책)에서 벗어나게 되었다. 다만, 공중접객업자가 그 배상책임을 면하려면 무과실을 자신이 입증하여야 한다. 즉, 자기 또는 그 사용인이 임치물 보관에 관하여 주의를 게을리하지 아니하였음을 증명하여야 면책된다.

(2) 수치(受置)하지 않은 물건에 대한 책임

고객으로부터 휴대품(물건)을 임치받지 않았다면 공중접객업자는 그에 대한 사실상 지배력이 없고 고객 스스로가 자신의 휴대품을 주의하여 보관할 책임이 있다. 그리하여 공중접객업자는 고객으로부터 임치를 받지 않은 경우 그 시설 내에 휴대한 물건이 자기 또는 그 사용인의 과실(過失)로 인하여 멸실 · 훼손된 때에만 그 손해를 배상할 책임이 있다(商 제152조 제2항).[79)] 이 경우 공중접객업자나 사용인의 과실이

78) 대판 1992. 2. 11, 91다21800.

79) 대구고판 1977. 4. 22, 76나665은 대중목욕탕에서 목욕객이 소지품을 주인에게 맡기지 않고 옷장에만 두었으나 그 소지품이 분실되어 목욕객이 목욕탕 주인에게 손해배상청구를 한 사건에서 "대

있다는 점에 대하여는 통상적인 손해배상청구에서와 같이 고객 스스로가 입증책임을 져야 한다.

Ⅲ. 면책(免責)의 특약(特約)

공중접객업자의 책임에 관한 상법규정은 임의규정이므로 사적자치 원칙에 의해 당사자간의 특약으로 그 책임을 면제하거나 경감할 수 있다. 그러나, 이러한 합의없이 공중접객업자가 자신에게 책임없음을 일방적으로 알린 경우에도 면책특약으로 볼 수 없다(商 제152조 제3항 참조). 다만, 이 고지(告知)는 피해자의 주의를 촉구하는 의미는 있으므로 과실상계(過失相計)의 근거로 원용할 수는 있을 것이다.

Ⅳ. 고가물(高價物)에 대한 특칙(特則)

화폐 · 유가증권 그 밖의 고가물(高價物)에 대하여는 고객이 그 종류와 가액을 명시하여 공중접객업자에게 임치하지 않으면 그 공중접객업자는 그 물건의 멸실 · 훼손으로 인한 손해를 배상할 책임이 없다(商 제153조).[80] 이것은 고가물(高價物)의 명시가 있었더라면 적당한 주의를 하였을 것이 기대되었음에도 불구하고 명시가 없기 때문에 그러한 주의를 하지 않음으로써 발생한 손해에 대하여는 공중접객업자에게 책임지울 수 없기 때문이다. 이 때 고객이 고가물임을 명시하지 않은 경우와 명시하지 않았어도 어떤 사정으로 공중접객업자가 고가물임을 안 경우의 효과에 대한 견해대립과 그 결론은 앞에서의 물건운송계약의 경우와 같다(물건운송인의 손해배상책임 중 고가물에 대한 특칙 부분 참조). 그리하여 고가물임을 명시하지 않았다면 일반적으로 보통물로서의 주의의무도 없다고 보지만 만약 공중접객업자가 고가물임을 어

중목욕탕에서 옷장의 시정장치를 완벽하게 갖추지 못하였고 종업원들이 옷장 감시업무를 철저히 하지 아니하여 욕객의 소지품분실사고가 발생하였다면 영업주는 종업원들의 사용자로서 욕객이 입은 제반손해를 배상할 책임이 있다"고 하여 수치하지 않은 물건에 대한 過失責任의 사례를 보이고 있다.

80) 대판 1977. 2. 8, 75다1732: "결혼식장에서 선물로 교환된 부로바시계 1개 시가 64,000원 상당, 옥토시계 1개 시가 25,000원 상당, 백금부착 3푼짜리 다이아반지 1개 시가 150,000원 상당과 백금부착 1푼짜리 다이아 목걸이 1개 시가 70,000원 상당은 상법 제153조 소정의 고가물에 해당하고, 원고들이 여관에 들고서 위 물품의 종류, 가액을 밝혀 주인에게 맡긴 바 없으면 피고에게 없어진 물건에 대하여 손해를 배상할 책임을 물을 수 없다."고 하여 공중접객업자의 손해배상책임을 부정하고 있다.

떻게든 알았다면 보통물로서의 주의의무 정도를 부담할 것으로 본다.

Ⅴ. 책임(責任)의 소멸시효(消滅時效)

공중접객업자의 책임은 엄하게 규정되어 있으므로 단기 소멸시효를 규정하여 법률관계를 빨리 안정시키고자 한다. 그리하여 공중접객업자의 책임은 임치물을 반환하거나 고객이 휴대물을 가져간 후 6월을 경과하면 소멸시효가 완성한다(商 제154조 제1항). 이 기간은 그 물건이 전부 멸실한 경우에는 고객이 그 시설을 떠난 날로부터 기산한다(商 제154조 제2항). 그러나 공중접객업자나 그 사용인이 악의(惡意)인 경우에는 단기소멸시효가 적용되지 아니하고(商 제154조 제3항) 5년의 시효기간이 적용된다. 여기서 악의(惡意)라 함은 공중접객업자 또는 그 사용인이 고의(故意)로 고객의 물건을 멸실 또는 훼손시키거나 멸실·훼손사실을 고의로 은폐한 것을 말하고, 멸실이나 훼손사실을 단순히 알았다는 것을 의미하지는 않다는 점에서 통상적인 '악의(惡意)' 개념과는 다르다(害意說(통설): 그 구체적인 견해대립에 대해서는 운송주선인 부분 참조).[81]

제 5 절 창고업(倉庫業)

Ⅰ. 창고업의 의의

1. 창고업의 개념

창고업이란 타인을 위하여 물건을 창고에 보관함을 영업으로 하는 것이다(商 제155조). 보관이라 함은 물건의 점유를 취득하여 그 현상대로 임치·보존하는 것이다. 창고는 물건의 보관에 이용되는 것이면 되고 반드시 가옥이 아니라도 상관없다(예, 목재나 석탄·돌의 임치). 그 임치의 목적물은 타인의 동산, 화폐, 유가증권 등이고 부동산은 제외된다. 화폐나 유가증권은 그 가치를 떠나 물체로서만 임치의 대상이 되고 그 가치로서는 금융업의 대상이 된다. 창고업자는 물건의 보관에 의하여 다른 상

---

81) 서·정, 245면; 정찬형, 360면; 임홍근, 482면; 최기원, 425면; 채이식, 361면.

인을 도와주는 기능을 하고 이러한 점에서 운송주선인, 운송인과 비슷한 역할을 할 수 있다. 상인은 창고업자를 이용하여 상품보관의 비용과 위험을 회피할 수 있고, 창고업자가 발행하는 창고증권을 이용하여 매매, 질권설정 등 편의를 얻을 수도 있다. 다만, 창고업은 상품의 시장시세를 교란하는 수단으로 악용하는 경우도 있어서 일정한 규제의 대상이 된다(화물유통촉진법, 농업창고업법, 관세법 등의 규제).

2. 창고업의 연혁

창고업은 중세 이전에도 있었지만 중세 유럽의 항구도시에서 발달한 보세창고제도에서 특히 성행하였다. 이는 19세기 이후의 대량거래에 힘입어 더욱 발달하였는데, 특히 영국항구에서의 창고영업(dock)이 대표적이다. 이러한 영업형태가 발전하여 유럽대륙에서 성행하였고 우리나라에도 도입되었다.

Ⅱ. 창고업의 법률관계

창고임치계약은 임치인과 창고업자간의 낙성 · 불요식 · 쌍무 · 유상계약이다. 임치계약에 관해서는 상법 규정과 함께 민법의 임치계약 규정도 적용된다. 이 계약의 체결에 의하여 다음과 같은 법률관계가 발생한다.

1. 창고업자의 의무

(1) 임치물보관의무

창고업자는 임치계약이 유상이든 무상이든 선량한 관리자의 주의로써 임치물을 보관하여야 한다. 보관기간에 대하여 특약이 있으면 그에 의하고, 특약이 없으면 부득이한 경우를 제외하고는 임치물을 받은 날로부터 6월간은 보관하여야 한다(商 제163조, 제164조). 6개월의 최소 보관기간을 정한 것은 임치인의 보호를 위하여 민법 제699조의 예외를 둔 것이다. 「부득이한 경우」란 임치물이 부패하여 다른 임치물에 영향을 주는 경우, 임치물이 금제품(禁制品)인 경우, 창고를 대수선하는 경우, 임치계약의 체결시에 알 수 없었던 임치물의 특수한 성질로 인하여 타인의 임치물이나 창고업자 및 이행보조자에게 손해나 위험한 사고가 발생할 염려가 있는 경우 등이다.[82]

(2) 창고증권 교부의무

창고업자는 임치인의 청구에 의하여 창고증권을 교부하여야 하고 창고증권에는 임치물의 종류, 품질, 수량 등을 기재하고 창고업자가 기명날인 또는 서명하여야 한다(商 제156조).

(3) 임치물의 검사 · 견품적취(見品摘取) · 보존처분에 응할 의무

임치인 또는 창고증권 소지인은 영업시간내에 언제든지 창고업자에 대하여 임치물의 검사 또는 견품의 적취(摘取)를 요구하거나 그 보존에 필요한 처분을 할 수 있고 창고업자는 그에 따라야 한다(商 제161조). 창고업자는 이러한 행위를 인용해야 할 뿐만 아니라 경우에 따라서는 필요한 협조행위를 하여야 한다.

(4) 임치물의 훼손 · 하자 등 통지의무

창고업자는 임치물을 받은 후 그 물건의 훼손 또는 하자를 발견하거나 그 물건이 부패할 염려있는 때에는 지체없이 임치인에게 그 통지를 발송하여야 하고 만일 임치인의 지시를 받을 수 없거나 그 지시가 지연되는 때에는 창고업자는 임치인의 이익을 위하여 적당한 처분을 할 수도 있다(商 제168조, 제108조). 이는 위탁매매인의 통지의무를 준용한 결과인데, 임치물의 가격하락의 상황까지 통지를 해야 할 적극적인 의무까지는 없다고 해석한다.[83]

(5) 임치물 반환의무

창고업자는 임치인의 청구가 있는 때에는 보관기간의 약정 유무에 불구하고 임치물을 반환하여야 한다(民 제698조). 창고증권이 발행된 때에는 그 소지인의 청구에 대하여서만 임치물을 반환할 의무를 지며 창고증권과 상환(相換)함으로써만 임치물을 반환할 수 있다(商 제157조, 제129조).

(6) 손해배상책임

가) 배상책임의 원인

창고업자는 자기 또는 사용인이 임치물의 보관에 관하여 주의를 해태하지 아니하였음을 증명하지 아니하면 임치물의 멸실 또는 훼손에 대하여 손해배상 책임을 진

---

82) 최기원, 432면.
83) 반대의 견해; 서 · 정, 249면.

다(商 제160조). 창고업자의 과실이 추정되고 무과실의 입증책임이 창고업자에게 지워진다는 점에서 운송주선인, 운송인, 공중접객업자의 손해배상책임과 같다.

나) 배상청구권자와 배상액

손해배상을 청구할 수 있는 자는 임치인과 창고증권 소지인이다. 손해배상액에 관해서는 물건운송인의 손해배상액과 같은 특별규정(商 제137조)이 없으므로 민법상의 일반원칙에 따라야 한다(民 제393조 참조).[84]

다) 책임의 소멸

운송인과 같이 창고업자의 책임소멸사유도 특별소멸원인과 단기소멸시효가 있다. 창고업자에게 악의가 있다면 일반상사 소멸시효인 5년의 시효가 적용되어야 하는 것도 운송인의 경우와 같다.

① 특별소멸사유

창고업자의 손해배상책임은 임치인 또는 창고증권 소지인이 유보없이 임치물을 수령하고 보관료 기타의 비용을 지급한 때에는 소멸한다. 그러나, 임치물에 즉시 발견할 수 없는 훼손 또는 일부멸실이 있는 경우에 임치물을 수령한 날로부터 2주간 내에 창고업자에게 그 통지를 발송한 때나 창고업자나 그 사용인이 악의(惡意)인 때에는 예외이다(商 제168조, 제146조). '악의(惡意)'의 의미에 대한 견해대립과 결론에 대해서는 운송주선인에 대한 설명과 같다(害意說의 지지).

② 단기소멸시효

임치물의 멸실 또는 훼손으로 인하여 생긴 창고업자의 책임은 그 물건을 출고한 날로부터 1년이 경과하면 소멸시효가 완성한다. 그 시효기간은 임치물이 전부 멸실한 경우 임치인과 알고 있는 창고증권 소지인에게 그 멸실의 통지를 발송한 날로부터 기산한다. 이러한 시효규정은 창고업자 또는 그 사용인이 惡意인 때에는 적용하지 아니한다(商 제166조).

2. 창고업자의 권리

(1) 임치물인도 청구권

창고업자와의 임치계약은 낙성계약이므로 마치 물건운송계약에서와 같이 임치

84) 다만, 창고업도 운송업의 경우와 마찬가지로 비교적 저렴한 보수로 다량의 물건을 다룬다는 점에서 운송업과 같이 보호되어야 하므로 운송업에 관한 특칙이 유추적용되어야 한다는 반대의 견해가 있다(최기원, 435면).

계약이 성립하면 창고업자는 임치인에 대하여 임치물인도 청구권을 갖는다. 임치인이 임치물을 지체 없이 창고업자에게 인도하지 않으면 채권자지체가 된다. 그리하여 창고업자는 계약해제권, 손해배상청구권을 행사할 수 있다.

(2) 보관료 · 비용 청구권

(i) 창고업자는 특약으로 무상임치를 정한 경우 이외에는 보관료를 청구할 수 있다(商 제61조). 임치인은 임치물을 출고할 때 보관료를 청구하는 것이 원칙이지만, 보관기간 경과 후에는 출고 전이라도 보관료를 청구할 수 있다. 보관료의 지급 채무자는 임치인이고, 창고증권이 발행된 때에는 창고증권 소지인이 된다. 일부출고의 경우 그 출고비율에 따라 보관료지급을 청구할 수 있다(商 제162조 제2항).

(ii) 창고업자가 임치물에 관한 보험료 · 수입세 기타의 비용이나 체당금을 지출한 때에는 그 상환(償還)을 청구할 수 있다(商 제162조). 그 상환청구시기와 비용상환의무자는 보관료 지급의무에서와 같다.

(3) 유 치 권

대리상(商 제91조), 위탁매매인(商 제111조), 준위탁매매인(商 제113조), 운송주선인(商 제120조), 물건운송인(商 제147조)의 경우와 같은 특별상사유치권은 창고업자에게 인정되지 않는다. 다만, 보관료와 비용상환 청구권에 관하여 임치물 위에 민법상 유치권(民 제320조)을 행사할 수 있고, 임치인도 상인이라면 일반상사유치권(商 제58조)을 행사할 수 있을 것이다.

(4) 공탁권 · 경매권

(i) 창고업자는 임치인이나 창고증권 소지인이 임치물 수령을 거부하거나 수령할 수 없는 때에는 임치물을 공탁하거나 상당한 기간을 정하여 최고한 후 경매할 수 있으며, 이 경우에는 지체없이 임치인 등에 대하여 그 통지를 발송하여야 한다(商 제165조, 제67조 제1항).

(ii) 창고업자는 임치인 등에 대하여 최고를 할 수 없거나 목적물이 멸실 · 훼손될 염려가 있는 때에는 최고없이 경매할 수 있다(商 제165조, 제67조 제2항).

(5) 손해배상청구권

임치물의 성질 또는 하자로 인하여 창고업자에게 손해가 발생한 때에는 창고업자 자신이 그 성질이나 하자를 안 때를 제외하고 임치인에 대한 손해배상 청구권이 있다(民 제697조 참조).

(6) 채권의 단기소멸시효

창고업자의 임치인이나 창고증권 소지인에 대한 채권은 임치물을 출고한 날로부터 1년간 행사하지 아니하면 소멸시효가 완성한다(商 제167조).

3. 창고증권(倉庫證券)

(1) 서

가) 의의 · 효용

창고증권(warehouse receipt; Lagerschein)은 창고업자에 대한 임치물반환청구권을 표창하는 유가증권이다. 창고증권은 창고임치계약의 존재를 전제로 하여 창고업자가 임치물을 수령한 것을 증명하고, 이를 증권소지인에게 인도할 채무를 지는 것을 나타낸 유가증권으로서, 물건을 창고에 임치하여 둔 채 매매 또는 금융의 편의를 얻고자 하는 데 이용된다. 또, 창고증권은 상환증권(相換證券), 지시증권(指示證券), 문언증권(文言證券), 요인증권(要因證券)에 해당한다. 그리고 창고업의 실무에서는 창고증권 이외에 하도지시서(영국법의 delivery order)가 많이 이용되고 있다.

하도지서서에는 다음과 같은 유형이 있다. 그 유형에 따라 법적 성질이 달라진다.

(i) 임치인이 발행하고 창고업자가 기명날인 또는 서명한 하도지시서는 임치물반환청구권을 내용으로 하는 유가증권이 된다.

(ii) 임치인이 창고업자의 기명날인 · 서명 없이 임의로 발행한 하도지시서는 그 소지인에게 창고업자가 임치물을 반환하게 하려는 것으로 이는 면책증권에 불과하다.

(iii) 임치인이 아니라 창고업자 자신이 발행하는 하도지시서는 그 이행보조자로 하여금 임치물의 인도를 지시하는 것인데 여기에 임치물의 반환청구권이 나타나 있으므로 일종의 유가증권이 된다.

나) 입 법 례

창고증권을 어떤 형식, 어떤 내용으로 발행할 것인가에 대해서는 각 나라의 입법례가 단권주의(單券主義), 복권주의(複券主義), 병용주의(倂用主義)로 나뉘어 있다.

① 단권주의(單券主義)

이것은 1매의 창고증권에 의하여 소유권의 이전, 질권설정을 할 수 있게 하는 것이다(미국, 독일, 네덜란드, 스위스, 스페인). 이는 질권설정 후에는 양도하기 어렵다는 단점이 있으나, 법률관계가 간명하다는 편리함이 있다.

② 복권주의(複券主義)

임치물에 관하여 예증권(預證券)과 질입증권(質入證券)의 2매를 일조로서 발행하여, 전자에 의하여 임치물의 반환청구 또는 소유권의 이전을 하고, 후자에 의하여 질권설정을 하여 먼저 금융의 편의를 보면서 유리한 매매를 할 수 있게 하는 것이다(프랑스, 이탈리아, 벨기에, 오스트리아, 포르투갈 등). 이는 금융의 편의와 증권의 양도 모두를 실행할 수 있다는 장점이 있으나, 법률관계가 복잡해지는 단점이 있다.

③ 병용주의(併用主義)

단권(單券) · 복권(複券)의 양 방식을 병용하여 어느 것이든 선택시키는 것이다(일본). 이에 대하여는 제도가 너무 번잡하다는 단점이 있다.

④ 우리 상법의 입장

우리나라의 구상법에서는 창고증권에 예증권 · 질입증권 · 창하증권을 포함시키는 병용주의(併用主義)를 취하고 있었으나 1962년에 제정된 상법은 1매의 창고증권만을 인정하는 단권주의(單券主義)로 전환하였다.

(2) 창고증권의 발행과 형식

가) 일반의 경우

창고업자는 임치인의 청구에 의하여 창고증권을 작성 · 교부하여야 한다(商 제156조 제1항). 이 창고증권의 교부의무는 화물상환증의 경우와 같이 임치물의 수령 후에 발생하고, 그 발행은 창고업자에 한하여 인정된다(창고업법 제16조). 창고증권에는 (ⅰ) 임치물의 종류, 품질, 수량, 포장의 종별, 개수와 기호, (ⅱ) 임치인의 성명 또는 상호, 영업소 또는 주소, (ⅲ) 보관장소, (ⅳ) 보관료, (ⅴ) 보관기간을 정한 때에는 그 기간, (ⅵ) 임치물을 보험에 붙인 때에는 보험금액, 보험기간과 보험자의 성명 또는 상호, 영업소 또는 주소, (ⅶ) 창고증권의 작성지와 작성연월일을 기재하고 창고업자가 기명날인 또는 서명하여야 한다(商 제156조 제2항). 다만, 창고증권의 이 요식성(要式性)은 어음 · 수표처럼 절대적인 것이 아니어서 중요하지 않은 일부 사항이 누락되거나 다른 내용이 추가되어도 무방하다.

나) 임치물 분할의 경우

창고증권소지인은 창고업자에 대하여 그 증권을 반환하고 자기의 비용으로 임치물을 분할하여 각 부분에 대한 창고증권의 교부를 청구할 수 있다(商 제158조). 창고증권소지인이 임치물을 분할하여 양도 또는 입질하고자 하는 경우에 인정되는 것이다.

다) 형 식

창고증권에는 임치물의 종류, 품질, 수량, 포장의 종별, 개수와 기호 등을 비롯한 일정한 법정기재사항을 기재하고 창고업자가 기명날인 또는 서명하여야 한다(商 제156조 제2항). 또 농업창고업자가 작성하는 창고증권에는 농업창고증권의 문자를 기재하도록 하고 있다(農倉法 제10조). 따라서 이것은 요식증권이기는 하지만 엄격한 요식성인 것은 아니다.

(3) 창고증권의 양도

가) 양도방법

창고증권은 임치물의 인도청구권을 표창한 유가증권으로서 법률상 당연한 지시증권이다. 그러므로 기명식(記名式)의 경우라도 배서에 의하여 양도 또는 입질할 수 있고, 배서를 금지하기 위하여는 창고업자가 증권에 특히 그 뜻을 기재하여야 한다(商 제157조, 제130조). 그리고 무기명식 또는 선택무기명식인 경우에는 증권의 교부로 인하여 권리가 이전한다.

나) 양도의 효력

배서나 교부의 효력으로서 이른바 권리이전적 효력, 자격수여적 효력, 선의취득의 효력, 인적 항변절단의 효력, 면책적 효력(商 제65조) 등은 인정되지만, 이른바 담보적 효력이 없다는 점은 화물상환증과 같다.

(4) 창고증권의 효력

창고증권에는 화물상환증의 경우와 같이 채권적 효력과 물권적 효력이 있다. 즉, 창고증권은 임치계약에 따른 임치물의 수령을 원인으로 발행하는 요인증권(要因證券)인 동시에 창고업자와 소지인 사이에는 임치에 관한 사항을 증권상에 기재된 바에 의하는 문언증권(文言證券)이고(商 제157조, 제131조), 또 창고증권과 상환(相換)으로만 임치물을 청구할 수 있는 환수증권(還受證券) 또는 상환증권(相換證券)이다(商 제159조, 제129조). 또 임치물의 처분관계에 관하여 창고증권을 임치물을 받을 자에게 교부한 때에는 임치물의 인도와 동일한 효력을 가지는 인도증권(引渡證券)이고(商 제157조, 제133조), 임치물에 관한 처분은 증권으로써 하여야 하는 처분증권(處分證券)

이다(商 제157조, 제132조).

(5) 창고증권에 의한 입질(入質)과 일부출고

창고증권 소지인이 임치물을 입질(入質)하는 경우에는 채권자와 질권설정계약을 체결하고 증권 자체를 채권자에게 교부하여야 한다(商 제157조, 제133조, 民 제330조). 따라서 채무변제 전에는 임치물의 반환을 청구할 수 없는 것이나, 상법은 임치인의 편의를 꾀하여 질권자의 승락이 있으면 피담보채권의 변제기 전이라도 창고업자에 대하여 임치물의 일부 반환을 청구할 수 있도록 하고 있다(商 제159조 전단). 이 경우에는 창고업자는 반환한 임치물의 종류 · 품질과 수량을 창고증권에 기재하여야 한다(商 제159조 후단). 이것은 구증권(舊證券)을 회수하고 신증권(新證券)을 발행하는 번잡을 피하기 위한 것이다. 약관에서는 특약이 있는 임치물의 출고절차와 창고업자가 필요하다고 인정한 경우의 일부 출고를 거절하는 권리에 관하여 규정을 두는 것이 보통이다.

제 6 절 새로운 형태의 상행위

1995년 상법 개정시에서는 제46조의 기본적 상행위의 내용에 리스 영업행위, 프랜차이즈 영업행위, 팩터링에 관한 행위를 추가하여 규정하였다. 이러한 행위는 주로 특별약관, 당사자간의 개별약정의 규율만 받아왔었던 것이다. 2010년 5월의 상법개정에서는 이들에 대해 각각 금융리스업, 가맹업, 채권매입업이라고 명칭을 수정한 후 상법 제2편 제12장(금융리스업), 제13장(가맹업), 제14장(채권매입업)을 신설하여 그 법률관계를 구체적으로 규정하였고 제46조 제22호에 신용카드, 전자화폐 등을 이용한 지급결제업무의 인수를 상행위의 하나로 추가하였다. 여기에서는 금융리스업, 가맹업, 채권매입업에 대해서만 설명한다.

Ⅰ. 금융리스업(상법 제2편 제12장: 신설)

1. 금융리스계약의 의의

(1) 금융리스업의 개념

금융리스업이라 함은 금융리스 이용자가 선정한 기계 · 시설 그 밖의 재산('금융리스물건')을 제3자('공급자')로부터 취득하거나 대여받아 금융리스 이용자에게 이용하게 하는 것을 영업으로 하는 것이다(商 제168조의 2). 우리 상법은 2010년 5월 개정시 제46조 제19호에서 이를 「기계 · 시설 기타 재산의 금융리스에 관한 행위」라고 하여 종래의 「물융(物融)」이라는 명칭을 「금융리스」라고 바꾸고 제2편 제12장을 신설하여 금융리스업의 개념을 정의하였다. 이는 향후 리스업자와 리스이용자간의 계약관계가 정당하고 공평하게 규율되도록 하여 리스업의 활성화를 도모하려는 것이다. 그리고, 리스계약 중에서 운용리스는 민법상 임대차계약에 맡기고 금융리스에 대해서만 상법이 규정한 것은 양자의 법적 성격이 다르기 때문이다.

(2) 리스계약의 경제적 기능

어떤 물건을 필요로 하는 자가 그 물건을 임차하거나 자금을 빌려 구입하는 방법 이외에 제3의 방법으로 안출된 것이 리스계약이다. 이는 시설의 자금 자체를 대부하는 것이 아니라 물건 · 시설의 형태로 융자하는 것이어서 물적 금융 즉 물융(物融)이라고도 한다. 또 리스는 자금의 고정화를 초래하지 않고 필요한 설비를 신속 · 간편하게 조달할 수 있으며 원하는 기간 동안에만 사용할 수도 있기 때문에 기계노후화와 기술진부화에 따른 위험도 피할 수 있는 장점이 있다. 또, 세법상 리스료 중에서 차입금의 이자에 상당하는 부분은 비용처리가 되어 절세의 효과도 있다. 다만, 리스는 리스료가 금전차입의 이자보다 더 비싸고 기계설비의 잔존가치가 리스업자의 소유에 귀속하며, 리스료 지급능력을 상실할 때에는 리스업자가 목적물을 회수해 간다는 단점도 있다.

(3) 리스계약에 대한 법적 규제

리스계약은 1972년 (주)한국산업리스가 한국산업은행의 출자로 설립되면서부터 우리나라에 등장하였다. 1973년 12월에는 「시설대여산업육성법」이 제정되고 1991년 12월에 이를 「시설대여업법」으로 바꾸었다. 그 후 1997년 8월에 「여신전문금융업법」

이 제정되면서 시설대여업법을 대신하게 되었다.

(4) 리스계약의 종류

리스계약은 여러 가지로 분류할 수 있지만, 그 중에서도 금융리스와 운용리스의 구분이 가장 중요하다.

가) 금융리스(finance lease)는 리스업자가 이용자에게 자금을 빌려주는 것과 유사하게 물건 · 시설을 구입하여 임대하는 것으로 상법 제2편 제12장에서 신설한 것이다. 즉, 금융리스는 이용자가 특정의 기계설비 등 자산을 필요로 하는 경우에 리스업자가 이용자에게 구입자금을 빌려주는 대신에 그 물건을 구입하여 빌려주는 것이다. 그리하여 금융리스에서는 리스업자와 이용자, 공급자 등 3당사자가 존재하게 되고 이용자는 1인에 국한됨이 원칙이다.[85)]

■ 금융리스: 금융리스는 리스업자가 이용자에게 자금을 빌려주는 것과 유사하게 물건 · 시설을 구입하여 임대하는 것이다.

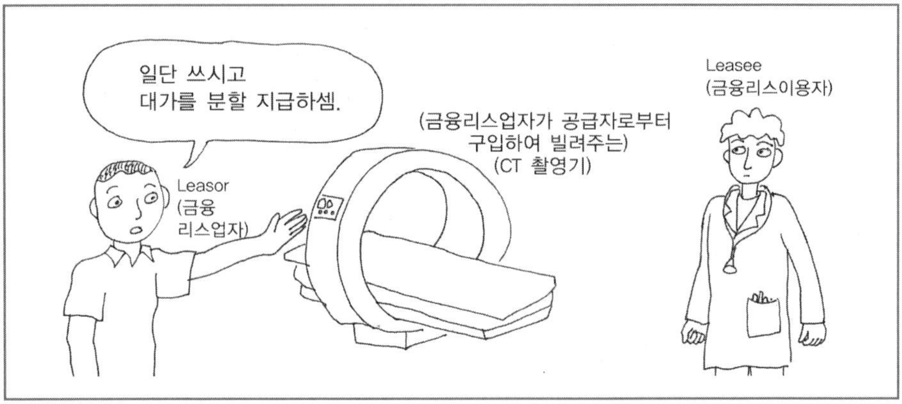

나) 운용리스(operating lease)는 리스 중 금융리스 이외의 리스를 총칭하지만, 주로 리스업자가 자신 소유의 물건 · 시설을 이용자에게 대여해주는 방식을 말한다. 여기에서는 리스업자가 보통 리스물건의 하자담보책임과 위험부담책임을 지고, 리스물건의 관리 · 수리까지 해주는 것을 내용으로 한다.

85) 최기원, 445면.

(5) 리스계약의 법적 성질

리스계약의 법적 성질은 금융리스와 운용리스로 나누어 살펴야 한다. 금융리스계약의 법적 성질에 관해서는 (ⅰ) 특수한 임대차계약설, (ⅱ) 특수한 소비대차계약설, (ⅲ) 무명계약설(無名契約說)로 학설이 나누어지지만, 임대차계약, 소비대차계약, 매매계약 등의 요소가 혼합된 것이어서 무명계약설(無名契約說)이 타당하다고 본다. 그에 비하여 운용리스계약은 리스업자 자신의 물건 · 시설에 관한 임대사업을 하기 위한 것이어서 그 법적 성질은 임대차계약(民 제618조부터 제654조까지)이라고 본다.

2. 금융리스계약의 법률관계

금융리스계약의 법률관계는 금융리스업자와 금융리스 이용자 사이의 법률관계, 금융리스업자와 금융리스공급자 사이의 법률관계, 금융리스이용자와 금융리스공급자 사이의 법률관계로 나누어 살펴야 한다.

(1) 금융리스업자와 금융리스이용자 사이의 법률관계

가) 금융리스이용자의 권리 · 의무

① 금융리스 이용자의 의무

(ⅰ) 금융리스 물건의 수령, 수령증 교부 의무

금융리스이용자는 공급자가 공급하는 리스물건을 인수하고 약정된 장소에 설치한 후 소정기간 내에 검사를 마치고 금융리스업자에게 수령증을 교부하여야 한다. 금융리스물건 수령증을 발급한 경우에는 금융리스계약 당사자 사이에 적합한 금융리스물건이 수령된 것으로 추정된다(商 제168조의 3 제3항). 금융리스 이용기간은 금융리스이용자가 수령증을 금융리스업자에게 교부한 날로부터 기산한다.

(ⅱ) 금융리스료 지급의무

금융리스이용자는 금융리스업자에 대하여 금융리스물건을 수령함과 동시에 금융리스료를 지급하여야 한다. 엄밀히 본다면 금융리스료는 금융리스 물건의 사용 · 수익에 대한 대가가 아니라 금융리스업자가 제공한 금융에 대한 대가이다. 이 금융리스료를 지급하지 않으면 기한이익의 상실 또는 계약해지의 사유로 된다.

(ⅲ) 목적물 유지 · 관리 의무

금융리스이용자는 금융리스물건을 수령한 이후에는 선량한 관리자의 주의로 유지 · 관리하여야 한다.

(iv) 보험가입의무

금융리스이용자는 금융리스목적물의 멸실 · 훼손에 대하여 약관이 정하는 바에 따라 보험사업자와 손해보험계약을 체결할 의무를 진다(화재보험계약, 책임보험계약 등). 이 때 피보험자는 금융리스업자로 되는 경우가 가장 많지만, 금융리스업자와 금융리스이용자가 공동피보험자로 되는 때도 있다.

(v) 담보제공의무

금융리스이용자는 약관에 의하여 그 채무불이행을 보증하는 담보를 제공하여야 한다. 그 외에도 금융리스계약서에 연대보증하게 하는 것이 보통이다.

(vi) 표지부착의무

금융리스이용자가 목적물을 인도받은 때에는 약관에 따라 지체 없이 그 물건이 금융리스업자의 소유임을 나타내는 표지를 부착하여야 한다. 이는 이 물건을 다른 물건과 구별하고 금융리스업자의 소유권을 분명히 하여 강제집행시에 금융리스업자로 하여금 청구이의의 訴 등을 용이하게 제기하도록 하려는 것이다.

(vii) 목적물 불양도(不讓渡)의무

금융리스물건의 소유권은 금융리스업자에게 있기 때문에 금융리스이용자는 그 목적물을 함부로 양도하지 못한다.

② 금융리스이용자의 권리

(i) 리스물건의 사용 · 수익권

금융리스이용자는 금융리스기간 동안 금융리스물건을 점유하여 사용하고 수익할 권리가 있다. 그 사용장소를 약관에서 미리 정해두는 경우가 많고 금융리스 이용자의 임의대로 장소를 변경할 수 없다.

(ii) 재(再)리스청약 또는 구매의 청약권

금융리스이용자는 금융리스계약이 끝날 때에는 약관에 따라서 다시 금융리스계약을 맺도록 청약할 수 있고, 만약 이것이 인정되지 않으면 금융리스목적물을 구매하도록 청약할 수 있다. 이 청약은 약관상 금융리스계약기간 만료 전(보통 2개월 전)에 하고, 다시 체결하는 금융리스계약의 기간은 보통 1년이다.

(iii) 금융리스계약의 해지권

금융리스 이용자는 중대한 사정변경으로 인하여 금융리스 물건을 계속 사용할 수 없는 경우에는 3개월 전에 예고하고 금융리스계약을 해지할 수 있다. 금융리스물건의 경우 통상 범용성이 없는 고가의 물건이므로 현행 금융리스업계의 약관은 리스 이용자가 중도해지를 하지 못하도록 하고 있지만, 이는 리스이용자에게 너무 불리하고 불합리하다. 그리하여 개정상법은 리스이용자에게 중대한 사정변경이 있다면 중도에 해지할 수 있게 허용한 것이다. 이 경우 금융리스 이용자는 계약의 해지로 인하여 금융리스업자에게 발생한 손해를 배상하여야 한다(商 제168조의 5 제3항). 금융리스 이용자의 책임있는 사유로 금융리스계약을 해지하는 경우에는 금융리스업자는 잔존 금융리스료 상당액의 일시지급 또는 금융리스물건의 반환을 청구할 수 있다(동 제1항). 이 금융리스업자의 청구는 금융리스업자의 금융리스 이용자에 대한 손해배상청구에 영향을 미치지 아니한다(동 제2항).

나) 금융리스업자의 권리 · 의무

① 금융리스업자의 의무

(i) 금융리스목적물 조달의무

금융리스계약이 성립하면 금융리스업자는 금융리스 이용자가 금융리스계약에서 정한 시기에 금융리스계약에 적합한 금융리스물건을 수령할 수 있도록 하여야 한다(商 제168조의 3 제1항). 그런데, 거래 관행에서는 약관에 의하여 금융리스업자의 명의에서 금융리스 이용자가 자기의 책임하에 공급자와 직접 공급계약을 체결하는 경우가 있지만, 이러한 경우에도 매수인은 금융리스업자가 되고 금융리스업자는 목적물을 조달하여 리스이용자가 수령할 수 있도록 하여야 한다.

(ii) 금융리스목적물의 인도 지연책임 · 하자담보책임

종래의 약관상에는 금융리스목적물이 공급자로부터 리스이용자에게 인도 지연되거나 양 당사자의 귀책사유 없이 인도불능으로 되는 경우, 금융리스업자는 그에 대한 책임을 전혀 지지 않도록 하고 있었고 이를 금융리스의 주된 특징으로 이해하였다.

그러나, 2010년 5월 상법개정 이후에는 금융리스업자는 리스이용자가 물건을 수령할 수 있게 할 의무가 있다는 점에서 목적물의 인도지연책임(손해배상책임 등), 하자담보책임을 져야 할 것으로 본다.

② 금융리스업자의 권리

(i) 금융리스료 지급청구권

금융리스업자는 금융리스 이용자에 대하여 리스료의 지급을 청구할 수 있다.

(ii) 계약해지권

금융리스 이용자가 리스료를 지급하지 않거나 파산한 때에는 금융리스업자는

금융리스계약을 해지하고 리스물건의 반환이나 잔여리스료의 지급을 청구할 수 있다. 또, 이로 인한 손해가 있다면 그 배상을 청구할 수도 있다(商 제168조의 5 제1항, 제2항).

(iii) 목적물 반환청구권

금융리스이용기간이 만료한 때 금융리스업자는 금융리스목적물 반환청구권을 가진다.

(2) 금융리스업자와 금융리스공급자 사이의 법률관계

금융리스업자와 금융리스물건의 공급자 사이에는 매매계약관계가 발생한다.

즉, 금융리스 이용자의 요구에 의하여 금융리스업자가 금융리스물건 공급자에게 구매요청을 하고 공급자가 이를 승낙하면 매매계약이 성립하는 것이다. 다만, 이때 매매목적물의 인도 상대방은 금융리스업자가 아니라 금융리스 이용자가 된다는 점에서 민법상 '제3자를 위한 계약'(民 제539조)이 될 것이다.

(3) 금융리스이용자와 금융리스공급자 사이의 법률관계

금융리스공급자는 금융리스업자와의 매매계약에 따라 금융리스이용자에게 당해 물건을 인도하거나 이용자가 지정하는 장소에 설치하여야 한다. 그리고, 금융리스이용자는 이 목적물의 이용과 관리에 있어서 금융리스공급자의 지시에 따라야 한다.

Ⅱ. 가맹업(프랜차이즈 영업)(상법 제2편 제13장: 신설)

1. 가맹업(프랜차이즈 영업)의 의의

(1) 가맹업(프랜차이즈 영업)의 개념

가맹업(프랜차이즈(francise)영업)이란 가맹상(francisee)이 가맹업자(francisor)의 상호나 상표 · 서비스표 등의 영업표지를 자기의 영업을 위하여 이용하되 그 영업과 관련하여 가맹업자의 지도 · 통제를 받고, 그에 대한 일정한 대가(이행보증금, 예치금, 공탁금, 가입비, 개점비, 광고비, 훈련비 등의 명목)를 지급하기로 하는 영업이다. 이는 1995년 상법 개정시 상법 제46조에 포함시켜 기본적 상행위의 하나가 된 것인데 상법은 「상호, 상표 등의 사용허락에 의한 영업에 관한 행위」(商 제46조 제20호) 또는 가맹업(商 제2편 제13장)이라고 정의한다. 가맹업(프랜차이즈 영업)의 예로는 유명상표

신발의 판매, 패스트푸드 기타 간이음식점, 레스토랑, 호텔 등인데 최근에는 업종을 가리지 않고 확산되는 추세에 있다. 2010년 5월 개정상법은 가맹업자(프랜차이즈 제공자: francisor)와 가맹상(프랜차이즈 이용자: francisee)을 개념정의하고 있다. 즉, 자신의 상호 · 상표 등을 제공하는 것을 영업으로 하는 자를 가맹업자라고 하고 그로부터 그 상호 등을 사용할 것을 허락받아 가맹업자가 지정하는 품질기준이나 영업방식에 따라 영업을 하는 자를 가맹상이라고 한다(商 제168조의 6에서 신설).

■ 가맹업(프랜차이즈 영업): 어떤 자가 타인에게 자신의 상호, 상표, 서비스표 등 영업표지를 그 타인의 영업을 위하여 사용하게 하고 그 영업과 관련하여 자신이 지도, 통제하며 그 대가를 받는 것을 영업으로 하는 것

(2) 가맹업(프랜차이즈 영업)의 경제적 기능

가맹업상 상호 · 상표의 임대차는 지점 · 대리점의 설치에 비해 획기적인 방식에 의한 장점을 누릴 수 있다. 즉, 가맹상의 입장에서는 자신의 영업경험 · 지식의 부족을 보충할 수 있고 타인의 유명한 상호 · 상표 · 영업권을 빌릴 수 있으며, 가맹업자의 계속적 영업지도 지원을 받아 소액의 자본으로 독립적 사업을 할 수 있다. 그리고 가맹업자의 입장에서는 지역사정에 밝은 가맹상을 통하여 쉽게 영업을 확대할 수 있다. 다만 그 단점도 있다. 즉, 가맹상으로서는 가맹업자의 지시 · 감독을 계속 받아야 하고 영업양도가 일정정도 제한된다. 또, 가맹업자 측에서는 가맹상을 계속 감시 · 통제해야 하고 영업상 경쟁자가 될지도 모르는 자에게 경영기법을 전수해야 하는 문제가 있으며 지도를 받을 가맹상이 독립된 상인이라는 점이 단점이다.

(3) 가맹업(프랜차이즈 영업)에 대한 상법규정

가맹업(프랜차이즈 영업)에 대해서는 1995년 상법 개정시에 처음으로 독립된 상행위성을 인정하게 되었다(商 제46조 제20호). 그리하여 가맹계약(프랜차이즈 계약)을 인수하는 행위는 기본적 상행위로 되고, 이를 자기명의로 계속적 · 반복적으로 하는 자는 당연상인(商 제4조)이 된다. 다만, 그에 관한 구체적 법률관계를 상법에서 규정하지 않아서 그 법률관계는 당사자간의 약정 또는 약관에 의존하여 오다가 2010년 5월 상법 개정시에 그 법률관계의 핵심을 규정하였다(제2편 제13장 신설). 즉, 프랜차이즈업과 프랜차이즈 계약을 가맹업과 가맹계약으로, 프랜차이즈 제공자(francisor)와 프랜차이즈 이용자(francisee)를 가맹업자와 가맹상으로 각각 부르고, 가맹업의 의의, 가맹업자와 가맹상의 의무, 가맹상의 영업양도 제한, 계약의 해지 등 기본적 사항에 관해 규정하였다. 이는 현재 프랜차이즈 거래가 약관에만 의존하고 있는 상황에서 발생할 수 있는 분쟁의 가능성을 감소시키고 프랜차이즈 산업의 발전을 도모하려는 것이다.

(4) 가맹업(프랜차이즈 영업)의 종류

가맹업(프랜차이즈 영업)은 상품, 서비스의 유통단계에 따라 (i) 생산자와 도매상 사이의 가맹계약, (ii) 도매상과 소매상 사이의 가맹계약, (iii) 생산자와 소매상 사이의 가맹 계약으로 구분된다. 또 가맹계약은 그 행위유형에 의하여 (i) 제조 가맹계약, (ii) 판매 가맹계약, (iii) 소매연쇄점 가맹계약으로 구분된다.

(5) 가맹계약(프랜차이즈 계약)의 법적 성질

가맹계약(프랜차이즈 계약)은 가맹업자의 상호, 상표, 서비스표와 같은 영업표지를 가맹상이 사용 · 수익하기는 하지만 민법상 어떤 전형계약에 해당한다고 하기는 어렵다. 즉, 가맹계약(프랜차이즈 계약)의 법적 성질은 현행법상 계약의 어떤 형태에도 속하지 않는 非典型계약으로서 여러 가지 계약의 성격(임대차계약, 노무공급계약, 명의대여계약, 상표사용권 설정계약 등)이 복합되어 있는 혼합계약(混合契約)이라고 할 것이다.

2. 가맹계약(프랜차이즈 계약)의 법률관계

가맹계약(프랜차이즈 계약)의 법률관계는 가맹업자와 가맹상 사이의 관계, 가맹상과 제3자 사이의 관계, 가맹업자와 제3자 사이의 관계로 나누어 보아야 한다. 가맹계약(프랜차이즈 계약)의 법률관계에서는 특히 가맹상의 보호가 문제된다. 2010년 5월의 개정상법은 그 중 핵심사항만 정하고 있다(신설).

(1) 가맹업자와 가맹상 사이의 법률관계

가) 가맹업자의 의무

2010년 5월 개정상법은 「가맹사업거래의 공정화에 관한 법률」에 규정된 가맹본부의 의무를 참조하여 가맹상에 대한 지원의무, 경업피지의무 등을 규정하였다. 즉, 가맹업자는 가맹상의 영업을 위하여 필요한 지원을 하여야 하고(商 제168조의 7 제1항), 다른 약정이 가맹상의 영업지역 내에서 동일 또는 유사한 업종의 거래를 하거나, 동일 또는 유사한 업종의 가맹계약을 체결할 수 없다(동 제2항).

나) 가맹상의 의무

2010년 5월 개정상법은 가맹상 외에 가맹업자도 보호하기 위하여 가맹상에게 영업에 관한 권리침해금지의무, 영업비밀준수의무를 부과하였다. 즉, 가맹상은 가맹업자의 영업에 관한 권리가 침해되지 아니하도록 해야 하고(商 제168조의 8 제1항) 또, 계약이 종료한 후에도 가맹계약과 관련하여 알게 된 가맹업자의 영업상 비밀을 준수하여야 한다(동 제2항). 그 밖에도 약관상 가맹상은 (ⅰ) 가맹업자의 지도·감독을 수용해야 할 의무, (ⅱ) 대가를 지급할 의무, (ⅲ) 지정상품취급, 지정규칙 사용의 의무, (ⅳ) 영업보고 의무 등의 의무를 진다.

다) 가맹상의 영업양도

가맹상은 그 영업을 양도할 수 있게 허용하지만 가맹업자의 동의를 받아야만 한다(商 제168조의 9 제1항). 이 때 가맹업자는 특별한 사유가 없으면 이 영업양도에 동의하여야 한다(동 제2항). 가맹상의 영업양도에 가맹업자의 동의를 얻게 한 것은 가맹업자가 요구하는 품질기준과 영업방식을 충족하지 못하는 자에게 영업이 양도됨으로써 가맹업자의 명성이 저하되는 것을 방지하려는 것 때문이다.

라) 가맹계약의 해지

가맹계약상 존속기간에 대한 약정의 유무와 관계없이 부득이한 사정이 있으면 각 당사자는 상당한 기간을 정하여 예고한 후 가맹계약을 해지할 수 있다(商 제168조의 10).

(2) 가맹상과 제3자 사이의 법률관계

가맹상은 가맹업자의 상호, 상표, 서비스표 등을 사용하면서 제3자(고객)와 매매 · 임대차 등의 거래를 독립적 영업으로 할 수 있다.

(3) 가맹업자와 제3자 사이의 법률관계

제3자와의 거래를 하는 당사자는 가맹상이므로 가맹업자와 제3자 사이에서는 아무런 법률관계도 없는 것이 원칙이다. 다만, 가맹업자는 자신의 상호, 상표 등을 가맹상에게 사용하게 하였으므로 명의대여자의 책임(商 제24조)을 부담하는 경우가 생길 수 있다.

Ⅲ. 채권매입업(팩터링 영업)(상법 제2편 제14장: 신설)

1. 채권매입업(팩터링 영업)의 의의

(1) 채권매입업(팩터링 영업)의 개념

채권매입업(팩터링(factoring) 영업)이란 채권매입업자(factor)가 어떤 사업자의 외상매출채권을 매입하고 채권의 관리, 회수, 장부작성을 하며 그 사업자의 요청이 있는 때에는 선급(先給)의 금융을 제공하고 상대방 및 거래하는 자의 신용조사, 경영상담 및 자료작성 등 서비스를 제공하는 상행위이다. 상법은 1995년 개정시에 이를 기본적 상행위의 하나로 규정하면서 「영업상 채권의 매입 · 회수 등에 관한 행위」라고 정의하였는데(商 제46조 제21호), 2010년 5월 상법개정시 「채권매입업」이라고 새롭게 명명하였다(제2편 제14장 신설). 그리하여 이를 인수하는 행위는 기본적 상행위로 되고 그 행위를 자기명의로 계속적 · 반복적으로 행하면 당연상인(商 제4조)이 된다. 채권매입 계약의 대상이 되는 채권은 영업채권(외상매출채권)이고 채권매입 계약의 당사자는 채권매입업자(factor)와 물품공급자(client)이다.

■ 채권매입업(팩터링영업): 물품공급자(client)가 자신의 영업대금 채권을 팩터링 업자(factor)에게 양도하고 그 효과로 팩터링업자는 양수받은 채권의 추심, 관리, 장부작성 등 행위를 하는 계약에 관한 영업

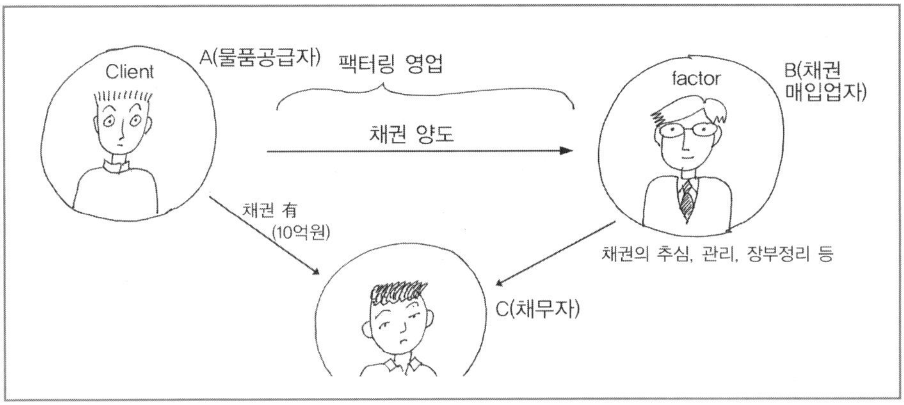

(2) 채권매입업(팩터링 영업)의 경제적 기능

채권매입업은 물품공급자에게 필요한 자금을 공급하는 신용(信用)기능을 한다. 외상매출대금의 회수가 불확실한 상황에서 채권매입업자가 물품공급자의 외상매출채권을 매입해준다는 것은 신용(信用)기능을 하는 것이고 기업의 판매활동을 안정적으로 촉진하는 것이 된다. 즉, 물품공급자의 입장에서는 채권매입업자로부터 매출채권에 따라 융자를 받을 수 있으므로 자금조달의 편의를 얻을 수 있고, 상대방인 채무자의 신용조사, 판매장부 정리, 대금회수 등의 경영관리를 자신이 하지 않아도 되므로 생산과 판매에 전념할 수 있다는 장점이 있다. 또, 채권매입업자측(주로 은행)에서는 고객을 확보하고 업무를 확장할 수 있다는 장점이 있다.

(3) 채권매입업(팩터링 영업)의 종류

채권매입업(팩터링 영업)은 여러 가지 기준에 의하여 분류할 수 있지만, 진정(眞正)팩터링과 부진정(不眞正)팩터링의 구분이 가장 중요하다. 진정(眞正)팩터링은 물품구매자(제3채무자)가 채권매입업자에게 외상대금을 지급하지 않을 때라도 채권매입업자가 그 채권양도자인 물품공급자에 대하여 상환청구권을 행사하지 못하고 제3채무자의 변제무자력에 대한 위험부담을 채권매입업자 자신이 부담하는 경우이다. 그에 비해 부진정(不眞正)팩터링은 위와 같은 경우 채권매입업자가 외상매출채권의 양도자인 물품공급자에 대하여 상환청구권을 행사하는 경우를 말한다. 우리나라에서는

후자인 부진정(不眞正)팩터링이 주로 이용된다.

2. 채권매입계약(팩터링 계약)의 법적 성질

(1) 채권매입계약(팩터링 계약)에서의 채권양도

채권매입계약(팩터링 계약)은 물품공급자의 물품구매자에 대한 외상매출금 채권을 채권매입업자가 대신 행사해 달라는 것이므로 물품공급자의 외상매출금 채권을 포괄적으로 채권매입업자에게 양도하여야 한다.

(2) 법적 성질의 유형별 검토

채권매입계약(팩터링 계약)의 법적 성질은 그 계약의 유형별로 검토되어야 한다.

가) 진정(眞正)팩터링 계약(상환청구권 없는 팩터링 계약)

진정(眞正)팩터링 계약에서 물품공급자의 채권매입업자에 대한 채권양도는 채권의 매매에 해당한다. 眞正팩터링 계약에서는 물품매수인이 채권매입업자에게 외상채무를 이행하지 않아도 그 이전 단계인 외상채권의 양도시에 물품공급자는 상환의무부담 없는 매매대금을 이미 받았기 때문이다.

나) 부진정(不眞正)팩터링 계약(상환청구권 있는 팩터링 계약)

제3채무자가 변제기에 변제하지 못한 경우 채권매입회사가 채권양도인인 물품공급자에게 상환청구를 할 수 있는 부진정(不眞正)팩터링 계약상 채권양도의 법적 성질에 대해서는 견해가 대립한다.

(ㄱ) 채권매매설: 진정(眞正)팩터링 계약에서처럼 부진정(不眞正)팩터링 계약에서의 채권양도도 채권매매라고 하는 견해이다.

(ㄴ) 소비대차설: 이는 물품공급자에 대한 금융의 기능을 중시하여 不眞正팩터링 계약에서의 채권양도는 소비대차 계약이라고 하는 견해이다. 그에 의하면 대금채권의 양도는 담보의 목적에서 행해지는 양도담보 설정이라고 본다.[86)]

(ㄷ) 사견(소비대차설): 생각건대, 부진정(不眞正)팩터링 계약에서의 채권양도가 채권매매의 성격이라면 그 상환청구권 행사를 허용하는 것과 모순되므로 그 법적 성격을 채권매입업자의 물품공급자에 대한 소비대차라고 이해해야 할 것이다.

---

86) 이은영, 채권각론, 박영사, 2005, 275면.

3. 채권매입계약(팩터링 계약)의 법률관계

채권매입계약(팩터링 계약)에서의 거래과정은 보통 ① 채권매입업자와 물품공급자 사이의 채권매입계약(팩터링 계약)체결, ② 물품공급자와 물품구매자 사이의 매매와 대금채권 발생, ③ 물품공급자의 채권매입업자에 대한 대금채권 양도, ④ 채권매입업자의 물품공급자에 대한 금융제공, ⑤ 채권매입업자의 양수채권 추심, 관리이다.[87] 채권매입계약(팩터링 계약)의 법률관계는 채권매입업자와 물품공급자 사이의 관계, 물품공급자와 물품매수인 사이의 관계, 채권매입업자와 물품매수인 사이의 관계로 나누어 살펴야 한다. 2010년 5월 개정상법은 채권매매계약의 법률관계 중 채권매입업의 상환청구권에 관해서만 신설하고 있다.

(1) 채권매입업자와 물품공급자 사이의 법률관계

가) 채권의 양도

물품공급업자는 물품매수인에 대한 외상매출채권을 채권매입업자에게 양도한다. 이때 양도되는 채권의 범위는 채권매입계약(팩터링 계약)에 의해 정해지며 보통 장래 발생할 채권은 그 범위에 들어간다. 채권의 양도방법은 포괄적 사전양도와 개별적 양도의 방법으로 나뉜다.

우리나라에서는 순수한 외상매출채권을 양도하는 경우는 드물고 주로 어음채권을 양도하고 개별적 배서의 방법에 의한다. 이 채권양도는 채무자에 대한 대항요건(民 제450조)을 필요로 한다.[88] 어음채권은 어음면상 배서를 하고, 일반적 채권은 채무자에 대한 통지나 채무자 자신의 승낙의 방법(채무자의 승낙은 주로 물품공급자가 물품매수인으로부터 채권양도 승낙서를 받아 채권매입회사에 제출하는 방법으로 함)에 의한다.

나) 물품공급자의 담보제공

일반적으로 물품공급자는 채권매입업자에게 팩터링금융에 대한 담보를 제공해야 한다. 그 외에도 채권매입 약정서에 연대보증인의 연대보증 문언까지 기재하게 함이 보통이다.

---

87) 손주찬, 414면.

88) 2010년 5월 상법개정시 민법 제450조의 규정과 별도로 채권매입업자도 영업채권 양도사실을 증명하여 제3채무자에게 채권양도 통지할 수 있게 하자는 제안이 있었으나, 채무자의 이중변제 위험과 현행 실무관행을 고려하여 채택하지 않았다.

다) 물품공급자에 대한 금융제공

채권매입업자는 물품공급업자로부터 외상매출채권을 양도받는 대가로 금융을 제공하여야 한다. 그 금융제공의 방법으로 우리나라에서는 주로 대가를 미리 지급한다(선급 금융(先給 金融)).

라) 수수료와 이자의 지급

물품공급업자는 채권매입업자로부터 금융의 편의를 제공받는 것과 관련하여 일정한 수수료와 이자를 지급하여야 한다.

마) 상환청구

우리나라에서의 채권매입업(팩터링영업)에서는 거의 상환청구권을 인정하고 있다(부진정(不眞正)팩터링 계약). 그리하여 2010년 5월 개정상법은 「영업채권의 채무자가 그 채무를 이행하지 아니하는 경우 채권매입업자는 채권매입계약의 채무자에게 그 영업채권액의 상환을 청구할 수 있다. 다만, 채권매입계약에서 다르게 정한 경우에는 그러하지 아니하다」(商 제168조의 12)고 규정하였다. 진정 팩터링이 팩터링의 원래 모습이고 국제적으로 통용되는 것이지만, 상법규정은 우리나라 팩터링업계의 현실을 반영하였다. 그러나, 당사자간에 다른 약정을 하면 진정팩터링도 가능하게 하는 예외를 두고 있다.

(2) 물품공급자와 물품매수인 사이의 법률관계

물품공급자와 물품매수인 사이에는 보통 매매계약관계가 존재하므로 이 사이의 법률관계는 그에 따른다. 다만, 물품공급자와 물품매수인 사이에 매매대금의 채권을 채권매입업자에게 양도하지 않기로 하는 합의가 있다면 당사자간의 의사를 존중하여 그 유효성이 인정될 것이다.

(3) 채권매입업자와 물품매수인 사이의 법률관계

채권매입업자는 물품공급자로부터 양수받은 채권에 의하여 물품매수인에게 대금채무의 이행을 청구할 수 있다(단, 물품매수인에 대한 대항요건 구비). 이 때 매수인과 물품공급자와의 매매계약에 있어서 매수인이 매도인인 물품공급자에 대하여 항변사유가 있다면 그 항변권은 그 대금채권을 양수한 채권매입업자에게도 행사할 수 있다고 본다.[89)]

89) 같은 취지: 손주찬, 416면.

제 7 절 새로운 방식의 상행위(전자상거래)

최근 컴퓨터 기술의 발전에 힘입어 상거래도 전자적인 방법으로 많이 이루어지고 있다. 이러한 시장은 날로 확대되는 경향에 있으며 그에 관련된 법률분쟁도 증가하는 추세에 있다. 이하에서 전자상거래에 관해 간단히 고찰한다.

1. 개 념

전자상거래란 전자매체를 이용하여 전자문서를 작성하는 방식에 의해 가상공간에서 재화나 용역의 거래를 하는 것이다.

2. 특 징

전자상거래는 상거래의 당사자가 대면하지 않고 거래를 하기 때문에 거래주체와 거래 상품을 간접적으로 확인할 수밖에 없고 상품의 내용에 대해 제한된 정보에 의해 의사를 결정해야 하는 위험이 따른다. 또, 불특정 다수인이 개입하게 되므로 정형적인 거래의 필요로 인해 약관을 많이 사용할 수밖에 없다는 등의 특징을 지닌다. 나아가 이러한 비대면적인 거래에는 전통적인 의사표시 이론을 수정해야 하는 경우가 있게 되고 정보보호, 상거래주체의 기망행위 등에 대한 특별한 보호대책을 요구하게 된다. 그리고, 전자상거래는 컴퓨터와 가상공간을 이용하는 것이므로 기술적 오류가 많이 발생할 수 있다. 이러한 오류로 인해 사용자(전자상거래의 상인이나 고객)가 손해를 입었더라도 자신이 그 위험을 부담할 수밖에 없지만, 상대방의 과실에 의한 컴퓨터 바이러스 발생 등의 경우에는 상대방의 과실을 입증하여 책임을 물을 수 있다.

3. 의사표시의 수단(전자문서(電子文書))

전자상거래는 그 의사표시의 수단이 전자문서가 될 수밖에 없다. 이 경우 전자문서는 일반적인 문서와 같이 그 진정성이 담보될 수 있어야 한다. 전자서명법은 전자문서의 진정성에 관하여 「다른 법령에서 문서 또는 서면에 서명, 서명날인 또는 기명날인을 요하는 경우 전자문서에 공인전자서명이 있는 때에는 이를 충족한 것으로 본다」"고 하고(제1항), 「공인전자서명이 있는 경우에는 당해 전자서명(電子署名)이 서명자의 서명, 서명날인 또는 기명날인이고, 당해 전자문서가 전자서명된 후 그 내용이 변경되지 아니하였다고 추정한다」고 한다(제2항). 그리고, 전자거래기본법은 전자문서의 효력에 관하여 「전자문서는 다른 법률에 특별한 규정이 있는 경우를 제외하고는 전자적 형태로 되어 있다는 이유로 문서로서의 효력이 부인되지 아니한다」고 규정하고 있다(제4조 제1항).

4. 의사표시의 주체와 시기확정의 문제

전자상거래의 의사표시도 상거래 당사자가 직접 하지 않을 수 있고 문서발송시기의 작성명의인이 발송의사를 지녔는지가 문제될 수 있다. 이에 관해 작성명의자의 대리인이 작성하거나 자동으로 전자문서를 송신하거나 수신하도록 프로그램된 시스템에 의해 문서가 전송되었다면 이는 문서명의인 자신이 송신한 것으로 볼 것이다(전자거래기본법 제7조 제1항). 또, 대화자와 격지자간 구분에 의해 의사표시 도달시기를 정하는 일반적인 방식은 전자거래에 있어서 적당하지 않다. 전자상거래에서는 컴퓨터라는 기기에 의하여 송신과 수신간에 시간차가 거의 없고 대면적인 특징이 사라지기 때문이다. 그리하여 수신자가 송신자와의 사이에 전자문서를 수신할 정보처리시스템을 지정한 경우라면 송신자가 수신자 또는 그 대리인이 수신하기로 되어 있는 그 정보처리시스템에 입력한 때 송신한 것으로 보아야 한다(전자거래기본법 제6조 제1항). 이 때에도 전자문서가 그 약정시스템 이외의 컴퓨터에 입력되었다면 수신자가 이를 출력한 때에야 비로소 도달시기로 볼 수 있을 것이다(전자거래기본법 제6조 제2항 제1호). 만약 수신자가 송신자와의 사이에 전자문서를 수신할 정보처리시스템을 지정하지 않은 경우라면 수신자가 관리하는 정보처리시스템에 입력한 때에 그 도달이 되었다고 할 것이다(동 제2호).

5. 의사표시의 하자

전자상거래에 있어서도 비진의표시, 허위표시, 착오, 사기, 강박 등에 관한 일반이론은 그대로 적용될 수 있다. 다만, 비대면거래의 특징을 반영하고 거래안전을 꾀하기 위하여는 표시주의가 강화되는 방향으로 약관을 정하고 하자의 주장을 제한할 필요가 있다.

6. 전자상거래상 채무의 이행과 그 수단

전자상거래로 계약 특히 매매계약이 성립한 경우, 매도인은 거래목적물을 직접 인도할 수도 있지만 통상 택배 등을 이용하여 우송하는 방식을 많이 이용한다. 그리고, 컴퓨터에 내장된 상품판매(정보의 판매 등)의 경우에는 컴퓨터의 사용방식으로 정보를 내려받는(다운로드) 방식을 사용하게 될 것이다. 매도인이 상품의 허위공시를 하거나 기망을 하여 소비자가 피해를 입는 경우 이를 예방하고 구제하기 위해서는 매도인의 인적사항(주소와 영업소, 사업자번호, 연락처 등)을 분명히 밝히게 함이 필요하다. 매수인의 대금지급의무 이행방식으로는 현금을 온라인으로 송부하거나 전자화폐, 전자수표를 지급할 수 있고 신용카드를 사용할 수도 있다. 이는 대체로 인터넷망을 이용하는 것이어서 이러한 지급방식 또한 전자적 특성을 고스란히 지니게 된다. 무엇보다 소비자로서는 전자상거래에서 약자의 입장에 서기 쉬우므로 이를 보호하기 위한 사법상, 공법상 조치가 필요하다. 그리하여 일반 거래에서보다 더 쉽게 자신의 성급한 판단을 철회할 수 있게 보장받아야 한다. 전자거래기본법이 소비자가 청약의 철회, 교환 및 반품을 쉽게 할 수 있는 절차, 소비자의 불만과 요구사항을 신속하고 공정하게 처리하기 위한 절차를 마련토록 하고 거래의 증명 등에 필요한 거래기록을 사업자로 하여금 일정기간 보존하게 함(전자거래기본법 제17조 제4, 5, 6호)도 이러한 취지이다. 또한 정부는 소비자기본법 · 방문판매 등에 관한 법률 등 관계 법령의 규정에 따라 전자거래와 관련되는 소비자의 기본권익을 보호하고 전자거래에 관한 소비자의 신뢰성을 확보하기 위한 시책을 수립 · 시행하도록 해야 한다(전자거래기본법 제15조 제1항). 그리고, 정부는 전자거래와 관련하여 부당행위가 발생하지 아니하도록 전자거래사업자 및 사업자단체에게 자율적으로 행동규범을 제정할 것을 권장할 수 있다(동 제2항). 또, 소비자를 보호하기 위해 정부가 우수한 전자거래사업자를 공적으로 인증하는 사업을 지원하게 하고 있다(전자거래기본법 제18조).

7. 개인정보와 영업비밀의 보호문제

전자상거래는 대면거래보다 개인정보나 영업비밀을 노출시킬 위험성이 더 크므로 거래당사자는 약관 등에서 이러한 비밀을 보호하도록 노력해야 한다. 이와 관련하여 전자거래사업자는 전자거래의 안전성과 신뢰성을 위해서 암호제품을 사용할 수도 있다(전자거래기본법 제14조). 그런데, 사업자가 일방적으로 소비자의 정보 · 비밀을 노출하거나 부당하게 사용하는 예가 많이 발생하므로 정부가 적극적으로 이를 통제하도록 노력할 필요가 있다. 이는 상거래 주체의 재산권 · 인격권을 보호하는 것이지만 널리 안전성과 신뢰성을 확보하여 전자상거래의 활성화를 도모하기 위해서도 필요하다(전자거래기본법 제12조, 제13조 참조).[90]

90) 이 책은 한양대학교 법학전문대학원 교재편찬 지원에 의한 것임.

참고문헌

▸국 내 서

[강 · 임]　강위두 · 임재호, 상법강의(상), 형설출판사, 2009.

[김성태]　김성태, 상법총칙 · 상행위법강론, 법문사, 2002.

[김영호]　김영호, 상법총칙 · 상행위법, 팔마도서, 2004.

[김용태]　김용태, (전정)상법 (상), 원광대학교 출판국, 1984.

[서 · 정]　서돈각 · 정완용, 상법강의(상), 법문사, 1999.

[서정갑]　서정갑, 개정상법(총칙 · 상행위), 일신사, 1986.

[손주찬]　손주찬, 제15보정판 상법(상), 박영사, 2004.

[양 · 박]　양승규 · 박길준, 상법요론, 삼영사, 1999.

[이기수 외]　이기수 · 최병규, 상법강의 Ⅰ—상법총칙 · 상행위법학, 박영사, 2010.

[이 · 최]　이범찬 · 최준선, 상법(상), 삼영사, 2009.

[이병태]　이병태, 상법(상), 법원사, 1987.

[이원석]　이원석, 신상법(상), 법지사, 1987.

[이철송]　이철송, 상법총칙 · 상행위, 박영사, 2009.

[임홍근]　임홍근, 상법—총칙 · 상행위, 법문사, 2002.

[정동윤]　정동윤, 상법(상), 법문사, 2009.

[정무동]　정무동, 상법강의(상), 박영사, 1996.

[정찬형]　정찬형, 상법강의(상), 박영사, 2009.

[정희철]　정희철, 상법학(상), 박영사, 1989.

[채이식]　채이식, 상법강의(상)—총칙 · 상행위 · 회사법, 박영사, 1997.

[최기원]　최기원, 상법학신론(상), 박영사, 2009.

▸일 본 서

關 俊彦, 商法總論總則, 有斐閣, 2006.

近藤光男, 商法總則 · 商行爲法, 有斐閣, 2006.

落合誠一 · 大塚龍兒 · 山下友信, 商法 Ⅰ—總則 · 商行爲, 有斐閣, 2006.

弥永眞生, 商法總則 · 商行爲法, 有斐閣, 2007.

神崎克郎, 商法總則 · 商行爲法通論, 同文館, 1999.
丸山秀平, 商法 I (總則 · 商行爲法), 新世社, 2007.

▶ 독 일 서

Capelle-Canaris, Handelsrecht, 21.Aufl., 1989.
Gierke-Sandrock, Handelsrecht und Wirtschaftsrecht, 9.Aufl., 1975.
Karl Wieland, Handelsrecht, Bd.1, 1921.
Karten Schmidt, Handelsrecht, 3.Aufl., 1987.

찾아보기

ㄱ

ㄴ

ㄷ

ㅈ

저자약력
서울대학교 법과대학 사법학과 졸
동 대학원 석사, 박사(상법)
일본 간사이대학교 교환교수
사법시험위원
공정거래위원회 약관심사위원
한국소비자원 분쟁조정위원
[현재] 한양대학교 법학전문대학원 교수

저 서
보험법(상), 보험연수원, 2006(공저)
보험법(하), 보험연수원, 2006(공저)
보험중개사의 법률관계, (주) 학술정보, 2006
해상법, 동방문화사, 2009

상법총칙 · 상행위법
2011년 2월 20일 초판인쇄
2011년 2월 28일 초판발행
저 자 전 우 현
발행인 안 종 만
발행처 (株) 博 英 社
서울특별시 종로구 평동 13-31번지
전화 (733) 6771 FAX (736) 4818
등록 1959. 3. 11. 제300-1959-1호(倫)
www.pakyoungsa.co.kr e-mail: pys@pakyoungsa.co.kr

정 가 29,000원 ISBN 978-89-6454-645-1